फील्ड मार्शल
सैम मानेकशॉ

फील्ड मार्शल
सैम मानेकशॉ

मेजर जनरल (से. नि.) शुभी सूद

प्रकाशक • **प्रभात प्रकाशन प्रा. लि.**
4/19 आसफ अली रोड,
नई दिल्ली–110002

संस्करण • 2026
अनुवाद • श्री सुशील कपूर
मूल्य • सात सौ पचास रुपए
मुद्रक • नरुला प्रिंटर्स, दिल्ली

FIELD MARSHAL SAM MANEKSHAW
biography by Maj. Gen. Shubhi Sood ₹ 750.00
Published by Prabhat Prakashan Pvt. Ltd., 4/19 Asaf Ali Road, New Delhi-2
e-mail: prabhatbooks@gmail.com ISBN 978-81-7315-710-3

सिल्लू मानेकशॉ

एवं

मेरी पत्नी कविता को।

भूमिका

इतिहास के पन्ने पलटने पर साफ जाहिर हो जाता है कि भारतीय उपमहाद्वीप चंद्रगुप्त मौर्य, अशोक, समुद्रगुप्त और उसके बहुत बाद में अकबर जैसे सम्राटों के शासन को छोड़, शेष समय में छोटे-छोटे राज्यों में बँटा रहा। ये राजा आपस में लड़ते-भिड़ते रहते थे। इन्होंने कभी भी देश को संयुक्त नहीं होने दिया। इसी वजह से भारत पर बाह्य आक्रमण होते रहे, विदेशियों का शासन लंबी अवधि तक चलता रहा, जब तक कि महात्मा गांधी के नेतृत्व में मूलतः अहिंसात्मक संघर्ष द्वारा 15 अगस्त, 1947 को देश आजाद नहीं हो गया।

जहाँ कुछ महान् भारतीय शासकों के राज्यक्षेत्र का विस्तार अफगानिस्तान, तिब्बत, नेपाल, भूटान, बर्मा और श्रीलंका तक हुआ, वहीं भारतीय संस्कृति का प्रभाव चीन एवं जापान सहित पूर्व एशिया में फैला।

स्वतंत्रता के पश्चात् भारत को चार बड़े युद्ध करने पड़े—तीन पाकिस्तान के विरुद्ध और एक चीन के विरुद्ध। ये आक्रमण शत्रुओं ने किए थे; भारत ने अत्यंत प्रभावी ढंग से इनका मुकाबला करके इन्हें विफल कर दिया। 1962 के युद्ध में उत्तर-पूर्व क्षेत्र में एकमात्र अपवाद को छोड़कर जब हमारी सेना को पीछे हटना पड़ा था, हमने इन युद्धों में कुछ क्षेत्रों पर अधिकार भी कर लिया था। 1971 के युद्ध में भारत ने निर्णायक विजय हासिल की और बँगलादेश को स्वतंत्र करवाया। परिणामस्वरूप पाकिस्तान ने अपना आधा देश, जो तब पूर्वी पाकिस्तान था, खो दिया। भारत ने पश्चिमी पाकिस्तान पर भी सीमित रूप से चढ़ाई की और उसके कुछ क्षेत्र को अपने कब्जे में किया, जिसे बाद में पाकिस्तान को, मुख्यतः पूर्वी पाकिस्तान के लगभग 95 हजार युद्धबंदियों सहित, लौटा दिया। इस युद्ध के दौरान जनरल एस एच एफ जे मानेकशॉ ने भारतीय सेना का अत्यंत कुशलतापूर्वक संचालन किया। साथ ही उन्होंने नौसेना और वायुसेना के मुख्य कमांडर के रूप में भी सभी सैन्य कार्रवाइयों में महत्त्वपूर्ण भूमिका निभाई। राष्ट्र ने स्वतंत्रता के पश्चात् भारतीय सेना में सर्वप्रथम फील्ड मार्शल के सर्वोच्च सैन्य पद से उन्हें सम्मानित किया।

सैम मानेकशॉ का सेना में एक विलक्षण अद्भुत और अतुलनीय करियर रहा है। भारतीय सैन्य अकादमी, देहरादून के प्रथम पाठ्यक्रम सन् 1932-34 से उन्होंने जेंटलमैन कैडेट के रूप में पास किया और विभाजन पूर्व के भारतीय सेना के फ्रंटियर फोर्स रेजीमेंट में नियुक्त हुए। सेना के एक युवा अधिकारी, कप्तान के रूप में उन्होंने द्वितीय विश्वयुद्ध में हिस्सा लिया और सिटैंग रिवर ब्रिज के युद्ध में 22 फरवरी, 1942 को जापानियों के विरुद्ध संगीनों की लड़ाई में सेना का सफल नेतृत्व किया। इसमें वे गंभीर रूप से जख्मी भी हुए। उन्हें जनरल ऑफीसर कमांडिंग डी टी कॉवान ने उल्लेखनीय वीरता के लिए मिलिट्री क्रॉस से तत्काल सम्मानित किया। सन् 1946 में उन्हें फील्ड मार्शल ऑकिनलेक के आदेश से युद्ध में भारत के शानदार कारनामों से लोगों को अवगत कराने के लिए ऑस्ट्रेलिया भेजा गया। इसके बाद उन्हें प्रथम भारतीय अधिकारी के रूप में सेना के 'सैन्य कार्रवाई निदेशालय' में तैनात किया गया। स्वतंत्र भारत को पाकिस्तान के विरुद्ध सन् 1947-48 में जम्मू व कश्मीर में युद्ध करना पड़ा। उस समय वह वहाँ की कार्रवाई का संचालन कर रहे थे। उन्होंने पाकिस्तानी सैन्य सदस्य के साथ मिलकर युद्धविराम रेखा का निर्धारण किया। 27 जुलाई, 1949 को दोनों पक्षों के प्रतिनिधियों द्वारा संयुक्त राष्ट्र में एक युद्धविराम संधि पर हस्ताक्षर किए गए। मानेकशॉ वहाँ भारतीय प्रतिनिधिमंडल के साथ थे। सैन्य कार्रवाई निदेशक होने के कारण उन पर हैदराबाद, जूनागढ़ और पंजाब जैसी गंभीर आंतरिक सुरक्षा व्यवस्था की विशेष जिम्मेदारी थी। उन्होंने सैन्य प्रशिक्षण निदेशक जैसे महत्त्वपूर्ण पद पर भी सेवा की, जो स्वतंत्रता पश्चात् भी उस समय तक ब्रिटिश अधिकारी ही किया करते थे। वे प्रथम भारतीय थे, जिन्होंने सन् 1955-56 में महू में इन्फैंट्री स्कूल का संचालन किया। भविष्य में सेना का नेतृत्व करनेवालों को प्रशिक्षण देने के साथ ही उन्होंने युद्ध से संबंधित महत्त्वपूर्ण सामग्री भी प्रकाशित कराई।

लंदन में इंपीरियल डिफेंस कॉलेज के पाठ्यक्रम को पूरा करने के बाद जब वह सन् 1957-59 में जम्मू व कश्मीर में 26 इन्फैंट्री डिवीजन की कमान कर रहे थे, तक रक्षा मंत्री वी कृष्ण मेनन ने तत्कालीन थलसेनाध्यक्ष जनरल थिमैया के बारे में मानेकशॉ से उनकी राय जाननी चाही। लेकिन उन्होंने इस बारे में कोई भी बात करने से मना कर दिया। जब वे वेलिंगटन (नीलगिरि) के डिफेंस सर्विस स्टाफ कॉलेज का संचालन कर रहे थे तब उन पर लगे झूठे आरोपों के आधार पर लेफ्टिनेंट जनरल बी एम कौल और रक्षा मंत्री वी कृष्ण मेनन द्वारा एक जाँच समिति गठित की गई थी। पश्चिमी सैन्य कमांडर जनरल दौलत सिंह, जो जाँच अधिकारी थे, उन्होंने सारे आरोपों को मनगढ़ंत बताकर रद्द कर दिया। बाद में जब सन् 1962 में चीन के

विरुद्ध युद्ध में कोर कमांडर के रूप में जनरल कौल बुरी तरह असफल रहे तो नए थलसेनाध्यक्ष जनरल जे एन चौधरी ने उनकी जगह मानेकशॉ को यह पद दिया। सशस्त्र सेनाओं पर सैम का बहुत अच्छा प्रभाव पड़ा, जबकि पहले चीनियों की सफलता के कारण भारतीय सैनिकों का मनोबल बिलकुल टूट चुका था। मानेकशॉ ने सेना की कार्य-क्षमता को फिर से मजबूत बनाने और उसमें आत्मविश्वास बढ़ाने के लिए आवश्यक कदम उठाए। जनरल कौल को उनके पद से हटा दिया गया। तत्कालीन थलसेनाध्यक्ष को त्यागपत्र देना पड़ा और रक्षा मंत्री वी कृष्ण मेनन की जगह श्री वाई बी चव्हाण ने ली।

बाद में सैम ने सन् 1963-64 में पश्चिमी कमान के राजस्थान मरुस्थल के महत्त्वपूर्ण क्षेत्रों के साथ पंजाब और समूचे जम्मू व कश्मीर की कमान पूरी जिम्मेदारी के साथ सँभाली और इसकी क्रियात्मक स्थिति को मजबूत बनाया। पश्चिमी सेना की कमान के बाद सन् 1964 में उन्हें पूर्वी कमान के संचालन का भार दिया गया। उत्तर-पूर्व, जहाँ से भूमिगत नगा प्रमुख मोवू अंगामी को गिरफ्तार किया गया था, वहाँ उन्होंने विद्रोह की स्थिति को प्रभावी रूप से सँभाला। इसके अलावा सिक्किम क्षेत्र में चीनियों के साथ कुछ तीखी सशस्त्र झड़पें हुईं, जिनमें चीनियों को पुनःजीवंत होती भारतीय सेना की जवाबी कार्रवाई का कड़वा स्वाद चखना पड़ा।

इसके बाद सैम मानेकशॉ को थलसेनाध्यक्ष बनाया गया। इस पद पर रहते हुए उन्हें पाकिस्तान के साथ उत्पन्न हुई अनेक अत्यंत कठिन समस्याओं का समाधान करना था। पाकिस्तान बंगाली बहुल प. बंगाल को पूर्वी पाकिस्तान के रूप में जबरदस्ती जोड़कर रखना चाहता था। पूर्वी पाकिस्तान के आम चुनाव में शेख मुजीबुर रहमान की अवामी लीग पार्टी ने शानदार बहुमत से जीत हासिल की। लेकिन उन्हें राष्ट्रीय सरकार बनाने की अनुमति देने के बजाय मार्च 1971 में पाकिस्तान के सैन्य शासक ने मार्शल लॉ लागू कर दिया। नतीजतन मुजीब ने स्वतंत्र बँगलादेश का ऐलान कर दिया। सर्वविदित है कि वहाँ अत्यधिक उथल-पुथल थी। पाकिस्तानी सेना विद्रोहियों से प्रतिशोध लेने के लिए बड़े पैमाने पर दमन चक्र चला रही थी जिनमें भारी संख्या में बंगाली हताहत हो रहे थे। परिणामतः भारत में बँगलादेशी शरणार्थियों की बाढ़-सी आ गई। श्रीमती इंदिरा गांधी के नेतृत्व में भारत सरकार, बंगालियों के निरंतर अनुरोध के कारण शीघ्र ही कुछ कदम उठाना चाहती थी। भारतीय नेताओं एवं नौकरशाहों द्वारा सैन्य प्रमुख पर दबाव बढ़ता गया कि अप्रैल 1971 में युद्ध छेड़ दिया जाए। लेकिन मानेकशॉ ने तब तक कोई कार्रवाई करने से इनकार कर दिया, जब तक कि उचित समय न आ जाए। उन्हें सेना को क्रियात्मक और व्यवस्थित रूप से युद्ध के लिए तैयार करना था। वह युद्ध ऐसे समय छेड़ना चाहते थे जब प्रतिकूल मौसम के

कारण चीनी सेना हस्तक्षेप नहीं कर सकती थी। इसके अलावा उन्हें पूर्वी व पश्चिमी मोर्चों पर युद्ध के लिए सेना की तैनाती करनी थी और उसके लिए आवश्यक ढाँचे का विकास भी करना था।

भारत की दूरदर्शी प्रधानमंत्री समस्या को पूरी तरह समझ गईं और उन्होंने सैन्य प्रमुख की बात मान ली। उन्होंने अनेक देशों का भ्रमण किया, लेकिन किसी की मदद नहीं मिली। युद्ध अनिवार्य होता जा रहा था। जब लगा कि युद्ध अवश्यंभावी हो गया है, तो प्रधानमंत्री ने आदेश जारी किया कि मानेकशॉ समन्वय करेंगे और सेना के अन्य अंग और मंत्रालय उनका पूरी तरह सहयोग करेंगे। अंततः जब पाकिस्तानी राष्ट्रपति याह्या खान के निर्देश पर पाकिस्तानी वायुसेना ने 3 दिसंबर, 1971 को भारतीय हवाई अड्डों पर हमला कर दिया तो ईंट का जवाब पत्थर से देने का उचित समय आ गया। मानेकशॉ की रणनीति अद्‌भुत थी। इसके अनुसार मुख्य आक्रमण पूर्वी पाकिस्तान पर किया जाना था जबकि पश्चिम पाकिस्तान के खिलाफ आक्रामक रक्षा की रणनीति अपनानी थी। उन्होंने सभी क्षेत्रों का दौरा करके सशस्त्र सेनाओं को सफल होने की प्रेरणा दी। पूरे युद्ध के दौरान उन्होंने स्थिति पर नियंत्रण बनाए रखा। जहाँ जरूरत हुई, वहाँ दिशा–निर्देश दिया। सिर्फ चौदह दिनों में ही पूर्वी पाकिस्तान पद दलित हो गया। पश्चिमी क्षेत्र में भी भारतीय जवान अधिकांशतः पाकिस्तान की भूमि पर थे, कहीं-कहीं तो काफी गहराई तक भी। ढाका में पाकिस्तानी सैनिकों के आत्मसमर्पण समारोह में लाखों लोगों के बीच मुझे भाग लेने का गौरव प्राप्त हुआ, जहाँ मैं सिलहट से गया था। फिर मानेकशॉ वहाँ आए और उन्होंने सभी जवानों को गर्मजोशी से बधाई दी। बाद में भारतीय एवं पाकिस्तानी सरकारों द्वारा सन् 1972 का शिमला समझौता हुआ और दोनों देशों के बीच एक सीमा नियंत्रण रेखा खींच दी गई। मानेकशॉ को उनके शानदार नेतृत्व तथा सेना के जवानों के सर्वोत्तम कार्यों के सम्मान में तरक्की दी गई और उन्हें भारतीय सेना का 'प्रथम फील्ड मार्शल' होने का गौरव प्रदान किया गया। राष्ट्रपति भवन में आयोजित एक भव्य समारोह में तत्कालीन राष्ट्रपति वी वी गिरि ने उन्हें पद और आधिकारिक बैटन प्रदान किया। श्रीमती इंदिरा गांधी भी उन्हें तीनों सेनाओं का प्रमुख बनाना चाहती थीं, लेकिन दुर्भाग्यवश यह नहीं हो सका और 'राष्ट्रीय सुरक्षा तंत्र' की यह कमी अभी भी पूरी नहीं हो सकी है।

सेवानिवृत्ति के बाद मानेकशॉ को राजनयिक और राज्यपाल पद का प्रस्ताव दिया गया, लेकिन उन्होंने मना कर दिया। इसके बदले में उन्होंने अनेक कंपनियों के निदेशक, कार्यकारी निदेशक के रूप में अपनी महत्त्वपूर्ण सेवाएँ प्रदान कीं और अपने नेतृत्व के लंबे अनुभव के आधार पर मानवीय व्यवहार एवं प्रबंधन के क्षेत्र में उनकी सहायता की।

ये मानेकशॉ के विलक्षण और शानदार करियर के मुख्य पहलू हैं, जिन्हें मेजर जनरल शुभी सूद ने अपनी इस विशिष्ट पुस्तक फील्ड मार्शल मानेकशॉ में अनगिनत किस्से-कहानियों के साथ विस्तार से वर्णित किया है। सेनाध्यक्ष के उपसैनिक सहायक के रूप में काम करते हुए शुभी उनके करीब रहे। सन् 1971 के युद्ध की घटनाओं का उन्होंने बृहद् अवलोकन किया। बाद में उनकी तरक्की हो गई और मेजर जनरल के रूप में जम्मू व कश्मीर में छद्म-युद्ध के दौरान 26 इन्फैंट्री डिवीजन का संचालन बड़ी कुशलता से किया। ये वही टुकड़ियाँ थीं, जिन्हें पहले मानेकशॉ ने कमान किया था। अचानक उन्होंने सेवानिवृत्ति ले ली और व्यावसायिक पुस्तकों के लेखन में जुट गए।

इतने व्यापक युद्ध के बाद स्वभावतः बहुत से लोगों और मीडिया ने उस पर निजी विचार व टिप्पणियाँ कीं। जहाँ अधिकांश लोगों ने शानदार जीत की प्रशंसा की, वहीं कुछ लोगों ने कई सवाल उठाए, जैसे कि पाकिस्तानी प्रहार के साथ ही युद्ध छेड़ देना चाहिए था, ढाका को विशेष लक्ष्य नहीं बताया गया था, युद्ध विराम नहीं करना चाहिए था, पश्चिमी पाकिस्तान के साथ युद्ध जारी रखना चाहिए था आदि। शुभी ने उन सभी प्रश्नों के तथ्यपरक और तर्कसंगत उत्तर दिए हैं।

पाकिस्तान के विरुद्ध कार्रवाई के दौरान उत्तरी सीमा को पूरी तरह अनारक्षित छोड़ दिया गया था, ऐसी शंका पाठकों के दिमाग में हो सकती है। अतः यह बताना उचित होगा कि वहाँ पर्याप्त सेना तैनात थी ताकि जाड़े के मौसम में चीन की तरफ से कोई खतरा होने पर उसका सामना किया जा सके। आगे जब अमेरिकन जहाजी बेड़ा हिंद महासागर में लाया गया तब भारतीय नौसेना के पास बंगाल की खाड़ी में समुचित सामरिक क्षमता थी। जहाँ तक वायुसेना का सवाल है, उसने अपने कार्य को बखूबी अंजाम देकर सर्वोच्चता प्राप्त कर ली थी और यह किसी भी समय किसी भी बाहरी खतरे से निबटने में सक्षम थी।

लेखक ने प्रस्तुत पुस्तक को आनेवाली पीढ़ी के लिए अत्यधिक रुचिकर और उपयोगी बनाने के उद्देश्य से इसका समापन 'नेतृत्व मानेकशॉ शैली में' के व्याख्यात्मक अध्याय से किया। उन्होंने सैम मानेकशॉ के उच्च मूल्यों, देश व सेना के लिए उनके पूर्ण समर्पण भाव के लिए, जीत के लिए उनके जज्बे, उनकी दूरदृष्टि, युद्ध के प्रति उनके सिद्धांतों के वास्तविक प्रयोगों, उनकी मौलिकताओं, उनके प्रभावी निर्णयों, उनके उल्लेखनीय नैतिक साहस, सेना के मनोबल व महत्त्वपूर्ण जरूरतों के प्रति उनकी संवेदनाओं, आवश्यक नैतिक गुणों पर लगातार बल देने की उनकी प्रवृत्ति और युद्ध के अनुभवी अन्य विकसित राष्ट्रों के अनुभवों पर आधारित राष्ट्र की सुरक्षा के लिए उचित व्यवस्था/संघटन पर बल देने की भावना को विस्तार से प्रस्तुत किया है।

यह भारत के महानतम सेनानायक के जीवन पर आधारित एक अति मूल्यवान पुस्तक है, जो बताती है कि कैसे विषम परिस्थितियों में भारत को धकेला गया और पूरी तरह से विजय हासिल कर कैसे उन्होंने इतिहास को बदलकर राष्ट्र को उच्च शिखर पर पहुँचा दिया। जहाँ उसे अंतरराष्ट्रीय संबंधों में महत्त्व दिया जाता है और उसका सम्मान किया जाता है। यह केवल सेना या सैन्य बलों के लिए नहीं है, बल्कि यह सभी राजनेताओं, प्रशासकों और सामान्य जनता के लिए भी उपयोगी है, जो राष्ट्र के भविष्य की सुरक्षा के लिए उत्तरदायी हैं। लेखक को इस विशिष्ट प्रकाशन का पूरा-पूरा श्रेय जाता है।

K.V. Krishna Rao.

—जनरल (से नि) के वी कृष्णा राव (पी वी एस एम)

प्रस्तावना

जुलाई 2004 में मैं फील्ड मार्शल मानेकशॉ से मिला, जब वे दिल्ली आने वाले थे। तब मैंने उनसे 15 दिसंबर, 2004 को अपनी पुस्तक 'यंगहसबैंड : ट्रबल्ड कैंपेन' के विमोचन का आग्रह किया था। अद्भुत कृपालु थे वे। उन्होंने मुझसे कहा कि 17 दिसंबर को उनका पौत्र आ रहा है, उससे मिलने के लिए वे 16 दिसंबर को दिल्ली जाने वाले हैं। अत: उन्होंने 14 दिसंबर को ही दिल्ली आगमन का कार्यक्रम बना लिया, ताकि मेरी पुस्तक का विमोचन कर सकें। परंतु परिस्थितियाँ कुछ ऐसी बनीं कि इस अवसर पर वे उपस्थित नहीं हो सके। 10 जनवरी, 2005 को मैंने उनसे पुन: संपर्क किया और कहा कि उन्हें अपनी पुस्तक की एक प्रति भेंट करना चाहता हूँ। जब मैं उनके आवास पर गया तब उनकी ज्येष्ठ पुत्री शेरी उनके साथ थी। मेरी पुस्तक को देखते ही उसने कहा, "शुभी, आप पिताजी पर कोई पुस्तक क्यों नहीं लिखते?" मैंने उससे कहा, "यह तो उन पर निर्भर है। मेरे खयाल से, पारसी उन पर पुस्तक लिख रहे हैं।" उसने कहा, "आपने इनके साथ काम किया है, आप इन्हें अच्छी तरह जानते हैं, अत: आप लिखें।" मैंने सैम पर एक पुस्तक लिखने की सहमति दे दी। उसके बाद मैं कुछ उदासीन सा हो गया, क्योंकि 'सैम मानेकशॉ' जैसे व्यक्तित्व के बारे में लिखना कठिन ही नहीं, दुष्कर भी था। मैंने महसूस किया कि मैं पुस्तक की विषय-वस्तु के साथ न्याय करने में सक्षम नहीं हूँ। उनका व्यक्तित्व और कृतित्व इतना विशाल था कि उसे एक पुस्तक के रूप में लिख पाना संभव नहीं था। उनके जीवन को समेटने के लिए कई खंडों में पुस्तक लिखनी होगी। पुस्तक लिखने की सहमति देने के बाद मैंने निश्चय किया कि इस पुस्तक को सर्वोत्तम बनाने की पूरी कोशिश करूँगा। मुझे याद आया कि वे हमेशा कहा करते थे, 'चुनौतियों का सामना करना ही एक सिपाही की वास्तविक पहचान है।'

सैम सेना में कई बातों में प्रथम रहे और उन्हें भारत-विभाजन के समय महत्त्वपूर्ण भूमिका निभाने का गौरव प्राप्त था। वे सैन्य कार्रवाई निदेशक (डी एम ओ)

के पद पर प्रतिष्ठित हुए जो अब तक अंग्रेज अधिकारियों के लिए सुरक्षित था। इस प्रकार वे उस समय की राजनीतिक-सैनिक गतिविधियों से भी अंतरंगता से जुड़े हुए थे। स्वतंत्रता के बाद श्रीनगर और हैदराबाद में हुई कार्रवाइयों में वे सक्रियता से जुड़े हुए थे। इसके अलावा वे स्वाधीनता बाद के भारत की भारतीय सेना के पुनर्गठन में भी शामिल थे।

मैं सन् 1967 के उत्तरार्ध में सैम के संपर्क में आया था। पूर्वी सेना के सैन्य कमांडर के रूप में वे हमारी बटालियन 4/8 जी आर के निरीक्षण के लिए शिलांग आए थे। मेरे कमांडिंग ऑफीसर लेफ्टिनेंट कर्नल दीपिंदर सिंह, जो बाद में लेफ्टिनेंट जनरल हुए, ने मुझे उनके संपर्क अधिकारी (एल ओ) का दायित्व सौंपा। सैन्य कमांडर और उनकी पत्नी उस समय राजभवन में ठहरे हुए थे, जो शिलांग में असम और नगालैंड के राज्यपाल का आधिकारिक निवास था। राज्यपाल स्व बी के नेहरू और सैम बहुत अच्छे मित्र थे। संपर्क अधिकारी के रूप में मेरे पास ज्यादा कुछ करने को नहीं था। जब मैं कमांडर सैम से मिला, तब उन्होंने मुझसे कहा कि जब तक उन्हें मेरी जरूरत नहीं है, मैं छुट्टी पर रह सकता हूँ। किंतु फिर भी मैं राजभवन में ही रुका रहा कि पता नहीं कब श्री और श्रीमती सैम को मेरी जरूरत पड़ जाए। बटालियन में वापस जाने का मतलब था कमांडिंग ऑफीसर को लौटने के कारण के बारे में शंकित करना। उसके बाद सैम तीन या चार बार शिलांग आए और हर बार मुझे उनका एल ओ नियुक्त किया गया। इसी समय उनके ए डी सी कैप्टन बी एम पंथकी को उनकी बटालियन में वापस भेज दिया गया जो फोर्ट विलियम से बाहर जा रही थी। जब सैम आखिरी बार बटालियन निरीक्षण के लिए शिलांग आए तो मुझसे उनका ए डी सी बनने के लिए पूछा गया। मैं तुरंत सहमत हो गया और अगस्त 1968 में मैं कलकत्ता में सैम के ए डी सी के पद पर नियुक्त हुआ। जब उनकी पदोन्नति थलसेनाध्यक्ष के रूप में हुई तब भी मुझे उनका ए डी सी बने रहने का सौभाग्य मिला। सन् 1971 के युद्ध के कुछ पहले मेरा कार्यक्षेत्र बढ़ाया गया और मुझे सेनाध्यक्ष के डिप्टी मिलिट्री असिस्टेंट का पदभार दिया गया। उस अवधि में, जब वे विभिन्न टुकड़ियों के दौरे पर जाते थे, मैं उनके साथ रहता था। मैं बहुत ही भाग्यशाली था कि मुझे अपनी सैन्य सेवा की शुरुआत में ही एक ऐसे देदीप्यमान व्यक्ति की सेवा का अवसर मिला था और सन् 1971 के युद्ध के समय उच्च सैन्य कमान की महत्त्वपूर्ण बातों को गहराई से समझने एवं निरीक्षण करने का अवसर मिला था।

फील्ड मार्शल मानेकशॉ बागबानी और संगीत के साथ ही अन्य विषयों में रुचि रखनेवाले एक ऐसे व्यक्ति थे, जिन्हें सहृदयता से पा लेना बहुत आसान था, बशर्ते कि

उन्हें व्यक्ति पर विश्वास हो जाए। वे कई महत्त्वपूर्ण विषयों पर महत्त्वपूर्ण जानकारी हमें देते ताकि भावी सैन्य सेवा में आनेवाली समस्याओं का सामना करने के लिए हमें तैयार कर सकें। वे अद्वितीय भद्र पुरुष थे, जो अपने सहयोगियों पर पूरा विश्वास करते थे और पूरी तत्परता से उनकी देख-रेख भी करते थे। वे हमेशा आश्वस्त करते कि आपके प्रशिक्षण में कोई कमी नहीं हो रही है। उनमें प्रशिक्षण देने की अद्‌भुत प्रतिभा एवं क्षमता थी। उनमें शिक्षा अनुदेश को सीधे रूप में इंगित करने से लेकर महत्त्वपूर्ण घटनाओं की जाँच-पड़ताल के प्रश्न भी विभिन्न रूपों में होते थे। उनके प्रश्न बड़े ही युक्तिपूर्ण होते थे, जो उस विषय-वस्तु की गहराई तक ले जाते थे। सबसे अधिक प्रभावी था उनका व्यक्तित्व, जिसमें तीक्ष्ण बुद्धि और असाधारण स्मृति थी। अपने लोगों के प्रति उनकी संवेदना दिखावटी नहीं, उनके हृदय से निकलती थी। जरूरतमंदों की सहायता को सदैव तत्पर रहनेवाले इस व्यक्ति में प्रत्येक व्यक्ति की समस्याओं को हल करने के सामने पद और प्रतिष्ठा का कोई भेदभाव नहीं था। हाजिर जवाबी और विनोदप्रियता की वजह से लोग स्वतः उनसे जुड़ जाते थे।

उनके बारे में लिखना मेरे लिए सुखद अनुभूति रही। उनके बारे में बहुत कुछ लिखा जा सकता है, लेकिन यहाँ मैंने दृष्टांतों के सहारे पाठकों को उनके बारे में जानकारी देने की कोशिश की है ताकि वे उन्हें बेहतर तरीके से जान सकें। जिस समय मैं उनके साथ था, उस समय की अपने और उनके बीच की सीधी बातचीत को मैंने इस पुस्तक में उद्धरणों के रूप में सामने रखा है। बाद के वर्षों में भी मैं निरंतर उनके संपर्क में रहा। इस पुस्तक को लिखने में मैंने याद्‌दाश्त का बहुत सहारा लिया है। कुछ महत्त्वपूर्ण घटनाओं की सत्यता के लिए फील्ड मार्शल सैम से भी पुष्टि की। हालाँकि सभी घटनाओं की सत्यता जाँचकर अपनी पूरी क्षमता के साथ उनके वर्णन करने की कोशिश मैंने की है, फिर भी संभव है कि कुछ गलतियाँ या असत्यता सामने आ जाएँ, उसके लिए मैं पाठकों से क्षमाप्रार्थी हूँ।

इस पुस्तक में एक और अध्याय जोड़ा गया है 'नेतृत्व : मानेकशॉ शैली में'। इस अध्याय को जोड़ने का एकमात्र उद्‌देश्य है कि एक अद्‌भुत कमांडर के रूप में मानेकशॉ के नेतृत्व को पढ़कर, सेना में भविष्य के नेतृत्वकर्ताओं को एक सुदृढ़ मंच मिले। भारतीय सेना 'मांटगॉमरी' के जीवन-चरित संबंधी अध्ययन और अन्य पाश्चात्य सैन्य कमांडरों पर अधिक विश्वास करती है। एक समय ऐसा आता है, जब प्रेरक तत्त्वों की खोज के लिए बाहर से अंदर की ओर देखना पड़ता है। इसके अलाव अनुदेशों के विद्यालय में नेतृत्व के पाठ की प्रवृत्ति बहुत अधिक सैद्धांतिक और विश्लेषणात्मक होती है, जो प्रायः उबाऊ होती है। यदि सैन्य अधिकारी स्वदेश के इन उदाहरणों से उनको संबंधित कर लें तो मेरे विचार में वे बहुत उपयोगी होंगे। इस

पुस्तक में मैंने अपने जो विचार व्यक्त किए हैं, संभव है कुछ को वे प्रिय न लगें। मैं दोहराना चाहता हूँ कि यह मेरी प्रवृत्ति नहीं है, उस समय की गई कार्रवाइयों का मैं सम्मान करता हूँ, ये मेरे विचार हैं जो मौके पर लिये गए निर्णय पर आधारित कार्रवाई का स्थान नहीं ले सकते।

—मेजर जनरल (से नि) एस डी सूद

3 अप्रैल, 2009

नई दिल्ली

आभार

प्रस्तुत पुस्तक को लिखने के साथ ही मुझे यह अच्छी तरह से ज्ञात था कि इसे पूरा करना एक दुष्कर कार्य है। मैं सेनाध्यक्ष जनरल जे जे सिंह से उनके ऑफिस में जाकर मिला। उन्होंने अपने स्वभाव के अनुकूल न सिर्फ मुझे इसे लिखने को प्रोत्साहित किया, बल्कि फील्ड मार्शल सैम मानेकशॉ के बारे में यथासंभव तथ्यपूर्ण लिखने के लिए हर जरूरत को पूरा करने में सहायता का प्रस्ताव भी दिया। इसके लिए तथा उनके व सेना के द्वारा शिष्टाचार प्रदर्शित करने के लिए में आभार प्रकट करता हूँ। यूनेस्को परजॉर फाउंडेशन ने फील्ड मार्शल के जीवन के बारे में अनेक तथ्य जुटाने का उत्कृष्ट कार्य किया था। इससे मेरे शोध को काफी बल मिला। अपने शोध के दौरान फील्ड मार्शल पर प्रकाशित ढेरों तथ्यों से मैंने प्रचुर सामग्री बटोरी। यह महत्त्वपूर्ण है क्योंकि 'भारत के इस महान् पुत्र' पर लिखी गई बातें बहुत थोड़ी हैं। उनके भूतपूर्व मिलिट्री असिस्टेंट लेफ्टिनेंट जनरल दीपिंदर सिंह द्वारा लिखी गई पुस्तक, नेतृत्व पर मेजर जनरल वी के सिंह द्वारा लिखित पुस्तक, यूनेस्को परजॉर फाउंडेशन द्वारा निर्मित चलचित्र व स्मारिका और लेफ्टिनेंट जनरल जे एफ आर जैकब द्वारा ढाका पर लिखित पुस्तक—सबने मुझे इस पुस्तक को लिखने में बहुत मदद की।

इस पुस्तक का प्रारूप तैयार करने के लिए मैंने अनेक स्रोतों से सहायता ली। मैं विशेष रूप से फील्ड मार्शल मानेकशॉ की बेटियों शेरी और माया का आभारी हूँ, जो बहुत सहायक रहीं और जिन्होंने तथ्यगत जानकारियों पर अपने विशेष सुझाव दिए। मैं माया के पति श्री धुन दारूवाला का आभारी हूँ, जिन्होंने फील्ड मार्शल से मुझे मिलवाया और प्रारंभिक तथा पारिवारिक चित्रों सहित ढेर सारे वास्तविक तथ्यों को उपलब्ध कराया, जिससे इस पुस्तक को वास्तविकता के निकट लाने में मैं सक्षम हुआ। मैं ब्रिगेडियर (से नि) बी एन पंथाकी की हृदय से प्रशंसा करता हूँ, जिन्होंने अपने पास से बहुमूल्य सामग्री दी और मेरी एकत्रित सामग्री में कुछ संशोधन किए ताकि पुस्तक अधिक प्रामाणिक बन सके। जब फील्ड मार्शल दिल्ली में सेनाध्यक्ष

थे, तब हमने उनकी सेवा एक सहायक डी सी के रूप में की थी और उस दौरान हमें ढेर सारे अनुभव हुए थे। हम एक ही ए डी सी कॉटेज में रहते थे, जिसकी यादें अभी भी मेरे मानस-पटल पर ताजा हैं।

मैं लेफ्टिनेंट जनरल (से नि) ए एम वोहरा का विशेष आभारी हूँ, जिन्होंने इस पुस्तक को मूर्त आकार देने में मेरी भरपूर सहायता की। फील्ड मार्शल पर लिखे गए उनके नोट्स से मुझे सूचनाओं का भंडार मिला, जिससे सभी चीजों को एक परिप्रेक्ष्य में रखने में आसानी हुई। उन्होंने अपनी लेखन सामग्री का उपयोग करने की मुझे अनुमति दी, इसके लिए भी मैं उनका धन्यवाद करता हूँ। मैं लेफ्टिनेंट जनरल (से नि) दीपिंदर सिंह का धन्यवाद करता हूँ कि उन्होंने मुझे अपनी पुस्तक को इस पुस्तक के लिए संदर्भ पुस्तक के रूप में उपयोग करने की स्वीकृति दी और कुछ उपयोगी पहलुओं पर अपनी महत्त्वपूर्ण सलाह दी। मैं ब्रिगेडियर (से नि) के जे चड्ढा का आभार प्रकट करता हूँ, जिन्होंने अपनी गहरी अंतर्दृष्टि, जो उन्हें फील्ड मार्शल के साथ विभिन्न कार्यों को पूरा करने के अनुभव से मिली थी, को मेरे साथ बाँटा। सैम के साथ उनके साहचर्य ने कई महत्त्वपूर्ण मामलों पर जमी धुंध छाँट दी। मैं उनका कृतज्ञ हूँ कि उन्होंने उन सारी बातों को मेरे साथ बाँटा। मैं लेफ्टिनेंट जनरल (से नि) वाई एस तोमर का धन्यवाद करता हूँ, जिन्होंने फील्ड मार्शल पर अपने विचारों को मेरे साथ बाँटा। ब्रिगेडियर (से नि) राय सिंह, एम वी सी—जो युद्ध के दौरान पूर्वी पाकिस्तान पर कार्रवाई को देख रहे थे—ने मुझे कुछ तथ्यगत जानकारियाँ दीं। मैं उनका ऋणी हूँ, जिन्होंने न केवल युद्धकाल की वरन् सिक्किम, जहाँ उन्होंने बटालियन की कमान सँभाली थी, की भी जानकारियाँ मुझे दीं।

मैं चूक जाता, यदि भारतीय सैन्य अकादमी, देहरादून के कमांडेंट और उनके सहयोगी ने मुझे तथ्यों के लिखित रूप को सही ढंग से रखने में जो मदद की उसका उल्लेख न करता। उन्होंने फील्ड मार्शल के कैडेट जीवन की दुर्लभ तसवीरों और लिखित तथ्यों को मेरे लिए सुलभ कराया। इससे मुझे उनके उन युवा दिनों और एक सैनिक के रूप में ढलते हुए जीवन की गहन अंतर्दृष्टि मिली। मैं उप जनसंपर्क निदेशक (सुरक्षा—फोटो विभाग) व उनके विभागीय सहयोगियों का आभारी हूँ, जिन्होंने उन दिनों के चित्र उपलब्ध कराए, जब फील्ड मार्शल सेनाध्यक्ष थे। इन सबके बिना मेरी पुस्तक अधूरी रह जाती।

एविस इंडिया के अपने पूर्व सचिव श्री वी वी मुकुंदन का मैं आभारी हूँ, जिन्होंने मेरी पहली हस्तलिपि को बड़ी कर्मठता और तत्परता से टाइप किया। उनका धैर्य और उनकी तन्मयता प्रेरणाजन्य थी, जो प्रशंसनीय है। मैं अपने कर्तव्यपालन में असफल होऊँगा, यदि दिल्ली जिमखाना; नेशनल डिफेंस कॉलेज, नई दिल्ली; नेहरू

मेमोरियल म्यूजियम, नई दिल्ली के पुस्तकालयाध्यक्ष और सुरक्षा मंत्रालय का आभार न प्रकट करूँ। बिना किसी शिकायत के उन्होंने मेरे शोध के लिए सभी चीजों को उपलब्ध कराया, इसके लिए मैं उनका आभारी हूँ। मैं विशेष रूप से 60 इन्फैंट्री ब्रिगेड के कमांडर ब्रिगेडियर 'सुखी' ढिल्लन का भी आभारी हूँ, जो मेरी सहायता के लिए हमेशा तैयार रहते थे।

गीतिका प्रकाशन के डॉ. ए एस भसीन को मैं विशेष धन्यवाद देता हूँ, जिन्होंने अपनी पुस्तक से उद्धरण लेने की मुझे अनुमति दी। मैं नटराज प्रकाशन के श्री अरोड़ा का कृतज्ञ हूँ, जिन्होंने फील्ड मार्शल पर प्रकाशित अपनी पुस्तक से महत्त्वपूर्ण जानकारियाँ मुझे उपलब्ध कराईं।

मैं 58 जी टी सी शिलांग के कमांडेंट और उनके सहयोगी का आभारी हूँ, जिन्होंने पुस्तक के तथ्यों को लिखने में अपना अमूल्य योगदान दिया। बिना किसी अवरोध के 'मानेकशॉ संग्रहालय' में किसी भी चीज और वहाँ प्रदर्शित वस्तुओं के उपयोग करने की स्वतंत्रता के लिए उनका धन्यवाद। मैं जी ओ सी 26 इन्फैंट्री डिवीजन और उनके सहयोगियों का धन्यवाद करता हूँ, जिन्होंने पुस्तक के प्रकाशन में मेरी मदद की।

मेजर जनरल (से नि) अशोक कृष्ण और ब्रिगेडियर (से नि) एन एल पूनिया, एस एम का मैं हृदय से आभार प्रकट करता हूँ, जिन्होंने अपनी व्यस्त दिनचर्या में से समय निकालकर इस पुस्तक का संपादन किया, साथ ही इस पुस्तक को और अधिक महत्त्वपूर्ण बनाने के लिए अपने अमूल्य सुझाव भी दिए।

मैं पूर्व विदेश सचिव श्री ए पी वेंकटेश्वरन का आभारी हूँ, उनके पैने विचारों और अनेक स्पष्टीकरणों के लिए, जिन्होंने इस पुस्तक को समृद्ध किया। मैं उन्हें तब से जानता था जब वह सेनाध्यक्ष और चेयरमैन पी पी सी के साथ आई ए एफ कम्युनिकेशन स्क्वाड्रन उड़ान में नियमित यात्री थे। मैं इस पुस्तक को अधिक प्रामाणिक बनाने के लिए उन्हें धन्यवाद देता हूँ।

मैं उन सभी अधिकारियों व अन्य लोगों का धन्यवाद करता हूँ, जिन्होंने फील्ड मार्शल पर अपने-अपने विचार प्रकट किए और इस पुस्तक को यथासंभव ईमानदारी से लिखने में मेरी मदद की। मैंने इस पुस्तक में अपनी पश्चदृष्टि से उपजे कुछ विचारों को रखा है। हो सकता है कि इससे किसी को दुःख पहुँचे। मैं उसके लिए क्षमाप्रार्थी हूँ। ये पश्चदृष्टि से उपजे हुए विचार तथ्यों की जगह नहीं ले सकते, जो घटनास्थल पर हुए क्रियाकलापों और निर्णयों पर आधारित सत्य हैं।

मैंने सन् 1971 के सितंबर के अंत में फील्ड मार्शल का साथ छोड़ा। अतः जब वे फील्ड मार्शल बनाए गए, मैं वहाँ नहीं था। इसलिए मुझे उस समय के

प्रकाशित तथ्यों और तत्कालीन घटनाओं से संबंधित लोगों के कथ्यों का सहारा लेना पड़ा। कुछ दिन बाद मुझे फील्ड मार्शल से मिलने का अवसर प्राप्त हुआ, जब वे प्राय: दिल्ली और इंग्लैंड की यात्रा पर आया-जाया करते थे। संयोगवश मैं वहाँ था और मैंने उनके ही श्रीमुख से सभी जानकारियाँ प्राप्त कीं। मुझे उनका विश्वासपात्र बनने का भी सौभाग्य प्राप्त हुआ और बहुत कुछ तथ्य मिले, जिन्हें मैंने अपनी पुस्तक में विशेष जगह दी। जब करण थापर बी बी सी के कार्यक्रम 'हार्ड टॉक' के लिए उनका साक्षात्कार ले रहे थे, तब उन्होंने विशेष रूप से उन्हें मुझसे मिलने के लिए कहा और साथ ही यह भी कहा कि यदि उन्हें कोई करीब से जानता है तो वह मैं हूँ। उनके इन विश्वास भरे शब्दों ने मेरे हृदय को छू लिया।

अंतत: मैं अपनी पत्नी कविता और अपने दोनों पुत्रों, साहिल तथा अशीम का हृदय से धन्यवाद करता हूँ, जिनकी प्रेरणा और मेरे इस अध्यवसायपूर्ण कार्य की सराहना के बल पर मैं यह कार्य पूरा कर सका।

—मेजर जनरल (से नि) एस डी सूद

सूची-क्रम

आरंभिक वर्ष

'पारसी' को 'फारसी' भी कहा जाता है, जो ईरान के निवासी थे और फारसी या पर्शियन भाषा बोलते थे। वे जरथुष्ट्र के अनुयायी थे जिसे 'जोरोष्ट्रियन' भी कहते हैं। वे सातवीं शताब्दी में उस समय भारत आए, जब अरबों ने पर्शिया को जीतकर अपने अधिकार में कर लिया था। अरबों के आधिपत्य से पहलेवाले पारसियों के अंतिम बचे समूह ने गुजरात के तट पर नवसारी और बलसाड़ में अपना पहला कदम रखा। 1300 वर्षों तक उन्होंने अपनी प्रवृत्तियों, रीति-रिवाजों और रहन-सहन की आचार व्यवस्था को बनाए रखा, जिससे उन्हें पश्चिमी सभ्यता को अपनाने में आसानी हुई। इस छोटे से उद्यमी समुदाय ने भारत में कपास, लोहा और इस्पात मिल तथा शोध संस्थान शुरू करने में निर्णायक भूमिका निभाई। जैसे ही उन्हें इन व्यवसायों में सफलता मिलने लगी, उनकी अगली पीढ़ी कानून, विज्ञान, चिकित्सा, अभियंत्रण कला, संगीत, राजनीति, प्रबंधन जैसे सभी क्षेत्रों में आगे आने लगी। इस देश के सामाजिक-आर्थिक वातावरण में बदलाव लाने में वे अग्रगामी रहे, कई मामलों में सर्वप्रथम। इस समुदाय की एक और सर्वप्रथम विशिष्टता थी—भारत को सैम हॉरमुसजी फेमजी जमशेदजी मानेकशॉ के रूप में 'प्रथम फील्ड मार्शल' देने की।

सैम के पिता हॉरमुसजी जिनके पिता बलसाड़ के 'मोटाबावा' (बड़े आदमी) के नाम से जाने जाते थे, मुंबई में अपनी होनेवाली पत्नी हिला से मिले, जहाँ हॉरमुसजी ग्रांट मेडिकल कॉलेज के वरिष्ठ छात्र थे। वहाँ हिला के भाई हॉरमुसजी कनिष्ठ छात्र थे और उनसे पढ़ा करते थे। अपनी शादी के बाद बंबई में काम नहीं पाने के कारण वे अपनी पत्नी के साथ अमृतसर चले आए। यहाँ हॉरमुसजी ने अपना चिकित्सा कार्य शुरू किया और साथ ही दवाई की एक दुकान खोली। वहाँ उनके नुस्खों पर दवा तैयार की जाती थी। तब पूर्व-निर्मित पेटेंट दवाइयाँ नहीं के बराबर मिलती थीं, पर उनके मरीजों को इस प्रकार चिकित्सा सुविधा आसानी से मिल जाती थी। 'प्रथम विश्व युद्ध' के दौरान कैप्टन हॉरमुसजी ने रॉयल ब्रिटिश आर्मी के चिकित्सा अधिकारी के रूप में मेसोपोटामिया के मध्य-पूर्वी क्षेत्र में अपनी सेवा प्रदान की।

डॉ. मानेकशॉ का परिवार

मानेकशॉ परिवार में छह संतानें थीं—चार लड़के और दो लड़कियाँ। सभी का जन्म अमृतसर में हुआ था। गुजराती, अंग्रेजी और हिंदुस्तानी के अलावा वे बड़ी अच्छी पंजाबी भी बोलते थे। फाली ने, जो सबसे बड़ा था, बंबई में स्कूली शिक्षा ग्रहण की थी। उसने इंग्लैंड से इंजीनियरी में स्नातक किया और कलकत्ता में स्टीवर्ट्स और लॉयड्स में नौकरी शुरू की। दूसरी बच्ची सिला बहुत ही भद्र और विनोदप्रिय थी, जिसने उसे उसके भतीजे-भतीजियों में लोकप्रिय आंटी बना दिया था। तीसरे आकर्षक और छरहरे बदन वाले जैन ने भी इंग्लैंड से इंजीनियरी में स्नातक किया और कैलेंडर केबल्स (बाद में 'भारतीय केबल्स' कहलाया) में नौकरी शुरू की और वहीं से निदेशक के पद से सेवानिवृत्त हुए। परिवार की सुंदर बेटी सेहरू ने शादी कर बंबई में अपना घर बसा लिया। जो व्यक्ति भारत का प्रथम फील्ड मार्शल बना, वह पंक्ति में इसके बाद था। उसका जन्म 30 अप्रैल, 1914 को अमृतसर में हुआ। वहीं जेमी, जो सबसे छोटा था, चिकित्सक बना और वायुसेना में अपनी नौकरी की शुरुआत की। उसने बंगलौर में 'इंस्टीट्यूट ऑफ एविएशन मेडिसिन' के विकास में अहम भूमिका निभाई। तीनों छोटे बच्चों ने शेरवुड कॉलेज, नैनीताल से पढ़ाई की और दोनों लड़कियों ने मरी स्थित विद्यालय (अब पाकिस्तान में) से अपनी पढ़ाई की।

छुट्टियों के दिनों में जब सभी एक साथ अमृतसर में होते थे, तब मानेकशॉ का घर खुशियों, अठखेलियों और हँसी-मजाक से भरा होता था। गरमी की छुट्टियों में पूरा परिवार किसी पहाड़ी स्थान पर या बंबई में समय व्यतीत करता था। सभी बच्चों को संगीत और बागबानी से बहुत प्यार था। ये गुण उन्हें उनके पिता से विरासत में

मिले थे। सैम भी संगीत और बागबानी का खूब आनंद उठाते थे। सैम गुलाब के दीवाने थे। उनके बगीचे में गुलाब का एक खूबसूरत संग्रह था। पूसा हॉर्टिकल्चर इंस्टीट्यूट, नई दिल्ली के डॉ. पॉल—जो भारत में गुलाब के अधिकारी विद्वान् थे—प्राय: सैम को गुलाब के बारे में सलाह दिया करते थे। जब कभी खाद डालनी हो या नई वेराइटी लगानी हो वे अपनी व्यस्त दिनचर्या में से समय निकालकर सैम के मालियों को निर्देश देते और उनकी सहायता करते। सभी वाहन चालकों, दरबारियों और मालियों को इस अवसर पर उपस्थित रहना पड़ता था। जहाँ मानेकशॉ के सभी बच्चों ने अपने पिता से निष्ठा और विनोदप्रियता पाई, वहीं सैम को अपनी माँ से हास्यास्पदता के गुण विरासत में मिले थे।

हालाँकि उन्होंने वादा किया था, लेकिन डॉ. मानेकशॉ ने महसूस किया कि पंद्रह वर्ष की उम्र में नैनीताल के शेरवुड कॉलेज से विशिष्ट अंकों के साथ सीनियर कैंब्रिज परीक्षा पास करनेवाला उनका यह बेटा अकेला इंग्लैंड जाकर पढ़ाई करने लायक नहीं, इसलिए उसे हिंदू सभा कॉलेज, अमृतसर में प्रवेश दिलवाया गया।

अपने भविष्य के बारे में किया वादा पूरा न होने से सैम, अप्रसन्न थे। सन् 1931 में जब इंग्लैंड के सैंडहर्स्ट में 'द रॉयल मिलिट्री अकादमी' में भारतीय अधिकारियों का प्रशिक्षण समाप्त हुआ और भारत ने देहरादून में अपनी सैन्य अकादमी की शुरुआत की, तब वह भारतीयों की पहली पंक्ति में थे, जिन्होंने इसकी परीक्षा पास की और भारतीय सैन्य अकादमी में नामांकित हुए। अकादमी में प्रवेश मिलने पर 30 सितंबर, 1932 को सैम को अकादमी की 'बी' कंपनी के सुपुर्द कर दिया गया। अंग्रेजी और गणित में तेज होने के कारण वे मुख्यत: तकनीकी विभाग, जैसे अभियंत्रण, सिग्नल आदि के प्रशिक्षण

'बी' कंपनी–आईएमए

'डी' कंपनी–आईएमए

के लिए चुन लिये गए। इसलिए उन्हें अकादमी के 'वूलविच' विंग, जो अधिकारियों को तकनीकी विभाग का प्रशिक्षण देता था, में नामांकित किया गया। गणित के साथ उनका संबंध थोड़े समय तक था। सन् 1933 की सर्दियों में उन्हें सैंडहर्स्ट में भेज दिया गया, जहाँ अधिकारियों को गैर-तकनीकी विभाग, जैसे—इन्फैंट्री, कवचित, तोपखाना आदि का प्रशिक्षण दिया जाता था। कंपनी के कमांडर मेजर डी टी कोवान को यह कहना पड़ा, "उन्होंने यह महसूस करने में गलती की, कि 'वूलविच' विंग में तकनीकी विभाग के प्रशिक्षण के लिए खासी मेहनत की जरूरत पड़ती है। इसलिए, वे गणित में प्रामाणिक स्तर को हासिल करने में असफल रहे।"

दिसंबर 1933 में अकादमी में कंपनियों के पुनर्गठन पर सैम को 'डी' कंपनी में भेज दिया गया। कंपनी कमांडर मेजर कोवान ने सैम की रिपोर्ट में यह लिखा, "वे कठिन-से-कठिन परिस्थितियों में विषमताओं का सामना कर सकते हैं। वे अपना हौसला नहीं खोते हैं। उनमें कमान करने की क्षमता है, साथ ही वे खुशमिजाज हैं। अपने साथी कैडेटों के बीच वे लोकप्रिय हैं। लेकिन मैं यह कहते हुए बहुत दुःख महसूस कर रहा हूँ कि हालाँकि उन्होंने 'बी' कंपनी में अपना कदम रखा था, लेकिन कंपनी के पुनर्गठन में उन्हें 'डी' कंपनी में भेजा जा रहा है।" उन्होंने सामाजिक और क्रीड़ा क्रियाकलापों में भी बढ़-चढ़कर हिस्सा लिया। सभी रैंक के कैडेट उन्हें बहुत याद करेंगे।" टेनिस के बहुत अच्छे खिलाड़ी होने के कारण उन्हें अकादमी टेनिस टीम का कप्तान नियुक्त किया गया और 12 अक्तूबर, 1933 को 'टेनिस ब्लू' से नवाजा गया। जहाँ वे खेल में बहुत अच्छे थे, वहीं घुड़सवारी में 'औसत से नीचे' थे।

उन दिनों में भी सैम की सबसे बड़ी पूँजी और विशेषता थी उनकी विनोदप्रियता थी। आई एम ए के एक कैडेट जनटलमैन के तौर पर उन्होंने जर्नल के लिए एक लेख लिखा था, जिनमें उनका हास्य प्रदर्शित हुआ। 'इंडियन मिलिट्री अकादमी जर्नल' के जून 1933 के अंक में प्रकाशित इस लेख का शीर्षक था—'मानेकशॉ की तरफ से एक पत्र'—

प्रिय रुस्तम,

आई एम ए की हाल की परीक्षा में तुम्हारी सफलता को अखबार में पढ़कर मैं अत्यधिक प्रसन्न हुआ और तुम्हें बधाई देने के लिए उतावला हो उठा।

जब तुम देहरादून स्टेशन पर उतरोगे तब तुम्हें वहाँ आई एम ए के अनेक प्रतिनिधि, कंपनी कमांडर, एडजुटेंट, क्वार्टर मास्टर आदि मिलेंगे। उन्हें तुम्हारा सामान उठाने के लिए भेजा गया है, इसलिए उन्हें अपना सामान दे देना। सौभाग्य से मेरी मुलाकात एडजुटेंट से हुई। वह एक बड़ा सा आदमी है और अजीब सी पेंट पहनता है, वह असभ्य समझे जाने वाले अंग्रेजों के समुदाय स्कॉट से ताल्लुक रखता है, उन्हें इंग्लैंड में मेरे खयाल से 'अस्पृश्य' समझा जाता है। मैंने सोचा था कि मैं मसूरी तक जाऊँगा हूँ, लेकिन उस एडजुटेंट के साथ इतना रुचिकर वार्त्तालाप हुआ कि मैं उसके साथ पहले अकादमी को देखने चल पड़ा। क्योंकि अन्वेषण को उत्साहित किया जाता है, मैं तुम्हें सलाह देता हूँ कि स्टेशन पर उतरते ही तुम एडजुटेंट को यह सूचित कर देना कि तुम मसूरी जा रहे हो और शाम तक नहीं लौटोगे। उनसे यह भी कह देना कि लौटने तक तुम्हारे नहाने का पानी तैयार रहे।

अब 'जिंदगी' के बारे में कुछ शब्द। तुम्हें यह जानकर प्रसन्नता होगी कि यहाँ तुम्हें ड्रिल और पी टी रोज करनी पड़ेगी। हम सभी इसे बहुत चाहते हैं। हम इतने उत्साहित होते हैं कि हम अतिरिक्त ड्रिल के लिए अनुरोध करते हैं और यह हमें प्रचुर मात्रा में मिलती है। मैं तुम्हें भी ऐसा करने की सलाह देता हूँ। सभी अधिकारी इस मामले में बहुत उदार हैं। मेरे जैसे लोग 'सीनियर' कहलाते हैं। अपनी स्वतंत्रता दिखाने का सबसे अच्छा तरीका है अपने सीनियर की उपेक्षा करना, विशेषकर जिनकी आस्तीनों पर फीतियाँ लगी हों। जब वे तुमसे बातें करें तब तुम अपने हाथ अपनी जेब में रखकर अपनी पीठ उनकी तरफ कर देना, वे तुम्हारी खूब प्रशंसा करेंगे। एक बड़े से कमरे, जिसे 'मेस' कहा जाता है, में तुम्हें भोजन कराया जाएगा। यह दिखाने के लिए कि तुम खूब तगड़े हो, जितना अधिक खा सकते हो, हर समय उतना अधिक खाना। नाश्ते में औसतन तुम्हें छह अंडे तो खाने ही चाहिए, दूसरी चीजों के अलावा। अगर तुम यह दिखाओ कि उसका खाना बहुत पसंद करते हो तो मेस केटटर से तुम्हारी दोस्ती हो जाएगी। उससे दोस्ती रखना अच्छा है।

वहाँ एक छोटा आदमी है, जिसकी आस्तीन पर तीन फीतियाँ हैं। वह अपने बारे में बहुत कुछ कहेगा। जैसे ही वह शुरू करे, उसे 'फू-चू' कहना। इन मित्रतापूर्ण अभिवादन से तुम दोनों के बीच सब अच्छा होगा और तुम पाओगे कि तुम्हारी भलाई के लिए वह एक पिता की तरह तुममें रुचि ले रहा है। और तब, जैसा कि मैंने कहा, कुछ लोग कंपनी कमांडर कहे जाते हैं। जब

कभी ऐसा व्यक्ति मेस में भोजन करने आए, तुम उसकी बगल में बैठना। उसे अच्छी तरह जानने की कोशिश के लिए वह तुम्हारी तारीफ करेगा।

तुम्हारी संगीत में रुचि रही है, इसलिए हर बुधवार रात्रि को होनेवाले संगीत-समारोह के उद्घोषक के लिए आवेदन दे देना और अपने 'माउथ ऑर्गन' से एक एकाकी गीत गाने का प्रस्ताव देना। वहाँ एक कैडेट है, जो वायलिन पर तुम्हारा साथ देगा। उसके पास एक अच्छा संग्रह है। अपना ग्रामोफोन और तीन रिकॉर्ड अपने साथ अवश्य लाना। जब 'लाइट आउट' कहा जाएगा और सुबह जब तुम तैयार होगे, तब तुम्हें उसे चलाने के अनेक अवसर मिलेंगे। ग्रामोफोन के साथ तुम बिलकुल मौलिक लगोगे और तब तुम्हारे बहुत से दोस्त बन जाएँगे।

अब केवल एक सलाह और—हर व्यक्ति को यह बता दो कि तुम हर काम करने में कितने होशियार हो। इस प्रचार का सबसे अच्छा असर यह होगा कि तुम अपने प्रोफेसरों के चहेते बन जाओगे।

भारतीय सैन्य अकादमी में पास करने के लिए अपने आपको बहुत भाग्यशाली समझना। हम अपने उन कुछ पुराने सप्ताहों को याद कर बहुत खुश होते हैं। तुम्हारे आने वाले सुनहरे दिन जो स्क्वायर (एडजुटेंट के ई एल डॉरैडो) में बिताओगे, उसके बारे में सोचकर मुझे ईष्या होती है। ओह, मैं तुम्हें एक बात तो बताना भूल ही गया। जब तुम देहरादून आओ तो खूब अच्छी तरह बन-सँवरकर, अपनी टोपी और ऑक्सफोर्डवाले चुस्त कपड़े पहनकर आना।

—तुम्हारा मानेक सैम

पाठकगण इस पत्र में 'शरारती' का हाथ आसानी से देख सकते हैं। अपने समय में अकादमी के नियम और कानून की वजह से सैम अकसर मुश्किल में रहे। 19 जून, 1933 को 'कॉरपोरल' के रूप में तरक्की पाने के बाद परेड से अनुपस्थित रहने के आरोप में अकादमी के कमांडर ब्रिगेडियर एल पी कॉलिंस, डी एस ओ, ओ बी ई के द्वारा 12 अक्तूबर, 1933 को उन्हें वापस 'जेंटलमैन कैडेट' बना दिया गया। ऐसा हुआ कि इस घटना से पहले के सप्ताहांत के दौरान वे अपने दो दोस्तों के साथ एक आउटपास पर मसूरी चले गए थे। आई एम ए के अभिलेख के अनुसार सैम प्रथम जेंटलमैन कैडेट थे, जिन्होंने मसूरी जाने के लिए आउटपास का उपयोग किया था। अकादमी की शब्दावली में इसे 'आजादी पर' जाना कहते हैं। तब सँकरी सड़क पर एक समय में केवल एक तरफ से ही सवारी आ-जा सकती थी। इसका मतलब था कि देहरादून से सार्वजनिक परिवहन बसें एक नियत समय पर मसूरी के लिए और मसूरी से देहरादून के लिए चलती थीं। सबसे अंतिम बस आधी रात के करीब मसूरी से रवाना होती थी। दुर्भाग्य से ऐसा हुआ कि रातवाली बस छूट गई और वे अकादमी में प्रथम परेड के लिए समय पर नहीं लौट पाए। सजा से बचने के लिए उन्होंने 'निदान केंद्र' पर स्वयं को बीमार बताया। इसलिए जब उनका कॉरपोरल का ओहदा छिना तो

झूठी बीमारी के कारण उन्हें 21 दिनों तक बैरकों में रहने की सजा, जिसे 'गेटेड इन बैरक्स' कहते हैं, परेड से गैरहाजिरी के लिए मिली। अनुशासन के हाशिए पर रहने की उनकी आदत को देखते हुए कमांडेंट ब्रिगेडियर एल पी कॉलिंस ने 'समर हॉफ-1934' की रिपोर्ट में जेंटलमैन कैडेट मानेकशॉ के बारे में लिखा—''यदि वे अपनी जिम्मेदारियों और कर्तव्य को समझें तो उनमें सामर्थ्य है कि वे अच्छा कर सकते हैं।''

जेंटलमैन कैडेट - एसएचएएफजे मानेकशॉ

अंततः अकादमी से 'जेंटलमैन कैडेट' के रूप में सफल होकर उन्होंने 4 फरवरी, 1934 को 'फ्रंटियर फोर्स रेजीमेंट' में सेकेंड लेफ्टिनेंट के रूप में भारतीय सेना में अपनी सेवा शुरू की। प्रथम पाठ्यक्रम, जो सैम ने पास किया, उसने तीन सेनाओं को तीन प्रमुख दिए। वे थे भारतीय सेना के जनरल सैम मानेकशॉ, पाकिस्तानी सेना के जनरल मोहम्मद मूसा और दून-बरमी सेना के जनरल स्मिथ।* ब्रिटिश इन्फैंट्री बटालियन रॉयल स्कॉट की दूसरी बटालियन थी, उसमें सेवा करना, जो एक प्रथा थी, पूरी करने के बाद उन्होंने चतुर्थ बटालियन 12 फ्रंटियर फोर्स रेजीमेंट, जिसे 54 सिख के नाम से भी जाना जाता था, में अपनी सेवा शुरू की। भारत विभाजन के बाद इस रेजीमेंट ने पाकिस्तानी सेना में शामिल होने को चुना।

एक अच्छा खिलाड़ी होने के नाते वे अपनी बटालियन की एथिलेटिक्स टीम के कप्तान बनाए गए। ऐसा कैसे हुआ, इस बारे में वह एक मजेदार कहानी सुनाते हैं। जब उस यूनिट में इंटर कंपनी खेल मुकाबले हो रहे थे, तब उनकी कंपनी में 'ऊँची कूद' के लिए कोई भी खिलाड़ी नहीं था। इसलिए उन्होंने खुद को इसके लिए पेश किया। प्रतियोगिता के दौरान उन्होंने न केवल जीत हासिल की, बल्कि अपनी यूनिट के लिए ऊँची कूद में एक नया कीर्तिमान बनाया। वे बहुत गर्व महसूस करते थे, जब यह कहते थे

---

* फिडेलिटी ऐंड ऑनर, दि इंडियन आर्मी, ले जनरल एस.एल. मेनेजस, पेंग्विन बुक्स इंड़िया—1993, पृ. 329

'पायनियर कोर्स'

कि देश-विभाजन के कुछ साल बाद भी वह कीर्तिमान कायम रहा।

यह सन् 1937 था, जब वे अपनी होनेवाली पत्नी सिल्लू बोडे से लाहौर में एक सामाजिक समारोह में मिले, जहाँ वे अपनी बहन और जीजा से मिलने आई थीं, जो सेना चिकित्सा विभाग में कर्नल थे। उनके बीच 'पहली नजर में प्यार' हो गया और उन्होंने 22 अप्रैल, 1939 को शादी कर ली। सिल्लू ने अपनी पहली बेटी शेरी को 11 जनवरी, 1940 को और दूसरी बेटी माया को 24 सितंबर, 1945 को जन्म दिया। शेरी ने एयर इंडिया के साथ अपनी नौकरी की शुरुआत की और काफी लंबे समय तक मरकरी ट्रैवल्स के लिए काम किया और यहीं से वे सेवानिवृत्त भी हुईं। उन्होंने डिंकी बाटलीवाला, जो स्विस एयर में काम करते थे, से शादी की। बाटलीवाला अब चेन्नई में रहते हैं और उनकी एकमात्र पुत्री बैंडी विदेश में रहती है। उनकी छोटी बेटी माया ब्रिटिश ओवरसीज एयरवेज कॉरपोरेशन (बी.ओ.ए.सी.), जो अब 'ब्रिटिश एयरवेज' कहलाता है, में परिचारिका बनीं। उनके उड़ान के दिनों में ही वे अपने पति धुन दारूवाला से मिलीं, जो एयर इंडिया में इंजीनियर थे। दारूवाला के राहुल सैम और जेहान सैम दो बेटे हुए। सन् 1970 के दशक के अंत में जब दारूवाला की सिंगापुर में नियुक्ति हुई, तब माया ने लंदन विश्वविद्यालय से कानून की डिग्री ली और 'लिकोलंस' से वकील बन गईं। वर्तमान में वे दिल्ली में मानव अधिकार के लिए एक एन.जी.ओ. की प्रमुख हैं।

जब फील्ड मार्शल हँसी-मजाक के मूड में होते तो कहते, 'मेरी बेटियों को

सिल्लू, सैम, माया और शैरी

देखो—एक ने बाटलीवाला से शादी कर ली, दूसरी ने दारूवाला से। इतने से भी मन नहीं भरा तो उनमें से एक ने अपनी बेटी का नाम 'ब्रैंडी' रख दिया।' सिल्लू ने अपनी स्नातक की पढ़ाई बंबई के एलफिंस्टन कॉलेज से और बाद की पढ़ाई जे.जे. स्कूल ऑफ आर्ट्स से की थी। वे एक पढ़ाकू और गुणी चित्रकार ही नहीं थीं, बल्कि रसोईघर में स्वादिष्ट व्यंजन बनानेवाली एक पारंपरिक गृहिणी भी थीं।

वे एक बहुआयामी व्यक्तित्व की धनी, प्रतिभा-संपन्न और उदारमना थीं। वे एक सुलझी हुई महिला थीं। उनकी सबसे बड़ी खूबी थी उनकी तीक्ष्ण बुद्धि और किसी भी समस्या को हल करने का ठोस उपाय। उनमें एक ममतामयी माँ और एक स्नेहशीला पत्नी के गुण रचे-बसे थे। उन्होंने अपने पति और परिवार को हमेशा बिना किसी झिझक के सही सुझाव दिए। उनके पास अपने पति के सहयोगियों के लिए हमेशा समय होता था। वे उनकी पत्नियों, परिवारों और उनकी समस्याओं को जानती थीं। वे कभी भी 'बॉस की पत्नी' की तरह नहीं थीं। केवल उस समय वे इस पद का इस्तेमाल करती थीं, जब धर्मार्थ चंदा इकट्ठा करतीं या किसी के लिए कोई ऐसा काम करवाना हो, जो इसके बिना न होता हो।

सबसे बड़ी बात थी कि वे अपने निजी कर्मचारियों के लिए माँ की तरह थीं। जब भी उनके किसी मातहत की पत्नी बीमार हो जाए, उन्हें उसे एम.आई. रूम में ले जाने में कोई झिझक नहीं होती, जहाँ डॉक्टर उसे देखें। ऐसे मौकों पर वे स्वेच्छा

शैरी और डिंकी बाटलीवाला

से अन्य जवानों के परिवारों के साथ कतार में बैठ जातीं। प्रायः हम ए डी सी को अस्पताल के कमांडेंट्स से यह स्थिति झेलनी पड़ती क्योंकि वे इन हालत में अपराधी महसूस करते थे कि चीफ की पत्नी डॉक्टर के देखने का इंतजार कर रही हैं। उनकी बेटियाँ जब शहर में होती थीं तो वे ऐसे कर्तव्य बखूबी निभाती थीं। तीन वर्ष पूर्व उनकी मृत्यु से उनके परिवार तथा करीबी दोस्तों के बीच एक सूनापन पसर गया है। वे अपनी मानवीयता, स्नेहिल स्वभाव और विनोदी स्वभाव के लिए सभी के द्वारा हमेशा याद की जाती रहेंगी।

जब उन्होंने उत्तर-पश्चिमी सीमांत प्रांत में अपनी यूनिट में सेवा शुरू की तब उन्हें सामान्य रूप से परिचित करने के लिए एन सी ओ के लिए प्रशिक्षण और प्रोन्नत कैडर की तरह रखा गया, ताकि वे बटालियन में अपनी सही जगह बना सकें। सीमांत प्रांत में बटालियन कबाइलियों के विरुद्ध कार्रवाई में लगी हुई थी। उन दिनों यह क्षेत्र अति-सक्रिय था और इस इलाके में सेवा करना इनफेंट्री बटालियनों के लिए 'रक्त रंजित संघर्ष' से प्रत्यक्ष परिचय पाना था। उन्हें सिख एन सी ओ हवलदार मीठा सिंह, जिसे सैम 'उस्ताद' कहा करते थे, की पैनी नजरों के बीच हथियारों के कठिन प्रशिक्षण से गुजरना पड़ता था। मैं सबसे पहले कलकत्ता में उस भले मानस से मिला, जब सैम पूर्वी सेना के कमांडर थे। 'पूर्वी कमांड' शीर्षक अध्याय में इस घटना की विस्तृत जानकारी दी गई है। अपने प्लाटून की कमान सँभालते हुए कार्रवाई के लिए बर्मा फ्रंट पर जाने से पहले उन्हें यूनिट का क्वार्टर मास्टर नियुक्त किया गया।

बटालियन में अपने इस सेवाकाल की दो घटनाओं की वह बहुधा चर्चा किया करते थे। जिन्होंने उनके आगे के करियर पर बड़ा गहरा प्रभाव छोड़ा था। पहला हर वर्ष प्रत्येक अधिकारी की वार्षिक गुप्त रिपोर्ट से संबंधित था। अपने कमांडिंग अधिकारी द्वारा लिखी गई प्रथम रिपोर्ट, जो उन्होंने सैम के पूरे वर्ष के क्रिया-कलापों पर बनाई थी और

मात्र एक पंक्ति में थी—'यह अधिकारी, मैं क्षमा चाहता हूँ, यह आदमी, एक दिन एक अधिकारी बन सकता है।' वे हमेशा मजाक में कहते थे कि 'नियति को देखो, मैं न केवल अधिकारी बना बल्कि मुख्य अधिकारी बनाया गया।' दूसरा घटनाक्रम गहरा चश्मा पहनने से संबंधित था। वे हमेशा अपारंपरिक कपड़े पहना करते थे और वरदी के साथ कभी भी गहरा चश्मा नहीं पहनते थे। इसका कारण बताते हुए वह कहते कि 'एक दिन जब मैं युवा अधिकारी था, गहरा चश्मा पहनकर सड़क पर चला जा रहा था, जो मैंने अच्छे दामों में खरीदा था। उसी सड़क से हमारे कमांडिंग ऑफीसर घोड़े पर सवार हो कार्यालय से लौट रहे थे। मुझे उस चश्मे में देखकर वे घोड़े से उतरे। उन्होंने मुझे बुलाया। जब मैं उनके पास पहुँचा, उन्होंने अपना हाथ मेरे चेहरे की तरफ बढ़ाया और चश्मा उतारकर जमीन पर फेंक दिया। उन्होंने चश्मे को अपने जूते से कुचल दिया और कहा कि भारत में अपने तीस वर्षों के जीवन में उन्होंने कभी धूप का चश्मा नहीं पहना। यह चश्मा पहनने का मतलब है आँखें खराब करना। यह कहकर वे वहाँ से चले गए और मैंने उसके बाद कभी भी धूप का चश्मा नहीं पहना।'

सन् 1942 में जब जापानी सेना बर्मा में आगे की ओर बढ़ रही थी तो बटालियन को वहाँ भेजा गया। चूँकि सैम पंजाबी बहुत अच्छी बोलते थे, इसलिए वे 'राइफल कंपनी' के स्थानापन्न कमांडर नियुक्त किए गए थे। बटालियन प्रसिद्ध 17 इनफेंट्री डिवीजन का हिस्सा थी। सिटैंग ब्रिज को दुश्मनों के कब्जे से छुड़ाने के लिए अपनी कंपनी का वीरतापूर्वक नेतृत्व कर रहे सैम 22 फरवरी, 1942 को बुरी तरह घायल हो गए। इस संघर्ष में जापानी मशीनगन से दागी गई गोलियों से उनका पेट और शरीर बुरी तरह हताहत हो गया था। वास्तव में उनके फेफड़े, गुर्दे और लीवर में नौ गोलियाँ लगी थीं। मेजर जनरल सर डी टी कोवांस, एम सी, डिवीजन के जनरल कमांडिंग ऑफीसर सैम की सफलता पर उन्हें बधाई देने आए। उनकी हालत देखकर जनरल ने महसूस किया कि अब वे शायद जीवित नहीं बच पाएँगे। चूँकि 'मिलिट्री क्रॉस' से सिर्फ जीवित सिपाही को सम्मानित किया जाता है, इसलिए सैम की नाजुक हालत देखते हुए जनरल ने अपना मिलिट्री क्रॉस उतारा और सैम मानेकशॉ की छाती पर टाँक दिया।

सिपाही शेर सिंह, उनका चपरासी, यह मानने को तैयार नहीं था कि वे नहीं बचेंगे। वह उन्हें 'रेजीमेंटल एड पोस्ट' ले गया, जहाँ से रेजीमेंटल चिकित्सा अधिकारी (आर.एम.ओ.) कैप्टन जी एम दीवान ने उन्हें पेगु के एक अस्पताल में भेज दिया। वहाँ ऑस्ट्रेलिया के एक शल्य चिकित्सक ने यह सोचकर शल्य चिकित्सा करने से मना कर दिया कि वे अब जीवित नहीं रह पाएँगे। चपरासी, जो अपने साहब के साथ था, न सुनने को तैयार न हुआ। जिस वक्त यह सब चल रहा था, सैम की चेतना लौटी। चिकित्सक

ने उनसे पूछा, ''क्या हुआ?'' सैम ने जवाब दिया, ''एक हरामी खच्चर ने मुझे दुलत्ती मार दी थी।'' इस जवाब को सुनकर चिकित्सक हँस पड़े, ''तुम्हारे मजाकिया स्वभाव की दाद देनी पड़ेगी। तुम्हारी जान बचानी ही होगी।'' चिकित्सक ने उनकी आँत के अधिकांश हिस्से को काटकर हटा दिया और जख्मों की सिलाई कर दी तथा सैम को वहाँ से रंगून भेज दिया। इस जख्म के निशान बड़े गहरे थे। उनको देखकर पता चलता है कि सैम का बचना एक चमत्कार ही था।

रंगून में बिना अल्कोहल के खान-पान के सरल दिशा-निर्देश पर उन्हें स्वास्थ्य-लाभ के लिए रखा गया था। उस क्षेत्र का ब्रिटिश गवर्नर अस्पताल के निरीक्षण पर गया तो उसने सैम से भी मुलाकात की। गवर्नर ने उनसे पूछा कि यदि उन्हें किसी चीज की जरूरत हो तो वे करने को तैयार हैं। तुरंत सैम ने आग्रह किया, ''योर एक्सीलेंसी, रात्रि भोजन के पहले बस दो पैग स्कॉच मुझे दी जाए।'' गवर्नर मुसकराए और डॉक्टर से कहा कि जो उचित हो, वही करें। बाद में जब वह अभी अस्पताल में ही थे, सैम के पिता डॉ. मानेकशॉ ने एक पत्र लिखकर उन्हें समझाया कि चूँकि उनके फेफड़े, गुर्दे और लीवर में काफी जख्म हैं, इसलिए धूम्रपान और शराब उनके जीवन का अंत कर सकते हैं। सैम के अनुसार, उन्होंने अपने पिता की आज्ञा का पालन किया और लगभग 'मर' ही गए। रंगून बंदरगाह पर जापानियों का कब्जा होने से पहले वह आखिरी जहाज से भारत के लिए रवाना हुए।

वे बर्मा में जब अपनी यूनिट के साथ कार्यरत थे, तब एक बड़ी दिलचस्प घटना घटी। सैम अकसर उसकी चर्चा किया करते थे। एक दिन उनके दो आदमी 'रेड लाइट' क्षेत्र में पकड़े गए, जो उस शहर के बिलकुल पास था, जहाँ उनकी यूनिट थी। सेना पुलिस द्वारा गिरफ्तार कर उन दोनों को यूनिट में लाया गया। कंपनी कमांडर सैम मानेकशॉ के आदेशानुसार उन्हें एक कमरे में बुलाया गया। अभियोग पढ़ने के बाद उन्हें अपने व्यवहार का स्पष्टीकरण देने को कहा गया। उनका उत्तर पाने के बाद यह निश्चय किया गया कि उनमें से एक ही दोषी था, दूसरा साथ देने के लिए उकसाया गया था। दोषी के साथ डाँट-डपट की गई और उसे सजा दी गई। उसके बाद उन्हें उस कमरे से बाहर निकाल दिया गया।

दस मिनट के बाद सैम ने सोचा कि सिपाही के साथ शायद कुछ अधिक सख्ती हो गई। इसलिए उन्होंने उसे फिर से बुलाया और पूछा, ''क्या तुम्हारा पैसा वसूल हुआ?''

सिपाही ने कहा, ''नहीं सर, इसके पहले कि कुछ होता, वहाँ सी एम पी वाले पहुँच गए।''

दोनों ठठाकर हँस पड़े।

जब अस्पताल से छुट्टी पाकर सैम अपने परिवार के साथ थे, तब उनको अस्थायी मेजर के रूप में 23 अगस्त से 22 दिसंबर, 1943 तक स्टाफ कॉलेज, क्वेटा (पाकिस्तान) में आठवें स्टाफ कोर्स में भाग लेने भेजा गया। स्टाफ कॉलेज का कोर्स पूरा करने के बाद वे वजीरिस्तान के निकट उत्तर-पश्चिमी सीमांत प्रांत, जो अब पाकिस्तान में है, में रेजमैक ब्रिगेड के महत्त्वपूर्ण पद 'ब्रिगेड मेजर' पर स्थापित हुए। उस पद पर वे 13 जनवरी से 22 अक्तूबर, 1944 तक कार्यरत रहे। उसके बाद बर्मा (वर्तमान म्याँमार) में 9/12 फ्रंटियर फोर्स राइफल्स (एफ एफ आर) में कार्यरत रहे जो जनरल डब्ल्यू जे स्लिम की 14वीं विजयी सेना के हिस्से के तौर पर रंगून-मांडले राजमार्ग पर संचलन कर रही थी। युद्ध की समाप्ति के दिनों में हिंद-चीन में उन्हें जनरल डेजी का स्टाफ ऑफीसर बनाकर भेजा गया, जहाँ जापानियों के आत्मसमर्पण के बाद लगभग 10,000 जापानी कैदियों के पुनर्वास में उन्होंने मदद की। उसके बाद वे फिर से स्टाफ कॉलेज, क्वेटा में एक स्टाफ ऑफीसर ग्रेड-2 (जी एस ओ-2) के रूप में पद स्थापित हुए। इससे पहले कि सैम यह कार्यभार सँभालते, भारत के चीफ कमांडर फील्ड मार्शल लॉर्ड क्लाउड ऑकिनलेक ने सन् 1946 में छह महीने की अवधि के लिए एक व्याख्यान यात्रा पर उन्हें ऑस्ट्रेलिया जाने के लिए चुना। इस यात्रा का मुख्य उद्देश्य था—ऑस्ट्रेलियाइयों को भारत की सामरिक महत्ता को समझाना और युद्ध में सशस्त्र बल द्वारा प्राप्त सफलताओं को बताना, जिससे उस क्षेत्र के निवासी अनभिज्ञ थे।

इस यात्रा के दौरान हुई एक घटना को वह बड़े चाव से याद किया करते थे। रॉयल ऑस्ट्रेलियन आर्मी को व्याख्यान देने वह एक जगह गए, जहाँ उन्होंने भारतीय सेना, सिपाहियों, अधिकारियों, प्रशिक्षण के प्रति उनकी निष्ठा एवं कर्तव्य के प्रति उनकी समर्पण-भावना, युद्ध में वीरता आदि की खूब प्रशंसा की। व्याख्यान समाप्त होने पर प्रश्नोत्तर सत्र में एक ऑस्ट्रेलियाई अधिकारी ने सोचा कि सैम उन पर टिप्पणी मात्र ही नहीं कर रहे थे, बल्कि कटाक्ष भी कर रहे थे। इसलिए उसने कहा, "कर्नल, भारतीय सेना की प्रशंसा में आपके द्वारा कही गई हर बात की मैं सराहना करता हूँ। आपने इससे हटकर कभी ऑस्ट्रेलियाई सेना के योगदान के बारे में सोचा कि क्या वे आपकी सेना से किसी भी प्रकार से कम है? वास्तव में हम अपने और अपने पूर्वजों की उपलब्धियों पर गर्व करते हैं।"

उन्होंने व्यंग्य भरा उत्तर दिया, "होना ही चाहिए। आखिर उन्हें यहाँ सर्वोत्तम निर्णायक मंडल द्वारा भेजा गया था।"

ऑस्ट्रेलिया की व्याख्यान यात्रा से लौटने के बाद सैम को स्थानीय लेफ्टिनेंट कर्नल के रूप में पदोन्नति दी गई और फ्रंटियर फोर्स रेजीमेंट की सूची में बने रहते हुए

उन्हें जनरल स्टाफ ऑफीसर, ग्रेड-1 (जी एस ओ-1), मिलिट्री ऑपरेशन-3 (एम ओ-3) के पद पर जनरल मुख्यालय, नई दिल्ली में पद स्थापित किया गया। वे पहले भारतीय थे, जिन्हें सैन्य कार्रवाई निदेशालय में पद दिया गया था।

दिसंबर 1946 में जब भारत और पाकिस्तान के बीच संपत्तियों और रेजीमेंटों के विभाजन ने कुछ ठोस रूप ले लिया तो यह स्पष्ट हो गया कि फ्रंटियर फोर्स रेजीमेंट पाकिस्तान के साथ रहेगा। उस वक्त सैम को पंजाब रेजीमेंट की 16वीं बटालियन की सूची में नामांकित किया गया और वह इसी रेजीमेंट में जी एस ओ-1 एम ओ-1 के पद पर स्थापित हुए। वहाँ वे 1 जनवरी से 21 जुलाई, 1947 तक सेवारत रहे। 15 अगस्त, 1947 को जब भारत आजाद हुआ तब उनका तबादला 5वीं रॉयल गोरखा राइफल्स (एफ एफ) की सूची में कर दिया गया और इसी रेजीमेंट में 5वीं गोरखा राइफल्स की तीसरी बटालियन की कमान करने के लिए वे पद स्थापित हुए। इससे पहले कि इस बटालियन को कमान करने वे पहुँचते, पाकिस्तानी कबाइलियों ने पाकिस्तानी सेना की सहायता से कश्मीर के एक हिस्से पर आक्रमण कर दिया और श्रीनगर के नजदीक पहुँचने में कामयाब हो गए। युद्ध की स्थिति बन जाने पर बटालियन को कमान करने के लिए की गई उनकी नियुक्ति को रोककर मुख्यालय में ही जी एस ओ-1 के रूप में सैन्य कार्रवाई निदेशालय में उन्हें कार्यरत रखा गया। एक प्रकार भविष्य के प्रथम फील्ड मार्शल को सेना में बटालियन को कमान करने के अवसर से वंचित कर दिया गया। यह उनके लिए हमेशा निराशाजनक रहा। जब अधिकारियों को उनकी बटालियन/रेजीमेंट में कमीशन किया जाता है तो जिस बटालियन/रेजीमेंट में वह तैनात किए जाते हैं उसे कमान करने की महत्त्वाकांक्षा बड़े चाव से सँजोते हैं। उनकी रेजीमेंट को पाकिस्तानी सेना के साथ मिला दिया गया था और उन्हें 5 गोरखा राइफल्स (एफ एफ) पैनल में भेज दिया गया था। एक अधिकारी के लिए इन्फैंट्री बटालियन को कमान करना एक 'अभीष्ट कार्य' होता है, जिसके लिए वे लालायित रहते हैं। इस अवसर से वंचित किए जाने के पीछे हालाँकि ठोस कारण था, तब भी उनके अंदर असंतोष व्याप्त रहा।

स्वतंत्रता के पश्चात् बने भारतीय सेना के प्रथम फील्ड मार्शल सैम मानेकशॉ सन् 1947 के भारत-पाक युद्ध की घटनाओं के साक्षी रहे। जब एक ऐतिहासिक कमीशन कश्मीर राज्य को भारतीय संघ में मिलाने के लिए जम्मू व कश्मीर के शासक महाराजा हरिसिंह से संधि के दस्तावेज पर दस्तखत करवाने जा रहा था, तब लेफ्टिनेंट कर्नल के तौर पर वह वी पी मेनन के साथ थे। भारत सरकार ने यह नीति बना ली थी कि जब तक शासक भारतीय संघ में सम्मिलित नहीं हो जाते, भारतीय सेना न तो उनके मामलों में हस्तक्षेप करेगी और न ही उनकी सहायता करेगी।

तत्कालीन घटना का यह उनका विवरण है, जो 18 दिसंबर, 1994 को दिल्ली में

प्रेमशंकर झा के साथ हुए एक साक्षात्कार में उन्होंने अभिव्यक्त किया था।

प्रेमशंकर झा—आप 25 की दोपहर में वहाँ गए थे। जब आप श्रीनगर पहुँच तब क्या आप सचमुच वहाँ उस समय उपस्थित थे, जब महाराजा ने विलय के दस्तावेज पर दस्तखत किए थे?

मानेकशॉ—मैं राजभवन में था, जब वी पी मेनन, महाजन और महाराजा इस विषय पर बातचीत कर रहे थे। महाराजा एक कक्ष से दूसरे कक्ष तक दौड़ रहे थे···मैंने उन्हें दस्तखत करते नहीं देखा। न ही मैंने महाजन को देखा। मैं बस इतना जानता हूँ कि वी पी मेनन मेरी तरफ मुखातिब हुए और बोले, 'सैम, हमने विलय हासिल कर लिया।'

प्रेमशंकर झा—उन्होंने आपसे ऐसा कहा?

मानेकशॉ—हाँ-हाँ, वह मेरी तरफ मुड़कर बोले और फिर विमान से वापस लौटे।

प्रेमशंकर झा—और आप अगली सुबह वास्तव में वहाँ उपस्थित थे, जब वी पी मेनन ने उस दौरान यह सब सौंपा?

मानेकशॉ—(टोककर) मैं माउंटबेटन के सभापतित्व में चल रही एक कैबिनेट मीटिंग में था, जब यह सौंपा गया···हमने विलय प्राप्त कर लिया। मैं नहीं समझ सकता कि क्यों कोई यह कहता है कि दस्तखत जम्मू में हुए, जबकि हम लोग जम्मू गए ही नहीं थे।

प्रेमशंकर झा—क्या यह कैबिनेट मीटिंग थी या यह कैबिनेट की रक्षा समिति की मीटिंग थी?

मानेकशॉ—नहीं, यह माउंटबेटन के सभापतित्व में एक मीटिंग थी, जहाँ वल्लभभाई पटेल, बलदेव सिंह···

प्रेमशंकर झा—नेहरू भी···

मानेकशॉ—वहाँ और भी मंत्रिगण थे, जो मुझे पूरी तरह याद नहीं।

प्रेमशंकर झा—लेकिन सब नहीं।

मानेकशॉ—नहीं, बिलकुल नहीं। यह वायसराय लॉज में थी।

प्रेमशंकर झा—वह रक्षा समिति थी। नहीं तो वहाँ एक बड़ा समूह होता। सर रॉय बुकर भी वहाँ थे?

मानेकशॉ—हाँ-हाँ, सर रॉय ही तो मुझे ले गए थे।

प्रेमशंकर झा—क्या महाराजा आपकी उपस्थिति में दस्तखत करने में आपत्ति कर रहे थे? क्या वे शर्तें रख रहे थे? क्या वी पी मेनन कह रहे थे कि देखिए, आपको सबसे पहले अब्दुल्ला को कैबिनेट में लाना होगा···?

मानेकशॉ—यह मैं आपको नहीं बता सकता। बस, मैं इतना ही कह सकता हूँ कि महाराजा थे··· वे अपने पूरे होशो-हवास में नहीं थे। वे यह कहते हुए बेचैनी में घूम रहे थे कि 'मैं वहाँ लड़ूँगा। जब तक भारतीय सेना नहीं आती मेरी सेना लड़ेगी। यह अनर्गल चल रहा था।' इस पर वी पी मेनन उनसे कह रहे थे कि 'जब तक संधि नहीं हो जाती, हम सेना नहीं भेज सकते।' तब उन्होंने दस्तखत कर दिए। दस्तखत होने के बारे में मैं आपको इतना ही बता सकता हूँ।

प्रेमशंकर झा—और क्या आप अगली सुबह वहाँ उपस्थित थे, जब दस्तावेज माउंटबेटन को सौंपा गया?

मानेकशॉ—हाँ।

प्रेमशंकर झा—आपने कहा कि पहला सैन्य दल लगभग दोपहर को विमान से भेजा गया।

मानेकशॉ—ग्यारह के करीब या उसी के आसपास।

प्रेमशंकर झा—क्या वह 26 या 27 तारीख थी?

मानेकशॉ—कैबिनट मीटिंग के तुरंत बाद हम लोग श्रीनगर गए, संभवतः 25 तारीख को। मैं आपको तारीख नहीं बता सकता। हम 26 तारीख की सुबह वापस आ गए। उसी दिन हम लोगों ने विमान से सेना भेजनी आरंभ की। पाकिस्तानी सेना तब आई जब हमने कबाइलियों को खदेड़ना शुरू किया। तभी पाकिस्तानी सैन्य दल आगे आया। जैसा कि मुझे याद है, वह जनरल अकबर खान थे, जिन्होंने बेगम शाह नवाज खान की बेटी से शादी की थी। उसका नाम मुझे याद नहीं आ रहा··· मैं उन्हें लाहौर से जानता था। मुझे लगता है, उन्हीं ने कबाइलियों को अतिक्रमण के लिए संगठित किया था।

प्रेमशंकर झा—आपने कहा कि आपको पत्र दिए जाने व विलय के बाद 26 तारीख को सिखों की गतिविधियों के बारे में जानकारी नहीं? बताया जाता है कि पहला भारतीय दल तड़के ही, बल्कि और भी सवेरे, 27 तारीख को निकल पड़ा और सुबह 9 बजे श्रीनगर पहुँच गया था। जनरल सेन, जिन्होंने इसके बारे में एक पुस्तक लिखी है, यह देखकर आश्चर्यचकित हुए कि पटियाला रेजीमेंट (राज्य सैनिक बल) का सैन्य दल पहले से ही वहाँ मौजूद था। जब आप श्रीनगर गए तब या उससे पहले, शायद 15 अगस्त को, क्या आपने पाया कि पटियाला के महाराजा अपनी बटालियन को कश्मीर भेजने के लिए तैयार हो गए थे?

मानेकशॉ—अगर ऐसा हुआ होता तो मुझे मालूम होता। नहीं, न ही वहाँ पहले से भारतीय सैन्य बल था और न ही पटियाला की सेना थी।

प्रेमशंकर झा—तब क्या यह संभव है कि जनरल सेन ने जिस सेना की चर्चा की, वह वही थी जो 26 तारीख को गई थी?

मानेकशॉ—नहीं, वह प्रथम सिख लाइट इन··· सिख बटालियन थी, जो रंजीत राय के साथ भेजी गई थी। वह 26 तारीख को भेजी गई थी। उसी दिन हमारी कैबिनेट कमेटी की मीटिंग या रक्षा समिति की मीटिंग, जो भी हो, हुई। मुझे याद आ रहा है कि मैंने मीटिंग में से निकल कर प्रबंध किए। बोगे सेन बाद में गए थे। बेचारा रंजीत मारा गया था। मैं और वह भारतीय सैन्य अकादमी के प्रथम सत्र में एक ही साथ पढ़े थे।

प्रेमशंकर झा—अपनी पुस्तक 'द ग्रेट डिवाइड' में एच वी हडसन, जिन्हें माउंटबेटन के व्यक्तिगत कागजातों को देखने की इजाजत मिली थी, ने स्पष्ट नहीं किया है कि सुबह की रक्षा समिति की मीटिंग में दस्तावेजों को सौंपा गया था। लेकिन उन्होंने यह कहा है कि जब सुबह आपने सैन्य स्थिति की जानकारी दी तब चर्चा होती रही कि ठीक है हमें सैन्य दल भेजना चाहिए, लेकिन विलय स्वीकार करना चाहिए या नहीं—इस पर विचार होता रहा। इसका अर्थ है कि विलय-पत्र दिया जा चुका था। लेकिन अभी भी कैबिनेट कमेटी दुविधा में थी कि इसे स्वीकार किया जाए, या महाराजा को कहा जाए कि हम उनकी सहायता के लिए सेना भेज रहे हैं; लेकिन हम विलय तत्काल स्वीकार नहीं कर रहे हैं। शाम को अचानक निर्णय लिया गया है कि हम विलय स्वीकार कर रहे हैं, लेकिन इस प्रावधान के साथ कि इसमें जनता की इच्छाएँ संदर्भित हों, जिसके बारे में माउंटबेटन ने पत्र में लिखा। क्या यह संभव है कि आपने सेना को भेजने का जो प्रबंध किया था, वह वास्तव में 27 तारीख को रवाना हुई थी?

मानेकशॉ—(सोचते हुए) नहीं, उसे उसी दिन भेजा गया था। मुझे लगता है कि आप वायु सेना के रिकॉर्ड्स से इसकी पुष्टि कर सकते हैं। क्योंकि सेना के पास पर्याप्त संख्या में विमान नहीं थे, हमें सेना को नागरिक विमान से भेजना पड़ा था। सेना के सभी जवान इसके लिए तैयार थे।*

बाद में सैम कार्यवाहक ब्रिगेडियर के पद पर और निदेशक एम ओ (ओ पी एस) के पद पर नियुक्त हुए। इस पद का नाम निदेशक डी एम ओ (ओ पी एस) सेना मुख्यालय, डी एम ओ (ओ पी एस) सेना मुख्यालय और डी एम ओ सेना मुख्यालय—इन अनेक नामों से होता हुआ अंततः 7 अक्तूबर, 1950 को सैन्य कार्रवाई निदेशक (डी एम ओ) तय हुआ। सैम इस पद पर 10 मार्च, 1952 तक कार्यरत रहे। इस दौरान सैम को केंद्रीय गृहमंत्री सरदार वल्लभभाई पटेल से मिलने के कई अवसर मिले। सरदार पटेल कश्मीर और हैदराबाद की कार्रवाई की ताजा जानकारी के लिए निरंतर सैम के संपर्क में रहे। इसी समय बंगाल में भी अशांति फैल गई थी। बंगाल की विषम परिस्थिति को भाँपकर कमांडर-इन-चीफ ने अपने डी एम ओ को पश्चिम बंगाल के मुख्यमंत्री बी

---

* कश्मीर 1947, राइवल वर्शंस ऑफ हिस्ट्री, प्रेमशंकर झा, ऑक्सफोर्ड यूनिवर्सिटी प्रेस, 1996, पृ. 136-138

सी रॉय से मिलने कलकत्ता भेज दिया। वहाँ पहुँचने पर उनकी मुलाकात सरदार पटेल से हुई, जो पहले से ही मुख्यमंत्री के कार्यालय में थे। सरदार ने पूछा कि यदि स्थिति को नियंत्रित करने का काम सेना को सौंपा जाए तो हालात पर काबू पाने के लिए कितने नागरिकों को मरना पड़ेगा। जब उनको बताया कि गया कि 100/150 नागरिकों को मारने पर एक महीने में स्थिति पर काबू पाया जा सकता है, सरदार ने निर्देश दिया कि स्थिति को सेना के हवाले कर दिया जाए। नियंत्रण की बागडोर सैम ने सँभाली और कमांडर-इन-चीफ के एवज में कलकत्ता में नियंत्रण मुख्यालय को आवश्यक निर्देश जारी कर दिए। सारा मामला बिना किसी नागरिक को हताहत किए नियंत्रण में आ गया। बताया जाता है कि तब सरदार पटेल ने सैम को बुला भेजा और गुजराती में उनसे पूछा कि उन्होंने झूठ क्यों बोला? सैम यह सुनकर हैरान रह गए। सरदार पटेल मुसकराए और बोले, ''आपने मुझसे कहा था कि 100/150 बंगाली मारे जा सकते हैं। किंतु सेना ने तो किसी को भी नहीं मारा है। क्या यह झूठ नहीं था?''

जब सैम निदेशक सैन्य कार्रवाई थे, मेजर टी एन रैना, जो बाद में सन् 1970 में सेनाध्यक्ष बने, उसी निदेशालय में जी एस ओ-2 के पद पर नियुक्त थे। रैना विवाह करने के बाद अपनी पत्नी को लेकर 'किंग एडवर्ड रोड हॉस्टल', जो अब 'मौलाना आजाद रोड हॉस्टल' के नाम से जाना जाता है, में रहने के लिए आए। सैम और उनकी पत्नी जब इस दंपती से मिलने आए तो सैम ने देखा कि इस नवविवाहित जोड़े के पास रसोई घर का सामान बहुत कम है, तब उन्होंने अपना कुछ सामान उन्हें दे दिया। उनकी ही बदौलत बाद में रैना की नियुक्ति यू.के. में वारमिंस्टर के रॉयल ब्रिटिश आर्मी इन्फैंट्री स्कूल में भारतीय सेना के 'संपर्क अधिकारी' के रूप में हो गई। जनरल रैना प्रायः उस समय को हमेशा याद करते थे, जब वे एक जनरल ऑफिसर बन गए।

मानेकशॉ के समूचे सेवाकाल में अपने सहकर्मियों की देखभाल का अद्‌भुत गुण देखने को मिलता है। यह उनकी अद्वितीय विशेषता थी कि वे अपने साथियों और अपने मातहत कर्मचारियों की मदद करते थे। जब मैं उनके साथ था, वे प्रायः मुझसे कहते, ''शुभी, जिसने तुम्हारी सेवा की है, तुम उसे जरूर याद रखो। उसे इनाम दो, सजा नहीं।'' दूसरी घटना है—कर्नल औलख सैन्य कार्रवाई निदेशालय के कैप्टन के रूप में नियुक्त किए गए। वे साउथ ब्लॉक से लगभग 10-12 किलोमीटर दूर रहते थे। वे ड्‌यूटी पर आने-जाने के लिए साइकिल का प्रयोग करते। एक देर शाम जब सिल्लू सैम को लेने पहुँचीं तब उन्होंने औलख को साइकिल पर सवार होते देखा। उन्होंने उन्हें बुलाया और कहा, ''तुम ब्रिगेडियर की मोटरसाइकिल इस्तेमाल क्यों नहीं करते, जिसका काफी दिनों से उपयोग नहीं हुआ है और घर में रखी हुई है।'' अगले ही दिन औलख मोटरसाइकिल ले गए और अपने दोस्तों की मदद से चलाना सीख लिया तथा उसका इस्तेमाल भी शुरू

कर दिया। जब उन्हें स्टाफ कॉलेज, वेलिंगटन में स्टाफ कोर्स के लिए चुना गया तो वे सैम से मोटरसाइकिल खरीदकर अपने साथ ले गए।

इस अवधि में पाकिस्तानी सेना, जो कश्मीर को हड़पना चाहती थी, के साथ लड़ाई करने के बावजूद सेना में भारी बदलाव और पुनर्गठन का कार्य हो रहा था। उस समय दोनों देशों से बड़े पैमाने पर लोगों के प्रवासीकरण के कारण पंजाब और देश के अन्य हिस्सों में व्यापक स्तर पर मार-काट एवं सांप्रदायिक दंगे हो रहे थे। भूतपूर्व नवाबों की दो रियासतों हैदराबाद और जूनागढ़ की भारत से विलग होने की योजना को विफल करने का अतिरिक्त भार भी सेना पर ही था।

इस बात को मद्देनजर रखते हुए कि उस समय दोनों सेनाओं में सेनाध्यक्षों के पद पर अंग्रेज जनरल थे, सेना कार्रवाई निदेशालय को बड़ी महत्त्वपूर्ण भूमिका निभानी थी। इसी कार्य के अंतर्गत युद्ध-विराम रेखा तय हुई। यह वहीं रेखा थी जहाँ तक भारत व पाकिस्तान की सेनाएँ कश्मीर में युद्ध-विराम का आदेश दिए जाने तक बढ़ चुकी थीं। युद्ध-विराम के बाद और संयुक्त राष्ट्र के प्रस्ताव के साथ ही संयुक्त राष्ट्र ने एक पर्यवेक्षक दल नियुक्त किया जो किसी भी तरह के उल्लंघन पर नजर रखता। इस वर्ग विशेष को 'भारत और पाकिस्तान में संयुक्त राष्ट्र पर्यवेक्षक समूह' (यू एन एम ओ जी आई पी) कहा गया, जिसे इस बात की भी जिम्मेदारी दी गई कि वह यह भी देखे कि इस क्षेत्र में अतिरिक्त सैनिक जमाव न हो। सेना में किसी भी प्रकार की बढ़ोतरी युद्ध-विराम रेखा की शर्तों का उल्लंघन करना था और शिकायतकर्ता इसके विरुद्ध शिकायत दर्ज करवा सकता था। संयुक्त राष्ट्र द्वारा बनाए गए इन नियमों का सही पालन हो, इसके लिए पर्यवेक्षकों को नियुक्त किया गया था। यह महत्त्वपूर्ण बात थी कि भारत द्वारा इस विषय को संयुक्त राष्ट्र को सौंपा गया था, हालाँकि भारतीय सेना में पूरे कश्मीर को अपने कब्जे में करने की शक्ति थी।

स्वतंत्रता के पश्चात् सैन्य कार्रवाई निदेशक के रूप में इन घटनाओं में उनकी भूमिका महत्त्वपूर्ण थी। वे हर कार्रवाई और स्थिति का ब्योरा प्रधानमंत्री और गृहमंत्री को दिया करते थे। इस मेल-जोल का ही परिणाम था कि सैन्य कार्रवाई निदेशक द्वारा इतनी बड़ी जिम्मेदारी सँभाली गई और प्रथम भारतीय कमांडर-इन-चीफ जनरल के एम करिअप्पा ने बड़ी आसानी से ब्रिटिश सरकार के हाथों से भारतीय सेना को अपने हाथ में ले लिया। यह देखते हुए कि दोनों पक्षों की कमान ब्रिटिश अधिकारियों ने सँभाल रखी है भारतीय नेताओं ने सर्वसम्मति से भारतीय अधिकारियों को भारतीय सेना का सीधा नियंत्रण सौंप दिया। यह कहना सर्वथा उचित होगा कि सैन्य कार्रवई निदेशालय की नींव सैम मानेकशॉ ने सुदृढ़ की।

सन् 1949 में सैम मानेकशॉ और के एस थिमैया, जो उस समय मेजर जनरल थे,

दोनों सैन्य सलाहकार सर बी एन राव के नेतृत्ववाले संयुक्त राष्ट्र के लिए भारतीय प्रतिनिधिमंडल का एक हिस्सा थे। यही वह समय था, जब वे इंदिरा गांधी से पहली बार मिले थे। एक ही जहाजा पर सभी सवार थे। श्रीमती इंदिरा गांधी अपने पिता प्रधानमंत्री पं. जवाहरलाल नेहरू के साथ पेरिस जा रही थीं। सत्र के दौरान दोनों जनरलों ने लगभग दो माह पेरिस में बिताए। सेनाध्यक्ष सैम मानेकशॉ के आदेशानुसार जुलाई 1972 के

फिरोजपुर में ब्रिगेड कमांडर पंडित नेहरू से विचार-विमर्श करते हुए

'शिमला समझौते' में सी एफ एल का नाम बदलकर लाइन ऑफ कंट्रोल या नियंत्रण रेखा रखा गया। सी एफ एल का नाम बदलने में यू एन एम ओ जी आई पी का कार्य कमोबेश समाप्त हो गया, क्योंकि नियंत्रण रेखा तो स्वयं ही स्थापित थी। 'शिमला समझौते' के लागू होने से यू एन एम ओ जी आई पी का कार्य भारत की दृष्टि में अनावश्यक हो गया। हालाँकि यू एन एम ओ जी आई पी जम्मू-कश्मीर में अभी भी मौजूद है। लेकिन उसे जो काम सौंपा गया था, उसकी वैधता समाप्त हो चुकी है।

मार्च 1952 में 167 इन्फैंट्री ब्रिगेड को कमान करने के लिए सैम की नियुक्ति फिरोजपुर कर दी गई। युद्ध के बाद कमान का यह पहला कार्यभार था। कमान की अवधि में उन्होंने एक अच्छे और सतर्क कमांडर की खूबियों को दिखा दिया। एक सैनिक अभ्यास में उनकी प्रतिस्पर्धा 43 लॉरीड ब्रिगेड से हुई। इसकी कमान उनके बहुत गहरे दोस्त और पेशे में प्रतिद्वंद्वी ब्रिगेडियर हरि बधवार के हाथों में थी। इस प्रतियोगिता में वह स्पष्टत: विजयी रहे। यह उनके गतिशील नेतृत्व और संवेदनशीलता

के साथ कमान करने के गुण थे जिनके कारण जो भी उनके संपर्क में आया, उनका बहुत आदर करने लगा। सैन्य अधिकारी बावजूद सभी व्यक्ति और अधिकारी उन्हें बस एक मानव के रूप में ही देखते थे। यह गुण उन्हें अपने लड़ाकू समूह को सामंजस्यपूर्ण व एकजुट रखने में मदद करता था। बिग्रेडियर के चड्ढा जब उनके मातहत 9वीं गोरखा बटालियन की कमान सँभाले थे, तब की एक कहानी उन्होंने मुझे सुनाई जो इन्हीं तथ्यों की पुष्टि करती है। जब एरिया कमांडर मेजर जनरल भगवती सिंह वहाँ आने वाले थे, तब सैम अपने ब्रिगेड सेक्टर के प्रवेश बिंदु पर एक जवान अधिकारी की व्यवस्था करने के लिए सहमत हो गए। जब वह समय आया, तब वह युवा अधिकारी गायब था। जब जनरल भगवती सिंह ने ब्रिगेड कमांडर से इस बात की चर्चा की तो सैम ने उस अधिकारी को बुला भेजा। उसने सैम को बताया कि वह रास्ते में अपनी महिला मित्र से मिलने चला गया था और उसे इस बात का अहसास भी नहीं था कि जनरल से मिलने का सौभाग्य उसने खो दिया था। ब्रिगेड कमांडर ने फटकार लगाई और उससे पूछा कि वह अपने आप को समझता क्या है और उसे दूर भेज दिया। पाँच या दस मिनट के बाद उन्होंने उस लज्जित युवा को बुलाया और कहा, "बेटे, उदास मत होओ। तुम्हारी उम्र में मैं भी ऐसा ही करता।" यह सैम की विशेषता थी, जो उनके सेवाकाल के दौरान बार-बार देखने को मिली।

इस अवधि के दौरान जितने भी अधिकारी उनके साथ कार्यरत थे, उनमें से बहुतों से मैंने चर्चा की। सबने उनकी खूब प्रशंसा की और कहा कि हम बहुत गौरवशाली हैं कि हमारे ब्रिगेड कमांडर ने आचरण और सैन्य निष्ठा कूट-कूटकर हममें भरी है। ब्रिगेड के सभी अधिकारी पद-प्रतिष्ठा के बावजूद श्रीमती मानेकशॉ को उनके नाम से पुकारते थे। कभी किसी ने उनको श्रीमती मानेकशॉ नहीं कहा। सबसे महत्त्वपूर्ण बात थी कि परेड ग्राउंड के बाहर चाहे जितनी अनौपचारिकता थी, किसी भी स्तर पर गैर-पेशे जैसी हरकत मंजूर न थी। मानेकशॉ बड़े मेल-मिलाप वाले थे। वे स्टेशन के सभी समारोहों में शरीक होते। इस स्टेशन की जान था फिरोजपुर क्लब, जहाँ सभी अधिकारी और उनके पारिवारिक जन निस्संकोच एक-दूसरे से मिलते-जुलते थे।

सन् 1953 में उनकी नियुक्ति 8वीं गोरखा राइफल्स के कर्नल के पद पर हुई। रेजीमेंट्स में कर्नल की व्यवस्था ब्रिटिश सेना से विरासत के रूप में मिली थी। रेजीमेंट अभिभावक या पिता की तरह होती है। जिसकी बटालियन ब्रिगेड, डिवीजन आदि का हिस्सा बनती हैं। रेजीमेंट एक रेजीमेंटल प्रशिक्षण केंद्र से संचालित होती है, जिसके अधिकारीगण इन बटालियन से नियुक्त किए जाते हैं और जो किसी भी समय देश के किसी भी हिस्से में किसी सैनिक टुकड़ी में सेवा कर सकते हैं। जब बटालियन के जवान किसी कार्रवाई के लिए शांति स्थल से रवाना होते जहाँ परिवारों को अनुमति नहीं होती, तो उनके परिवारों को एक केंद्र पर भेज दिया जाता है, जहाँ उनको रहने के लिए घर दिया

जाता और उनकी देखभाल की जाती। यह व्यवस्था घटनाओं की स्थिति पर निर्भर होती है और उनके परिवारों के रख-रखाव का निर्णय बटालियन कमांडर सूबेदार मेजर की सलाह से लिया जाता है। ये परिवार हर वर्ष बदल दिए जाते हैं ताकि सभी को समान अवसर प्रदान किया जाए। जो व्यक्ति शारीरिक रूप से दुरुस्त नहीं होते, वे भी बटालियन के भारी-भरकम सामानों के साथ केंद्र पर जाते हैं। रेजीमेंट के कर्नल का चुनाव रेजीमेंट के बटालियन कमांडरों द्वारा किया जाता है। अकसर वरिष्ठ अधिकारी कर्नल के रूप में चुने जाते हैं। सेवानिवृत्त अधिकारी इस पद पर आसीन नहीं हो सकते। रेजीमेंट अच्छे-से-अच्छे अधिकारी का चुनाव और नियुक्ति अपने लाभ के लिए करती है। रेजीमेंट के कर्नल के चारित्रिक गुणों को रेजीमेंट के क्रियाकलापों में रुचि हो और अपने प्रभाव का प्रयोग रेजीमेंट को शांतिकाल के अच्छे स्टेशन दिलाने, अधिकारियों को अच्छी नियुक्तियाँ दिलाने में करता हो। सन् 1953 में इस स्थिति में 8वीं गोरखा राइफल्स का समय अति उत्तम था। फील्ड मार्शल 8वीं गोरखा राइफल्स के मानद कर्नल बने रहे।

ब्रिगेड की कमान समाप्ति के बाद अप्रैल 1954 से जनवरी 1955 तक सैम को सेना मुख्यालय में स्थानापन्न 'सैनिक प्रशिक्षण निदेशक' के रूप में पद स्थापित किया गया। इस समय सैनिक प्रशिक्षण को सर्वोच्च प्राथमिकता दी जाती थी। लंदन के 'युद्ध कार्यालय' ने सेना के लिए द्वितीय विश्व युद्ध के दौरान सैनिक प्रशिक्षण पाठ्यक्रम का प्रकाशन भी किया था। भारत की स्थिति और बदले हुए वातावरण के अनुसार इसके पुनर्लेखन का कार्य महू के इन्फैंट्री स्कूल कमांडर ब्रिगेडियर बेर्टी स्टीवर्ट को सौंपा गया। उन्होंने एक अतिरिक्त कर्नल, दो लेफ्टिनेंट कर्नल और दो मेजर की नियुक्ति कर सदस्यों की संख्या बढ़ाने की माँग की थी, ताकि वह 'पैंफ्लेट लिखने के लिए टीम' का निर्माण कर सकें। उनके साथ न्याय करते हुए और जैसा कि जनरल ए एम वोहरा ने मुझे बताया कि उन्होंने अपने कुछ अधिकारियों को इन कार्यों को पूरा करने की जिम्मेदारी सौंप दी। काम शुरू कर दिया गया था हालाँकि इस संदर्भ में कोई महत्त्वपूर्ण प्रगति नहीं हुई। सन् 1955 में ब्रिगेडियर सैम मानेकशॉ इन्फैंट्री स्कूल के कमांडेंट के रूप में नियुक्त हुए। वे पहले भारतीय थे, जो इस संस्थान में नियुक्त किए गए थे। ब्रिगेडियर चड्ढा, जो उस समय जी एस ओ-1 समन्वयक थे, ने कहा कि इस संस्था के अंतिम ब्रिटिश अधिकारी ब्रिगेडियर बेर्टी स्टीवर्ट ने अपने वरिष्ठ अधिकारियों पर एक नोट में अपना मत लिखा था, जो एक लिफाफे में बंद था। उन्होंने उसे इस संस्थान के नए कमांडेंट को देने के लिए कहा था। अत: यह लिफाफा सैम को सौंपा गया। उन्होंने पूछा कि 'क्या जी एस ओ-1 इसके बारे में कुछ जानते हैं ?' जवाब 'हाँ' में मिला तो सैम ने नोट्स समेत वह लिफाफा फाड़ डाला और बोले मैं अपना आकलन करूँगा। उस समय यह संस्थान एक प्राथमिक संस्थान था, जो योजनाबद्ध सिद्धांतों के निर्माण और जाँच पर जूनियर व सीनियर कमान स्तर, जैसे कि बटालियन या रेजीमेंट कमान स्तर, पर प्रशिक्षण देता था।

नया बिग्रेडियर कमांडर जोश से भरपूर था। जिसे स्कूल के हर क्रिया-कलाप में 'सैंड मॉडल डिस्कशन' से नक्शा प्रतियोगिता और अभ्यास, चाहे वह सैन्य दल में हो या बिना दल में, भाग लेता था। वह जितना खेल के मैदान में होता उतना ही क्लब या मेज में। दूसरे शब्दों में, हर क्रियात्मक जगह पर कमांडर किसी-न-किसी रूप में अपना योगदान देते थे। सामाजिक या अनौपचारिक रूप से उनका कमान से मिलना उन्हें सूचनाएँ देता था, जिससे कमान करने में सुविधा होती थी। उनका यह स्वभाव उनके सहयोगियों को अन्य महत्त्वपूर्ण मसलों पर सोचने-विचारने की स्वतंत्रता देता था। एक कमांडर के रूप में वे अपने सहयोगियों को विस्तृत दिशा-निर्देश देते थे और उसी प्रगति का आकलन करते थे।

इन्फैंट्री सेना के निर्देशन के लिए बनाए गए पद पर नियुक्त 'डायरेक्टिंग स्टाफ' के बीच उन्होंने एक समूह बनाया था, जिसके साथ मिलकर उन्होंने भारतीय सेना के प्रशिक्षण के लिए दोबारा सामग्री लिखी और प्रकाशित कराई। निर्देशों के लिए भारतीय सैनिक स्कूल में शिक्षक नहीं होते थे। उन्हें 'डायरेक्टिंग स्टाफ' कहा जाता था, क्योंकि वे वर्ग में विद्यार्थियों के बीच हो रही चर्चाओं-विवेचनाओं को निर्देशित करते थे। यह जानते हुए भी कि विभिन्न कार्यक्रमों और विवेचनाओं को नया रूप देने में पहले से बहुत व्यस्त हैं, उन पर युद्ध कार्यालय प्रकाशन का यह काम सौंप देना उनको अतिरिक्त भार देना था। मुझे यह सब बताते हुए ब्रिगेडियर चड्ढा ने जो कि उस टीम में थे, मुझसे कहा, ''सैम रोज, यहाँ तक कि रविवार को भी, देर रात तक अपनी टीम के साथ बैठकर कार्यों को आगे बढ़ाने में लगे रहते थे। उनकी उपस्थिति और उनके आचरण इतने प्रेरणादायक थे कि हममें से कोई भी यह महसूस नहीं करता था कि हम पर काम का जरूरत से ज्यादा बोझ है। यहाँ तक कि उनकी पत्नियाँ भी अपने पतियों को याद नहीं करती थीं, क्योंकि श्रीमती मानेकशॉ उनके लिए घर पर ही 'मा जोंग' जैसी पार्टियाँ रखती थीं। जब सैम ने उन्हें कार्रवाई युद्ध के लिए भेजना शुरू किया, तब इन पुनः प्रकाशित अंकों की उपयोगिता सेना मुख्यालय को समझ में आई।''

नवंबर 1956 में सैम दिसंबर 1957 तक के लिए यू.के. के इंपीरियल डिफेंस कॉलेज (आई.डी.सी.) के पाठ्यक्रम में शामिल होने के लिए चले गए। उसे पूरा करके जब दिसंबर 1957 में वे लौटे तो उन्हें 26 इन्फैंट्री डिवीजन का काम सँभालने के लिए जम्मू में नियुक्त किया गया। उन्होंने स्टाफ कॉलेज, वेलिंगटन में कमांडेंट के रूप में पद स्थापित मेजर जनरल कुमारमंगलम से इस डिवीजन का पदभार सँभाला। यह कमान बहुत ही महत्त्वपूर्ण थी, क्योंकि यहाँ रजौरी, पुंछ और श्रीनगर के क्षेत्रों में सशस्त्र मार्गरक्षण करना था। जम्मू में ही सैम की जम्मू व कश्मीर के तत्कालीन मंत्री श्री डी पी धर से दोस्ती हुई। जम्मू में ही जब वे डिवीजन की कमान सँभाल रहे थे तो रक्षामंत्री श्री वी के कृष्ण मेनन से उनकी कहा-सुनी हो गई थी। उन्होंने मुझे बताया था कि जब

वह जम्मू डिवीजन की कमान सँभाल रहे थे तो रक्षामंत्री कृष्ण मेनन मुझसे मिलने आए थे। एक दिन बातचीत के दौरान उन्होंने मुझसे पूछा कि मैं उस समय के सेनाध्यक्ष जनरल के एस थिमैया के बारे में क्या सोचता हूँ? मैंने कहा, ''मंत्री महोदय, मुझे अपने चीफ के बारे में सोचने की अनुमति नहीं है। आज आप एक जनरल ऑफीसर से पूछ रहे हैं कि वह अपने चीफ के बारे में क्या सोचता है, कल आप मेरे जूनियर से पूछेंगे कि वे मेरे बारे में क्या सोचते हैं? इससे सेना के अनुशासन का विनाश निश्चित है। कृपया इस प्रकार का कार्य न करें।'' यह भविष्यवाणी कितनी सही थी, यह सन् 1962 में साबित हो गया। हालाँकि यह स्पष्ट नहीं था कि कृष्ण मेनन सैम के प्रति अच्छी भावना क्यों नहीं रखते थे। संभवतः यह घटना ही कारण रही हो, जिससे कि सैम कृष्ण मेनन को अच्छे नहीं लगते थे। कृष्ण मेनन दूसरों के विचारों को सहन करने वालों में से न थे बल्कि जो, उनसे असहमत हो, उसके खिलाफ मन में वैरभाव रखने वालों में से थे। सेनाध्यक्ष जनरल थिमैया के इस्तीफा देने के पीछे का वास्तविक कारण था कि वे जनरल बी एम कौल को क्वार्टर मास्टर जनरल बनाए जाने के कृष्ण मेनन के निर्णय से सहमत नहीं थे। प्रधानमंत्री ने बाद में मध्यस्थता की और रक्षामंत्री का साथ दिया। इससे इस बात की पुष्टि होती है कि मेनन प्रधानमंत्री के कितने चहेते थे। बाद में जनरल कौल चीफ ऑफ जनरल स्टाफ के पद पर नियुक्त किए गए। यह सेना मुख्यालय में अत्यंत महत्त्वपूण्र व अधिकारपूर्ण पदों में से एक था। रक्षामंत्री और प्रधानमंत्री के साथ सान्निध्यता के कारण कौल ने अपने अधिकारों का चीफ से भी अधिक उपयोग किया। बहुत सारे अच्छे जनरलों ने सेना से इस्तीफा दे दिया। इसके पीछे वजह थी श्री मेनन की उन दब्बू और शांत स्वभाव के अधिकारियों के प्रति झुकाव, जो उनको खुश करने में लगे रहते थे।

डिवीजन कमान के दौरान एक बहुत दिलचस्प घटना हुई। प्रायः दोपहर को जी ओ सी सैम मानेकशॉ जम्मू में अधिकारियों के अस्थायी भोजनालय को देखने जाते थे, जहाँ अधिकारीगण अपनी यूनिट का लौटते हुए या वहाँ से आते हुए उतरते थे। यहाँ वे भोजन करते और फिर जहाँ जाना होता जाते। ऐसी ही एक दोपहर में एक जवान कैप्टन, जो तीन बैग अपने साथ ले जाने की कोशिश में था, को सैम ने मदद का प्रस्ताव दिया, जिसे उसने स्वीकार कर लिया। जब वे अपने गंतव्य पर पहुँच गए तो उस कैप्टन ने आश्चर्यपूर्वक देखा कि उसके कुली को वहाँ उपस्थित सभी लोग सैल्यूट कर रहे हैं। तब उसने उनसे पूछा कि आप कौन हैं? इस पर सैम का जो उत्तर था, वह वाकई लाजवाब था। सैम ने उससे कहा, ''मैं अकसर यहाँ लोगों की मदद के लिए मँडराता रहता हूँ और अपने खाली समय में अपने डिवीजन की कमान करता हूँ।''

डिवीजन की कमान के बाद दूसरी बार जनरल कुमारमंगलम की जगह सैम की नियुक्ति वेलिंगटन के स्टाफ कॉलेज में की गई। स्टाफ कॉलेज में कमान सँभालने के बाद अपने दूसरे पद के लिए उनका चुनाव हो गया। इससे पहले कि उनकी पदोन्नति

होती, कृष्ण मेनन और जनरल बी एम कौल ने स्टाफ कॉलेज के कमांडर के तौर पर पदासीन सैम के खिलाफ एक जाँच आयोग गठित कर दिया। जनरल कौल ने लंबे समय तक आर्मी सर्विस कोर की सेवा की थी, और उनकी आँखें सेना के उच्चतम पद की ओर टिकी थीं। लिहाजा वे इतने ऊँचे ओहदे पर होते हुए भी अपने सभी प्रतिस्पर्धियों को हटाने पर तुले रहते थे। कृष्ण मेनन और नेहरू परिवार से मित्रता के कारण उन्हें विश्वास हो गया था कि वे ऐसा कर सकते हैं। जब अंबाला में वह 4 इन्फैंट्री डिवीजन की कमान कर रहे थे, तब उन्होंने सेना के मजदूर दल के सहयोग से सैनिकों के आवास जगह के लिए एक योजना 'ऑपरेशन अमर' बनाई थी। कृष्ण मेनन की मदद से यह योजना सैन्य दल के लिए टेंट की जगह झोंपड़ी बनाने की थी, जिसमें कम खर्च आता था। उप सेनाध्यक्ष के पद से सेवानिवृत्त होनेवाले लेफ्टिनेंट जनरल ए एम वोहरा ने बताया, "मुझे याद है कि जब मंत्रिमंडलीय सचिवालय के सैन्य विभाग में रक्षामंत्री की समिति में 'टेनटेज रिप्लेसमेंट स्कीम' पर चर्चा हुई थी।

इस मीटिंग की शुरुआत के साथ ही कृष्ण मेनन मेरी ओर पलटे और बोले, "जनरल कौल कहाँ हैं ?" जब मैंने जवाब दिया कि वे 4 डिवीजन की अंबाला में कमान कर रहे हैं, तब कृष्ण मेनन चिल्लाए कि वे यहाँ क्यों नहीं हैं ? उन्होंने 'टेनटेज रिप्लेसमेंट' पर बहुत काम किया है। मैंने जवाब दिया कि वे रक्षामंत्री की समिति के सदस्य नहीं हैं। उन्होंने कहा, "कोई बात नहीं, उन्हें यहाँ होना ही चाहिए था।"*

जनरल कौल सैम को पसंद क्यों नहीं करते थे ? हालाँकि इस के अनेक कारण बताए जाते रहे, जो कृष्ण मेनन एवं कौल के बीच के रिश्ते की असुरक्षा भावना से लेकर सैम को नापसंद करने के लिए दोनों के मन में एक जैसी भावना के होने तक थे, सैम मानेकशॉ की पेशे की कुशलता और साफ-सुथरी छवि, एवं सभी स्तर के सैन्य अधिकारियों जवानों व कोमलांगियों में लोकप्रियता से भी वे आशंकित थे। जनरल ए एम वोहरा ने एक और कहानी जोड़ी। उन्होंने कहा, "कहानी एक बिना सैन्य दल के युक्ति-अभ्यास की है जो जम्मू में 26 इनफैंट्री डिवीजन ने किया था। तब शंकरन नायर या कृष्णा राव, जो डिवीजन के जी एस ओ-1 थे, उन्होंने अभ्यास के आरंभिक विवरण के अनुसार शत्रु के कमांडर अपने दल के लिए घर बनाने में समय बरबाद करते थे, व्यावसायिक तौर पर उतने उत्साहित नहीं थे और विशेष प्रशिक्षण नहीं देते थे। 4 इन्फैंट्री डिवीजन की कमान सँभालते हुए जनरल कौल ने अंबाला में ऐसा किया था। 'बिज्जी' नाम से पुकारे जानेवाले जनरल कौल अभ्यास में इस तरह उनकी तरफ इशारा किए जाने से खफा हो गए। इसे जनरल के वी कृष्णा राव ने अपनी पुस्तक में इस तरह से वर्णित किया है—"युद्ध की सुरक्षा कार्रवाइयों में अभ्यास करते हुए एक ब्रिगेड को अपने 'दुश्मनों', के बारे में बहुत

* 9 अप्रैल, 2005 को नई दिल्ली में लेखक द्वारा ले जनरल ए.एम. वोहरा का साक्षात्कार।

कुछ गुप्त जानकारियाँ दी गई थीं, जिसकी उनपर आक्रमण करने की आशंका थी। इसमें दिए गए 'शब्दचित्र' के मुताबिक हमलावर डिवीजन का कमांडर एक अद्‍भुत योजनाबद्ध तरीके से काम करने वाला उत्तेजित नेता और दक्ष एरिया कमांडर था; लेकिन एक कोर कमांडर अपनी राजनीतिक पहुँच के कारण अधिक-से-अधिक प्रशासकीय भूमिका निभाता था। इस अभ्यास के दौरान सैनिकों ने खूब आनंद लिया। कुछ समय बाद हमें बताया गया कि शब्दचित्र एक वास्तविक सैन्य अधिकारी से मेल खाता था और इसके लिए स्पष्टीकरण भी माँगा गया।''[1]

वहाँ और भी घटनाएँ हो सकती थीं। जब बिज्जी सी जी एस बन गए तो उन्होंने सैम को वापस भेजने और दंडित करने का निर्णय लिया। बिज्जी किस प्रकार के व्यक्ति थे? इस बारे में जनरल जैकब का कहना है, ''तब हम मेजर जनरल बी एम कौल, जिनकी पुरानी रेजीमेंटल सेवा बस इतनी थी कि वे आर्मी सर्विस कोर के साथ थे, के द्वारा कमान की हुई 4 इन्फैंट्री डिवीजन में भाग लेने अंबाला के लिए रवाना हुए। नेहरू के साथ पारिवारिक संबंध और रक्षामंत्री कृष्ण मेनन के वरदहस्त ने उन्हें अक्खड़ और निरंकुश बना दिया था। मुझे एक अति उच्च-स्तरीय चीनी सैन्य प्रतिनिधि-मंडल के लिए गोलाबारी करने की शक्ति का प्रदर्शन करने की व्यवस्था करनी थी जो अच्छा रहा। लेकिन जनरल के साथ मेरे रिश्ते तनावपूर्ण बने रहे; क्योंकि मैं उनके विश्वस्तों और चाटुकारों की मंडली में शामिल न था, जिनको वे बखूबी नियुक्त करते थे। इस विषय पर हममें काफी उग्र विवाद हुए।''[2] ये विवरण स्पष्ट करते हैं कि क्षमाशीलता उनके स्वभाव में न थी।

जरा इस संकीर्ण विचारवाले व्यक्ति की सैम के व्यवहार के साथ तुलना करें। जब वह 4 कोर की कमान कर रहे थे, सेना मुख्यालय ने दो नाम लेफ्टिनेंट कर्नल के स्थायी पद के लिए भेजे। स्टाफ कॉलेज में मानेकशॉ पर लगाए गए अभियोग के खिलाफ जाँच के समय इन दोनों ने मुख्य गवाहों की भूमिका निभाई थी। सैन्य सचिव ने पूछा था कि क्या सैम को इन दो अधिकारियों को लेफ्टिनेंट कर्नल का स्थायी पद दिए जाने पर कोई आपत्ति है। अपने सहयोगियों और परिवार में मतभेद होने के बावजूद सैम ने बिना किसी झिझक के इस पद के लिए उनके नाम को मंजूरी दे दी। जब मैं उनके साथ था तो वे मुझसे कहते, ''बेटा, जैसे-जैसे एक व्यक्ति अपने पद में उन्नति करता जाए, उसे अवश्य ही और भी शालीन होता जाना चाहिए।'' इस नीति वचन का व्यवहार में उनसे अच्छा उदाहरण तो हो ही नहीं

---

1. 'In the Service of the Nation REMINISCENCES', जन. के.वी. कृष्णा राव, वाइकिंग इंडिया, नई दिल्ली, पृ. 36
2. सरेंडर एट ढाका, बर्थ ऑफ ए नेशन, ले जनरल जे.एफ.आर. जैकब, मनोहर पब्लिशर्स, नई दिल्ली, 1997, पृ. 23

सकता। इस प्रकार पहले से ही अनेक पक्षों के कारण पं. नेहरू के आभारी और भविष्य में भी उनका कृपाभाजन बने रहने को आतुर नेहरू से निकट संबंध रखनेवाले मेनन की साँठ-गाँठ से अपनी उन्नति के लिए विश्वस्त जनरल कौल ने स्टाफ कॉलेज की कमान सँभाल रहे मानेकशॉ के विरुद्ध एक शिकायत दर्ज कर दी। मानेकशॉ पर जो अभियोग लगाए गए, वे थे—'वे अधिकारियों के भोजनालय में हमेशा रात्रिभोज और नृत्य का आयोजन करके स्टाफ कॉलेज का पश्चिमीकरण कर रहे हैं। वे ब्रिटिश-समर्थक हैं। स्टाफ कॉलेज के आधिकारिक भोजनालय में ब्रिटिश जनरलों की अनेक तसवीरें लगी हैं और अपने डी एस के एक राष्ट्रीय वीरनायक के विरुद्ध आपमानजनक भाषा का प्रयोग करने पर कमांडर ने कोई कार्रवाई नहीं की।'

जनरल कौल और उनके सहयोगी स्टाफ कॉलेज के अधिकारियों को कोर्ट ऑफ इन्क्वायरी में सैम के खिलाफ गवाही देने के लिए प्रेरित कर रहे थे। उन्होंने अधिकारियों को अनेक प्रलोभन दिए; कई लालच में आ गए, लेकिन उनमें से बहुतों ने उनके सामने झुकने से साफ इनकार कर दिया।

जनरल जैकब के अनुसार, "चूँकि मानेकशॉ के विरुद्ध गवाही न देकर मैं उन्हें एहसानमंद बनाने में असफल रहा, इसलिए कार्रवाई के लिए बनाई गई इन्फैंट्री ब्रिगेड की कमान मुझे नहीं सौंपी गई, बल्कि मुझे दक्षिणी कमान के कार्य के लिए पूना भेज दिया गया। कौल ने जब सेना छोड़ी, तब लद्दाख में मुझे आर्टिलरी ब्रिगेड की कमान सौंपी गई।"*

यह आश्चर्य की बात है कि इस तरह के तुच्छ अभियोग जनरल ऑफिसर पर लगाए गए। फील्ड मार्शल पर निशाना साधने वाले मामले को पुख्ता करने के लिए इस हद तक गए। स्थल सेनाध्यक्ष ने इस केस को तुच्छ, मूर्खतापूर्ण और बेकार मानकर खत्म नहीं किया इससे साफ जाहिर है कि इसके पीछे अधिक शक्तिशाली लोगों का हाथ था। कोर्ट ऑफ इन्क्वायरी के पीठासीन अधिकारी के रूप में जनरल दौलत सिंह ने कौल के पिट्ठू मुख्य गवाह से पूछा कि स्वतंत्रता से पहले एवं स्वतंत्रता के बाद रेजीमेंट में और स्टाफ कॉलेज में बिताई उनकी जीवन-शैली में क्या कोई अंतर था? इन सबका नकारात्मक उत्तर पाने के बाद चरित्र में कमी और मौकापरस्ती के लिए उसकी अच्छी खबर ली गई। भोजनालय में लगी अंग्रेज जनरलों की तसवीरों के संबंध में यह स्पष्ट उत्तर आया कि वे तसवीरें पहले से वहाँ लगी हैं और सैम ने उनमें कुछ भी नहीं जोड़ा है। राष्ट्रीय नायक का अपमान करने के विषय में यह सामने आया कि उससे सवाल-जवाब जूनियर्स के सामने नहीं, बल्कि अलग से सेना के रीति-रिवाज के अनुसार ही किया गया था। इसलिए यह कैसे मान लिया जाता

* सरेंडर एट ढाका, बर्थ ऑफ ए नेशन, ले जनरल जे.एफ.आर. जैकब, मनोहर पब्लिशर्स, नई दिल्ली, 1997, पृ. 27

कि ऐसी गलती करनेवाले डी एस के खिलाफ कोई कार्रवाई नहीं हुई। जनरल दौलत सिंह ने सैम मानेकशॉ के विरुद्ध लगाए गए मनगढ़ंत आरोपों की कड़ी भर्त्सना करते हुए अपनी जाँच के अंतिम प्रारूप में निर्णायक फैसला दिया। उन्होंने यह भी स्पष्ट किया कि श्री मेनन ने मानेकशॉ को दोषी करार देने के लिए उनसे आग्रह किया था। स्वाभिमानी व कर्तव्यनिष्ठ जनरल दौलत सिंह ने कहा कि वह शिकायतों के आधार पर अपना फैसला सुनाएँगे। एक और जनरल का कृष्ण मेनन से टकराव हो गया था।

बाद में सेनाध्यक्ष बने जनरल वी एन शर्मा कहते हैं, ''सैम वर्ष 1962 की शरद् ऋतु में वेलिंगटन के डिफेंस सर्विसेज स्टाफ कॉलेज की कमान कर रहें थे, जब मैं वहाँ एक छात्र था। प्रत्येक छात्र की यह इच्छा होती थी कि वह उपस्थित रहें ताकि हमें सैन्य कला तथा तकनीकों को विस्तार में बताएँ। सैम मात्र कुछ विनोदप्रिय बातों में घंटों की निदेशक अधिकारियों की चर्चाओं का निचोड़ कह सकते थे। न्यायालय में चल रही जाँच-पड़ताल, उन पर लगे अभियोग—जिन्हें हम सभी जानते थे—झूठे और बेबुनियाद थे, के कारण वे अनुपस्थित थे। कोई भी उनकी लोकप्रियता से अनभिज्ञ नहीं था। हम सभी जानते थे, कि रक्षामंत्री कृष्ण मेनन के इशारे पर यह जाँच हो रही है। वास्तव में वे सेना में सैम की अगली तरक्की को किसी भी तरह रोकना चाहते थे। भारतीय रक्षा सेवाओं के अधिकारियों के दो विपरीत समूह—एक जो उनकी राजनीतिक व व्यक्तिगत शक्तियों का चापलूस था और दूसरा जो उनका विपक्षी था, में बाँटकर उन्हें दोषी साबित करने की मेनन ने पूरी तैयारी कर ली थी। हम सभी जानते थे कि अधिकारियों का मनोबल इतना गिर जाने के बाद भारत को किसी भी सैनिक अभियान में विफलता ही मिलेगी।

''सैम किसी भी सैन्य अधिकारी की सेवा के साथ द्वेषी राजनीतिक हस्तक्षेप को किसी भी प्रकार से स्वीकार नहीं करते थे। सभी देशी-विदेशी छात्र एवं सैन्य अधिकारी जाँच में सैम की सफ़लता के लिए प्रार्थना कर रहे थे। भारत के उत्तर-पूर्वी सीमा के पार नेफा में चीन के हमले के फलस्वरूप मेनन को उनके पद से हटा दिया गया और सेना प्रमुख को अपने पद से इस्तीफा देना पड़ा। नए सेना प्रमुख जनरल जे एन चौधरी ने प्रसन्नतापूर्वक सैम को नेफा की कमान सँभालने के लिए लेफ्टिनेंट जनरल के पद पर तरक्की दी। सैम ने तेजी से व्यवस्थित करने की कोशिशें शुरू कर दीं।''*

ब्रिगेडियर जे पी दलवी ने इस पूरे दुखद कांड को सारांश में प्रस्तुत करते हुए कहा, ''निस्संदेह मेनन के कार्यकाल का यह सबसे घृणित प्रकरण था, जिसमें मेजर

* 'द लीडर विद करिश्मा', जन. वी.एन. शर्मा, वार ऐंड पीस में प्रकाशित, द लाइफ ऑफ फी.मा. सैम मानेकशॉ, एमसी, यूनेस्को परजॉर, 2003

जनरल (अब लेफ्टिनेंट जनरल) एस एच एफ जे मानेकशॉ को कठघरे में खड़ा करने की कुत्सित योजना जनरल कौल की मदद से मेनन के द्वारा बनाई गई। जब जनरल मानेकशॉ की पदोन्नति लेफ्टिनेंट जनरल के रूप में हो गई थी, पर उसकी विधिवत पुष्टि बाकी थी, तब फिर से सेना में जनरल मानेकशॉ के विरोधियों ने उन्हें दोषी साबित करने के लिए झूठी अफवाहें फैलाईं। सेना के एक श्रेष्ठ अधिकारी को निष्कासित करने के लिए इस प्रकार की घटिया और वाहियात साजिश से सेना दहल गई थी। सेना में अपनी ख्याति क़े अलावा मानेकशॉ इन्फैंट्री और स्टाफ कॉलेज के कमांडर रहे थे। इस तरह हजारों अधिकारी उन्हें निजी तौर पर जानते थे। तीन जनरलों की एक जाँच अदालत ने अंत में मानेकशॉ पर लगाए गए सभी अभियोग खत्म कर दिए गए, और सिफारिश की कि उन लोगों से पूछताछ की जाए, जिन्होंने उनके खिलाफ साक्ष्य प्रस्तुत किए थे। भारत अति भाग्यशाली था कि वर्ष 1962 की पूर्ण विफलता के बाद सेना को पुनर्गठित करने के लिए सबसे योग्य जनरल को बचाया गया और कहा गया कि जनरल मानेकशॉ भारतीय सेना के अगले अध्यक्ष होंगे।''*

जाँच के लिए गठित कोर्ट ऑफ इन्क्वायरी ने सैम को निर्दोष करार दिया। इससे पहले कि जाँच के परिणामों की औपचारिक घोषणा की जाती, देश की उत्तरी सीमा पर भारत-चीन युद्ध छिड़ गया। इस आधिकारिक जाँच की अवधि में भी सैम ने फील्ड मार्शल के अनेक गुणों का प्रदर्शन किया, जिसकी सराहना सभी ने की। किसी भी समय वह किसी के सामने अपना दुःख या नाराजगी प्रकट नहीं करते थे। उनका आचरण आदर्श व गौरवपूर्ण था। उनके निकट आनेवाले किसी भी व्यक्ति को यह स्पष्ट देखने को मिलता था कि वे इन सभी घटनाओं से ऊपर हैं। उन्होंने अपना दुःख, क्षोभ या विद्वेष सार्वजनिक रूप से कभी नहीं प्रकट किया। वे हमेशा शांत व सुदृढ़ रहे और अपने कर्तव्यों का पालन पहले की तरह करते रहे। वे इन घटनाओं और अफवाहों से दुःखी थे, लेकिन इसका प्रभाव उन्होंने अपने कर्तव्यों और अपने निर्णयों पर कभी नहीं पड़ने दिया—यह गुण निश्चय ही उनकी महानता को दरशाता है।

एक बार जब सैम स्टाफ कॉलेज छोड़कर 4 कोर में जा चुके थे, कॉलेज में आमंत्रित एक विख्यात वक्ता ने छात्रों को संबोधित करते हुए कहा कि कोई भी व्यक्ति जो सफल होता है, महान् हो सकता है। व्यक्ति की वास्तविक महानता विपरीत परिस्थितियों में देखी जाती है। जो अपने कठिन समय में बिना किसी क्षोभ और दुःख के अपने आदर्शों के साथ जीता है, वही वास्तव में महान् है। कृष्ण मेनन और कौल द्वारा सैम मानेकशॉ को कठघरे में खड़ा करने के बाद भी वे शांत और गौरवपूर्ण जीवन जीते रहे। उनके जीवन से हमें यह पाठ सीखने को मिला। यह सीख स्टाफ कॉलेज के छात्र अपने साथ अपने घर ले जाते हैं तो स्टाफ कॉलेज के पाठ्यक्रम का उद्देश्य पूरा समझा जाएगा। भारतीय सैन्य

* हिमालयन ब्लंडर, ब्रिगे. जे.पी. दलवी, ठक्कर ऐंड कं. लि., बंबई, 1969, पृ. 469-70

अकादमी के 'शीतकालीन सत्र-1933' के कंपनी कमांडर की वह भविष्यवाणी बिलकुल सही थी।

चीन द्वारा भारत के साथ उत्तर-पूर्व में युद्ध जारी था जिसमें भारत की 'फॉरवर्ड पॉलिसी' विफल रही थी। चीन ढोला क्षेत्र पर अपना दावा कर रहा था, जिसे भारत नेफा के कामेंग डिवीजन का हिस्सा मानता था। नाम का चू में युद्ध जारी था और चीनी थाग-ला में भारी संख्या में जमा थे। भारत के पास कामेंग में मात्र 7 इन्फैंट्री ब्रिगेड था, जो तवांग और मुख्य अक्ष की सुरक्षा कर रहा था। प्रधानमंत्री ने जनता के सामने अपना वक्तव्य दिया कि उन्होंने भारतीय सेना को चीनियों को सीमा क्षेत्र से बाहर खदेड़ने का आदेश दिया है और 7 ब्रिगेड को नाम का चू पर एकत्रित होने का आदेश दिया गया। फील्ड कमांडर को यकीन था कि अक्ष से हटना एक बहुत बड़ी सामरिक भूल होगी। इसके अलावा थागला से चीनियों को खदेड़ने के लिए पर्याप्त सेना नहीं थी। इस उद्देश्य की पूर्ति के लिए न केवल सैन्य बल की कमी थी, बल्कि सड़कें व पगडंडियाँ भी उपयुक्त न थीं। इसलिए इस सैन्य बल का रख-रखाव बहुत कठिन व सुस्त रफ्तार से होता था, क्योंकि सारा काम खच्चरों से करना पड़ता था। एरिया कमांडरों के इस योजना का विरोध करने पर जनरल एल पी सेन (पूर्वी कमान के जी ओ सी-इन-सी), जनरल बी एम कौल (सी जी एस) और सैन्य मुख्यालय ने 33 कोर को नेफा की जिम्मेदारी से वंचित कर दिया। नए 4 कोर की तेजपुर में बहाली कर नेफा की कार्रवाई का आदेश दे दिया गया। लेफ्टिनेंट जनरल बी एम कौल को, जो उस समय सी जी एस थे, 4 अक्तूबर, 1962 को इस कोर को कमान करने के लिए के लिए नियुक्त किया गया।*

सेना मुख्यालय में सी जी एस का घटनाओं पर इतना प्रभुत्व अवास्तविक सा प्रतीत होता है। पर वास्तविकता ऐसी ही थी। ब्रिगेडियर जे पी दलवी ने अपनी पुस्तक 'द हिमालयन ब्लंडर' में 5 फरवरी, 1961 को सी जी एस एल पी सेन के कार्यालय में बैठक के दौरान हुई गतिविधियों का उल्लेख इस प्रकार किया है, उस बैठक में जनरल कौल भी आए थे, जो उस समय क्वार्टर मास्टर जनरल थे। ''वह कुछ मिनट देर से पहुँचे, लेकिन उसके लिए उन्होंने कोई खेद प्रकट नहीं किया और सीधे-सपाट तौर पर कह दिया कि उनसे देर हो गई। हम सभी इस महत्त्वपूर्ण और व्यस्त आदमी की अद्‌भुत हैसियत से प्रभावित थे। बिना किसी भाव-भंगिमा या उत्तेजना के उन्होंने टनेज की माँग के बारे में कहा कि आप जो भी चाहें, मैं 'क' टनेज ही उपलब्ध करा सकता हूँ। इसी से आपको काम चलाना होगा। थोड़ी ही देर में उन्होंने अपने किसी अन्य काम के लिए बैठक को बीच में ही छोड़ा और चले गए। मैंने जनरल कौल के बारे में सुना बहुत था, लेकिन आज पहली बार उन्हें प्रत्यक्ष रूप में देखा था। मीलों

---

* लेखक द्वारा ले जनरल ए एम वोहरा (बाद में उप सेनाध्यक्ष बने) का साक्षात्कार, नई दिल्ली, 9 अप्रैल, 2005

दूर से चलकर सम्मेलन में भाग लेनेवाले किसी भी अधिकारी की उन्होंने कोई परवाह नहीं की और न ही सेना के सामान्य अनुशासन व परंपरा को निभाया। उन्होंने कार्रवाई की स्थिति पर भी कोई चर्चा नहीं की। जनरल एल पी सेन मुसकराए और अपने कंधों को उचकाते हुए कहा, "ठीक है जेंटलमैन, आपने क्वार्टर मास्टर जनरल की बातों को सुन लिया, अब आप जा सकते हैं और योजनाओं में तदनुरूप संशोधन कर सकते हैं। इस मामले में मैं बहुत कम ही कुछ कर सकता हूँ।"*

भारतीय सेना इस युद्ध में दूसरे नंबर पर रही। कृष्ण मेनन के हस्तक्षेप और जल्दबाजी के कारण सैन्य बल के विश्वास और गरिमा में पहले ही काफी कमी आई थी, अब उसे एक जबरदस्त धक्का और लगा। देश असाधारण परिस्थितियों में घिर गया था। ऐसे में असाधारण कदम ही उठाने पड़ते हैं। कृष्ण मेनन को अनिच्छापूर्वक मंत्रिमंडल से हटा दिया गया। सेना प्रमुख ने इस्तीफा दिया और 'बिज्जी' कौल को 4 कोर की कमान से बेताज कर दिया गया। जनरल जे एन चौधरी, जिन्हें कृष्ण मेनन ने एक बार फिर हाशिए पर रख दिया था, सेनाध्यक्ष के पद पर नियुक्त किया गया। कृष्ण मेनन और जनरल चौधरी, जो दक्षिणी कमान के जी ओ सी-इन-सी के रूप में कमान कर रहे थे, के आपसी रिश्ते को यहाँ एक घटना के माध्यम से बताना अप्रासांगिक न होगा। सन् 1962 के मध्य में मेनन एक बार पूना आए। श्री मेनन 'कमान ऑडिटोरियम' के मंच पर बैठे थे। वहाँ जे एन चौधरी मंच की सीढ़ियों से नीचे उतरकर मंच की तरफ पीठ करके अपनी छड़ी के साथ झुककर खड़े हो गए और रक्षामंत्री का परिचय देना शुरू किया। उन्होंने भीड़ को संबोधित करते हुए 'जेंटलमैन' ही कहा था कि उनकी नजर नर्सिंग ऑफीसर्स पर पड़ी और दोबारा संबोधन किया, "लेडीज ऐंड जेंटलमैन! मैं हमेशा सीधे अधिकारी व्यक्ति के मुँह से निकली बात सुनने में विश्वास रखता रहा हूँ।" जनरल कौल सेना के क्वार्टर मास्टर जनरल थे और उन्होंने घूमकर कृष्ण मेनन की ओर देखा तथा अपनी टेढ़ी छड़ी को उनकी ओर इंगित कर कहा, "लेडीज ऐंड जेंटलमैन, अधिकारी व्यक्ति!" और वहाँ से टहलते हुए चले गए।

स्टाफ कॉलेज के लेफ्टिनेंट जनरल से पदोन्नत होकर सैम 4 कोर के जी ओ सी के पद पर लेफ्टिनेंट जनरल नियुक्त किए गए। उन्होंने 2 दिसंबर, 1962 को तेजपुर में 4 कोर का पदभार सँभाला। उन्होंने उस समय कमान सँभाली जब भारतीय सेना शर्मनाक तरीके से हार गई थी और सैनिकों का आत्मबल बड़ी संख्या में लगभग टूट चुका था। नीचे से ऊपर तक सेना में फेर-बदल किया गया था, कई कमांडर बदल दिए गए थे। अधिकांश सिपाही चीनियों द्वारा कैदी बना लिये गए थे। यह समय का मजाक था कि सैम ने अपने कट्टर दुश्मन रह चुके बी एम कौल की जगह ली थी।

---

* द हिमालयन ब्लंडर, जे.पी. दलवी, ठक्कर ऐंड कंपनी लि., बंबई, 1969, पृ. 82-83

तेजपुर में अपने पालतू कुत्ते 'सीजर' के साथ

दंड अपनी ही तरह का परिहास उपजाता है। सीमा की प्रभावी सुरक्षा के लिए नई टुकड़ियों का गठन करना आवश्यक था। युद्ध के सभी उपकरण पुराने व दूसरे विश्वयुद्ध के समय के थे। उत्तरी सीमाओं के उच्चांश पर लड़ने के लिए सेना के पास समुचित वस्त्र नहीं थे। जलवायु अनुकूलन के अभाव व बुनियादी, सुविधाओं की कमी के कारण वहाँ जीना मुश्किल था। सेना संचालन की गति को तेज करने के लिए सड़कों की कमी तो थी ही, अन्य साधन भी न होने के बराबर थे। ये सभी कारण इन परिस्थितियों के लिए जिम्मेदार थे। ऐसे में सेना युद्ध के लिए कैसे तैयार होती और अपने आपको सम्मानजनक अवस्था में ला पाती। वहाँ केवल उन भावनाओं की प्रबलता थी, जहाँ कुछ नेताओं की व्यक्तिगत कार्यसूची पर वहाँ कोई जादुई डंडा नहीं था, जिसे घुमाने से सभी मसले हल हो जाते। अगर मातहत कोई आशंका जाहिर करते तो उसे निरस्त करने के रास्ते निकाल लिए जाते थे। ये राष्ट्र व उसकी सेना की दीर्घावधिक आवश्यकताएँ थीं। इनके लिए परिकल्पना, आयोजन और क्रियान्वयन के लिए समन्वित प्रयास की आवश्यकता थी।

इन परिस्थितियों में कोर को पुनः सही रूप-आकार में लाना दुष्कर था। इसके बावजूद नए उत्साही कोर कमांडर ने अपने सभी सहयोगियों से त्वरित मुलाकातें कीं और सेना को सुदृढ़ करने के लिए उसने नियमित व जल्दी-जल्दी मिलना शुरू किया।

अपनी असामान्य शैली और योग्यता से बहुत ही कम समय में सैम ने सेना और उनके कमांडरों का आत्मविश्वास लौटाया। उन्होंने अधिकारियों का एक दल बनाया जो उन मुद्‌दों का अध्ययन करे जो उन स्थितियों के जिम्मेदार थे। सभी स्तर पर कमांडर के दायित्व की महत्ता का गहन सर्वेक्षण करे और योजनाओं में संशोधन करे। उन्होंने उन्हें युद्ध-अभ्यास कराए। सैम ने उन क्षेत्रों में किसी भावी युद्ध को संचालित करने के लिए सभी सहयोगी कमांडरों को दिशा-निर्देश दिए। जी ओ सी 4 कोर का अपने-अपने क्षेत्रों में मजबूत पकड़ बनाने के लिए कार्यान्वित योजनाओं का संचालन इन सिद्धांतों पर आधारित था कि भविष्य की सुदृढ़ स्थिति के लिए प्रशासन का सहयोग अवश्य होना चाहिए और प्रशासन को क्रियात्मक रूप में उनका साथ देना चाहिए। अपनी उपस्थिति का दावा व अधिकार बनाए रखने के लिए किसी क्षेत्र पर कब्जा बनाए रखना कोई अच्छी धारणा न थी। यह तो सेना को व्यर्थ ही तैनात करने वाली स्थिति थी जिससे कोई फायदा होने वाला न था। इस तरह के अविकसित क्षेत्र में संभार-तंत्र और तोपखाने की सहायता की भी गंभीर समस्याएँ थीं।

राष्ट्रीय स्तर पर संभार-तंत्र की कमियों पर ध्यान दिया गया। सेना और जी ओ सी 4 कोर के आदेशानुसार 1960 में सीमा-सड़क को बनाने के लिए बनाए गए संगठन को काम पर लगाया गया जो सड़क निर्माण सामग्रियों व उपकरणों के उपलब्ध नहीं होने के कारण कोई प्रगति नहीं कर सका था। कुछ उपकरण, जो बाहर से आयात करने थे, नहीं आए थे, उन्हें वरीयता दी गई। नई सड़क व्यवस्था का निर्माण न केवल 4 कोर द्वारा की जा रही कार्रवाई के लिए आवश्यक था, बल्कि भारत की सभी सीमाओं की सुरक्षा के लिए भी आवश्यक था। बाद के कुछ वर्षों में भारतीय सीमा सड़क संगठन ने राष्ट्र की सेवा में बहुत अच्छे कार्य किए। इस युद्ध से सेना के क्रियात्मक सिद्धांतों और उपकरणों के मामले में मूलभूत परिवर्तन आया।

इन क्षेत्रों में नई टुकड़ियाँ तैनात करने से पहले उनके निकटवर्ती क्षेत्रों में उनकी संभार-तंत्र की जरूरतों को इकट्ठा करना, उनका जलवायु अनुकूलन करना ताकि वे उच्चांश पर कार्रवाई करने में सक्षम रहें, और वहाँ कार्यरत जवानों को पर्याप्त पोषक आहार देने को सुनिश्चित करना आवश्यक था। इसमें बेहतर योजना के लिए स्थानीय ठोस वैज्ञानिक जानकारियों के साथ ही अन्य एजेंसियों के साथ तालमेल से युद्ध के लिए संसाधनों को उपलब्ध कराने की जरूरत थी। उनके मनोबल को बनाए रखने, यात्रा के लिए पर्याप्त सुविधाओं के साथ सैनिकों के लिए अस्थायी शिविर की सुविधा देने की आवश्यकता थी। वहीं ट्रेनों की संख्या बढ़ाने के साथ-साथ रेलवे बोर्ड ने ट्रेनों में सशस्त्र सैनिक बलों के लिए सीटों का आरक्षण भी बढ़ाया। वायुसेना ने सैनिकों को छुट्टी पर जाने या सैन्य कार्य हेतु दिल्ली तक जाने के लिए दो सप्ताह में एक बार कूरियर सेवा की शुरुआत की। सबसे महत्त्वपूर्ण आवश्यकता थी नए शत्रु के

विरुद्ध आसूचना एकत्रित करने की व्यवस्था। स्थानीय संसाधनों को संग्रहित करना और लंबी अवधि तक प्रभावी बनाने के लिए अधिकारियों व लोगों को उन्हें चीनी भाषा सिखाने का काम करना था। उस समय तक पहाड़ी क्षेत्र में युद्ध करने के लिए सेना के पास विशेष कुछ भी नहीं था। पहाड़ी क्षेत्रों में लड़ने के लिए 'माउंटेन डिवीजन' और 'माउंटेन ब्रिगेड' को उपकरणों से सुसज्जित किया गया। उच्चतम उन्नतांशवाले क्षेत्रों में सैनिकों को लड़ाई के योग्य बनाने के लिए गुलमर्ग में 'हाई एल्टीट्यूड वारफेयर स्कूल' (एच ए डब्ल्यू एस) स्थापित किया गया, ताकि इन परिस्थितियों में लड़ने के लिए सेना को तकनीकी प्रशिक्षण दिया जा सके।

इस समय एक और अध्ययन की जरूरत थी कि चीनी मीडिया में अपनी 'सुपरमैन' की छवि को बनाने के लिए कौन-कौन से सिद्धांतों और गुरों को अपनाते हैं ताकि उसे रोका जा सके। इसमें हम अक्षम थे, क्योंकि हमारे पास चीनियों की सैन्य व्यवस्था की सूचनाओं की कमी थी। उनके प्रचार-तंत्र और मतारोपण के कारण युद्धक्षेत्र में उनकी दक्षता और महत्ता को बढ़ावा मिलता था। इनका स्पष्टीकरण करने और अपने यहाँ इसके अनुभवों को कार्यान्वित करने वाले सबसे योग्य व्यक्ति थे 4 कोर के जी ओ सी। अपने अनुभव के आधार पर उन्होंने चीनियों के छोड़े रक्षा-मोर्चों का अध्ययन किया, उनकी अपनाई युक्तियों को समझा और उसके बाद एक बहुत ही संतुलित दृष्टिकोण प्रस्तुत किया।

सैम ऐसे सहृदय व्यक्ति थे, जिनके पास सबके लिए समय था और सबकी पहुँच उन तक थी। उन्होंने यह सुनिश्चित करने के लिए कि उनकी कमान में किसी भी जवान को परेशान न किया जाए, कड़ी मेहनत की। सेना में छुट्टी विशेषाधिकार है। उनका यह विश्वास था कि सभी को इसका अधिकार होने चाहिए। यदि इसे अस्वीकार किया जाता था तो इसका विपरीत प्रभाव उनके मनोबल पर पड़ता था और वे अपना अधिकार पाने के लिए गलत तरीके इस्तेमाल करते थे। उनकी सोच में, कोई भी व्यक्ति अपरिहार्य नहीं था, हालाँकि प्रत्येक व्यक्ति जिम्मेदार जरूर था। उनका मानना था कि यदि वास्तव में जरूरी न हो तो कोई छुट्टी नहीं माँगेगा। बेहतर भाईचारे के लिए अधिकारियों और लोगों पर विश्वास करना अत्यावश्यक था। एक बार जब वे कोर कमांडर थे, एक कनिष्ठ अधिकारी के छुट्टी के आवेदन को विभागीय प्रमुख द्वारा अस्वीकृत कर दिया गया। शाम को मेस में सभी के एकत्र होने पर जी ओ सी ने उसके उदास होने का कारण पूछा तो उसने अपनी समस्या बताई। अगले ही दिन अपने विभागीय प्रमुख के साथ नियमित बैठक में कोर कमांडर ने कहा कि 'उसके पास उसके घर से आई हुई चिट्ठी थी। अपने घर की समस्याओं को सुलझाने के लिए वही एक योग्य व्यक्ति है। इसलिए उसकी छुट्टी स्वीकृत की जाए।' उन्होंने आगे कहा कि उसकी अनुपस्थिति से कोर की योजना प्रभावित नहीं होगी, क्योंकि उसके उच्चाधिकारी वहाँ हैं। इसलिए उसे छुट्टी पर जाने

दिया जाए।' उस अधिकारी को छुट्टी मिल गई, सभी बहुत खुश हुए।

नवंबर 1963 में जम्मू व कश्मीर के पुंछ में एक हेलीकॉप्टर दुर्घटना में जनरल दौलत सिंह के दुखद निधन के बाद जनरल मानेकशॉ की नियुक्ति शिमला स्थित मुख्यालय में जी ओ सी-इन-सी के रूप में की गई। उन्होंने 4 दिसंबर,1963 को वेस्टर्न आर्मी कमान की कमान सँभाली। उस समय 'माउंटेन वारफेयर' से संबंधित कोई भी वैयक्तिक निर्देश पुस्तिका प्रयोग में नहीं थी। भारतीय सेना ने बड़ी गंभीरता से इसकी महत्ता को महसूस किया था और ऐसा प्रकाशन तैयार करने में जुटी हुई थी। पश्चिमी कमान में जी ओ सी-इन-सी ने पहाड़ों में प्रतिरक्षा के लिए एक सैनिक अभ्यास का प्रारूप तैयार किया ताकि इस धारणा को तथ्यात्मक आधार मिले। यह युद्ध की एक संक्रिया थी, जिसकी परिकल्पना इस प्रकाशन में की गई थी। ग्रेनेडियर्स रेजीमेंट के जनरल वाई एस तोमर, जो उस समय उनकी बटालियन के साथ अंबाला में 4 माउंटेन डिवीजन के एक हिस्से के रूप में नियुक्त थे, ने इस अभ्यास में हिस्सा लिया। उनके अनुसार, जब सुरक्षा व्यवस्था तैयार हुई, सैम उस बटालियन में आए। वहाँ उन्होंने डिवीजन के अधिकारियों से सुरक्षा के सभी पहलुओं पर विस्तार से चर्चा की और सुनिश्चित किया कि जो चर्चा हुई है, क्रियान्वयन उसी के अनुरूप हो। जनरल तोमर के अनुसार, अभ्यास के आखिरी चरण में डिवीजन को दिल्ली के पास के क्षेत्र में जाने का अल्पकालीन नोटिया दिया गया। जिस समय उन्होंने पश्चिमी कमान का कार्यभार सँभाला, उस समय सीमा-सड़क संगठन की सड़क-निर्माण की प्रक्रिया हिमाचल प्रदेश में भारत-तिब्बत सीमा पर शिपकी-ला से जोड़ने के लिए तीव्र गति से चल रही थी। यह क्षेत्र 'शुगर सेक्टर' के नाम से जाना जाता था। इसके पास नवगठित भारत-तिब्बत पुलिस के साथ-साथ दो बटालियन और थीं, जो इस सीमा की रखवाली करती थीं। इस क्षेत्र में कार्रवाइयों और सैन्य संचालन को सुचारु बनाए रखने के लिए सड़कों का बनाया जाना जरूरी था। इस क्षेत्र में अपने अनुभवों व विचारों के आधार पर उन्होंने बताया कि सीमाओं पर वहीं तैनाती होनी चाहिए जहाँ आवश्यक है और उसे प्रशासन की सहायता उपलब्ध हो सकती है। वास्तव में जनरल मानेकशॉ से बेहतर कमांडर और कोई हो ही नहीं सकता था।

□

पूर्वी कमान

26 नवंबर, 1964 को कलकत्ता स्थित पूर्वी कमान के मुख्यालय में सैम जी ओ सी–इन–सी के रूप में नियुक्त किए गए थे। जब वे पश्चिमी सेना की कमान पहले से ही सँभाल रहे थे तब शिमला से उनका तबादला कलकत्ता क्यों किया गया? दीपिंदर सिंह के अनुसार दिल्ली में रक्षामंत्री वाई बी चव्हाण के साथ एक बैठक में जब सैन्य कमांडर सैम से यह पूछा गया कि किस क्षेत्र को वह अति महत्त्वपूर्ण मानते हैं, तब उन्होंने कहा कि पूर्वी कमान को, क्योंकि इसे चारों तरफ से खतरा है—उत्तर में चीनियों से, दक्षिण में पूर्वी पाकिस्तान से, नगालैंड में बढ़ते विद्रोह और पश्चिम बंगाल में जारी संघर्ष से। यह पूछे जाने पर कि क्या आप इस कमान को सँभालने की चुनौती लेंगे, उन्होंने इसे सहर्ष स्वीकार कर लिया और उनकी नियुक्ति पूर्वी सेना के कमांडर के रूप में हो गई। हालाँकि इसे रक्षामंत्री द्वारा सैम को पूर्वी कमान सँभालने के तबादले के लिए राजी करने की एक चाल के रूप में देखा जा रहा था, लेकिन वास्तविक कारण कुछ और था।

जिन परिस्थितियों के तहत सैम की नियुक्ति पूर्वी कमांडर के रूप में हुई थी, सैम ने उसका जो विवरण मेरे समक्ष प्रस्तुत किया, वह बिलकुल अलग था। उन्होंने कहा कि मई 1964 में जब पं. नेहरू गंभीर रूप से बीमार थे, उस समय सेनाध्यक्ष जनरल जे एव चौधरी स्टाफ कॉलेज, वेलिंगटन में व्याख्यान देने गए थे। वेलिंगटन जाने से पहले उन्होंने पश्चिमी कमान के तत्कालीन कमांडर सैम मानेकशॉ को एक पत्र लिखा और उस मुहरबंद लिफाफे को उप सेनाध्यक्ष जनरल वडालिया के पास इस निर्देश के साथ छोड़ा कि यदि पं. नेहरू को कुछ हो जाता है तो यह पत्र मानेकशॉ के पास पहुँचा दिया जाए। 27 मई, 1964 को पं. नेहरू का स्वर्गवास हो गया। जनरल वडालिया ने मानेकशॉ के पास फोन किया और उनसे कहा, ''मैस्ट्रो, (वाइस चीफ सैम को 'मैस्ट्रो' कहते थे) सेनाध्यक्ष ने आपके लिए एक मुहरबंद लिफाफा मेरे पास छोड़ा है। मैं उनके सभी निर्देश आपको पढ़कर सुनाता हूँ। कृपया गुप्त फोन पर आ जाइए।'' जब मानेकशॉ गुप्त फोन पर पहुँचे तो वाइस चीफ ने सभी निर्देशों को पढ़ना शुरू किया। सेनाध्यक्ष को ऐसा लगा था कि यदि पं.

नेहरू का स्वर्गवास हो जाता है तो हो सकता है कि राजधानी की स्थिति अस्त-व्यस्त हो जाए और इस स्थिति को नियंत्रण में करने के लिए सेना के जवानों की आवश्यकता पड़े। लेकिन दिल्ली में उस समय कोई भी सैन्य टुकड़ी उपलब्ध नहीं थी, इसलिए उन्होंने मानेकशॉ को निर्देश दिया था कि वे अंबाला से 4 इन्फैंट्री डिवीजन और आगरा से 50 पैराशूट ब्रिगेड को साथ लेकर दिल्ली पहुँच जाएँ। जब मानेकशॉ ने वह निर्देश सुना तो उन्होंने उसका पुरजोर विरोध किया और कहा कि यह सरासर अनुचित है और इससे शासन-प्रणाली एवं देश को गलत संकेत मिलेगा। वाइस चीफ ने सैम से कहा, ''मैस्ट्रो, यह मेरा कर्तव्य था कि मैं उनके आदेश को आप तक पहुँचाऊँ। यदि आपको कुछ कहना है तो उनसे बात कर लीजिए।'' '60 के दशक में दूरभाष की स्थिति आज की तुलना में काफी अपरिष्कृत थी। यह करीब-करीब कठिन ही था कि दूरभाष पर किसी से स्पष्ट बातें हों, इसलिए सैम ने अपना विरोध एक पत्र में लिखकर सैन्य प्रमुख के पास भेज दिया और उनके आदेश का पालन करने चले गए।

जब नए प्रधानमंत्री ने अपना कार्यभार सँभाल लिया और सभी चीजें लगभग व्यवस्थित हो गईं, तो सरकार ने सैन्य प्रमुख से पूछा कि सेना को इस प्रकार दिल्ली क्यों भेजा गया? जो हुआ था वह बताने के बजाय उत्तर में जनरल चौधरी ने यह कह दिया कि सैम ने अपनी इच्छा से यह सब किया। बाद में जब रक्षामंत्री वाई बी चव्हाण पूर्वी कमान आए तब सैम को ये बातें पता चलीं। सैम के अनुसार, सन् 1966 में जब श्री चव्हाण 'नाथु-ला' के दौरे पर आए तो उच्च उन्नतांश की वजह से उन्हें साँस लेने में कुछ परेशानी महसूस हुई। सैम ने सलाह दी कि थोड़ी ब्रांडी ले लें। श्री चव्हाण ने मना कर दिया क्योंकि वह शराब को हाथ भी नहीं लगाते थे; लेकिन उन्होंने 'हॉट चॉकलेट' लेने की स्वीकृति दे दी। 'हॉट चॉकलेट' में 'रम' मिला हुआ था। जैसे ही उन्होंने उसको पिया, वे अपने आप में न रहे और सैम को पूरा प्रकरण कह सुनाया। सैम ने अपने तबादले के पीछे की सच्चाई को पहली बार जाना। वे यह सब सुनकर काफी दु:खी हुए। इन्होंने सारी हकीकत बयान की। श्री चव्हाण ने सैम को सलाह दी कि वे श्रीमती गांधी, जो लाल बहादुर शास्त्री के निधन के बाद देश की प्रधानमंत्री बनाई गई थीं, से बात करें। श्रीमती गांधी अगले कुछ दिनों में कलकत्ता दौरे की योजना बना रही थीं।

सैम ने यह सब जानकर जनरल चौधरी से पूछा, ''मुच्चू, तुमने यह सब क्यों कहा? मैंने तुम्हारे इस विचार का विरोध किया था और इस बारे में तुम्हें लिखा भी था!'' जनरल चौधरी ने उत्तर दिया, ''सैम, मुझे कुछ कहना था और उस समय जो मेरे दिमाग में आया मैं कह बैठा।'' फलस्वरूप जनरल मानेकशॉ जनरल कुमारमंगलम, जो उप सेनाध्यक्ष के रूप में दिल्ली आ गए, की जगह पर पूर्वी कमान के जी ओ सी-इन-सी के रूप में नियुक्त हुए। जब सन् 1966 में श्रीमती गांधी कलकत्ता दौरे पर गईं और सैम से

मिलीं तो उन्होंने इस बारे में उनसे सवाल-जवाब किया। सैम ने श्रीमती गांधी को उप सेनाध्यक्ष के साथ हुई उनकी बातचीत, सेनाध्यक्ष के आदेश और उनको दिए गए पत्र— सभी के बारे में विस्तृत जानकारी दे दी। इस प्रकार,. सरकार की तरफ से इस घटना को समाप्त किया गया।

मार्च या अप्रैल 1966 में जनरल चौधरी से उनके उत्तराधिकारी के बारे में राय ली गई गया तो उन्होंने जवाब में सरकार को लिखा—''सैम मानेकशॉ मेरे स्वाभाविक उत्तराधिकारी हैं। हालाँकि सैम अभी कुछ जूनियर हैं, इसलिए वे अगले एक वर्ष तक इस पद के लिए इंतजार कर सकते हैं।'' इसके बाद प्रधानमंत्री श्रीमती गांधी ने सैम से मिलकर कहा, ''मैंने अपना मन बना लिया है कि अगले सेना प्रमुख आप होंगे।'' जनरल मानेकशॉ ने कहा, ''जनरल कुमारमंगलम मुझसे वरिष्ठ हैं, अतः उन्हें छोड़कर मुझे प्रमुख बनाने का कोई औचित्य नहीं है। वरीयता सेना का नियत मानदंड है और इसे अनदेखा करना सैन्य अनुशासन के लिए ठीक नहीं होगा। यदि आप ऐसा चाहती हैं तो जनरल कुमारमंगलम के सेवानिवृत्त होने तक इंतजार करना होगा। तभी मेरी नियुक्ति की जा सकेगी।'' तब भी प्रधानमंत्री ने कहा, ''किंतु मैंने निश्चय कर लिया है कि आप ही अगले सेना प्रमुख होंगे।'' कुछ दिनों बाद प्रधानमंत्री के सचिव कलकत्ता में सैम से मिलने आए और कदाचित प्रधानमंत्री का कोई संदेश दिया। इस बीच कांग्रेस अध्यक्ष के. कामराज ने हस्तक्षेप करते हुए प्रधानमंत्री से कहा कि यदि जनरल कुमारमंगलम को अगले सेना प्रमुख के रूप में नियुक्त नहीं किया जाता है तो सभी दक्षिण भारतीय राज्य उनके खिलाफ हो जाएँगे। इस परिदृश्य को सामने रखकर श्रीमती गांधी ने उनके सुझाव को स्वीकार कर लिया और अपने सचिव को सैम के पास अपना खेद प्रकट करने के लिए भेजा।

इसके बाद जनरल कुमारमंगलम ने सेना प्रमुख का कार्यभार सँभाला और जून 1969 में सैम मानेकशॉ उनके उत्तराधिकारी बने। जनरल जे एन चौधरी की सैन्य सेवा की अवधि में किसी भी प्रकार से बढ़ोतरी नहीं की गई। शायद पं. नेहरू के निधन पर सैम को दिए गए उनके आदेशों के कारण ऐसा हुआ।

जब सैम ने सेना की पूर्वी कमान सँभाली थी, तब वे सिक्किम में 17 इन्फैंट्री डिवीजन के दौरे पर गए। इस अवधि में वे सिक्किम के स्व. चोग्याल के महल में रहे। चोग्याल 8 जी आर के मानद कर्नल भी थे। दोपहर के भोजन के उपरांत सैम नाथु-ला गए, जिसके उस पार चीनियों ने अपना सैन्य शिविर बना रखा था। जहाँ नाथु-ला के कुछ भाग पर भारतीय सेना का कब्जा था वही कुछ क्षेत्र उनके कब्जे से बाहर था। सामरिक दृष्टि से वे कमजोर स्थिति में थे। जब कमांडर ने यह सब देखा तो उन्होंने अपने वहाँ रुकने का कार्यक्रम रद्द कर दिया और इस विषय पर सैन्य प्रमुख से बात करने के लिए

फौरन कलकत्ता चले आए। उस समय जनरल पी पी कुमारमंगलम उप सैन्य प्रमुख थे और जनरल जी जी बेवूर सिलीगुड़ी में 33 कोर की कमान सँभाल रहे थे। सिक्किम इस कोर की कार्रवाई के कार्यक्षेत्र में शामिल था। सैम ने सैन्य प्रमुख से बात की और अपने सलाहकारों से स्थिति पर चर्चा करके सैन्य प्रमुख को एक पत्र भी दिया, जिसमें नाथु-ला और जेलेप-ला पर स्थायी कब्जा बनाए रखने की बात लिखी। उस समय तक नाथु-ला पर बराए नाम कब्जा था और जेलेप-ला कब्जे के बाहर था।

सैम ने महसूस किया कि यह क्षेत्र सामरिक दृष्टि से अति महत्त्वपूर्ण है। इसके आस-पास के भी कुछ उपगिरि क्षेत्र पर कब्जा रखना आवश्यक था। ये क्षेत्र समरिक स्थिति को मजबूत करनेवाले थे और चुंबी घाटी पर नजर रखने के लिए उपयुक्त थे, साथ ही भारतीय सामरिक सुरक्षा में बढ़ोतरी के लिए भी आवश्यक थे। ब्रिगेडियर राय सिंह, एम वी सी, जो उस समय वहाँ की बटालियन के कमांडर थे, के अनुसार चोला, याक्ला, तांगकरला और 'कैमल्स बैक' के नाम से जाना जाने वाला एक पहाड़ी स्थान नाथु-ला के नजदीकी क्षेत्र थे। इस विचार-विमर्श के बाद जेलेप-ला के अलावा उन सभी पर कब्जा कर लिया गया था।

इस सुझाव के आलोचक भी थे। विशेषकर जनरल कुमारमंगलम, जिनके स्थान पर सैम मानेकशॉ पूर्वी कमान के जी ओ सी-इन सी बने थे। सैन्य कार्रवाई उप सैन्य प्रमुख के अधीन सक्रिय थी, इसलिए वहाँ सैम की सलाह को यथास्थिति स्वीकार करने में संकोच था। सच्चाई यह थी कि जब कुमारमंगलम पूर्वी कमान सँभाल रहे थे तब इस समस्या पर ध्यान नहीं दिया गया। पूर्वी कमान द्वारा भेजी गई सिफारिश को सैन्य मुख्यालय में स्वीकृत कर लिया गया और इसे क्रियान्वित करने की अनुमति दे दी गई। और तब भारतीय सेना ने सिक्किम के आसपास अधिक उग्र रूप अख्तियार किया।

सन् 1967 में 'जेलेप-ला' और 'नाथु-ला' के बीच के क्षेत्र में सिक्किम सीमा पर भारतीय गश्ती दल की गतिविधि को उस समय गश्त लगाने वाला चीनी सैन्य दल अतिक्रमण समझता था। जब इसकी सूचना गंगटोक के 17 डिवीजन मुख्यालय को दी गई तो जी ओ सी ने इस क्षेत्र में कँटीले तार का घेरा बनाने का आदेश दे दिया। चीनियों को यह पसंद नहीं आया। उन्होंने मार्टार तोपों से इस क्षेत्र में गोलाबारी की जो ज्यादातर निष्प्रभावी रही। तब 17 डिवीजन की सेना ने अपने अस्त्र-शस्त्रों का प्रयोग कर जवाबी कार्रवाई की और स्थिति दोनों तरफ की गोलाबारी की वजह से उग्र हो गई। पर दोनों तरफ की यह गोलाबारी भी निष्प्रभावी ही रही। उस समय सैम दिल्ली में थे और सेनाध्यक्ष के रूप में कार्यभार सँभाल रहे थे, क्योंकि इस पद के स्थायी अधिकारी देश से बाहर थे। वे वहाँ केंद्रीय बैठक के लिए बुलाए गए थे। जैसा कि बाद में उन्होंने याद किया, प्रत्येक व्यक्ति प्रधानमंत्री को इस संकट से उबरने के तरह-

तरह के उपाय बताकर उन्हें खुश करने की कोशिश कर रहा था। उनमें से अधिकांश को सुनने के बाद प्रधानमंत्री ने मौन सेना प्रमुख से उनके विचार पूछे। तब सैम ने चुप्पी तोड़ी और कहा, ''मैं चिंतित हूँ कि वे लोग बिना राजकुमार के हेमलेट का अभिनय कर रहे हैं। मैं आपको वास्तविक स्थिति से अवगत कराता हूँ और इससे निपटने के लिए भी तैयार हूँ।'' तब उन्होंने अपने विचार प्रकट किए। सही समय पर की गई कार्रवाई और युद्ध की सफलता का पूरा श्रेय पूर्वी कमान के सैन्य कमांडर की दूरदृष्टि को जाता था, क्योंकि उन्होंने सेना को किसी भी आपातकालीन स्थिति से निपटने के लिए पहले ही उपयुक्त स्थानों पर तैनात कर रखा था।

चीनियों ने भी भारतीय सेना का सम्मान करने का पाठ सीखा। सन् 1962 के लक्षणों को अंतत: जड़ से उखाड़ फेंका गया। जब भारतीय सेना के अंतिम कमांडर-इन-चीफ जनरल सर रॉय बुकर के साथ सैम मानेकशॉ सैन्य मुख्यालय में डी एम ओ थे, तब उन्हें सी-इन-सी के साथ कई नेताओं की बैठकों में जाना पड़ा था और उपमहाद्वीप के विभाजन के अशांत माहौल में भारत के वायसरॉय की बैठक में भी वे गए थे। एक बार वे जनरल के साथ उनकी स्टाफ कार 'ऑस्टिन प्रिंसेस' में यात्रा कर रहे थे, जिसकी सीटों पर चमड़े के कवर चढ़े हुए थे। सैम ने उस कार की प्रशंसा करते हुए कहा कि उनकी इच्छा है कि एक दिन उनके पास भी ऐसी गाड़ी हो। जनरल ने मजाकिया लहजे में कहा, ''सैम, तुम कम-से-कम सेना की अपनी इस नौकरी में तो ऐसी कार नहीं ही रख सकोगे।'' जब सैम पूर्वी कमान के कमांडर नियुक्त हुए तो उनके पास वही गाड़ी थी। यह दिल्ली के सेना मुख्यालय परिवहन कंपनी के पास यूँ ही पड़ी थी। उसे मुख्यालय से लाकर उसके मूल रूप में सुसज्जित किया गया और उनकी स्टाफ कार के रूप में इस्तेमाल किया जाने लगा। तब सैम ने जनरल रॉय बुकर को एक पत्र में लिखा कि आप यह जानकर बहुत खुश होंगे कि मेरे पास वही कार है, जिसका उपयोग आप करते थे। यह कार 'सिल्वर ग्रे' रंग में रँगी गई थी और अपने पूरे कलकत्ता प्रवास के दौरान सैम ने इसका उपयोग किया। उन दिनों सिल्वर ग्रे रंग की कार बहुत मुश्किल से सड़क पर देखी जाती थी, विशेषकर 'रॉल्स रॉयस', 'बेंटलेस', 'जगुआर' और इसी तरह की कुछ गाड़ियों को छोड़कर। जब सैम सेना प्रमुख के पद पर नियुक्त हुए थे, तब जनरल सर रॉय एवं लेडी बुकर दिल्ली यात्रा पर आए थे और मानेकशॉ के अतिथि के रूप में 'आर्मी हाउस' में ठहरे थे।

कार को विशेष रख-रखाव एवं मरम्मत की जरूरत होती थी और कलकत्ता की वर्कशॉप ने सराहनीय काम किया। जब भी वह कहीं भिड़ जाती तो अपने करीबी दोस्त और ऑटोमोबाइल इंजीनियर श्री मजूमदार के पास चले जाते, जो 'यूनियन कार्बाइड' के अध्यक्ष श्री दारा एंटिया के साथ काम करते थे। यह भद्र पुरुष कार के मामले में विशेषज्ञ

थे और 'ऑस्टिन' किस्म की गाड़ी अभियंत्रण में निपुण थे। कलकत्ता का प्रत्येक व्यक्ति जानता था कि यह गाड़ी सेना के पूर्वी कमांडर की है। जब वह गाड़ी सड़क पर होती थी तो ट्रैफिक पुलिस सभी गाड़ियों को रोककर पहले उसे निकालती थी। जब वह कार कलकत्ता की गलियों में चलती थी तो सड़क पर चल रहे नागरिक हाथ हिलाकर अभिवादन करते। कार सैम के व्यक्तित्व से पहचानी जाती थी। जब उनकी पदोन्नति सेना प्रमुख के रूप में हो गई, तब उन्हें इस कार को अपने साथ ले जाने के लिए सुझाव दिए गए। लेकिन उन्होंने विनम्रतापूर्वक यह कहकर इनकार कर दिया कि यह पूर्वी कमान की है और यदि यह मेरे साथ दिल्ली गई तो सभी की नजर में काँटे की तरह चुभेगी। अंततः उन्होंने अपनी नंबर 2 कार काले रंग की 'डॉज' को सेना मुख्यालय परिवहन कंपनी में अपनी दूसरी कार के तौर पर भिजवाया। सैम जब भी कलकत्ता आते, वह कार उनके स्वागत के लिए तैयार खड़ी होती।

सितंबर, 1968 में मैं पूर्वी कमान के सेना कमांडर के ए डी सी के रूप में नियुक्त किया गया और मैंने 4 सितंबर, 1968 को पदभार सँभाला। जब मैं सेना कमांडर के कार्यालय में उनसे अपनी ड्यूटी के बारे में सूचना देने के लिए मिला तो पहले उन्होंने मेरा स्वागत किया और बाद में कहा कि, "तुम अति संवेदनशील जगह पर नियुक्त हुए हो। चूँकि तुम्हें बहुत सारी फाइलें देखनी हैं, इसलिए यहाँ क्या हो रहा है, यह तुम्हें पता चल जाएगा। बहुत सारे लोग तुमसे सूचना लेना चाहेंगे। वे सीधे-सीधे तुम्हारे पास न आकर जानकारियों को तुमसे उगलवाना चाहेंगे, जो भले ही उनके काम की न हों। उदाहरण-स्वरूप, वे कह सकते हैं कि इस सेना कमांडर ने अधिकारियों की सुविधाओं को वापस लेने के लिए कोई केस दर्ज किया है। तुम्हें इन सबके बारे में यह जान लेना चाहिए कि यह सब बकवास भरी बातें हैं और इसलिए हैं कि मेरे बारे में तुमसे रहस्यमयी बातें उगलवा ली जाएँ। जहाँ तक दूसरे अन्य व्यक्तियों का संबंध है, उन्हें जो चाहिए वे प्राप्त कर लेंगे। तुम्हारी वफादारी मेरे प्रति होनी चाहिए। तुम अभी जवान हो और लोगों द्वारा चली गई कुटिल चालों को नहीं समझ सकोगे। इसलिए अच्छा यह होगा कि तुम अनभिज्ञ बने रहने की कोशिश करो और किसी भी विवाद से बचो।" इस उपयोगी सलाह को मैंने गाँठ बाँध लिया और यह मेरी निजी व अधिकारिक कठिनाइयों के मौके पर बहुत काम आई। मैं उनका हृदय से धन्यवाद करता हूँ कि उन्होंने मुझे एक बेहतर इनसान बनाया। मुझे बताया गया कि मेरे पास काम बहुत कम रहेगा। बस मुझे विभिन्न विभागों से आए उनके पत्रों को उनके निजी सचिव तक पहुँचाना था। मुझे यह निर्देश दिया गया था कि हर फाइल को मैं पूरी तरह से पढ़ूँ और महत्त्वपूर्ण बातों को याद रखूँ, ताकि किसी भी समय किसी भी काम की प्रगति के बारे में वे पूछें तो मैं उन्हें उसकी जानकारी तुरंत दे सकूँ। यह काम मुझे व्यस्त भी रखता था और सभी कुटिल रहस्यों से

बाहर भी, साथ ही मैं स्टाफ के कार्यों में भी प्रशिक्षण पाकर निपुण हो रहा था। मुझे किसी भी फाइल के बारे में भी उनसे कुछ चर्चा करने की पूरी आजादी थी। मुझसे मिलने के बाद उन्होंने कहा कि अपने निजी कार्य को देखने के लिए आज के दिन छुट्टी ले लूँ और अगले दिन सुबह कमान हाउस आकर वहाँ से कार्यालय जाने के लिए उनके साथ हो लूँ।

अगली सुबह सात बजे मैं कमान हाउस गया, जहाँ सभी कर्मचारियों से मेरा परिचय कराया गया। मैं श्रीमती मानेकशॉ से मिला, जिन्होंने नए कार्य पर मेरा स्वागत किया। जब हम कार्यालय के लिए निकल रहे थे तो मैं ड्राइवर के बगलवाली सीट पर बैठ गया। सैम ने मुझे देखा और कहा कि जब वे अकेले कहीं जा रहे हों तब मेरी जगह ड्राइवर के बगल में नहीं बल्कि उनकी बगल में होगी। उन्होंने परिहास करते हुए कहा, ''तुम मेरे ए डी सी हो, न कि मेरे ड्राइवर के।'' तब मैं कार में उनकी बगल में बैठा। अचानक चार कुत्ते गाड़ी में घुस आए। हालाँकि मैं इससे कुछ घबराया। लेकिन वे कुत्ते बड़े ही समझदार थे। वे अपनी-अपनी जगहों पर बैठ गए। नए चेहरे को देखकर वे मेरी तरफ घूमे और मुझे सूँघकर अपना परिचय दिया। 'सीजर' जर्मन शेफर्ड सैम के साथ 4 कोर के दिनों से था, जबकि अन्य शिमला और कलकत्ता से लाए गए थे। कुत्तों से सैम का स्नेह प्रसिद्ध था। कुत्ते उनके परिवार का हिस्सा थे, जिनकी देखभाल बहुत अच्छी तरह की जाती थी। हर सुबह वे सभी उनके साथ कार्यालय जाते और दोपहर को जे सी ओ ए डी सी के साथ घर वापस आ जाते।

पूर्वी कमान के दिन की शुरुआत सेना कमांडर के साथ हर सुबह आठ बजे उनके स्टाफ व सशस्त्र बल एवं सेवा प्रमुखों की कमांडर को सूचनाएँ देने के साथ होती थी। बैठक की शुरुआत जी एस ओ-1, आसूचना अधिकारी की सूचनाओं के बाद सैनिक कार्रवाई, फिर प्रशासनिक प्रमुख और फिर मुख्य अभियंता सूचनाएँ प्रस्तुत करते थे। अंत में एक व्यक्ति सीमा सड़क संगठन द्वारा क्षेत्र में सड़क निर्माण प्रक्रिया की अद्यतन प्रगति रिपोर्ट प्रस्तुति करता था। उसके बाद सभी कर्मचारियों, अधिकारियों और सेना तथा सेवाओं के प्रमुखों को दिशा-निर्देश दिए जाते थे। बैठक समाप्त होने तक सबको अपना काम ठीक से समझ में आ जाता था और वे उसे तत्परता और कर्मठता से करने थे। जब कभी सेना कमांडर बाहर होते थे, तब 'चीफ ऑफ स्टाफ' बैठक की अध्यक्षता करते थे।

मानेकशॉ को 'आर सी टी सी' (रॉयल कलकत्ता टर्फ क्लब) में घुड़दौड़ में शामिल होना बहुत अच्छा लगता था। पूरा परिवार आरक्षित बॉक्स, जो जी ओ सी-इन-सी पूर्वी कमान के लिए घुड़दौड़ के मौसम में घुड़दौड़ क्षेत्र के 'मेंबर्स लॉन' में आरक्षित रहता था, में एक साथ बैठता था। वे दाँव लगानेवाले बड़े खिलाड़ी नहीं थे, लेकिन थोड़े

पैसों से शर्तें लगाकर मस्ती जरूर किया करते थे। शर्तें लगाने की बजाय श्री और श्रीमती मानेकशॉ इस अवसर का उपयोग लोगों, अधिकारियों और उनके परिवारों से मिलने में लगाते थे। रॉयल कलकत्ता टर्फ क्लब के परिचारक द्वारा सारी व्यवस्था की जाती थी और सेना के अधिकारियों को 'मेंबर्स लॉन' की सुविधा बहुत ही कम पैसों, मात्र पाँच रुपए की अदायगी, पर उपलब्ध कराई जाती थी। लाउंज में जाने के लिए विशेष पोशाक पहनने की जरूरत थी, क्योंकि सदस्यों के क्षेत्र में प्रवेश के लिए विशेष पोशाक का नियम था। कमान मुख्यालय के बहुत सारे अधिकारी इस खेल में भाग लिया करते थे। परिणामत: सेना कमांडर की तथ्य प्रस्तुति सत्र के बाद शनिवार को लोग विजेता की घोषणा और भविष्यवाणी में व्यस्त रहते थे। वास्तव में घुड़दौड़ के दिनों में G SO-2 (Ops) and G SO-2 (Int) जो मेरे बगल में बैठते थे, घुड़दौड़ में विजयी होनेवाले अनुमानित घोड़ों का नाम एक परची पर लिखकर मुझे पास किया करते थे। हैरानी की बात यह है कि इनमें से ज्यादातर घोड़े या तो आखिरी नंबर पर आते या दौड़ शुरू होने की बंदूक दगते ही अस्तबल की तरफ दौड़ पड़ते।

रॉयल कलकत्ता टर्फ क्लब के परिचारक द्वारा सेना कमांडर को प्राय: दोपहर भोज के लिए आमंत्रित किया जाता था। उस समय के प्रधान सर बीरेन मुखर्जी मानेकशॉ के घनिष्ठ मित्र थे। वे 'मार्टिन बर्न' के अध्यक्ष और अनगिनत कंपनियों के निदेशक थे। वे कलकत्ता के जाने-माने उद्योगपति थे। उन्हें ब्रिटिश सरकार द्वारा 'नाइट' की उपाधि दी गई थी, जिससे कलकत्ता के आभिजात्य समाज में उनका रोब-दाब था। सेना कमांडर और वे इतने करीबी जाने जाते थे कि सेना कमांडर की सिफारिश पर उन्होंने अपनी कंपनियों में उनके सैन्य अधिकारियों को वक्त पड़ने पर रोजगार दिया था। सैम व्यावसायिक जगत् में अत्यधिक लोकप्रिय थे जहाँ अनेक व्यावसायिक कंपनियों के मुख्यालय थे। वहाँ अनगिनत उदाहरण थे—सेवानिवृत्त अधिकारी, सेवारत अधिकारियों के रिश्तेदार, जिनकी नौकरी उन कंपनियों में सिर्फ इसलिए लगाई जाती थी, क्योंकि उन्हें सैम का सिफारिशी पत्र प्राप्त था या जिनके 'बायोडाटा' में सैम का संदर्भ था।

सन् 1968 के अंत तक पूर्वी कमांड क्षेत्र नगालैंड में अत्यधिक तनाव का माहौल था। वहाँ विद्रोह जोरों पर था और चीन से प्रशिक्षण लेकर विद्रोही छोटे-छोटे अस्त्र-शस्त्रों के साथ अपनी गतिविधियाँ चालू रखने के लिए वहाँ लौट रहे थे। विद्रोही नेता अपने कैडर को छोटे-छोटे टुकड़ों में संगठित कर भारत से बर्मा और चीन की सीमा से लगे क्षेत्रों से होकर चीन में चल रहे प्रशिक्षण 'गुरिल्ला युद्ध' में भेज देते थे। बहुत पहले से ही पूर्वी पाकिस्तान और चीन द्वारा दिए जा रहे विद्रोही प्रशिक्षण से मिजोरम में बगावत फैल रही थी। बंगाल में तनाव की स्थिति थी, जहाँ राष्ट्रपति शासन के साथ ही साम्यवादी आंदोलन सी.पी.आई. (एम) की गतिविधियों से समस्याएँ उपजी

थीं। साम्यवाद से संबंधित मजदूर यूनियनें दिन-ब-दिन ज्यादा ही अशांत व अड़ियल हो रही थीं और अनेक उद्योगपति अपनी जगह बदल रहे थे। प्रांत में असुरक्षा की भावना प्रबल हो गई थी।

नगालैंड में मोवू अंगामी के नेतृत्व में विद्रोही समूह, नगालैंड के त्युएनसांग जिले से होकर अपना मार्ग बना रहे थे और मेजर जनरल एन सी रॉले के नेतृत्व में सेना के 8वें माउंटेन डिवीजन को बीच में ही उनका मार्ग अवरुद्ध कर उन्हें पकड़ने के लिए लगाया गया। ब्रिगेडियर ए के वैद्य के अधीन उस समय 167 माउंटेन ब्रिगेड त्युएनसांग में थी। उस समय उपलब्ध आसूचना ने इस समूह द्वारा प्रयोग किए जाने वाले मार्ग की जानकारी दी। जहाँ सामरिक रूप से उपयुक्त था, ब्रिगेड ने वहाँ अवरोध लगा दिए। अक्तूबर 1968 में एक दिन सुबह सेना कमांडर इस विन्यास को देखने ब्रिगेड मुख्यालय पहुँचे। यहाँ ब्रिगेड कमांडर ने सैम को सारे तथ्यों से अवगत कराया। इन्फैंट्री के एक अधिकारी ब्रिगेड मेजर से सैम ने उनकी गश्ती योजना के बारे में पूछा। किसी कारणवश वह सटीक उत्तर नहीं दे पाया। सैम ने फिर एक रात पहले उसकी गश्ती योजना को नक्शे पर निर्देशित करने को कहा। उसने फिर इसका भी संतोषप्रद उत्तर नहीं दिया। उन्होंने फिर उस अधिकारी से पूछा कि पड़ोसी सैन्य बल और ब्रिगेड की इस इकाई की योजनाओं में कहाँ से, कैसे तालमेल है और है भी या नहीं? उसका उत्तर भी नकारात्मक था। तब सेना कमांडर ने कवचित कोर से आए ब्रिगेड कमांडर से कहा कि यह विनाश की पूर्ण तैयारी है। ब्रिगेड मेजर की साँसों से शराब की दुर्गंध इतनी तीव्र थी कि कुछ दूरी से ही उसे अनुभव किया जा सकता था। सैम ने फिर उस अधिकारी से कहा, ''मैं पार्टी करने को बुरा नहीं मानता; लेकिन काम और सैनिकों के जीवन की कीमत पर पार्टी मनाना मुझे मंजूर नहीं।'' उन्होंने यह कहते हुए बैठक समाप्त कर दी कि शाम को उनके पास नया ब्रिगेड मेजर होगा। मुझे उन्होंने आदेश दिया कि तुरंत कमान मुख्यालय के ए एम एस, जो सेना मुख्यालय की एम एस शाखा के साथ विचार-विमर्श करता है, उससे बात करो और कहो कि एक उपयुक्त और योग्य अधिकारी को भेजा जाए। यों तो सैम एक क्षमाशील व्यक्ति थे, परंतु कार्य-निष्ठा और दक्षता के मामले में—विशेषकर जहाँ सैनिकों की जान खतरे में हो— कोई समझौता नहीं करते थे। उनके दिल्ली के लिए रवाना होने से पहले पूर्वी कमान ने मोवू अंगामी को गिरफ्तार कर लिया था।

सन् 1967 में मिजो पहाड़ियों में समस्याओं का लावा फूट पड़ा था। विद्रोहियों का आधार विस्तृत था। दूर-दूर के छोटे-छोटे गाँवों की जनता से वे कर वसूल रहे थे। दूर-दूर तक फैले होने के कारण विद्रोही स्वतंत्र रूप से अपनी गतिविधियाँ चला रहे थे। वे गाँव-गाँव घूमकर कर वसूलते थे और सुरक्षा बलों की योजनाओं एवं उनकी गतिविधियों

के बारे में जानकारी लेते थे। वे अपने लिए सुरक्षित स्थान खोज लेते और इन क्षेत्रों में गश्त करने वाले सुरक्षा बलों के मार्ग सामान्यतः अवरुद्ध कर देते थे। जब भी इन गाँवों के पास सुरक्षा बलों पर घात लगाई जाती, गाँव के मुखिया और परिषद पर इलजाम लगाकर सजा दी जाती थी। इसलिए गाँववालों के पास अपनी इच्छा से चयन करने की स्वतंत्रता नहीं थी। यदि वे विद्रोहियों का साथ नहीं देते तो वे बदला लेते और यदि वे सुरक्षा बलों का साथ नहीं देते तो उनके खिलाफ कार्रवाई की जाती। इस स्थिति से गाँववाले भयंकर संकट में जी रहे थे और दिन-ब-दिन उनका मनोबल गिरता जा रहा था।

इसलिए इन गाँवों को विद्रोहियों के आतंक से बचाने के लिए सैम ने अपनी योजना के द्वारा छोटे-छोटे गाँवों का समूह बनाकर उस ध्रुव के नजदीक बड़े गाँव में बदल दिया। इससे विद्रोहियों को छिपने के ठिकाने और सूचनाएँ नहीं मिलतीं। और सुरक्षा बलों का ध्रुवीय रख-रखाव भी सुरक्षित रहता था। बर्मा, भारत और पूर्वी पाकिस्तान के त्रि-संगम तक मासिमपुर-वैरांगटे-आइजोल-ट्यूरियल-सर्चिप-लंगलेह होते हुए मुख्य केंद्र था। तिनसुथलिया से बर्मा की सीमा के साथ रूलंग और चंपई के उच्च मार्ग को जोड़ते हुए एक उपकेंद्र निकलता था।

हालाँकि इस योजना को प्रतिरोध का सामना करना था, क्योंकि स्थान बदलने में बाधाएँ थीं। मिजोरम धर्मपरायण ईसाइयों का राज्य था। इसलिए यह निश्चय किया गया कि सबसे पहले चर्च को विश्वास में लिया जाए और इस विषय पर चर्चा की जाए, ताकि वे इस जरूरत को समझ सकें और पल्लीवासियों को समझा सकें। औपचारिक विचार-विमर्श के बाद जब चर्च के नेतागण सेना के इरादों से सहमत हो गए तो योजना को लागू करने की स्वीकृति मिल गई बशर्तें सेना जनता और वस्तुओं सभी की अन्यत्र स्थापना में मदद करे। उस समय 311 (स्वतंत्र) इन्फैंट्री ब्रिगेड समूह सिलचर में था। जब ये समस्याएँ उपजीं, 61 स्वतंत्र इन्फैंट्री ब्रिगेड को आइजोल में लगा दिया गया। जब एक बार तथाकथित मिजो विद्रोह की तीव्रता का स्पष्ट आकलन हो गया तो 57 माउंटेन डिवीजन का सिलचर के नजदीक मासिमपुर में गठन किया गया। गाँवों को एक बड़े गाँव या छोटे शहर में तब्दील कर गाँववालों को इसमें जगह दी गई। जब आपूर्ति, आहार की प्राप्ति व वितरण, भवन-निर्माण सामग्री आदि सहित सारा बुनियादी ढाँचा बन गया, जिसका कि सेना ने वादा किया था, तो स्थानांतर करके फिर से समूह बनाने की योजना को लागू कर दिया गया। इससे विद्रोहियों की स्वतंत्र गतिविधियों पर नियंत्रण करने में मदद मिली और प्रशिक्षित सैन्य दल को पहरे पर लगाने की आवश्यकता में भी कम हो गई। सैन्य अभियंताओं और पथ-प्रदर्शकों की मदद से गाँववालों को चारों ओर समूह में फैलाकर, उन्हें यथाशीघ्र स्वावलंबी बनाया गया।

पूर्वी कमान द्वारा उठाया यह पहला साहसिक कदम था, जो सफल रहा।

गाँववाले पहली बार अपनी जमीन के करीब आए। इस योजना के तहत वे समूह बनाकर सुबह फसल बोने, काटने या 'झूम' के लिए जाते। जब सैन्य दल निवास-स्थान पर पहरा देते और आतंक से सुरक्षा करने के लिए कर्फ्यू लगाते, उसके पहले ही—सूर्यास्त होने से पहले-पहले—वे घर लौट आते। सेना के अधिकारीगण इन गाँवों के नजदीक जी सी सी (समूह केंद्र कमांडर) के रूप में तैनात किए जाते थे कि सरकार और सेना द्वारा प्रदान किए जा रहे भोजन एवं अन्य उपयोगी सामग्री के वितरण तथा उनकी विस्थापित जिंदगी पर नजर रख सकें। चूँकि नागरिक प्रशासन इन क्षेत्रों में पूरी तरह से विफल हो गया था, इसलिए यह जी सी सी की जिम्मेदारी थी कि असम राइफल्स बटालियन और नियमित सैन्य टुकड़ी के द्वारा चलाई जा रही उपयुक्त योजनाएँ सफलतापूर्वक कार्यान्वित होती रहें। सेना द्वारा उपलब्ध इन सामग्रियों के संग्रह के लिए 'संग्रह केंद्र' बनाए गए थे। असम राइफल्स और सेना द्वारा संसाधन इकट्ठा कर चिकित्सा समूह बनाए गए थे, जो इन केंद्रों पर जनता को दवाइयाँ और चिकित्सा संबंधी सहायता मुफ्त उपलब्ध कराते थे। ये समूह केंद्र गाँववालों के द्वारा बाँस के मजबूत बाड़ों से सुरक्षित बनाए जाते थे। फिर गाँववालों के बीच से ही कुछ लोग वी वी जी (विलेज वालेंटियर गाड्र्स) बनाए गए, जिन्हें राइफलों से लैस किया गया। उन्हें जी सी सी के अंदर इन हथियारों का प्रशिक्षण दिया जाता था। इस प्रशिक्षण और पदवी से गाँववालों को स्वयं पर विश्वास होने लगा और वे तत्कालीन सुरक्षा जरूरतों को किसी हद तक स्वत: पूरी करने लगे। जब इसकी शुरुआत की गई थी तो इस विचार का कड़ा विरोध हुआ। ज्यों ही विद्रोही गतिविधियों पर नियंत्रण होने लगा, इसके स्पष्ट परिणाम सामने आए, त्यों ही सशस्त्र बलों और सेना में अन्य गुप्त कार्यों की मदद के लिए वी वी जी की भूमिका को विस्तार दिया जाने लगा। कुछ कार्रवाइयों के चमत्कारिक परिणाम से लोगों में विश्वास पैदा होने लगा।

ठीक उसी समय आसूचना एजेंसियों द्वारा मुखबिरों के जाल भी जगह-जगह बिछाए गए। वे विद्रोहियों की विभिन्न गतिविधियों की सूचनाएँ निरंतर देते रहते थे। किंतु इसका यह मतलब नहीं था कि समस्याएँ समाप्त हो गई थीं। विद्रोही अब स्थिर होकर अपनी गतिविधियाँ चलाने लगे, साथ ही सूचकों और सूचकों का साथ देनेवाले को हत्याएँ करते थे, ताकि आम जनता, जो सेना के साथ क्रियाशील थी, हतोत्साहित होकर उनका साथ छोड़ दे। विद्रोहियों ने सुरक्षा बलों के विरुद्ध अपनी मुहिम तेज कर दी। लेकिन जब सेना ने वहाँ की स्थिति को नियंत्रित कर लिया तो लाभ की स्थिति बढ़ने लगी।

एक और साहसिक कदम यह सुझाया गया कि निरंतर सूचना पाने के लिए गाँवों में सूचकों को भेजा गया। यहाँ एक घटना की जानकारी देना आवश्यक है। एक लंबा राजपूत, जिसकी दाढ़ी और चेहरा-मोहरा 'पैटे' नामक जनजाति से मिलता-जुलता

था, लगभग दो साल तक अत्यंत सक्रिय विद्रोही क्षेत्र में जमा रहा जब लगा कि उसकी पोल खुल सकती है तो उसे वापस बुला लिया गया। बाद में उसे 'अशोक चक्र' से सम्मानित किया गया और 'विशेष सूची' वाले अधिकारियों के समूह में शामिल कर रिकॉर्ड अधिकारी के कार्य के लिए स्थानांतरित किया गया। सेना कमांडर मिजोरम के अपने अनेक दौरों में इस घटना और उस अधिकारी के बारे में बताया करते थे। उसका योगदान अत्यंत सराहनीय था।

मिजोरम में शांति स्थलों से आए सैनिकों को देखते हुए यह अति आवश्यक था कि उन्हें 'जंगल में युद्ध की नीतियों और विद्रोहियों के खिलाफ कार्रवाइयों' का प्रशिक्षण दिया जाए। चूँकि देहरादून में जंगल-युद्धनीति को सिखाने वाले स्कूल लंबे समय से क्रियाशील नहीं थे, इसलिए वैरांगटे में एक डिवीजन युद्ध स्कूल स्थापित किया गया। यहाँ मिजो की पहाड़ियों में हरेक यूनिट को चार से छह सप्ताह का प्रशिक्षण दिया जाता था। यह डिवीजन युद्ध स्कूल कहलाता था पर वास्तव में कलकत्ता के कमान मुख्यालय की पहल पर स्थापित हुआ था और उसे धन व स्टाफ दोनों ही वहीं से उपलब्ध कराए जाते थे। यह विद्यालय निरंतर चल रहा है और इसका स्तर बढ़ाकर क्लास 'ए' का कर दिया गया है।

सैन्य कार्रवाइयों की दुनिया में मूलभूत परिवर्तन लाने के कारण एम.एन.ए. (मिजो राष्ट्रीय सेना), विद्रोहियों की सैन्य टुकड़ियाँ, मिजो की पहाड़ियों की यात्रा के दौरान सैम को अपना निशाना बनाने लगीं। ऐसे ही सन् 1968 की एक यात्रा में, जब एम आई-4 रूसी हेलीकॉप्टर में, जो भारतीय वायुसेना की सेवा में था, सैम मिजोरम के कुछ भाग का निरीक्षण कर रहे थे, तब एम.एन.ए. के निशानेबाज ने उनके हेलीकॉप्टर पर गोलियाँ दागीं, जिससे हेलीकॉप्टर क्षतिग्रस्त हो गया। सौभाग्यवश, चूँकि हमलावर को हेलीकॉप्टर के बारे में उपयुक्त जानकारी नहीं थी, इसलिए इंजन, रोटोर्स या ईंधन टैंक या मशीन के महत्त्वपूर्ण पुरजों पर निशाना लगाने के बजाय उसने हेलीकॉप्टर की बॉडी पर निशाना लगाया, शायद यह सोचकर कि वहाँ बैठे यात्रीगण चपेट में आ जाएँगे। किंतु वे जमीन पर सुरक्षित लौट आए।

नगालैंड और मिजोरम में विद्रोहियों के खिलाफ सैम मानेकशॉ की कार्रवाई का तरीका बहुत ही परिपक्व और व्यावहारिक था। उनके मस्तिष्क में यह साफ था कि ये सभी राजनीतिजन्य समस्याएँ हैं और सेना राजनीतिक दलों के लिए सिर्फ बातचीत की परिस्थिति व वातावरण उत्पन्न कर सकती है, और कुछ नहीं। यह सेना का कार्य था कि वह सशस्त्र विद्रोहियों पर अपना आधिपत्य स्थापित करे। आधिपत्य कायम करने के दौरान सेना को अति सचेत रहना होता था, ताकि वह आत्मसंतोष में दुश्मनों के जाल में फँसकर हताहत न हो। यह सुनिश्चित करना था कि लोगों के दिल व दिमाग जीतने के

लिए एक साथ कदम उठाए जाएँ। साथ ही यह भी विश्वास दिलाना होता था कि लोगों के साथ उनका व्यवहार निष्पक्ष व पारदर्शी हो और स्थानीय लोगों को किसी भी कार्रवाई के दौरान कम-से-कम कष्ट हो। कोई भी कानून से ऊपर नहीं था, थोड़ा सा भी छल-कपट साबित होने पर दोषियों को कड़ी-से-कड़ी सजा दी जाती थी।

पूर्वी सेना कमांडर के सेवाकाल के दौरान उन्होंने पूर्व में सभी पदों के लिए विवाहित अधिकारियों के लिए घर बनवाए। टेंगा से लेकर हाशिमआरा, सिलीगुड़ी, जलपाईगुड़ी, दिनजन और अन्य जगहों पर छोटी-छोटी छावनियों को विकसित करने की शुरुआत की। जहाँ पहले सैनिकों के परिवार इन 'नॉन फैमिली' क्षेत्रों में नहीं जा सकते थे, अब उनके परिवार भी रहने लगे। इसका परिणाम यह हुआ कि विवाहित सैनिकों की व्यक्तिगत समस्याएँ कम हो गईं, जो लंबे समय से दूर रहने की वजह से उत्पन्न हुई थीं, साथ ही परिवार से नजदीक रहकर वे अत्यधिक क्रियाशील और प्रभावी हो गए। उन्होंने केंद्रीय विद्यालय के सिद्धांत को और गति दी तथा इन छावनियों में केंद्रीय विद्यालय की स्थापना के लिए जमीन एवं अन्य सुविधाएँ उपलब्ध कराकर इसे एक वास्तविक रूप दिया, जो आज भी सेना की परंपरा में जारी है। सेना के लिए जमीन की कमी को देखते हुए उन्होंने बहुमंजिली इमारतों के निर्माण की योजना बनाई। इस क्षेत्र में पहले उस समय तक सेना के लिए बँगला या दोमंजिला भवन होते थे। इसमें स्थायी इकाई 'की लोकेशन प्लान' (के एल पी) के अलावा विवाहित अधिकारियों के लिए आवास गृह और अस्पताल थे। सबसे पहले यह कलकत्ता में रॉयल कलकत्ता टर्फ क्लब के सामने देखा गया। मजेदार बात यह हुई कि जब इसे 'मानेकशॉ फ्लैट्स' नाम देने की बात आई, तब उन्होंने मना करते हुए इसका नाम 'टर्फ व्यू फ्लैट्स' रख दिया। स्वयं को गौरवान्वित करना कभी भी उनका उद्देश्य नहीं रहा। सैन्य अधिकारियों को इन फ्लैटों का आवंटन करने से पहले इनमें से एक फ्लैट में पूर्वी कमान मुख्यालय के आई सी प्रशासन के ब्रिगेडियर ए के साहूकार को अपनी पत्नी के साथ रहने का आदेश दिया गया, ताकि यदि इन घरों में कहीं कोई कमी हो तो भवन-निर्माण एजेंसी से कहकर उसमें अपेक्षित सुधार करवाया जा सके। यह बहुत छोटी सी बात थी, लेकिन इससे सैम का अपने अधीनस्थ अधिकारियों के प्रति गहरा और वास्तविक लगाव प्रकट होता है। वास्तव में वे उनकी जिंदगी को यथासंभव आरामदायक बनाना चाहते थे। जब वे सेना प्रमुख बनाए गए और उन्होंने ब्रिगेडियर साहूकार के अच्छे कार्यों को देखा तो उनकी उम्र, जो आगे पदोन्नति के लायक नहीं थी, को देखते हुए 52 वर्ष पूरा करने से पहले उन्हें अगस्त 1969 में जे के समूह की कंपनी में नियुक्त करा दिया। 52 वर्ष की उम्र सेना में ब्रिगेडियर या ए एस सी जैसे पद के लिए सेवानिवृत्ति की उम्र होती है। सैम का मानना था कि सेवानिवृत्ति होकर भी वह सेना को बहुत कुछ दे सकते थे। जिस सलाहकार के पद पर वे वर्ष 1994 में

नियुक्त किए गए थे, अंततः 31 अक्तूबर, 2000 को कंपनी के उस पद से सेवामुक्त किए गए। उन्होंने जहाँ सेना में मात्र तीस वर्ष की नौकरी की वहीं जे के कंपनीज में इकतीस वर्ष से भी अधिक नौकरी की।

हालाँकि परंपरागत रूप से सेना में व्यक्ति के पद से परिपक्वता को संबद्ध किया जाता है, लेकिन सैम एक ऐसे व्यक्ति थे, जिन्होंने पद को कभी भी व्यक्तिगत बुद्धिमत्ता से संबद्ध नहीं किया। इस एक गुण विशेष ने उन्हें अच्छी सलाह को आत्मसात् करनेवाला एक अच्छा श्रोता तो बनाया ही, साथ ही निर्णय लेने में और लोगों को एक-दूसरे से जोड़कर रखने में भी यह उपादेय था। निम्न घटना उनके मस्तिष्क के खुलेपन को प्रस्तुत करती है। जब वे पूर्वी कमान में थे तब उनके जे सी ओ ए डी सी सूबेदार मेजर और मानद लेफ्टिनेंट लाल बहादुर पुन जल्दी ही सेवानिवृत्त होने वाले थे। जब वह नवंबर 1962 में जी ओ सी 4 कोर नियुक्त किए गए थे, उस समय से ये 8वीं गोरखा राइफल्स की छठी बटालियन के जे सी ओ उनके साथ थे। कर्नल आर एस पठानिया, जो कमान मुख्यालय में नियुक्त थे और 2/8 जी आर को कमान करते थे, चाहते थे कि लाल बहादुर साहब ('साहब' एक सम्मानित शब्द था, जो सेना में जे सी ओ को सम्मान देने के लिए परंपरागत रूप से व्यवहृत किया जाता था) के सेवानिवृत्त होने पर उनकी बटालियन से एक जे सी ओ को उनके स्थान पर नियुक्त किया जाए। इस नियुक्ति से एक 2/8 जी आर सूबेदार मेजर के एक और पद की नियुक्ति का रास्ता बन जाता और वे एक योग्य जे सी ओ की पदोन्नति कर सकते थे, जो अन्यथा सेवा से निवृत्त हो गया होता।

कमान मुख्यालय में सुबह 8 बजे से दोपहर 2 बजे तक काम किया जाता था। सैम जल्दी ही छुट्टी कर लेते और दोपहर भोजन के लिए घर चले जाते थे। उनकी कार मुख्यालय में जी एस ओ-1 (ऑप्स/एयर) कर्नल आर एस पठानिया के कार्यालय के बगल में एक शेड में लगाई जाती थी। एक दिन जैसे ही सैन्य कमांडर की कार उन्हें घर ले जाने के लिए तैयार हुई और सैन्य कमांडर उसमें बैठे, कर्नल पठानिया कार के नजदीक आए। उन्हें अपनी ओर आता देख सैम ने खिड़की के शीशे को नीचे खिसकाया और कहा, "हाँ पैट, क्या है ? क्या तुम कुछ कहना चाहते हो ?" तब कर्नल ने कहा, "सर, लाल बहादुर साहिब के बदले में नियुक्ति के बारे में कुछ कहना चाहता हूँ। वे अब सेवानिवृत्त हो जाएँगे और यदि आप अगले चीफ हुए (तब तक सैम का नाम चीफ के रूप में घोषित नहीं किया गया था) तब आपको किसी योग्य व्यक्ति की जरूरत होगी, ताकि उन्हें सेवा मुक्त किया जा सके। 2/8 जी आर के पास इस उद्देश्य के लिए एक योग्य जे सी ओ हैं। आप उन्हें जानते हैं। वह हैं बटालियन के बॉक्सर सूबेदार लाल बहादुर।" जब यह बातचीत चल रही थी, तब मैं सैम की बगल में बैठा हुआ था। सैम,

जो हमेशा से 2/8 जी आर को चाहते थे, ने कहा, ''हाँ, बिलकुल, मैं उन्हें अच्छी तरह जानता हूँ। कल सुबह कार्यालय आकर मुझे मिलो।'' यह कहकर उन्होंने ड्राइवर से गाड़ी आगे बढ़ाने के लिए कहा।

कर्नल पठानिया के साथ जारी बातचीत के दौरान मेरे चेहरे पर झलक रही परेशानी साफ देखी जा सकती थी। सैम ने मेरे चेहरे पर उठ रहे सवाल को देख लिया था। उन्होंने मुझसे पूछा, ''शुभी, तुम्हें कौन सी बात परेशान कर रही है?'' मैंने उनकी ओर देखा और कहा, ''आप सर...'' उन्होंने मुझे देखा और कहा, ''क्यों, मैंने ऐसा क्या कर दिया?'' मैंने जवाब दिया, ''सर, आप 8 जी आर के कर्नल हैं, न कि 2/8 जी आर के। आप जब से 8 जी आर के कर्नल नियुक्त किए गए हैं, आपके पास 2/8 जी आर के अधिकारियों में से एक स्टाफ हमेशा रहता है। 26 डिवीजन में रंजीत मजूमदार, 4 कोर और पश्चिमी कमान में प्रेम कलकट तथा पूर्वी कमान में बेहराम पंथाकी उनमें से थे। आपने पहले ही सी ओ 4/8 जी आर से वादा किया है कि यदि आप सैन्य प्रमुख बनाए जाते हैं तो वह आपका एम ए और बेहराम आपका ए डी सी बनेगा।'' (सैन्य प्रमुख के पास तब दो ए डी सी होते थे।) मैंने कहा, ''जेरी नाग्ले और लाल बहादुर, जो 6/8 जी आर से हैं, वे 4 कोर के समय से आपके साथ हैं। एक सैन्य प्रमुख के रूप में आपके पास दूसरी और चौथी बटालियन से एक-एक अधिकारी होगा। यह केवल तभी उचित होगा, जब तीसरी और पाँचवीं बटालियन से द्वितीय अधिकारी के लिए ए डी सी और जे सी ओ, ए डी सी बनाए जाएँगे।'' उन्होंने तुरंत कहा, ''तुम प्रथम बटालियन को क्यों छोड़ रहे हो? क्या तुम उन्हें पसंद नहीं करते?'' मैंने इस त्रुटि के लिए खेद प्रकट किया। उन्होंने फिर मेरी ओर देखा और कहा, ''शुभी सूद क्या बुरा हुआ है? वह मेरा दूसरा ए डी सी क्यों नहीं हो सकता? यदि मैं सैन्य प्रमुख बनाया गया तो तुम मेरे द्वितीय ए डी सी होगे, क्या तुम सहमत हो?'' मैंने तुरंत अपनी सहमति जताई।

तब तक हम 'कमान हाउस' पहुँच गए थे। जब वे कार से उतरे, उन्होंने श्रीमती मानेकशॉ को आवाज दी और कहा, ''माते, मेरे ए डी सी ने मुझे खूब सुनाई है। मैं सोचता हूँ, वह और मैं एक गिलास बीयर लेकर सुलह कर सकते हैं।''

सैन्य कमांडर के द्वारा सभी सुझाव सुने गए और सुबह के बाद कर्नल आर एस पठानिया ने उनके सम्मुख अपना मत रखा तो उन्होंने विनम्रता से कहा कि उनका विचार प्रशंसनीय है। उन्होंने निश्चय किया है कि वे अपने अगले जे सी ओ ए डी सी को रेजीमेंट की पहली, तीसरी और पाँचवीं बटालियन से चुनेंगे, जिसमें से उनके पास कभी कोई व्यक्तिगत कर्मचारी नहीं रहा है। जानेवाले जे सी ओ ए डी सी को यह भार सौंपा गया कि वह सेना कमांडर के लिए जे सी ओ ए डी सी का चुनाव करें। और इस प्रकार

सूबेदार मेजर एडीसी जुधबीर थापा

सूबेदार मेजर कैप्टन जुधबीर थापा, जो 5/8 जी आर बटालियन से थे, को सैन्य प्रमुख के ए डी सी के रूप में चुना गया। सेवानिवृत्ति के बाद कैप्टन लाल बहादुर को सैन्य प्रमुख के निर्देश पर नेपाल में 'ए आर ओ कुनराघाट' के रूप में नियुक्त किया गया।

26 जनवरी, 1969 का दिन था, जब पश्चिम बंगाल के राज्यपाल श्री धर्मवीर ने पूर्वी कमान के सैन्य कमांडर सैम मानेकशॉ को 'एट होम' में शामिल होने के लिए बुलाया। इस प्रकार के कार्यक्रम सामान्यत: औपचारिक उत्सव के रूप में मनाए जाते हैं और सैन्य कमांडर अपने पूरे राजसी साज-सज्जा तथा रक्षकों और पायलट्स सहित राजभवन जाते हैं। यह सुनिश्चित किया जाता है कि वे निर्धारित समय पर अपने गंतव्य पर गाड़ी से नीचे उतरें। कमान हाउस से उनके रवाना होने का समय भी तय किया जाता था ताकि वे ठीक निर्धारित समय पर निकलें। उस दिन उस समय जैसे ही वे कमान हाउस के दरवाजे को पार कर आगे बढ़े, पाजामा-कुरता पहने एक बहुत ही बूढ़े सिख ने, जिसके साथ एक युवा था, सेना कमांडर के काफिले को रोकने के लिए हाथ बढ़ाया। सेना कमांडर ने उस व्यक्ति को पहचान लिया। वह उनकी पुरानी बटालियन का हवलदार मीठा सिंह था, जिसने कभी जवान सैम को हथियार चलाने का प्रशिक्षण दिया था।

सैम ने कार की खिड़की का शीशा नीचे किया और उसके वहाँ आने का कारण पूछा। मीठा सिंह ने अपनी कहानी सुनानी शुरू कर दी। उन्होंने उसे रोकते हुए कहा, ''जाकर गार्ड रूम में आराम करो। मैं अभी जल्दी में हूँ, लौटकर तुम्हारी दु:ख भरी कहानी सुनता हूँ।'' मैं क्योंकि बेचैन हो रहा था और ड्राइवर से चलने को कह रहा था, उन्होंने मेरे गोरखा टोप को अपनी छड़ी से थोड़ा छुआया और कहा, ''बेटे, गवर्नर मुझे प्रतिदिन देखते हैं, इसलिए मैं थोड़ी देर से भी पहुँचा तो क्या हुआ? यह व्यक्ति, जिसने द्वितीय विश्व युद्ध में मेरे साथ देश की सेवा की, ये उस पलटन में मेरे उस्ताद थे और

पंजाब के एक गाँव से चलकर मेरे पास आए हैं। मैं इनसे जरूर मिलूँगा और कम-से-कम तब तक सुनूँगा, जब तक कि तुम उसे विदा नहीं कर देते।'' यह एक जवान अधिकारी के लिए विनम्रता का पाठ था और सही मायने में एक महान् व्यक्ति का व्यक्तित्व और व्यवहार था, जिसे कभी भी भूला नहीं जा सकता था।

उनके लौटने पर मीठा सिंह को बुलाया गया। पता चला कि वह अपने भतीजे को कलकत्ता में अच्छी नौकरी दिलवाने के लिए अपने साथ लाए थे। वह लड़का वाणिज्य में स्नातक था। अगली ही सुबह अध्यक्ष कीन विलियम्स के कार्यालय में उस लड़के को एकाउंटेंट की नौकरी मिल गई। उस लड़के से यह भी कहा गया कि जब तक उसके रहने की व्यवस्था नहीं हो जाती, वह गार्ड के साथ रह सकता है। मीठा सिंह को रेलगाड़ी का टिकट खरीदने के लिए आवश्यक रुपए दिए गए, ताकि वह अपने गाँव लौट सकें।

मार्च 1969 में सरकार ने घोषणा की कि लेफ्टिनेंट जनरल एस एच एफ जे मानेकशॉ, एम सी को सेनाध्यक्ष के रूप में नियुक्त किया जा रहा है। वे जनरल कुमारमंगलम, डी एस ओ से 8 जून, 1969 को अपना पदभार ग्रहण करेंगे। जैसे ही यह घोषणा की गई, देहरादून 58 जी टी सी के कमांडेंट ने 'बाजे' (धर्मगुरु) के आशीर्वाद से युक्त सेनाध्यक्ष के बैज सेना कमांडर को प्रस्तुत करने के लिए उनके साथ भेजे। लेफ्टिनेंट कर्नल आर एस पठानिया ने सैम के कार्यालय में जाकर उन्हें वह बैज प्रदान किया। आर एस पठानिया उस समय कमान मुख्यालय में जनरल स्टाफ ऑफीसर ग्रेड-1 (ऑपरेशन ऐंड एयर) के रूप में तैनात थे।

जैसे ही मार्च 1969 के अंत में यह घोषणा की गई कि सैम मानेकशॉ अगले सेना प्रमुख होंगे, सेना मुख्यालय में सैन्य सचिव का पद भी रिक्त हो गया, क्योंकि तत्कालीन सैन्य सचिव मेजर जनरल कल्याण सिंह सेवानिवृत्त हो रहे थे। जनरल कुमारमंगलम ने सोचा कि उचित यही होगा कि, नए प्रमुख अपनी पसंद का सचिव चुनें। सैम से बात करके उन्होंने मेजर जनरल बी एन सरकार का नाम सैन्य सचिव के पद के लिए प्रस्तावित कर दिया। मंत्रालय को इस प्रस्तावित नाम पर कुछ आपत्तियाँ थीं, इसलिए सेना प्रमुख के साथ शीघ्र ही एक बैठक बुलाई गई। मंत्रालय ने स्पष्ट कर दिया कि वह इस नाम पर राजी नहीं हो सकता। दरअसल वे किसी और की नियुक्ति चाहते थे। सेना प्रमुख चाहते थे कि नए उम्मीदवार की नियुक्ति की जाए। इसलिए उन्होंने पूर्वी कमान के जी ओ सी-इन-सी को फोन करके रक्षा मंत्री के साथ दिल्ली में होनेवाली बैठक में शामिल होने के लिए कहा।

अपने स्वभाव के अनुरूप सैम ने उनसे कह दिया कि वे अभी सैन्य प्रमुख के पद पर नहीं हैं, इसलिए यह उनका विशेषाधिकार नहीं है। प्रमुख ने उनके सामने

सेनाध्यक्ष के रूप में नियुक्ति की घोषणा के बाद 58 जी टी सी द्वारा भेजे बैज के साथ सैम।

तर्कसंगत आधार भी पेश किए कि उनके साथ अपने मतभेदों को भुलाकर वे यहाँ आ जाएँ। बैठक में नियुक्तिवाले दिन सेना कमांडर सेनाध्यक्ष से उनके कार्यालय में मिले। जब वे रक्षामंत्री के साथ बैठक में उपस्थित होने के लिए जा रहे थे, साउथ ब्लॉक में हो रही बैठक के लिए जाते समय जनरल कुमारमंगलम ने अपनी कैप पहनी। जब सैम ने उन्हें उस कैप में देखा तो पूछा, ''आप यह कैप क्यों पहन रहे हैं? आप सेना प्रमुख हैं और इससे अपनी आधी लड़ाई वैसे ही हार जाएँगे। हम कहीं बाहर नहीं जा रहे हैं। हमें कैप की जरूरत नहीं है।'' सेना प्रमुख ने कुछ बुदबुदाया और कैप को वापस रैक में रख दिया।

दोनों जनरल तत्कालीन रक्षामंत्री सरदार स्वर्ण सिंह से मिले और उनके सामने नए सैन्य सचिव के रूप में मेजर जनरल बी एन सरकार का नाम रखा। रक्षामंत्री के पास उनका अपना एजेंडा था। इसलिए वह किसी अन्य जनरल का नाम देने की कोशिश कर रहे थे। यह प्रमुख को स्वीकार नहीं था। तब उस समय के रक्षा सचिव श्री एच.सी. सरीन, जो बैठक में उपस्थित थे, ने कहा कि सेना मुख्यालय को तीन नामों की सूची

देनी चाहिए, जिसमें से एक नाम चुन लिया जाएगा। चूँकि सेना ने ऐसा नहीं किया इसलिए नियुक्ति का सुझाव विधिपूर्वक नहीं है। सैम ने उनसे कहा, ''मैं आपको तीन नाम दूँगा, यदि आप सहमत हों तो।'' रक्षामंत्री सहमत हो गए। तब उन्होंने तीन नाम सुझाए, जिसमें एक था—मेजर जनरल अंटिया का, जो पारसी थे और दूसरा नाम बी एन सरकार का शामिल था। रक्षा मंत्री के पास बी एन सरकार को सैन्य सचिव के रूप में चुनने के सिवा दूसरा कोई उपाय नहीं था। सैम नौकरशाहों के तौर तरीके को खूब समझते थे और हमेशा उनसे एक कदम आगे रहते थे। वह नाम, जिसके लिए मंत्रीजी इच्छुक थे, उसे आगे नहीं लाया जा सकता था; क्योंकि नियम के अनुसार तीन नाम दे दिए गए थे।

पूर्वी सैन्य कमांडर सैम मानेकशॉ को सैन्य कमांडरों के द्विवार्षिक सम्मेलन में दिल्ली में उपस्थित होना था। ऐसी ही एक बैठक का आयोजन नवंबर 1968 में किया गया था। बैठक की शुरुआत होने के कुछ पहले तत्कालीन सैन्य प्रमुख द्वारा भेजी गई एक चिट्ठी सैम को मिली, जिसमें लिखा था कि युद्ध की योजनाएँ हमारी कार्य-सूची का हिस्सा हैं, इसलिए आप इसके बारे में प्रस्तुति के लिए तैयार होकर आएँ। वे सरकारी कागज के डेढ़ पन्ने पर अपनी योजना लिखकर संलग्न कर रहे हैं। योजनाओं पर चर्चा सैन्य स्तर पर की जाती है। बटालियन और ब्रिगेड के स्तर पर बारीकियों की चर्चा नहीं होती। रणनीतियों की उनकी बोध क्षमता एकदम स्पष्ट होती थी और उन्हें कागज पर इसे सटीक और सजीव रूप से प्रस्तुत करने का वरदान प्राप्त था। उन्होंने योजना के बारे में कहा कि चूँकि पाकिस्तान के विरुद्ध निर्णय पश्चिमी क्षेत्र में होगा, इसलिए उनकी कमान पूर्व में स्थिति पर नियंत्रण रखने की कार्रवाई करेगी। सेना मुख्यालय को वह आवश्यकता पड़ने पर कुछ टुकड़ियाँ उपयुक्त समय पर उपलब्ध कराएगी। समय के साथ सन् 1971 में जब देश को युद्ध की विभीषिका सहनी पड़ी, भूमिकाएँ उलट गईं। इसके बारे में विस्तृत चर्चा बाद में की जाएगी। बहुत सारे सैन्य कमांडरों ने अपनी योजनाएँ भेजीं जो कई पृष्ठों में थीं। सैम प्रायः मुझसे कहा करते थे, ''जितना बड़ा कमांडर हो, उसे नक्शे से उतना ही दूर होना चाहिए।'' व्याख्या में वह मुझसे कहा करते, ''यदि तुम ऐसा नहीं करते हो तो दूसरे व्यक्ति के काम में उलझोगे। तुम जिस स्तर पर हो वहाँ से निर्देशन करो और ब्योरा दूसरों के लिए छोड़ते चलो। सैन्य कमांडर के रूप में मैं एक डिवीजन तक की कार्रवाई को देखता हूँ, जो 'टू डाउन' है। मैं कंपनी और बटालियन की लड़ाई के ब्योरे में नहीं जाता। यह ब्रिगेड और डिवीजन कमांडर के लिए होता है। यदि आप अपने क्षेत्रीय नक्शे के बिलकुल करीब होते हैं और आपकी आँखें सीमित रूप से उन पर टिकी हैं तो आप बटालियन के क्षेत्रों को देखने की शुरुआत कर रहे हैं।''

जब रक्षामंत्री सरदार स्वर्ण सिंह अस्पताल में भरती थे। उस समय नए सेना प्रमुख का नियुक्ति के संबंध में अफवाहें फैलाई जा रही थीं। पश्चिमी सैन्य कमांडर लेफ्टिनेंट जनरल हरबख्श सिंह, जिन्होंने सन् 1965 के भारत-पाक युद्ध में वीरतापूर्वक अपने सैनिकों का नेतृत्व किया था, उनका नाम प्रतिस्पर्धी के रूप में सबसे ऊपर था। सैम उनसे वरिष्ठ अधिकारी थे। सैम के शुभाकांक्षी एक सैन्य कमांडर ने मुझसे कहा कि मैं सैम को सूचना दे दूँ कि अन्य सभी सैन्य कमांडर रक्षामंत्री को देखने गए हैं। सैम के लिए उनसे अस्पताल में मिलने का यह उचित अवसर है। अगली सुबह जब एक कर्तव्यपरायण ए डी सी की तरह मैं सैम के पास बैठकर तथ्य प्रस्तुति कर चाय पी रहा था, तो मैंने उन्हें वह संदेश दिया। संदेश सुनने के बाद वे कुछ देर तक सोचते रहे और जवाब दिया, ''बेटे, सलाह के लिए उस सैन्य कमांडर का धन्यवाद। जो भी हो, उनसे यह जरूर कहना कि यदि वे मुझे सेना प्रमुख बना रहे हैं तो वह इसलिए, क्योंकि मैं उस पद के योग्य हूँ। यदि वे ऐसा नहीं करते हैं तो स्पष्टत: मैं योग्य नहीं हूँ। मैं किसी भी व्यक्ति की अनुकंपा पर निर्भर नहीं हूँ, जो मुझे मेरे पद पर पहुँचाए। यह मेरी शैली नहीं है।''

पूर्वी सेना की कमान के समय लेफ्टिनेंट कर्नल डी के मिस्त्री सैम के सहायक सैन्य सचिव थे। प्यार से उन्हें 'दिन्यार' कहकर पुकारा जाता था। वह सैम के पितृ सैन्य दल 5 जी आर से थे। दिन्यार इस पद पर इसलिए थे, क्योंकि सैम को एक वफादार और निष्ठावान् व्यक्ति चाहिए था, जो अधिकारियों की तैनाती, पदोन्नति, और नियुक्ति संबंधी विभाग को बखूबी सँभाल सके और उनकी शिकायतों का समाधान कर सके। वास्तव में दिन्यार एक भद्र पुरुष थे, वे अकसर किसी समस्या को सुलझाने में चूक जाते थे जिससे परेशानी होती थी। छोटी-छोटी बातों के प्रति दिन्यार की अरुचि और कार्य की महत्ता को देखते हुए सैम ने स्टाफ कैप्टन (एम एस) के रूप में कैप्टन गुहा रॉय को नियुक्त किया। यह अधिकारी मेहनती और जानकार होने के साथ ही निष्ठावान् और विश्वासी था। एम एस शाखा के सभी उलझे हुए विषय उनके द्वारा सुलझा लिये जाते थे। दोनों अधिकारी सैम के बहुत करीबी थे पर वे अपनी सैन्य सेवा के अंतिम चरण में थे। जब वर्ष 1969 के गणतंत्र दिवस समारोह में सम्मानों की घोषणा की गई तब गुहा रॉय का नाम भी उस सूची में था, जहाँ वे 'विशिष्ट सेवा मेडल' (वी एस एम) से सम्मानित किए गए। उस समय सेना के कैप्टन को बहुत मुश्किल से कोई सम्मान मिलता था। जब पुरस्कारों की घोषणा हो गई और सैम कार्यालय से घर लौटे तो श्रीमती मानेकशॉ, उनकी बेटी शेरी और शेरी के पति डिंकी बाटलीवाला घर में ब्रिज (ताश के पत्ते) खेल रहे थे। जैसे ही सैम ने घर में प्रवेश किया, श्रीमती मानेकशॉ ने क्षोभ प्रकट करते हुए कहा, ''सैम, यह क्या है ? आपने गुहा रॉय को सम्मान

दिया और दिन्यार के कार्यों को नजरअंदाज कर दिया! यह सरासर अनुचित है। आपको दिन्यार मिस्त्री के प्रति भी कुछ करना चाहिए।''

सैम ने अपनी पत्नी के क्षोभ व दर्द भरी अभिव्यक्ति को देखा और कहा, ''यह तुम क्या कह रही हो? तुम जानती हो, दिन्यार मिस्त्री के साथ काम करने के लिए मुझे भी एक मेडल मिलना चाहिए।'' यह सुनकर कमरे में हँसी का फव्वारा फूट पड़ा और सभी सैम के प्रति सहानुभूति जताने लगे। दिन्यार ने समय से पहले ही सैन्य सेवा से अवकाश ले लिया और रॉयल कलकत्ता टर्फ क्लब में वहाँ के परिचारकों ने उन्हें 'क्लर्क ऑफ द कोर्स' के रूप में नियुक्त कर दिया। उन्हें सैम मानेकशॉ की सिफारिश पर अच्छा वेतन और पूर्वापेक्षित शर्तों के अनुसार भत्ते आदि दिए गए।

जनरल अपने निजी स्टाफ के साथ बिना किसी रूढ़िगत विचार, व्यवहार के मजाकिया अंदाज में रहते थे। प्रत्येक दोपहर को मैं स्कवैश खेलने के लिए जाने से पहले यह जानने के लिए कि कहीं कोई जरूरी काम न हो, कमान हाउस जाया करता था। एक दोपहर मैंने अपना स्कूटर पार्क किया और अंदर गया। वहाँ टी-शर्ट व शॉर्ट्स पहने बगीचे में सैम मुझे मिले। उन्होंने कहा, ''मुझे बाल कटवाने हैं।'' मैंने कहा कि मैं अभी स्टाफ कार बुलवाता हूँ। इस पर उन्होंने कहा, ''मैं तुम्हारे साथ स्कूटर पर जाऊँगा।'' मेरे बहुत विरोध करने के बाद भी वे मेरे स्कूटर की पीछेवाली सीट पर बैठ गए। मैंने बहुत सावधानी से स्कूटर चलाया और कलकत्ता के पार्क स्ट्रीट में 'इनीस' नामक सैलून पर गया। वहाँ मुझे भी बाल कटवाने के आदेश दिए गए, जिसका पैसा उन्होंने चुकाया। बाल कटवाने के बाद उन्होंने 'हारमॉनी हाउस' देखने की इच्छा जाहिर की। इस दुकान पर पुराने गानों के रिकॉर्ड्स का संग्रह हुआ करता था। चूँकि उनकी कीमत काफी थी और हमारा वेतन काफी कम, इसलिए हमने दुकान के मालिक के साथ एक समझौता किया कि वह हमें कमांडर के टेप रिकॉर्डर पर रिकॉर्ड करने के लिए रिकॉर्ड देगा। सेना कमांडर अपने टेप रिकॉर्डर में उन्हें रिकॉर्ड करने के बाद लौटा दिया करेंगे। यह स्पष्ट कर दिया गया था कि यदि रिकॉर्ड में जरा भी खरोंच आई तो उसकी कीमत चुका ही जाएगी। श्री नोपानी, जो उस दुकान के मालिक थे, कलकत्ता की अधिकांश जनता की तरह ही सैम को पसंद करते थे तथा इस मुलाकात के लिए राह देखते रहते थे। यह सब समाप्त कर मैं वापस स्कूटर चलाकर कमान हाउस आया और जब मेरी 'अग्निपरीक्षा' समाप्त हुई तब मेरी जान में जान आई। जैसे ही ए एम एस के कानों में हमारे बाहर घूमने की बात पड़ी, अगली सुबह उन्होंने मुझे अपने कार्यालय में बुलाया और—चूँकि वह सैम को तो कुछ कह नहीं सकते थे, इसलिए—मुझे खूब डाँट पिलाई।

भूटान में भारतीय सैन्य प्रशिक्षण टीम (IMTRAT) पूरी तरह क्रियात्मक और प्रशासनिक रूप से पूर्वी कमान के अधीन थी। इसलिए जरूरत पड़ने पर हमेशा भूटान

जाना होता था। अक्तूबर 1968 में ऐसी ही एक भूटान यात्रा के दौरान सैम भूटान-नरेश जिग्मे दोरजी वांगचुक से मुलाकात के बाद कलकत्ता लौट रहे थे। स्वर्गीय टी.एन. कौल, जो उस समय भारत के विदेश सचिव थे, वह भी थिंपू गए हुए थे। उसी समय वे भी दिल्ली के लिए उड़ान भरने के लिए बागडोगरा हवाई अड्डे पर लौट रहे थे। चूँकि सैम पूर्वी सेना के कमांडर थे, इसलिए उन्हें इन सब दौरों पर आने-जाने के लिए भारतीय वायुसेना के हेलीकॉप्टर का उपयोग करने की इजाजत थी। श्री कौल को यह सुविधा उपलब्ध नहीं थी, लेकिन वे सेना कमांडर के साथ—यदि जगह हो तो—यात्रा कर सकते थे। इसलिए उन्होंने सेना कमांडर के हेलीकॉप्टर में एक यात्री की तरह यात्रा करने की इजाजत माँगी। उन्हें इसकी स्वीकृति दे दी गई। निश्चित समय पर 'एलॉटी' हेलीकॉप्टर विशेष व्यक्तियों को बागडोगरा पहुँचाने के लिए थिंपू हवाई अड्डे पर आ गया। इस हेलीकॉप्टर में कॉकपिट के ऊपर गुब्बारे के आकार की केनापी थी। यह दो विमान चालकों के साथ चार यात्रियों को ढो सकता था। इसकी अगली सीटों पर आरामदायक कुशन लगे थे और पीछे बैठनेवाले यात्रियों के लिए लकड़ी की बेंच थीं, जिसे स्ट्रैचर पर दुर्घटनाग्रस्त यात्रियों को ढोने के लिए भी इस्तेमाल किया जाता था। गुब्बारे से आगे की सीट ढक जाती थी, जिसमें फाइबर के पारदर्शी शीशे लगे होते थे। वहीं स्ट्रैचर को ढकनेवाला हिस्सा हलके रंग के शीशे से ढका होता था, जो मरीज को धूप से बचाता था। इतने उच्चांश पर, विशेषकर सुबह के समय सूर्य की चमक और गरमी कष्टदायी होती थी। एक बार जैसे ही हेलीकॉप्टर ऊपर उड़ता था, उसके अंदर केबिन में अत्यधिक गरमी लगने लगती थी और उस समय एयर कंडीशंड की कोई व्यवस्था नहीं थी, इसलिए गरमी के प्रभाव को कम करने के लिए बगल के रोशनदान को खोल दिया जाता था। हालाँकि विदेश सचिव सैन्य कमांडर से वरिष्ठ राजनयिक अधिकारी थे, लेकिन वे सैन्य कमांडर के हेलीकॉप्टर में एक यात्री थे, उन्होंने सैम से वरिष्ठ व्यक्ति के लिए बनाई गई आगे की सीट पर बैठने को कहा। मानेकशॉ ने, जो उनसे अधिक शिष्ट थे, तुरंत जवाब दिया, "टिक्की, मैं एक जनरल हूँ, इसलिए मुझे अपने मस्तिष्क को ठंडा रखना है। तुम एक नौकरशाह हो, इसलिए तुम्हें आरामदायक जगह की जरूरत है। अत: तुम आगे बैठो और मैं अपने ए डी सी के साथ पीछे की सीट पर यात्रा करूँगा।"

सैम अति विनम्र और शिष्ट जनरल थे। उन्होंने कभी अपनी आवाज ऊँची नहीं की, हाँ, अपनी नाराजगी अपने संवादों से जरूर व्यक्त कर देते थे। उनकी एक और विशेषता थी—स्थिति की नजाकत को भाँपने की। एक बार उत्तर-पूर्वी सीमांत एजेंसी (NEFA—आजकल का अरुणाचल प्रदेश) के एक डिवीजन 'तिरप', जिसका जिला मुख्यालय 'खोंसा' था, की यात्रा के दौरान मुख्यालय स्तर के कोर कमान के कुछ

कर्मचारियों को यह सूचना देने में भूल हो गई कि सैन्य कमांडर को जोरहाट से कलकत्ता लौटने के लिए पूर्वी एयर कमान के एक हेलीकॉप्टर की आवश्यकता है। जब नियत समय पर हेलीकॉप्टर नहीं पहुँचा, तब कोर कमांडर अपने कर्मचारियों के साथ जी ओ सी-2 डिवीजन और जोरहाट के सब एरिया कमांडर, जिनके अंदर खलबली मच रही थी, सभी उपस्थित थे और एक-एक करके मेरे कमरे में आते और हेलीकॉप्टर के नहीं आने का कारण जानने के लिए अपने-अपने मुख्यालय में फोन करते। वे सैन्य कमांडर के दूरभाष का प्रयोग उपयुक्त कारणों का पता लगाने में नहीं कर सकते थे। जब मैंने सैम से देरी का कारण बताया तो वे मुसकराए और कहा कि वे पढ़ने जा रहे हैं और जब सब तैयार हो जाए तो आकर बता देना। उन्होंने यह भी कहा कि चूँकि यात्री विमान को पकड़ना संभव नहीं है, उसे रोकने से सारे यात्रियों को परेशानी होगी, इसलिए स्टाफ को वायुसेना के किसी विमान का इंतजाम करना चाहिए। वायुसेना के एक डकोटा विमान ने यात्रा में दोपहर का भोजन कराया तथा सैन्य कमांडर और उनके दल को मुख्यालय उपक्षेत्र जोरहाट होते हुए कलकत्ता पहुँचाया।

सहायक सैन्य सचिव, जो सैन्य कमांडर का स्वागत करने वाले थे, कलकत्ता हवाई अड्डे पर नहीं थे। खोंसा में भ्रम की स्थिति होने के कारण संभवत: पहुँचने का समय भी अनिश्चित हो गया और इस कारण वे हवाई अड्डे पर नहीं थे। उनके आने का दस मिनट तक इंतजार करने के बाद सैम का धैर्य टूट गया। तभी उन्होंने 'एक टन' का एक ट्रक देखा, जो सेना के डाक विभाग की सेवा करता था और चिट्ठियाँ ले जाने के लिए आ रहा था। वे उसमें चढ़ गए और मुझे सहायक सैन्य सचिव, का इंतजार करने को कहा और कहा कि सड़क पर कार लेकर आ जाओ, जहाँ मैं इससे उतरकर कार में बैठ सकूँ। जो सिपाही ट्रक चला रहा था, वह मुझसे ज्यादा आश्चर्यचकित था, जब सैन्य कमांडर उसमें बैठ गए और उससे ट्रक चलाने को कहा। सौभाग्य से तभी सहायक सैन्य सचिव लेफ्टिनेंट कर्नल डी के मिस्त्री सैन्य कमांडर के मोटर काफिले के साथ वहाँ पहुँच गए।

फरवरी 1969 में स्टाफ कॉलेज, वेलिंगटन में छात्रों को उत्तर-पूर्वी क्षेत्र के विद्रोहियों के बारे में जानकारी देने के लिए सैम को आमंत्रित किया गया। इस अवधि में वह वेलिंगटन के निकट ऊपरी कुन्नूर में अपने घर की नींव रखने की तैयारी कर रहे थे, जहाँ वे सेवानिवृत्ति के बाद स्थायी रूप से रहना चाहते थे। सेवानिवृत्ति के बाद वहीं ऊपरी कुन्नूर में वेलिंगटन के निकट अपनी पत्नी के साथ रह रहे श्री कावस पटेल उनके भवन की रूपरेखा (आर्किटेक्चर) देख रहे थे और भवन के सौंदर्य संबंधी तथा अन्य बातों पर श्रीमती मानेकशॉ ध्यान दे रही थीं, जो पहले से ही श्री पटेल के साथ रह रही थीं, वहीं सैम उनके साथ हो गए। यात्रा की समाप्ति के बाद सैम ने

एक दिन की छुट्टी ली और कलकत्ता लौटने से पहले उन्होंने वेलिंगटन में अपने भवन-निर्माण के लिए समय देने के लिए सोचा। श्रीमती मानेकशॉ भवन-निर्माण कार्य की देख-रेख के लिए रुकी रहीं।

कलकत्ता वापसी की उड़ान मद्रास से ली जानी थी। चूँकि मार्गस्थ यात्री के लिए यह बड़ा लंबा पड़ाव था और मद्रास के जी ओ सी का घर हवाई अड्डे के नजदीक था, इसलिए उन्होंने सैम को अपने घर पर दोपहर के भोजन के लिए आमंत्रित किया। बातचीत के दौरान सैम के नए घर को लेकर चर्चा होने लगी। इस पर जी ओ सी ने सैम को बंगलौर में मद्रास सैपर्स केंद्र के अभियंता का एक प्लाटून उपलब्ध कराने का प्रस्ताव दिया, जो उनका घर बनाने और निर्माण के दौरान देख-रेख करता। सैम को जी ओ सी का यह प्रस्ताव अच्छा नहीं लगा। उन्होंने इस प्रस्ताव को यह कहते हुए टाल दिया, "यह घर मैं और मेरी पत्नी अपने लिए बनवा रहे हैं। इस काम में हर तरह की मदद मैं अपने मित्र कावस और उनकी पत्नी से लेता हूँ। श्रीमती मानेकशॉ और वे बहुत अच्छा काम कर रहे हैं। फिर भी, आपके इस प्रस्ताव के लिए आपका धन्यवाद। लेकिन न तो इसकी इजाजत है और न ही इस विषय पर बात करना उचित होगा।" जी ओ सी उनकी नाराजगी समझ कर घबरा गए। कुछ देर बाद सैम को भी अहसास हुआ कि वे एक अच्छे अतिथि की तरह व्यवहार नहीं कर रहे हैं। तब उन्होंने कहा, "मैं जानता हूँ कि आप मेरी मदद करना चाहते हैं। जब मेरा घर पूरी तरह बन जाए तब आप हमारे साथ आकर रहिए, यही मेरे लिए मदद होगी।"

पूर्वी सेना के सामने आई सभी विपरीत परिस्थितियों और समस्याओं को सैम ने इतनी कुशलता से सुलझाया और सभी पर विजय पाई कि उन्हें सन् 1968 में 'पद्मभूषण' से सम्मानित किया गया।

पूर्वी कमान का मेस फोर्ट विलियम के प्रवेश द्वार 'प्लासी गेट' के पास बनाया गया था, जहाँ पूर्वी कमान मुख्यालय है। यह किला ईस्ट इंडिया कंपनी के लिए एक पवित्र-पावन स्थल की तरह था। यह भारत में ब्रिटिश साम्राज्य की सरकार का केंद्र था। कलकत्ता प्रेजिडेंसी का राजकाज यहीं से चलाया जाता था और बंगाल में जितनी भी महत्त्वपूर्ण लड़ाइयाँ लड़ी गईं, सबका संचालन इसी किले से हुआ था। कला की दृष्टि से एकदम आधुनिक रूप में डिजाइन किया गया यह ऑफीसर्स मेस चारों ओर की वास्तुकला से मेल खाता था। सैम ने इसकी संरचना तैयार करने में उत्साहपूर्वक हिस्सा लिया था और जब यह बनकर तैयार हो गया तो बहुत से 'राजसी परिवारों' द्वारा भोजनालय के लिए उपलब्ध सज्जा सामग्री से इसे सजाया गया। कूच बिहार के राजा ने बड़े आकार के खूबसूरत 'बेल्जियम आईने' भेंट किए, जो प्रवेश द्वार और दुछत्ती में लगाए गए। वहीं त्रिपुरा, बर्दवान और कुछ अन्य राजाओं ने पुरातन फर्नीचर जैसे मार्बल टॉप के साथ हॉफ

टेबल आदि उपहारस्वरूप दिए थे। संपर्क के लिए पाइंटमैन ब्रिगेडियर एन एन मदान थे जो मुख्यालय पूर्वी कमान की ब्रिगेडियर सेना सेवा कोर से थे। वह एक खूबसूरत अविवाहित पुरुष थे, जो मिस्र में मिलिट्री अटैची हुआ करते थे और नेहरू परिवार से घनिष्ठ संबंध रखते थे।

जब वे कलकत्ता में थे तब उन्हें व्यावसायिक जगत् के प्रमुख और अनेक व्यावसायिक मित्र पार्टियों में आमंत्रित करते रहते थे। इसी व्यक्तिगत समीकरण के कारण सैम ने अनेक सेवानिवृत्त अधिकारियों, जे सी ओ और सैनिकों के संबंधियों आदि की निजी क्षेत्र में नौकरी लगवाई। अतिथि-सत्कार के प्रति उत्तर में वे 'पूर्वी कमान बॉक्सिंग फाइनल्स' में आमंत्रित किए जाते थे और फिर पूर्वी कमान के ऑफीसर्स मेस में कॉकटेल का आनंद उठाते थे। सभी कार्यरत अधिकारियों की पोशाक 'पैट्रोल्स' होती थी, जिससे इन लोगों पर बहुत अच्छा प्रभाव बनता था। क्रॉकरी, कटलरी, काँच के बरतन, पेय पदार्थ एवं भोजन सामग्री आदि को इस प्रकार करीने से रखा जाता था और सेना के द्वारा इतने गरिमापूर्वक व गर्मजोशी से व्यावसायिक जगत् के बॉस का आतिथ्य किया जाता था कि वह बहुत प्रभावित होते थे।

इसी प्रकार, वार्षिक खेल-कूद समारोह एक ऐसा ही दूसरा अवसर होता था, जब ये लोग सेना के द्वारा आमंत्रित किए जाते थे। खेल-कूद समारोह का समापन 'हाई टी' और उपहार वितरण के साथ किया जाता था। वहाँ एक बड़ा ही प्रभावी 'बीटिंग ऑफ रिट्रीट' होता था, जिसमें खूबसूरत आतिशबाजी का कमाल दिखाया जाता था। कलकत्ता के स्कूलों और कॉलेजों के छात्र इस समारोह को देखने के लिए बुलाए जाते थे, ताकि इस समारोह के आयोजन और कार्यान्वयन में समय के साथ किए गए कार्यों की यथार्थता के कुछ हिस्से को वे आत्मसात् कर सकें।

मार्च 1969 के अंत में सरकार ने सैम को अगला सेना प्रमुख बनाने की घोषणा की। मई 1969 में जनरल पी पी कुमारमंगलम, जो डी एस ओ थे और सेना प्रमुख के पद से सेवानिवृत्त होने वाले थे, कलकत्ता की यात्रा पर आ रहे थे—यह देखने के लिए कि उनका घोड़ा 'मिल्की वे' इस सीजन में आयोजित प्रसिद्ध घुड़दौड़ में भाग ले रहा था। उनकी घोड़ी भी नवंबर 1968 के घुड़दौड़ में दौड़ी थी; लेकिन अच्छा प्रदर्शन नहीं कर पाई थी। वास्तव में उसके प्रदर्शनों को देखते हुए उनके घोड़े को निचले दर्जे में माना गया था। सामान्यतः जब सेना प्रमुख कलकत्ता आते थे तो परंपरा के अनुसार पूर्वी कमान के चीफ ऑफ स्टाफ उनकी अगवानी के लिए दमदम हवाई अड्डे पर मौजूद रहते थे। सैन्य कमांडर उनसे केवल उनके कार्यालय या घर पर मिलते थे। इस बार जब सेनाध्यक्ष की यात्रा का कार्यक्रम सैम के सामने आया तो उन्होंने लिखा कि चूँकि यह उनकी विदाईवाली यात्रा होगी,

इसलिए मैं स्वयं उन्हें लेने के लिए आऊँगा। जब वे हवाई अड्डे पर उतरे तो सैम ने वहाँ उनका स्वागत किया।

दोनों जनरल कार में बैठे और मुझे ड्राइवर के बगलवाली सीट पर बैठने का आदेश दिया गया। कमान मुख्यालय जाने के रास्ते में उन दोनों के बीच बातचीत और हँसी-मजाक का सिलसिला जारी था। सैम ने उनसे पूछा, "तो के, सेवानिवृत्ति के बाद तुम्हारा क्या कार्यक्रम है?" सैन्य प्रमुख कुमारमंगलम ने सैम को बताया कि उन्हें फ्रांस और अन्य जगहों के लिए राजदूत की नियुक्ति या किसी अन्य सरकारी पद के बारे में विचार करने को कहा गया है। सैम ने जोर देकर पूछा, "उन्होंने लिखित रूप में ऐसा कुछ जारी किया है?" उनके 'न' कहने पर सैम ने कहा, "के, वे तुम्हें मूर्ख बना रहे हैं। क्या तुम महसूस नहीं कर रहे हो कि वे तुम्हें सेना से निकालकर बेच देंगे और अंतिम दिन तुम्हें अकेला छोड़ देंगे। उनके कहे पर मत जाओ। वे तुम्हारे साथ खेल खेल रहे हैं और समय आने पर तुम्हें गरम आलू की तरह हाथ से छोड़ देंगे। अवकाश-प्राप्ति के बाद जितना ही हम नौकरी की तलाश करते हैं, सरकार का हाथ ऊँचा उठता जाता है। जो आज उच्च पद के कारण तुम्हारी सराहना करते हैं, वे सभी तुमसे दूर हो जाएँगे।" जनरल कुमारमंगलम ने चुपचाप सिर हिलाया और बातचीत बंद हो गई। उसके बाद वे पूरे रास्ते चुप रहे। सैम की बातें सही साबित हुईं और जनरल कुमारमंगलम के लिए नियुक्ति की बातें करनेवालों में से किसी ने भी बाद में कोई प्रस्ताव उनके सामने नहीं रखा।

सन् 1996 में नौसेना मुख्यालय में पूर्व सैनिकों के मामले के सेल के एक प्रकाशन 'क्वार्टर डेक' पर दिए गए एक साक्षात्कार में सैम ने उनकी स्थिति को देखकर अपने लिए आश्वस्त होकर पुनः कहा, "मैंने पदभार ग्रहण करते समय ही प्रतिज्ञा की थी कि मैं सरकार से कुछ भी नहीं लूँगा और मैंने इस बारे में प्रधानमंत्री से भी बात कर ली है। अतः मैं अपनी सेना का संचालन बिना किसी हस्तक्षेप के करने जा रहा हूँ, चाहे वे सरकारी नीतियाँ या निर्णय कुछ भी हों। हाँ, अब और कुछ नहीं…।

"मैं अपनी सेना का संचालन करने जा रहा हूँ और तुम मुझे यह कहकर कि मैं तुम्हें राजदूत बना दूँगा या किसी उच्च पद पर नियुक्त कर दूँगा—प्रलोभन नहीं दे सकते। मैं यह सब स्वीकार नहीं करूँगा। युद्ध के बाद वे चाहते थे कि मैं जाऊँ…किसी भी दूतावास में, जो भी पसंद हो। जो दूतावास तुम चाहते हो, ले लो।

"मैंने कहा, 'इन सबके लिए बहुत-बहुत धन्यवाद।' मैंने अपनी प्रतिज्ञा याद की। उन्होंने कहा, 'तुम बंबई क्यों नहीं चले जाते? पारसी इससे बहुत खुश होंगे।' मैंने कहा, मैं कोई 'लाट साहब' बनना नहीं चाहता हूँ और मेरी पत्नी भी लेडी होना पसंद नहीं करेगी।"

अगले दिन दोनों जनरल रॉयल कलकत्ता टर्फ क्लब के जी ओ सी-इन-सी के बॉक्स में बैठे थे, जहाँ उन्हें क्लब के परिचारकों ने भोजन के लिए आमंत्रित किया था। जनरल कुमारमंगलम के लिए यह यात्रा सुखद और सफल रही, क्योंकि उनका घोड़ा 'मिल्की वे' दौड़ जीत गया था। घुड़दौड़ में शामिल होने के शिष्टाचार के कारण सैन्य कमांडर और मैंने शर्त के तौर पर कुछ रुपए लगाए थे न कि व्यावसायिक कारण से। हम हैरान थे कि हम शर्त जीत गए थे। विजय की खुशी उस शाम दिखाई दी, जब शनिवार को कलकत्ता में चौरंगीलेन के 'ओबेरॉय ग्रैंड होटल' के 'प्रिंस' के डांस फ्लोर पर एक मित्र के साथ मैं उस क्षण का आनंद ले रहा था।

29 मई, 1969 को दिल्ली रवाना होने के लिए सैम का कार्यक्रम तय था। सुबह स्टाफ प्रमुख के द्वारा एक विदाई परेड का आयोजन किया गया, जिसमें सेवानिवृत्त हो रहे सेना प्रमुख मुख्य अतिथि थे। उन्होंने सलामी ली।

एयर मार्शल मुलगाँवकर, जो इलाहाबाद में सेंट्रल एयर कमान के ए ओ सी-इन-सी थे, ने 28 मई को सेना कमांडर का सामान ढोने के लिए ए एन-12 विमान का इंतजाम किया। सेना कमांडर और श्रीमती मानेकशॉ के लिए सेंट्रल एयर कमान मुख्यालय के साथ आवागमन उड़ान से एव्रो विमान एयरक्राफ्ट का प्रबंध किया। महत्त्वपूर्ण बात यह थी कि सेना कमांडर ने इन सबकी माँग नहीं की थी। उन्हें सभी सेवाओं के सभी वरिष्ठ अधिकारी अपनी-अपनी तरह से सम्मान देना चाहते थे और उन्होंने स्वेच्छा से वह सब किया, जो वे कर सकते थे।

□

थलसेनाध्यक्ष

जनरल एस एच एफ जे मानेकशॉ, एम सी ने 8 जून, 1969 को जनरल पी पी कुमारमंगलम, जिन्होंने उसी दिन अपना कार्यभार छोड़ दिया, से सेना प्रमुख का कार्यभार ग्रहण किया। जनरल कुमारमंगलम 1 जून को ही बंगलौर चले गए थे; क्योंकि नियमानुसार सेवानिवृत्ति के बाद सेना प्रमुख वायुसेना के विमान द्वारा अपना सामान नहीं ले जा सकते थे। सामान ले जाने की समस्या से निजात पाने के लिए उन्होंने निश्चय किया कि वे अपने सामान के साथ उस जगह पर पहले ही चले जाएँगे, जहाँ रहने के लिए उन्होंने अपनी जगह निश्चित की है और तब तक सात दिन सैम उनकी जगह कार्यालय का काम सँभालेंगे। इसके साथ वे केवल 8 जून को ही जनरल के पदकों को धारण करेंगे। इसी दौरान नैनीताल के शेरवुड कॉलेज में उसका 'स्थापना दिवस समारोह' मनाया जा रहा था, जहाँ सैम मुख्य अतिथि के रूप में छात्रों, शिक्षकों तथा स्टाफ को संबोधित कर रहे थे। तब उन्होंने शेरवुड कॉलेज में बिताई गई अपनी पुरानी यादों को ताजा किया। सैम ने श्रोताओं से कहा कि उन्होंने यहीं से लड़ना सीखा। वे यहाँ डराने-धमकानेवाले वरिष्ठ छात्रों और दबंग शिक्षकों का खूब विरोध किया करते थे। सैन्य सेवा ने उनके उन गुणों को और निखार दिया। उस अवसर पर दिए गए उनके भाषण का अंश नीचे प्रस्तुत है—

''महोदय, भारत के महानगर लखनऊ के लॉर्ड बिशप, श्रीमान प्राचार्य, देवियो और शेरवुड के युवा भद्र पुरुषो! बीती शाम मेरे ए डी सी ने मुझसे कहा कि मुझे यहाँ बोलना है। मैं भयभीत था। मैंने सोचा था कि प्राचार्य मुझसे उत्सव में भाग लेने को कहेंगे। मैंने यह महसूस ही नहीं किया था कि वे मुझसे रात्रिभोज के बदले भाषण देने को कहेंगे। मैं बहुत आतंकित हूँ। जो मेरे पास बैठे हैं, वे मेरे घुटनों की कँपकँपाहट और दाँत की किटकिटाहट सुन सकते हैं। शेरवुड कॉलेज में आठ वर्ष मैंने बिताए, वह मेरे लिए प्राप्ति का समय था। परंपरा के अनुसार, ऐसे अवसरों पर अतिथि को विद्वत्तापूर्ण भाषण या सुझाव देने होते हैं। हालाँकि मैंने शेरवुड से ही अपनी प्रारंभिक शिक्षा प्राप्त की है; लेकिन मैं विद्वान् नहीं हूँ, इसमें मेरी गलती नहीं है। मैं विद्वत्तापूर्ण

थलसेनाध्यक्ष बनाए जाने के बाद श्रीमती इंदिरा गांधी से भेंट करते हुए।

भाषण या सुझाव देने के योग्य नहीं हूँ। हाँ, मैं यह जरूर बताना चाहता हूँ कि शेरवुड ने मेरे लिए क्या किया है।

''शेरवुड ने मुझे इस स्थिति तक पहुँचाया है, जहाँ आज मैं हूँ। पहली और सबसे प्रमुख बात कि मैंने अकेले और आत्मनिर्भर होकर रहना सीखा। सुबह जागने से लेकर रात को बिस्तर पर जाने तक मैंने लड़ना सीखा। जब मैं मुँह-हाथ धोने जाता तो मेरा तौलिया गायब हो जाता और जब मैं तौलिया ढूँढ़ने लगता तो कुछ लोग मेरा साबुन चुरा ले जाते। मेरे युवा दोस्तो, यह सब आठ वर्ष तक चलता रहा। जब मैं आपको ध्यानपूर्वक देखता हूँ तो थोड़ा निराश होता हूँ। ताकि एकदम डरे हुए चेहरों को देखूँ। मेरे समय में अतिथि भाषणकर्ता सिर्फ सूजे हुए मुँह देखा करते थे। मैं उन सबसे लड़ा और बर्मा के युद्ध में, जापान के विरुद्ध, जब हम आमने-सामने थे तब उस समय मैं इस सबकी बदौलत बहुत अच्छी स्थिति में खड़ा रह पाया।

''मैंने शेरवुड से और क्या सीखा? बर्मा युद्ध के दौरान कई दिनों तक मैं बिना भोजन के रहा। मैं बहुत भूखा था। मैंने भूख बर्दाश्त की और स्वयं से कहा कि 'आखिर आठ वर्ष तक मैं शेरवुड में भूखा रहा था'। मैं सुबह में भूखा होता था, दोपहर में भूखा

होता था, रात में जब बिस्तर पर जाता तब भी भूखा होता था। क्या वर्तमान में पहले जैसी स्थिति है? मैंने कॉलेज में ही अपने शत्रुओं से घृणा करना सीखा। कैसे? मैं इसके लिए पड़ोसी स्कूल सेंट जोसेफ का धन्यवाद करता हूँ। जब हम उनकी जमीन पर खेला करते थे। मैं कनखियों से देखा करता था, द मेट्रोपोलिटन और बिशप त्योरियाँ चढ़ाकर कहते, 'तुम्हें अपने पड़ोसी से प्यार करना चाहिए।' चूँकि वे ऐसा कहते हैं, इसलिए हमें करना चाहिए; लेकिन मैंने लगभग सभी लड़कों के मुँह से यह कहते सुना कि 'सिवा सेंट जोसेफ के'।

"यह मेरे लिए अत्यधिक सम्मान की बात है कि मैं दोबारा यहाँ आने के योग्य हुआ—तीस वर्ष बाद, एक मुख्य अतिथि की तरह, आप सभी को संबोधित करने, जो कल बड़े होकर भद्र पुरुष बनेंगे। मैं हृदय से आपको धन्यवाद देता हूँ, जो आपने मुझे यह सुअवसर दिया। मुझे खेद है कि मैं श्री बिंस के बारे में कुछ नहीं कह सकता हूँ। मैंने उनके बारे में बहुत कुछ सुना है। यहाँ वे मेरे बाद आए। मैं आशा करता हूँ कि एक दिन आपमें से कुछ सशस्त्र सैन्य बल में शामिल होंगे और उच्च पद पर आसीन होंगे।"

पुरस्कार वितरण के बाद उन्होंने तीन दिन की छुट्टी की घोषणा की, हालाँकि प्राचार्य द्वारा छात्रों को दो दिनों की ही छुट्टी दी गई थी। छात्रों ने छुट्टी के इस उपहार को सहर्ष स्वीकार किया।

दिल्ली पहुँचकर मानेकशॉ अपने ए डी सी के साथ छावनी में MESIB में लगभग दो महीने तक रहे, क्योंकि सैन्य प्रमुख के लिए बनाए गए 'आर्मी हाउस' में मरम्मत का काम चल रहा था। भारत सरकार के अधिकारियों के आवास, मंत्रियों के आवास और इस 'आर्मी हाउस' की मरम्मत का काम सी.पी.डब्ल्यू.डी. द्वारा किया जाता था। इस उद्देश्य के लिए विशेष कोष आवंटित किया जाता था। इसमें अधिकार, पूर्वोदाहरण और अन्य जटिल प्रक्रियाओं—जो सरकार में लेखा परीक्षक पर प्रभाव डालते हैं—सभी को आवश्यक बना दिया जाता है। इसलिए सैन्य प्रमुख ने सेना के क्वार्टर मास्टर जनरल से, जो आवास और इससे संबंधित विषयों को सँभालते थे, सरकार के साथ इस मामले को सुलझाने को कहा। एक बार यह ले लिया जाता तो सब सामान्य हो जाता, सरकार के अनगिनत बाबुओं के निरीक्षण से इसे नहीं गुजरना पड़ता। इस केस को अंततः प्रधानमंत्री के सामने रखा गया, जिन्होंने यह नियम बना दिया कि जिस प्रकार सरकार के केंद्रीय मंत्री अपने आवास की मरम्मत के लिए धन और विशेषाधिकार का प्रयोग करते हैं, उसी प्रकार सेना प्रमुख भी अपनी नियुक्ति के समय से ही धन और विशेषाधिकार का प्रयोग करेंगे। जैसे ही यह सामने आया, सभी चीजें अपनी सही जगह पर आ गईं और कार्यों की गति में तीव्रता आ गई। हालाँकि घर अभी पूरी तरह तैयार नहीं हुआ था,

लेकिन उन्होंने उसमें रहने का निश्चय कर लिया और उधर सी.पी.डब्ल्यू.डी. को अपना काम पूरा करने का मौका भी दे दिया। श्रीमती मानेकशॉ इस बीच 'आर्मी हाउस' के लिए फर्नीचर एवं अन्य घरेलू सामानों के लिए आदेश दे आई थीं।

जनरल मानेकशॉ देहरादून के भारतीय सैन्य अकादमी में प्रशिक्षण प्राप्त कर भारतीय सेना में नियुक्त होनेवाले प्रथम बैच के अधिकारियों में से थे। इससे पहले भारतीय सेना के अधिकारियों को इंग्लैंड के सैंडहर्ट्स की रॉयल सैन्य अकादमी में प्रशिक्षित किया जाता था। अधिकारियों के इस वर्ग को किंग्स कमीशंड इंडियन ऑफिसर्स (KCIO) कहा जाता था। सैम प्रथम भारतीय कमीशंड अधिकारी थे, जिन्हें सेनाध्यक्ष नियुक्त किया गया था। अंतिम के सी आई ओ जनरल कुमारमंगलम की तुलना में इस नए प्रमुख के लिए अन्य उपलब्धियों और पारिश्रमिक को वेतन से अलग कर पुनः तय किया गया। सन् 1969 में भारत के राष्ट्रपति की तरफ से समय-समय पर 'वारंट ऑफ प्रेसीडेंस' जारी किया जाता है। इसमें सेनाध्यक्ष की नियुक्ति संबंधी लेख में उन्हें कैबिनेट सचिव से नीचे और सर्वोच्च न्यायालय के न्यायाधीशों से ऊपर का स्थान दिया गया। विचार-विमर्श के बाद सेनाध्यक्ष का वेतन कैबिनेट सचिव के बराबर तय किया गया। यह परंपरा आज भी कायम है।

दिल्ली में सेनाध्यक्ष का पद सँभालने के बाद सैन्य गुप्तचर विभाग के निदेशक ने उसके अनुशीलन के लिए, 'एम.आई. फंड' प्रस्तुत किया। इस निधि का नियंत्रण सेना प्रमुख द्वारा और लेखा-जोखा डी एम आई द्वारा किया जाता था। उन्होंने देखा कि निधि को विधिवत प्रस्तुत किया गया है लेकिन वह वहाँ से धन खर्च नहीं करना चाहते थे। इसलिए उन्होंने अंत में एक रेखा खींची और प्रभावी रूप से अपने शब्द लिखे कि जबकि उनकी तरफ से स्पष्ट संकेत न मिले, यहाँ से कोई धनराशि खर्च नहीं की जाएगी। (वास्तव में उन्होंने उस समय मुझसे क्या कहा था, स्पष्टतः मुझे याद नहीं। ये पंक्तियाँ मैं अपनी याददाश्त से लिख रहा हूँ)।

गणतंत्र दिवस और स्वतंत्रता दिवस—इन दो राष्ट्रीय दिवसों में राष्ट्रपति द्वारा राष्ट्रपति भवन के मुगल गार्डन में जनता के लिए एट होम के आयोजन की परंपरा है। अति विशिष्ट व्यक्ति जैसे—सरकार में पदासीन केंद्रीय मंत्रियों, विशेषाधिकार-संपन्न दूतों और अन्य महत्त्वपूर्ण व्यक्तियों को राष्ट्रपति के साथ एक कप चाय के लिए मशक्कत न करनी पड़े, इसलिए राष्ट्रपति द्वारा उन्हें जनता के लिए किए जानेवाले कार्यक्रम से एक घंटा पहले राष्ट्रपति भवन के अशोक हॉल में चाय पीने के लिए आमंत्रित किया जाता था। तीन चीफ ऑफ स्टाफ इन आमंत्रित जनों में कनिष्ठ ही होते थे। 15 अगस्त, 1969 को जब मैं मानेकशॉ के रक्षक के रूप में अशोक हॉल की तरफ जा रहा था तो मैंने देखा कि सैन्य कार्रवाई निदेशक के रूप में कार्यरत

थलसेनाध्यक्ष के कार्यालय में, 8 जून, 1969।

कार्यालय में मिलिट्री अटैची के साथ।

मेजर सुखजीत सिंह भी चूड़ीदार पाजामा और कुरता पहने अशोक हॉल की सीढ़ियाँ चढ़ रहे हैं। मैंने आश्चर्य से पूछा कि मेजर सुखजीत सिंह यहाँ कैसे? सैम के उत्तर से मैं और भी आश्चर्यचकित हुआ। उन्होंने मुझे बताया कि मेजर सुखजीत इस कार्यक्रम में इसलिए आमंत्रित किए गए हैं, क्योंकि वह कपूरथला के महाराजा हैं। उनके पूर्वज वहाँ के शासक थे और उन्हें 21 तोपों की सलामी दी जाती थी। 'वारंट ऑफ प्रेसीडेंस' के अनुसार उन्हें केंद्रीय मंत्रियों के समतुल्य माना जाता है। जब राष्ट्रपति का परिचय कराया जाता है तो वे तीनों सेनाओं के प्रमुखों के दाहिनी तरफ होते हैं। पाठकों के लिए बड़ा ही रुचिकर होगा, यह जानकर कि उस समय बहुत सारे कैप्टन, मेजर और लेफ्टिनेंट कर्नल भारतीय सेना में थे, जो सेना प्रमुख से भी उच्च नयाचार पाकर देश की सेवा कर रहे थे; क्योंकि उनके पूर्वज शासक थे और 19/21 तोपों की सलामी के हकदार थे, इसलिए वे वहाँ आमंत्रित थे। इस प्रथा को वर्ष 1971 में श्रीमती इंदिरा गांधी ने 'प्रिवीपर्स' (राजाओं की संततियों को दिए जानेवाले भत्ते आदि) और अन्य सुविधाएँ, जो इन राज्यों के शासकों के वंशजों द्वारा उठाई जाती थीं, के साथ भारत की संसद् में एक विधेयक के द्वारा समाप्त करवाया।

कुछ दिनों बाद सितंबर 1969 में कैप्टन बेहराम पंथाकी सेना प्रमुख के द्वितीय ए डी सी के रूप में शामिल हुए। जब सैम वर्ष 1965 में पूर्वी सेना के कमांडर थे, उस समय से बेहराम उनके ए डी सी के रूप में उनके साथ थे। सन् 1967 के अंत या 1968 की शुरुआत में जब 2/8 जी आर बटालियन जिसमें बेहराम को कमीशन प्राप्त हुआ था कलकत्ता से किसी बाहरी इलाके में भेजा जा रहा था तब बेहराम अपनी यूनिट के साथ शामिल हो गए। उसी समय सैम ने कहा था कि बहरोज (सैम बेहराम को 'बहरोज' कहा करते थे), यदि वे (सैम) अगले सैन्य प्रमुख बने तो, अपना ए डी सी बनाया बनाएँगे। उन्होंने सैम को पहले ही अपना योगदान दे दिया होता, लेकिन वे उस वक्त इन्फैंट्री स्कूल, महू में एक पाठ्यक्रम में शामिल हो रहे थे। ज्यों ही यह पाठ्यक्रम समाप्त हुआ, वे ए डी सी-2 के रूप में दिल्ली में नियुक्त किए गए क्योंकि वह मुझसे जूनियर थे। हालाँकि हम दोनों ही अविवाहित थे, उन्होंने 'आर्मी हाउस' के ए डी सी कॉटेज का दूसरा शयनकक्ष अपने लिए चुना। सैम के ए डी सी होने के लिए यह शर्त थी कि उनकी सेवा अवधि के दौरान उन्हें विवाह नहीं करना होगा। उन दिनों ए डी सी होने के लिए अविवाहित होने का चलन था। उनकी सेवा छोड़ने के कुछ दिन पहले हमने शादी की थी। बहरोज ने सन् 1972 की शुरुआत में और मैंने स्टाफ कॉलेज छोड़ने के पहले सितंबर 1972 में शादी की। श्रीमती मानेकशॉ ने शादी से पहले 'आर्मी हाउस' में हम दोनों को भोजन पर

बुलाया और अपने आशीर्वाद के साथ कुछ तोहफे भी दिए। चूँकि बेहराम की शादी बंबई में हो रही थी, इसलिए सैम ने बंबई की विशेष यात्रा की। मेरी शादी में मानेकशॉ दंपती पहले आए और शादी के बहुत बाद लौटीं।

ज़ब सैम अपने लिए ए डी सी की खोज कर रहे थे तो वे उनमें विशेष रूप से शारीरिक स्वस्थता और कार्य–दक्षता चाहते थे। वे हमेशा काम के बाद, विशेषकर साप्ताहिक दिनों में, चाहते थे कि हम दोनों धौला कुआँ स्थित रक्षा अधिकारी संस्थान में स्क्वैश खेलने जाया करें। घुड़सवारी सहित अनेक शारीरिक क्रिया–कलापों में भाग लेने के लिए वे हमें हमेशा उत्साहित करते थे। राष्ट्रपति भवन के 'राष्ट्रपति के अंगरक्षक' (पी.बी.जी.) के अस्तबल में उनके लिए दो घोड़े थे। उन्होंने राष्ट्रपति के सैन्य सचिव को यह भी कह रखा था कि राष्ट्रपति भवन की बाहरी सुविधाओं का उपयोग करने की इन दोनों को अनुमति दी जाए। जहाँ हम रक्षा अधिकारी संस्थान में तैराकी किया करते, वहीं राष्ट्रपति भवन में भी इन सुविधाओं का उपयोग किया करते। किंतु इसका यह मतलब नहीं था कि हम अपने पेशे को भूल जाएँ। लिहाजा हम दोनों कॉलेज ऑफ कॉम्बेट में जूनियर कमान के पाठ्यक्रम में भेजे गए। उन्होंने हमारे लिए कंप्यूटर प्रशिक्षण की भी योजना बनाई थी। दुर्भाग्यवश कुछ ऐसी घटनाएँ हुईं कि आकस्मिक सेवा की वजह से उसे छोड़ना पड़ा।

दिल्ली आने पर सेनाध्यक्ष को राजधानी के आभिजात्य क्लबों जैसे दिल्ली जिमखाना, दिल्ली गोल्फ क्लब, नेशनल स्पोर्ट्स क्लब ऑफ इंडिया और अन्य ने उन्हें क्लब के अध्यक्ष पद के लिए आमंत्रित करना शुरू कर दिया। उन दिनों क्लबों के द्वारा प्रतिष्ठित व्यक्तियों को अध्यक्ष के रूप में चुनने का प्रचलन था। आज की तरह अध्यक्ष चुनाव नहीं लड़ते थे। सैम ने सभी प्रबंध समितियों का धन्यवाद किया और यह कहते हुए ऐसे प्रस्तावों को अस्वीकार कर दिया कि दस लाख से अधिक सैनिकों की मजबूत सेना का संचालन करना स्वयं में एक दुष्कर और कठिन कार्य है। यदि ऊपर से मैं यह जिम्मेदारी ले लेता हूँ तो मैं इन संस्थाओं के साथ न्याय नहीं कर पाऊँगा। श्री कोलेट, जो दिल्ली संगीत–प्रेमी समाज के सचिव और भारत सरकार के किसी मंत्रालय में संयुक्त सचिव थे, अकेले उन्होंने सेनाध्यक्ष को इस संगीत समाज की अध्यक्षता करने के लिए तैयार कर लिया। इस निर्णय को प्रभावी करनेवाला एक कारण यह था कि यह समाज सहारे के लिए सशस्त्र बल की तरफ पूरी तरह झुका हुआ था। इसके अलावा पाश्चात्य शास्त्रीय संगीत में सैम की गहरी रुचि थी, जिससे प्रेरित होकर उन्होंने इसके अध्यक्ष पद को सँभालने की स्वीकृति दी।

जब वे सैन्य प्रमुख के रूप में नियुक्त किए गए, तब उनके रेजीमेंट की 2/8 जी आर बटालियन एक रणक्षेत्र से आने और नियत समय पर दिल्ली के लिए

रवाना होने के लिए तैयार थी। इस बटालियन को 'आर्मी हाउस' और राष्ट्रपति भवन में उत्तरदायित्व सँभालना था। राजपूत रेजीमेंट की एक बटालियन पहले से ही दिल्ली में थी, जिसने उनकी कार्यावधि को पूरा नहीं किया था। उसके कमांडिंग ऑफीसर लेफ्टिनेंट कर्नल वकील स्वाभाविक रूप से परेशान थे, क्योंकि 2/8 जी आर बटालियन के बदले समय से पहले उस पलटन को जाना पड़ता। उन्होंने इस बाबत सैन्य प्रमुख से मुलाकात की और अपनी इस यूनिट एवं उसके जवानों के बारे में चिंता प्रकट की। सैन्य प्रमुख ने उन्हें आश्वस्त किया कि जब तक वे कार्यों को पूरा नहीं कर लेते, उन्हें रवाना नहीं किया जाएगा और 2/8 जी आर उसके बाद ही दिल्ली आएगी। सी ओ के लिए उनके अंतिम शब्द थे, ''मैं पहले सैन्य प्रमुख हूँ और उसके बाद 8 जी आर का कर्नल हूँ। तुम्हें चिंता करने की जरूरत नहीं है। सैन्य प्रमुख होने के नाते सेना की सभी यूनिटें मेरे लिए प्रिय हैं और यह मेरा कर्तव्य है कि मैं उन सबके प्रति निष्ठ और ईमानदार रहूँ। इसलिए मेरा समय खराब न करो और बिना समय पूरा किए रवाना होने के बारे में सोचना भी नहीं।'' जब कर्नल वकील ने सैन्य प्रमुख का कार्यालय छोड़ा, वह प्रसन्न मुद्रा में थे। वास्तव में, केवल रवानगी के आदेश जारी किए गए थे। स्टाफ ड्यूटी निदेशालय में किसी ने कह दिया कि बटालियन को नियत समय पर नियत जगह के लिए यथाशीघ्र रवाना होना है। इसलिए बटालियन के सी ओ चिंताग्रस्त थे।

सेना प्रमुख का पद ग्रहण करने के बाद कार्यालय में सैम का प्रथम आदेश था कि सेना मुख्यालय द्वारा कमान मुख्यालय को जारी किए गए सभी कार्रवाईपूर्ण निर्देशों का पुनरीक्षण किया जाए। ये सभी पहले ही हो जाने चाहिए थे, लेकिन अभी तक नहीं हुए थे और यथार्थ के आधार पर संशोधन आवश्यक था। सामान्यतः पुनरीक्षण में छह से आठ महीने लगते हैं। इसके परिणामस्वरूप क्रियात्मक निर्देशों का पुनरीक्षण सन् 1970 के मध्य में पूरा हुआ। जब सन् 1971 में सेना युद्ध के लिए तैयार गई तो उसे युद्ध की योजनाओं में हुए अनेक परिवर्तनों का सामना करना पड़ा। पूर्वी पाकिस्तान में युद्ध की स्थिति में बहुत परिवर्तन हो गया था। युद्ध के मुख्य लक्ष्य के अनुरूप कार्रवाई की जानी थी। ये उस समय की परिस्थितियाँ थीं, जिसमें नियोजित सैन्य बल का आकलन आवश्यक था। इसलिए उस समय के सैन्य कार्रवाई निदेशक मेजर जनरल आई एस गिल, ने पूर्वी पाकिस्तान में नियोजित सेना की आवश्यकताओं को स्पष्ट कर दिया था। सन् 1965 के युद्ध के बाद सेनाओं को सुसज्जित करने के लिए नई नीति बनाई गई जो लागू की जा रही थी। जहाँ ये योजनाएँ जनरल जे एन चौधरी के कार्यकाल में बनाई गई थीं, वहीं सेना प्रमुख जनरल पी पी कुमारमंगलम के कार्यकाल में इन योजनाओं को कार्यान्वित करने की शुरुआत की गई। चूँकि सेना की साज-सज्जा लंबी

अवधि तक चलनेवाली प्रक्रिया थी, इसलिए इसका कार्यान्वयन जनरल मानेकशॉ के कार्यकाल तक चला।

सन् 1969 के जून या जुलाई का महीना था, जब एस एस 11-बी 1 टैंक भेदी नियंत्रित प्रक्षेपास्त्र फ्रांस से प्रदर्शन और परीक्षण के लिए भारतीय सेना को उपलब्ध कराए गए। इन अस्त्रों से लैस दो यूनिटों का गठन हो गया था। वहीं एक को सशस्त्र रेजीमेंट और दूसरे को ब्रिगेड ऑफ गार्ड्स से इन्फैंट्री बटालियन में तैनात किया गया था, ताकि 106 मि.मी. रिक्वायललेस तोप की जगह इस प्रक्षेपास्त्र का इस्तेमाल किया जाए। ये प्रक्षेपास्त्र प्रथम पीढ़ी के हथियार थे, जो पश्चिमी देशों के शस्त्रागार में मौजूद थे।

दूसरी ओर, तीसरी पीढ़ी के प्रक्षेपास्त्र अभी तक विकास की प्रक्रिया में थे; लेकिन वे सेवा में नहीं लिये गए थे। फिर भी प्रक्षेपास्त्र निर्माण करनेवाली कंपनियों के पी.आर. विभाग द्वितीय व तृतीय पीढ़ी के हथियारों के कल-पुरजों एवं सिद्धांतों के अलावा चमकती तसवीरों के साथ इनकी पुस्तिकाएँ तैयार करने में व्यस्त थे। स्वतंत्र रूप से कार्य करने के लिए सेना के पास शस्त्रों के विकास से संबंधित विश्व स्तरीय पत्रिकाएँ थीं, जिसमें पक्ष और विपक्ष के लॉबी के बीच की परिचर्चाएँ थीं। भारतीय परिप्रेक्ष्य में शस्त्र व्यवस्था की उपयोगिता पर कई स्तरों पर उत्तेजक चर्चाएँ होती थीं। इन चर्चाओं में पहले से दुविधाएँ मौजूद थीं। इन चर्चाओं के प्रश्न पर सैन्य प्रमुख ने अपना योगदान देकर इसे और उत्साहित कर दिया। उनका प्रश्न प्रक्षेपास्त्रों के निर्माण की कीमतों से संबंधित था कि इस साधन का उपयोग कवचित रेजीमेंट्स में बढ़ोतरी करने के लिए अच्छा होगा; क्योंकि जहाँ कवचित रेजीमेंट्स सुरक्षात्मक व आक्रामक दोनों होती हैं, वहीं प्रक्षेपास्त्र केवल रक्षात्मक होते हैं। उस समय कवचित कोर की लॉबी मजबूत और मुखर थी। उसने यह महसूस किया कि कवचित रेजीमेंट्स में बढ़ोतरी करना ज्यादा अच्छा है, न कि सेना में एंटी टैंक मिसाइल लाना। इसके पीछे यह तर्क दिया गया कि यह प्रथम चरण की तकनीक है और इसलिए इतनी कीमत देकर इसे खरीदना उचित नहीं है। सेना मुख्यालय के कई जनरलों ने ऐसा ही महसूस किया।

इस विषय पर सभी के विचार जानने के बाद प्रदर्शन के अंत में मानेकशॉ ने इस पर अपने विचार रखे। उन्होंने कहा कि कवचित की आक्रामक क्षमता को वह खूब समझते हैं। यदि नई शस्त्र व्यवस्था और तकनीक को सही जगह पर उपयोग में नहीं लाया जाएगा तो सेना मौका ही चूक जाएगी। जैसे प्रक्षेपास्त्र लाए जाएँगे, सेना के पास अपने मूलभूत संसाधन होंगे, ताकि वह आवश्यक अंतर्संरचना को सही जगह पर रखकर आधुनिक प्रक्षेपास्त्र का डी.आर.डी.ओ. में तेजी से विकास कर सके। इस प्रकार उनके सेवाकाल में सेना ने एंटी टैंक प्रक्षेपास्त्र को प्राप्त किया। हालाँकि किसी

ने उन्हें इसका श्रेय नहीं दिया। मेरे विचार में यह 'आई.जी.एम.डी.पी.' समन्वित नियंत्रित प्रक्षेपास्त्र विकास कार्यक्रम का पूर्ववर्ती चरण था। आज देश के पास विकसित और परीक्षित उन्नत प्रक्षेपास्त्र हैं। सैम मानेकशॉ के इस गुण ने जैसे चीजों को भविष्य से जोड़कर देखना, उन्हें उत्कृष्ट नेता बनाया।

वर्ष 1969 गोरखा ब्रिगेड के लिए बहुत ही अच्छा रहा था। इस वर्ष के दौरान गोरखा बौयज की टीम ने 'सुब्रतो कप' जीता और गोरखा ब्रिगेड टीम ने 'डूरंड कप', जो फुटबॉल की सबसे महत्त्वपूर्ण प्रतियोगिता मानी जाती है, में जीत दर्ज की। इन सबका श्रेय एक बार फिर से सैम को मिला; क्योंकि वे गोरखा ब्रिगेड टीम के अध्यक्ष थे और सन् 1967 में गोरखा ब्रिगेड कॉन्फ्रेंस की उन्होंने अध्यक्षता की थी। तब उनके निर्देश पर गोरखा ब्रिगेड टीम विशेष रूप से देहरादून के 39 जी टी सी के कमांडेंट के अधीन प्रशिक्षित की गई थी। वास्तव में यह गोरखा टीम के लिए खेल के मैदान में सुनहरा अवसर था। इन दोनों ही अवसरों पर सैम मानेकशॉ ने गोरखा ब्रिगेड के अध्यक्ष के रूप में और सेनाध्यक्ष एवं डूरंड समिति के पूर्व आधिकारिक अध्यक्ष के रूप में टीम को कप प्रदान किया।

जनवरी 1970 में सेना प्रमुख सैम को अमेरिकी सेना प्रमुख जनरल डब्ल्यू सी वेस्टमोरलैंड की तरफ से अप्रैल 1970 में संयुक्त राज्य अमेरिका की सेना को देखने का आमंत्रण दिया गया। यह आमंत्रण जनरल और श्रीमती मानेकशॉ को उनके दो अधिकारियों के साथ आने के लिए था। आमंत्रण रक्षा मंत्रालय के पास विचारार्थ भेजा गया, जिसपर प्रधानमंत्री कार्यालय से सहमति की मुहर लगनी थी। इसे स्वीकृति मिल गई। वित्तमंत्रालय ने सेनाध्यक्ष की यात्रा के लिए कोष की स्वीकृति दी, जिसमें सेनाध्यक्ष को प्रथम श्रेणी और अन्य दो अधिकारियों को इकोनॉमी श्रेणी से यात्रा की अनुमति दी गई। उन दिनों 'बिजनेस क्लास' नहीं हुआ करती थी। जब यह आमंत्रण प्रस्ताव सैम के सामने आया तो उन्होंने विनम्रतापूर्वक उत्तर दिया, "इस प्रकार से अमेरिका की सेना को देखने की मेरी इच्छा नहीं है।" बाद में इसका समाधान प्रधानमंत्री द्वारा किया गया, जिसमें सेना प्रमुख और उनकी पत्नी को प्रथम श्रेणी से यात्रा करने की सहर्ष स्वीकृति दी गई।

जैसे ही सरकारी स्तर पर यह यात्रा कार्यक्रम स्वीकृत हुआ, राजदूत केटिंग ने सैम से मिलकर उनकी यात्रा का ब्यौरा तय करना चाहा। क्योंकि भारतीय सेना के प्रमुख एक लंबे अरसे बाद अमेरिका की यात्रा पर जा रहे थे। तब उन्होंने रक्षा सचिव को सेना मुख्यालय के साथ मिलकर विस्तार से यात्रा की योजना बनाने को कहा। इस यात्रा में जनरल और श्रीमती मानेकशॉ के साथ जी ओ सी फर्स्ट आर्मर्ड डिवीजन के मेजर जनरल गुरबचन सिंह (दोस्तों के लिए बुच) और उनके ए डी

सी के रूप में मैं था। इस यात्रा की योजना इस प्रकार बनाई गई थी कि जाते और लौटते समय हम सभी लंदन में रुकें, जहाँ सैन्य प्रमुख मानेकशॉ की बेटी और दामाद रहा करते थे। संयुक्त राज्य अमेरिका में महत्त्वपूर्ण सैन्य संस्थानों और दर्शनीय स्थानों को देखने के साथ ही अमेरिकी सीनेट के महत्त्वपूर्ण सीनेटरों से मिलने के लिए विवेकसम्मत रूपरेखा तैयार की गई थी। इस कार्यक्रम में संयुक्त राष्ट्र वित्तीय जिला/न्यूयॉर्क स्टॉक एक्सचेंज, स्टेच्यू ऑफ लिबर्टी, एंपायर स्टेट बिल्डिंग, न्यूयॉर्क के दो ओपेरा के कार्यक्रम देखना, हॉलीवुड लॉस एंजिलेस और न्यू ऑर्लिएंस के निकट डिज्नीलैंड जाना आदि शामिल था। वाशिंगटन में अमेरिकी सेना के उच्च अधिकारियों से मिलने के अलावा 'द कैपिटल हिल' में सीनेटरों जैरविस और गोल्डवाटर के साथ मिलने का आयोजन किया गया था। आर्लिंगटन कब्रिस्तान में पुष्पांजलि अर्पित करने और कैपिटल हिल म्यूजियम को देखने के बाद उन्हें सीनेट में कुछ प्रभावी सीनेटरों से मिलने के लिए बुलाया गया। इस यात्रा के दौरान अमेरिकी सेना द्वारा जनरल मानेकशॉ को 'यू.एस. लीजन ऑफ मेरिट' के सम्मान से नवाजा गया। सेना की तरफ से किए गए कार्यक्रम में शामिल था—'स्ट्राइक कमांड' को देखना, फोर्ट ब्रैग, जहाँ 18 विमानवाहित कोर (सशस्त्र सेना की विशेष शाखा) ने 101 विमानवाहित विभाग के साथ मिलकर 'ट्राइकैप' (त्रिविध क्षमता का पर्याय) की प्रदर्शनी देखना और जॉर्जिया व केंटुकी में इन्फैंट्री तथा आयुध स्कूल की यात्रा के साथ ही 'वेस्ट प्वाइंट' और कैलिफोर्निया में सेना से मिलना।

अमेरिका में रह रहे हमारे मिलिट्री अटैची मेजर जनरल अबन नायडू अपने अमेरिकी प्रतिस्थानी से मिले और परंपरा के अनुसार सैन्य प्रमुख के अमेरिका में रहने तक उनके साथ रहने का प्रस्ताव रखा। दुर्भाग्यवश अमेरिकी सेना ने उन्हें इसकी इजाजत नहीं दी और इसलिए न्यूयॉर्क में हमें लेने के बाद वे वाशिंगटन में मिल सके। सेना के गुप्तचर विभाग के कर्नल डब्ल्यू पी किंग, जो भारत में अमेरिका के 'रक्षा राजदूत पदाधिकारी' मनोनीत थे, प्रमुख की रक्षार्थ हमेशा उनके साथ रहे। अमेरिकी सेना का यह निर्णय संभवतः इस वास्तविकता से प्रेरित था कि उन्होंने जनरल नायडू को सैन्य प्रमुख के साथ रहने की अनुमति दी होती तो कर्नल डब्ल्यू पी किंग के लिए भारतीय सेना प्रमुख को जानने का अवसर नहीं मिल सकता था। जब जनरल वेस्टमोरलैंड भारत आए थे तब सैन्य गुप्तचर विभाग के निदेशक, जिन्होंने उनकी यात्रा का प्रबंध किया था, की आपत्ति के बावजूद उनके डिफेंस अटैची कर्नल किंग को उनके साथ रहने की अनुमति मिल गई थी। यह अभिव्यक्ति इतनी अच्छी थी कि अपने सम्मान में दी गई कॉकटेल पार्टी में जनरल वेस्टमोरलैंड ने सैम का धन्यवाद ज्ञापन करते हुए उन्हें 'बिग मैन' की उपाधि दी।

अमेरिका के आर्लिंगटन कब्रिस्तान में पुष्पांजलि अर्पित करते हुए।

अमेरिकी सीनेट के सदस्यों से मिलते हुए।

अपने अधिकारियों और जवानों की भलाई के प्रति मानेकशॉ की चिंता उल्लेखनीय थी और वह उनके हृदय से निकलती थी। उनके साथ काम करनेवाले लोगों के प्रति उनकी संवेदना का मूल्यांकन इस घटना से किया जा सकता है। जैसे ही अमेरिका की यात्रा के लिए टीम का चयन पूरा हुआ, उन्होंने जनरल बुच और मुझसे कहा कि इस यात्रा के तुरंत बाद की छुट्टी के लिए आवेदन कर दो। हम लोग इतनी दूर विदेश यात्रा पर जा रहे हैं, हमें इस अवसर का लाभ उठाकर कुछ यूरोपीय देशों का भी भ्रमण कर लेना चाहिए। उन्होंने मुझसे पूछा कि उस महाद्वीप में क्या मेरा कोई जाननेवाला है, जहाँ मैं ठहर सकता हूँ? जब मैंने 'नहीं' में उत्तर दिया तो उन्होंने पी एस को बुलाया और पश्चिमी जर्मनी व फ्रांस के मिलिट्री अटैची को पत्र लिखवाया, जिसमें हमारी देखभाल का आग्रह किया गया था।

फिर उन्होंने डी एम आई को यात्रा टिकट का प्रबंध कुछ इस तरह से करने को कहा कि हम उन देशों में रुक सकें। और इस प्रकार मुझे व बुच को सभी हवाई अड्डों पर मिलिट्री अटैची द्वारा स्वागत कर ले जाया गया। उन्होंने हमें पेरिस, फ्रैंकफर्ट व कोलोन की सैर करवाई। हमारे लौटने की उड़ान बेल्जियम में ब्रुसेल्स से थी। जर्मनी के हमारे मिलिट्री अटैची स्व. ब्रिगेडियर उमराव सिंह कंग हमें ब्रुसेल्स ले गए और विदाई दी। दिल्ली से उड़ान भरने के रास्ते में जेनेवा में एक लंबा पड़ाव था। वहाँ एयर इंडिया के स्टेशन मैनेजर कैवेलरी के पूर्व सेना अधिकारी थे। उन्होंने हमारा स्वागत किया और हमें 'ड्यूटी फ्री एरिया' में ले गए। जनरल बुच ने स्विट्जरलैंड की कुछ घड़ियाँ और अन्य सामान खरीदा। बुच के क्रियाकलापों को देखकर सैम ने उन्हें बुलाया और कहा, "बुच, मैं तुम्हें कपूर सिंह की कहानी सुनाता हूँ। जैसा कि तुम जानते हो कि मेरे पिता एक डॉक्टर थे और कपूर सिंह तुम्हारी तरह एक दूसरा सरदार था, लेकिन अमृतसर से था, मेरे पिता का कंपाउंडर। एक बार मेरे पिता ने हमें छुट्टी में श्रीनगर ले जाने का निश्चय किया। वहाँ उन्होंने एक 'हाउस बोट' में हमारे और कपूर सिंह के रहने का इंतजाम किया। कपूर सिंह ने कश्मीर के सेब के बारे में सुन रखा था। जिस दिन हम वहाँ पहुँचे, वह दो पेटी सेब लेकर आ गए। हम लोगों ने श्रीनगर में दस-पंद्रह दिनों तक रुकने की योजना बनाई थी। चार दिन बाद हाउस बोट में पके हुए सेबों की गंध आने लगी और वह गंध इतनी तेज थी कि हाउस बोट में रहना मुश्किल हो गया। मेरे पिता ने गंध के स्रोत का पता लगाना शुरू किया और पके हुए सेबों तक पहुँच गए। उन्होंने पूछा कि ये सेब किसके हैं? कपूर सिंह आगे आए और बोले, 'मैंने कश्मीर के सेब के बारे में इतना सुना था कि मैं उसी दिन इन्हें खरीद लाया। मैंने सोचा था कि अमृतसर ले जाकर इसे परिवारवालों को दूँगा।' मैं आशा करता हूँ, बुच, कि यह पाठ तुम्हारे पल्ले पड़ेगा।

सैन फ्रांसिस्को में अमेरिका की छठी वाहिनी के जनरल लार्सन के साथ।

तंपा–फ्लोरिडा, अमेरिका के साइप्रेस गार्डन में।

हम इंग्लैंड और अमेरिका जाने वाले हैं।" कहना आवश्यक नहीं होगा कि बुच का चेहरा शर्म से झुक गया और एंयर इंडिया स्टेशन मैनेजर के साथ एक कप कॉफी के लिए चले गए।

जॉर्जिया, जहाँ इन्फैंट्री का स्कूल है, में फोर्ट बेनिंग में अमेरिकी सेना की 'स्काई डाइविंग' टीम ने अपनी महारत का प्रदर्शन किया। इस समारोह के लिए उन्होंने एक नए पैराशूट 'HALO' (हाई एल्टीट्यूड लो ओपेनिंग) का प्रयोग किया, जिसको उन्होंने हाल ही मैं तैयार किया था। इस प्रदर्शनी के दौरान टीम ने लकड़ी के एक बैटन का इस्तेमाल किया, जिसे टीम के सभी सदस्यों को 'फ्रीफाल' अवस्था में पास किया गया। सबसे अंत में टीम के नेता ने इसे ग्रहण किया। जैसे ही टीम नीचे उतरकर आई, वह बैटन सेना प्रमुख को प्रदान किया गया। उस पर एक स्मृति चिह्नवाली तख्ती लगी थी, जिस पर इसे ग्रहण करने वाले का पद और तारीख अंकित थी। यहाँ उन्होंने एक ओर नए प्रशिक्षण का प्रदर्शन किया, जिसमें 300 फीट ऊँचे टावर का प्रयोग किया गया था, जो पैराशूट का प्रयोग करनेवालों के प्रशिक्षण के

साइप्रेस गार्डन पर शो।

लिए समय की बचत करता था और निश्चित रूप से उनका आत्मविश्वास व मनोबल बढ़ाने में सहायक था।

इस यात्रा के दौरान हम न्यू ऑर्लिएंस देखने गए। यहाँ हम सभी को नगर के मेयर ने एक लोकप्रिय बाजार के रेस्टोरेंट में भोजन पर आमंत्रित किया। सभी ने सूट पहना था और जनरल बुच ने बहुरंगी साफा बाँध रखा था, साथ ही अपनी दाढ़ी के ऊपर बड़ी सफाई से जाली लगा रखी थी। जैसे ही हम सभी खाने की मेज के चारों

न्यू ऑर्लिएन्स में 'महामहिम'।

तरफ बैठे, वेटर हमारे पास आदेश लेने आया। सबसे पहले वह एस्कॉर्ट ऑफीसर कर्नल किंग के पास आया और उसके बाद सैम तथा उनकी पत्नी के पास से गुजरता हुआ अन्य के पास गया।

सभी की माँगों को नोट करता हुआ वेटर बुच के पास पहुँचा और उनके सामने झुककर कहा, ''महामहिम, आपके लिए क्या लाऊँ?'' हर बार यह पहेली चलती रही और बुच, जो सबके बाद अपनी माँग रखते थे, बड़ी उलझन महसूस कर रहे थे। वेटर गलती से उन्हें कोई महाराजा मान रहा था। सैन्य प्रमुख, जिनके सम्मान में

साइप्रेस गार्डन के संचालक और अमेरिका की स्ट्राइक कमान के प्रमुख के साथ।

यह भोज आयोजित था, के सामने सबकुछ हो रहा था और वे बुरा मानने के बजाय इसका भरपूर आनंद ले रहे थे। जैसे ही कॉफी की माँग की गई, सैम ने बुच की ओर देखा और ठेठ पंजाबी में कहा, ''महाराजा, अब आप बिल चुकाने के लिए तैयार हो जाइए।'' जब बुच के चेहरे पर थोड़ी घबराहट दिखाई दी, तब सैम हँसे और बोले, ''बुच, घबराओ नहीं, हम यहाँ अतिथि हैं।'' इस यात्रा के दौरान न्यू ऑर्लिएंस भी यात्रा-क्रम में था। यहाँ पहुँचने पर हम सभी को अमेरिका के सबसे अच्छे नाश्ते के लिए प्रसिद्ध आउटलेट 'टिफनिस' में ले जाया गया। आउटलेट के व्यंजनों की सूची में फ्रेंच के सामने वाले पन्ने पर अंग्रेजी में भी लिखा हुआ था। विशेषकर सूची में हर व्यंजन के बाद दूसरा व्यंजन मछली का था। फ्रेंच में मछली को 'पॉइजॉन' कहा जाता है। बुच ने मजाक में मुझसे कहा, ''अब वे हमें 'जहर' (पॉइज़न) खिलाने वाले हैं।'' सुनकर सैम ने बुच की ओर देखा और पंजाबी में कहा, ''मेरे दोस्त, अमेरिकन को दिखा दो कि उनका दिया हुआ जहर भी देश की सेवा में जुटे हुए खालसा का

बाल बाँका नहीं कर सकता।''

जब यात्रा समाप्त हुई तो हम सभी लंदन लौट आए, जहाँ हमें तीन दिन रुकना था। प्रस्थान के दिन सैम ने मुझसे पूछा, ''तुम्हारी ऐसी कोई चीज है, जो मैं अपने साथ ले जा सकता हूँ?'' मैंने जितनी भी चीजें खरीदी थीं, सभी को सहेजकर उन्हें ले जाने को दे दिया। उन्होंने अपने मजाकिया अंदाज में कहा, ''शुभी, मूर्ख! जब तुम लौटोगे तब मुझे 'आर्मी हाउस' की बजाय तिहाड़ जेल में पाओगे। इसके लिए कौन जिम्मेदार होगा?'' इस कथन के साथ उन्होंने यह भी कह दिया कि उनके बाकी सामान के साथ इनका भी बंदोबस्त कर दूँ। और वे मेरा सब सामान अपने साथ ले गए। कोई बॉस आपके लिए इससे अधिक क्या कर सकता है? उससे भी बड़ी बात यह कि कितने 'बॉस' इतने विशाल हृदयवाले होते हैं या अपने अधीनस्थ कर्मचारियों के लिए मददगार होते हैं। किसी ने सिर्फ ऐसा सुना होगा कि वफादारी एकतरफा नहीं होती, लेकिन मैं इस सत्य के साक्षात्कार का प्रत्यक्ष गवाह हूँ।

अपने मित्रों और कर्मचारियों के प्रति निष्ठा सैम को बहुत प्रिय थी। जब वे सेना प्रमुख बने, तब उनके पास 15 कोर के जी ओ सी—कभी सैम के बड़े साहब रहे—लेफ्टिनेंट जनरल एस डी वर्मा अपनी पत्नी थेलमा के साथ कसौली से कुछ सप्ताह के लिए आए और उनके अतिथि के रूप में 'आर्मी हाउस' में रुके। मानेकशॉ दंपती ने उनके आतिथ्य में कोई कसर नहीं छोड़ी। ऐसे ही जनरल सर रॉय और लेडी बुकर ने उनके साथ लगभग दो महीने 'आर्मी हाउस' के अतिथि गृह में बिताए। सर रॉय बुकर भारतीय सेना के अंतिम ब्रिटिश कमांडर इन चीफ थे और सैम उनकी सैन्य कार्रवाइयों के निदेशक। चूँकि बुकर गणतंत्र दिवस के दिन उपस्थित थे, इसलिए मंत्रालय में उन्हें गणतंत्र दिवस समारोह के लिए आधिकारिक तौर पर आमंत्रित करने के लिए एक प्रस्ताव भेजा गया। मंत्रालय ने प्रस्ताव स्वीकार कर लिया और उनके पद व गरिमा के अनुसार उपयुक्त प्रबंध उनके लिए किया गया। इन दोनों के अलावा बहुत से सेवानिवृत्त अधिकारी और उनकी पत्नियाँ थीं, जो नियमित रूप से 'आर्मी हाउस' आते थे। सैम ने यह मानकर सबका सम्मान रखा कि वे आज जो कुछ भी हैं, इन भद्र पुरुषों के प्रशिक्षण की वजह से हैं, जो उनके अच्छे-बुरे में हमेशा उनके साथ रहे।

देश में सैन्य प्रमुख के दौरे अत्यंत व्यापक रूप से होते रहते थे। अपनी यात्रा पर वे हमेशा श्रीमती मानेकशॉ, मिलिट्री अटैची, एक ए डी सी, अपने निजी सचिव और एक निजी परिचारक को साथ ले जाते थे। कभी-कभी उनके सी एस ओ (सिविलियन स्टाफ ऑफीसर) भी साथ होते थे। उनके दो सी एस ओ में एक दक्षिण भारतीय और दूसरे बंगाली थे। सैम जब भी बंगलौर, मद्रास और कलकत्ता की यात्रा पर जाते, उन्हें अपने साथ ले जाते। यात्रा के निर्देशों के अनुसार वे जिधर जा रहे

अमेरिका की स्काई डाइविंग टीम, हवा में एक-दूसरे को पकड़ाई बैटन सैम को भेंट करते हुए।

होते, सी एस ओ पार्टी में शामिल होने का तदनुरूप आग्रह करते। मैं दावे के साथ यह कह सकता हूँ कि अतीत में ऐसा कभी नहीं हुआ होगा। कहने की जरूरत नहीं कि वे सैन्य प्रमुख के साथ यात्रा करके कितना आनंदित होते थे। उनके एक पी ए सूबेदार नायर का बेटा राष्ट्रीय सैन्य अकादमी में था। उसकी पासिंग आउट परेड में सैम ने उसकी सलामी लेनी थी। जब उन्होंने यह जाना तो अपने मिलिट्री अटैची से कहा कि पी ए को दल में शामिल किया जाए। परेड के बाद दोनों पिता-पुत्र सैन्य प्रमुख के साथ उसी विमान से साथ दिल्ली आए। मिलिट्री अटैची उनके साथ यात्रा में तभी जाते थे, जब उनकी आवश्यकता होती थी। यात्रा के पहले, यात्रा के समयानुसार, पूरे कार्मिक दल सहित पूरी टीम के लिए नाश्ते और भोजन का प्रबंध 'डी एस ओ आई' धौला कुआँ द्वारा किया जाता था, जिसका खर्च सैन्य प्रमुख के यात्रा भत्ते से वहन किया जाता था। उड़ान की अवधि में कॉकपिट में कर्मीदल से और विमान में यात्रियों से मिलते रहना उनका स्वभाव था। वे उनके लिए समय निकालते और सभी का हालचाल पूछते रहते थे। जब यात्रा समाप्त हो जाती, तब वे व्यक्तिगत रूप से 'धन्यवाद' का विशेष नोट लिखकर उन्हें भेजते। हवाई कर्मीदल सेना प्रमुख के साथ उड़ान भरने के लिए एक-दूसरे से प्रतिस्पर्धा करता था। वे हमेशा

कहा करते कि अनौपचारिक होने के साथ-साथ वे सभी की भलाई में बहुत दिलचस्पी लेते हैं।

इन यात्राओं में उनका स्पष्ट आदेश था कि कोई भी स्टेशन छोड़ने के पहले मेस का पैसा चुका देना है। यह जिम्मेदारी ए डी सी को दी गई थी और यात्रा के अंत में उसे सैन्य प्रमुख के पास खर्च का ब्योरा देना होता था। किसी भी गंतव्य पर पहुँचकर सैम सबसे पहले वह आवास देखने जाते थे, जहाँ उनके स्टाफ को रखा जाना होता था।

एक बार मेरे यह पूछने पर कि आप ऐसा क्यों करते हैं, उन्होंने उत्तर दिया, ''मैं सेना प्रमुख हूँ, इसलिए वे मेरी अच्छी तरह देखभाल करेंगे। मैं ऐसा इसलिए करता हूँ कि वे मेरे सहयोगियों की देखभाल भी अच्छी तरह करें, इस बात से मैं आश्वस्त होना चाहता हूँ। क्योंकि वे जानते हैं कि मैं ऐसा करूँगा, इसलिए वे अधिक मेहनत करके आवास को अच्छा बनाते हैं।''

वे जो भी निर्णय लेते थे, वह चीजों से आगे बढ़कर, दूरगामी दृष्टिकोण और समय के सिद्धांतों पर निर्भर होता था। एक विशेष मामले में संबद्ध निदेशक ने अपने डिप्टी की गोपनीय रिपोर्ट में लिखा कि वह अपनी कुशलता के स्तर से पिछड़ चुका है और अब पदोन्नति के लायक नहीं है। चूँकि यह निदेशालय सीधा उप प्रमुख के अधीन था और उप प्रमुख भी उसी रेजीमेंट से संबंधित था जिसका निदेशक अधिकारी था, इसलिए वह निदेशक की टिप्पणी के सहमत हुआ होगा। रिपोर्ट प्रमुख को प्रस्तुत की गई। उन्होंने तथ्यों को ध्यान से पढ़ा और कागज के एक टुकड़े पर लिखा, 'अगली पदोन्नति के लिए अधिकारी योग्य है।' चुनाव के समय उप प्रमुख बोर्ड के एक सदस्य थे, जिन्हें अधिकारी के पक्ष में अपना मत देना था। अब आप अपनी धारणा को एकदम से कैसे बदल सकते हैं ? यदि हम ऐसा करते हैं तो जनरल के चयन की स्वतंत्रता हमारे पास नहीं होगी और यह अधिकार हमारे हाथ से चला जाएगा।'' इस आघात को नरम रुख देने के लिए उन्होंने आगे जोड़ा, ''यदि सेना मेरे जैसे बंदर को बरदाश्त कर सकती है तो किसी दूसरे बंदर के लिए भी यहाँ बहुत जगह है।''

सैम अंग्रेजी बोलने में दक्ष थे। वे थोड़े से चुनिंदा शब्दों में बहुत कुछ कह जाते थे। एक जनरल ऑफीसर की रिपोर्ट में उन्होंने लिखा—'इस अधिकारी को उम्र का कोई लिहाज नहीं। सिवा इसके जब वह बोतलों में हो।' जो अधिकारी उच्चतम कमान के क्षेत्र में होते थे, उनकी रिपोर्ट तैयार करने में वे एकदम स्पष्टवादी थे। इस विशेष गुण के कारण उनका नेतृत्व बहुत मजबूत और स्पष्टवादी था। सच्चरित्र होने के कारण वे चिंता से मुक्त थे। जिन अधिकारियों का वे नेतृत्व करते थे, उन सभी में एक विश्वास ने जगह बना ली थी कि सैम अपने अधिकारियों के मामले में निष्पक्ष

हैं। अपने प्रवर अधिकारियों को रिपोर्ट करने की व्यवस्था यह साफ जाहिर करती थी कि यहाँ रिपोर्टिंग अधिकारी अपने सीनियर को रिपोर्ट करते हुए किसी बात से बच कर निकलने की कोशिश न करे। सभी के दिमाग में स्पष्ट था--जो कुछ कहना है स्पष्ट कहो, बिना तिरस्कार के। एक कोर कमांडर जब किसी डिवीजन कमांडर की रिपोर्ट तैयार करता है और कहता है कि इस अधिकारी के पास न ही व्यक्तित्व है और न ही कोर को संचालित करने के लिए पर्याप्त दृष्टि, तो इस प्रकार का कथन वरिष्ठ अधिकारियेां के अंकों के अथवा लाक्षणिक आकलन के बदले उचित लोगों को उनकी उच्च स्थिति पर पहुँचाता है। नेतृत्व करनेवालों के स्पष्ट और खरी-खोटी बात कहने के गुण से निश्चय ही इसमें सहायता मिलती है।

सैम फील्ड मार्शल के रूप में पूरे सशस्त्र बल में अपने स्नेहिल व्यक्तित्व के लिए जाने जाते थे। वे अपरंपरागत और अनौपचारिक कमांडर के रूप में प्रसिद्ध थे। अपने करीब आनेवाले प्रत्येक व्यक्ति से स्नेह करना उनका स्वभाव था। एक ऐसा व्यक्ति, जिसके पास विनोदप्रियता की अद्‌भुत क्षमता, तीव्र व तीक्ष्ण बुद्धि थी, सैन्य गुणों से भरपूर कर्तव्यनिष्ठ, करुणा और मानवीय गुणों से युक्त यह व्यक्ति ऊँचे कद व उच्च प्रतिष्ठा वालों के साथ ही छोटे-से-छोटे से भी सहज हो सकता था। एक ऐसा नेतृत्वकर्ता, जो अपने स्वच्छ आचरण और न्याय-दृष्टि से हर समय अपनी सेना की गरिमा को बनाए रखता था। सभी पर विश्वास करनेवाला और जरूरतमंद की मदद करनेवाला यह व्यक्ति गजब का नेतृत्वकर्ता था। आगे एक घटना का वर्णन कर रहा हूँ, जिससे सैम के इन गुणों की स्पष्ट छवि नजर आती है।

जब सैम ने सेनाध्यक्ष के रूप में कार्यभार सँभाला तब सेना मुख्यालय में छहों दिन सुबह 7:30 से दोपहर 1:30 तक काम किया जाता था। महीने के दूसरे शनिवार को छुट्टी होती थी। हालाँकि यह कार्य समय सभी सैनिकों के लिए लागू था और मुख्यालय के सभी अधिकारियों को भी इसका पालन करना था; लेकिन सप्ताहांत में वे अपनी रुचि के अनुसार जो चाहें, क्रियाकलाप कर सकते थे। अपवाद यह कि ऐसी समस्याओं के अलावा दूसरी पेश न की जाएँ जो भयावह हों।

वर्ष 1969 के जुलाई-अगस्त में एक ऐसा ही शनिवार था, जब प्रातः 10 बजे मुझे एक अधिकारी का फोन आया। बुलानेवाले अधिकारी ने नगालैंड की राजधानी कोहिमा की असम राइफल्स बटालियन में कार्यरत सिख रेजीमेंट के मेजर सूद के रूप में अपना परिचय दिया। उसने हमारे बीच एक स्वाभाविक रिश्ते की बात की, क्योंकि हमारा उपनाम एक जैसा था और जल्द-से-जल्द कार्यालय में मुझे आने को कहा। काम के बारे में मेरे पूछने पर उन्होंने बताया कि यह व्यक्तिगत मामला है। मैं फोन पर नहीं बता सकता। उन्होंने मुझसे आग्रह किया कि उनको आने की अनुमति दें और

उसकी बातें विस्तार से सुनें। अत: यह निश्चित किया गया कि वे 11 बजे मेरे कार्यालय में आकर मिलें। परंपरा के अनुसार मैंने रिसेप्शन ऑफीसर को सूचना दे दी कि करीब 10:50 बजे कोई मेजर सूद मुझसे मिलने आएँगे। जैसे ही वे आएँ, उन्हें मेरे दफ्तर में भेज दिया जाए। मुझे सूचित किया जाए। और सचमुच में, वे निश्चित समय पर मेरे कार्यालय में आ गए।

उनके पहुँचने पर हमने आपस में परिचय दिया और बैठ गए। कुछ औपचारिक बातों के आदान-प्रदान के बाद मैंने ठंडी कॉफी का आदेश दिया। आज की तरह पेय पदार्थों में खर्च किए जानेवाले पैसे इस उद्‍देश्य के निमित्त विशेष कोष से न होकर उस व्यक्ति को अपने पास से देने होते थे। कॉफी के आदेश के बाद मैंने आगंतुक से उनके आने का उद्‍देश्य पूछा। उसने अपनी कहानी कुछ इस प्रकार बयान की कि वह असम राइफल्स के साथ नगालैंड में कार्यरत था और आकस्मिक अवकाश लेकर दिल्ली आया था जहाँ उसका परिवार रहता था। उसने कहा कि उसे 'एयर फोर्स कूरियर' के जरिए रविवार को दिल्ली से असम के लिए रवाना होना था। कूरियर एक विमान है, जो पूर्वी, उत्तर-पूर्वी तथा उत्तरी क्षेत्रों में तीनों सेनाओं में तैनात जवानों को छुट्‍टी पर या छुट्‍टी से निर्धारित स्टेशनों पर ले जाता है तथा वापस लाता है। यह सुविधा केवल उन जवानों के लिए है, जो मुश्किल जगहों पर कार्यरत हैं और नगालैंड उन मुश्किल जगहों में से एक है। उसने कहा कि मुझे वहाँ जान से मारने की धमकी मिली है। मैं कोहिमा वापस नहीं जाना चाहता हूँ और इसीलिए मैं मदद की उम्मीद लेकर आपके पास आया हूँ। उसने आगे कहा कि बहुत विचार करने के बाद मैं इस निष्कर्ष पर पहुँचा हूँ कि कोई मेरी मदद कर सकता है तो वे आप हैं। उसकी चापलूसी से मेरे अहं की तुष्टि हुई। लेकिन मेरी समझ में नहीं आ रहा था कि मैं इस समस्या का समाधान कैसे करूँ। इसलिए मैंने उससे अपनी समस्या को और विस्तार से बताने को कहा, ताकि उसे मिलिट्री अटैची के पास भेज सकूँ।

फिर उसने अपनी दु:ख भरी कहानी का इन शब्दों में वर्णन किया, ''मैं कोहिमा में 3 ए आर के 2 आई सी में पिछले दो वर्ष से सेवा में हूँ। पिछले राज्य विधानसभा चुनाव के समय एक आदमी मेरे पास आया, जो एम.एल.ए. बनना चाहता था। उसने मुझे अपने नामांकन पत्र पर प्रतिहस्ताक्षर करने को कहा (उन दिनों इस प्रकार के कागजातों पर केंद्रीय सरकार या सेना के किसी भी राजपत्रित या क्षेत्रीय अधिकारी के दस्तखत आवश्यक थे)। मैं उसकी गुंडागर्दी से वाकिफ था और मेरे विचार से वह चुनाव क्षेत्र का प्रतिनिधि बनने के योग्य उम्मीदवार नहीं था। किसी तरह उसने अपने कागजात जमा करवा दिए और वह चुनाव जीत गया। उसके चुनावी जीत के परिणाम के खिलाफ उसके विरोधी ने उसके विरुद्ध असम उच्च न्यायालय, गुवाहाटी में एक केस दर्ज कराया,

जिसमें मुझे गवाह के तौर पर बुलाया गया। जैसे ही एम.एल.ए. को इसकी भनक मिली, उसने मुझे धमकी देनी शुरू कर दी कि मैं इस केस में न्यायालय नहीं जाऊँ और कुछ न कहूँ। एक दिन जब मेरी पत्नी अपने घर के पास टहल रही थी, तब दो-तीन आदमी आए और ऊँची आवाज में उसे धमकाया कि यदि मैंने उसकी बात पर ध्यान नहीं दिया तो मेरे परिवार के साथ और भी बहुत कुछ हो सकता है। मैं डरता हूँ और इस परेशानी की स्थिति में मैंने अपने परिवार को नगालैंड से दूर भेज दिया है। मैं कोहिमा वापस नहीं जाना चाहता, अतः कृपया इसमें आप मेरी मदद करें।''

मैं युवा और सरलता से दूसरों पर विश्वास करने वालों में से था। मैंने उसकी कल्पना और तथ्यों को जोड़कर बनाई कहानी पर विश्वास कर लिया। इस संदर्भ में मैं अगले कदम के बारे में सोच ही रहा था कि मेरे कार्यालय का दरवाजा खुला और स्वयं सेनाध्यक्ष सैम मानेकशॉ आए। वे किसी भी मामले में रूढ़िवादी नहीं थे और यह उनकी पुरानी आदत थी कि जब उनके पास कोई महत्त्वपूर्ण कार्य नहीं होता या उन्हें चाय-नाश्ते की तलब होती थी तो वे अपने ए डी सी के कक्ष में कभी भी चले आते थे। 11:30 बजे चाय का समय था और उनके आने की भी उम्मीद की जा सकती थी। उन्हें समोसा बहुत पसंद था। उनके आने पर हम दोनों खड़े हो गए। उन्होंने आगंतुक को देखकर उससे हाथ मिलाया। जब मैंने सैम को उसका परिचय दिया तो उन्होंने कहा, ''ओह स्वीटी, तुम मुझसे मिलने आए हो।'' इससे पहले कि मेजर सूद कुछ कहता, वे स्वयं उसे अपने साथ ले गए।

अगले ही क्षण वह व्यक्ति सैन्य प्रमुख के सामने की कुरसी पर बैठा था।

सैम द्वारा उसके आने का कारण पूछने पर मेजर सूद ने अपनी कहानी दोहरा दी। सैम अपने सभी कर्मचारियों पर विश्वास करते थे और अपने इसी गुण के कारण उन्होंने उसकी कहानी पर विश्वास कर लिया। उसी समय उन्होंने अपने चपरासी से मुझे बुलवाया। मैं जब उनके कमरे में प्रवेश कर रहा था तो वे फोन का रिसीवर अपने हाथ में थामे किसी का नंबर मिला रहे थे। उन्होंने मेज से ऊपर देखा और मेजर सूद से पूछा, ''क्या तुमने सच कहा है?'' उसके 'हाँ' कहने के बाद उन्होंने अंतिम नंबर मिलाया। सैन्य सचिव, जो नियुक्ति संबंधी मामलों की सुनवाई करते थे, से फोन पर उन्होंने कहा, ''जिम्मी, मैं सैम बोल रहा हूँ। एक अधिकारी मेरे पास आया है, जिसकी कुछ समस्या है। क्या तुम इस मामले को देखोगे? मेरा ए डी सी उसे तुम्हारे पास लेकर आ रहा है।'' मुझे उस अधिकारी को सैन्य सचिव के कार्यालय तक छोड़ने को कहा गया, जो मैंने किया। शनिवार होने के कारण और सेनाध्यक्ष के आवासीय क्षेत्र के 'आर्मी हाउस' के घेरे में बने ए डी सी कॉटेज में रहने के कारण मैं सैम की गाड़ी में उनके ही साथ घर लौटा। कार्यालय छोड़कर, सभी बातों को भूलकर सप्ताहांत

कैसे बिताया जाए, यह योजना बनाई जाने लगी। इस बार मैंने 'तीतर मारने' की योजना बनाई थी और सोचा था कि सप्ताहांत में जाकर सोमवार की सुबह लौट आऊँगा।

लौटने के बाद मैंने अपनी पोशाक बदली, नाश्ता किया और सैन्य प्रमुख के साथ कार्यालय जाने के लिए 'आर्मी हाउस' गया। 'आर्मी हाउस' पहुँचकर गार्ड जाँच कराना, आगंतुक पुस्तिका का निरीक्षण—यह सब हो ही रहा था कि मैं सूबेदार मेजर ए डी सी से मिला, जो इस भवन के संचालक थे। उसके बाद कुछ अन्य समस्याओं को लेकर जनरल के शयनकक्ष में जाना होता था, जहाँ श्री एवं श्रीमती मानेकशॉ किसी विशेष प्रबंध के बारे में बताते थे और फिर नाश्ते की मेज पर बहुत अच्छी दक्षिण भारतीय कॉफी पिलवाते थे। उस दिन जब मैं सूबेदार मेजर से मिल रहा था, तब जनरल का एक अर्दली दाँत निपोरता हुआ मेरे पास आया और नेपाली भाषा में कुछ कहा, "आज साहब बहुत हँसदाई, थियो अरु मेम साहिब लाइ भानी रहे को थियो कि आज ए डी सी-1 को खबर लेनु परला। मेरो मान्यो भानी आज भीतरा ना जाउने।" (आज जनरल हँस रहे थे और श्रीमती मानेकशॉ से कह रहे थे कि आज ए डी सी-1 की खबर लूँगा। मैं तुम्हें चेतावनी देता हूँ, तुम आज अंदर न जाना।) मानेकशॉ के लिए निजी स्टाफ परिवार का हिस्सा होते थे और उसी अंदाज में उनके साथ व्यवहार किया जाता था। यदि किसी कर्मचारी की पत्नी बीमार हो जाए तो श्रीमती मानेकशॉ या उनकी कोई बेटी उसे डॉक्टर के पास ले जाती और देखभाल करती। किसी भी कर्मचारी के प्रति उनके स्नेह में कोई कमी नहीं थी। यह न केवल सुखद अनुभूति थी, बल्कि मानवीय रिश्तों और संवेदनाओं के प्रति गहरा आदर्श था। इससे मैंने भी अपने जीवन में सीख ली।

मैं काफी के लिए नहीं पहुँचा, इसलिए दूसरा चपरासी आया और मुझसे कहा कि मेम साहब खाने की मेज पर आपको बुला रही हैं। मेरे पास जाने के सिवा दूसरा रास्ता नहीं था। जब मैं भोजन कक्ष में पहुँचा, प्रमुख और उनकी पत्नी ने मेरा पहले की तरह स्वागत किया। मैंने सोचा, कुछ भी गलत नहीं है। कॉफी खत्म करके हम खड़े हुए और परंपरा के अनुसार मैं चीफ की बगल में उनकी गाड़ी में बैठ गया। गाड़ी साउथ ब्लॉक स्थित कार्यालय की ओर बढ़ने लगी। रास्ते में हमने सप्ताहांत के बारे में बातें कीं। जैसे ही गाड़ी साउथ ब्लॉक पहुँची, हमें गाड़ी से नीचे उतरना था। तभी प्रमुख ने मेरी ओर चमकती हुई नजर से देखा और कहा, "शुभी, तुम्हें याद है, तुम्हारा वह चचेरा भाई?" मुझे सुनकर आश्चर्य हुआ। मैंने पूछा, "आप किस चचेरे भाई के बारे में बात कर रहे हैं?" उन्होंने कहा, "जिसे तुमने शनिवार को मेरे पास भेजा था।" इस पर मैंने कहा, "सर, वह मेरा चचेरा भाई नहीं था और मैंने उसे आपके पास नहीं भेजा था। आप स्वयं ही मेरे पास से उसे अपने कार्यालय में ले गए थे।" वे गाड़ी से उतरे और मुसकराते हुए अपने कार्यालय की ओर चले गए—यह कहते हुए, "अच्छा, यदि वह तुम्हारा चचेरा

भाई नहीं था, तब तुम्हें बताने की जरूरत नहीं।''

इसके बाद वे सभी भूतपूर्व सैनिकों से, जो अपनी समस्याएँ लेकर खड़े रहते थे, मिले और अपने कार्यालय में चले गए। मेरी उत्सुकता और भी बढ़ गई थी। कार्यालय पहुँचने पर मैंने उस बारे में उनसे पूछा कि आपने मेरे तथाकथित चचेरे भाई के बारे में ऐसा क्यों कहा? वे अभी भी मुसकरा रहे थे। उन्होंने कहा, ''जब उससे तुम्हारा कोई संबंध नहीं है, तब तुम क्यों जानना चाहते हो? मैं तभी कहूँगा, जब तुम स्वीकार करोगे कि वह तुम्हारा संबंधी था।''

मेरी उत्सुकता मुझ पर हावी हो रही थी, इसलिए मैंने कहा, ''ठीक है, वह मेरा चचेरा भाई है।'' उन्होंने कहा, ''यह सब जानने में थोड़ा समय लगेगा, इसलिए मेरी सलाह है कि तुम बैठ जाओ।''

पता चला कि कि सैन्य सचिव ने कार्यालय में देर तक रुक कर इस प्रक्रिया में जुटे सभी अधिकारियों को फोन किया तथा सच्चाई जानने की कोशिश की। उन्होंने शिलांग में इंस्पेक्टर जनरल असम राइफल्स, कोहिमा में जी ओ सी 8 माउंटेन डिवीजन, डी आई जी ए आर कोहिमा रेंज, पूर्वी कमान में जी ओ सी-इन-सी, नगालैंड के मुख्यमंत्री और नगालैंड सरकार के मुख्य सचिव व गुवाहाटी के सब एरिया कमांडर से बातें कीं। सभी लोगों ने एम एस को आश्वस्त किया कि यह उस अधिकारी की काल्पनिक और मनगढ़ंत बातें हैं। ऐसी कोई घटना नहीं घटी है और लिखित में ऐसा कुछ भी साक्ष्य उपलब्ध नहीं है। मेजर सूद के कमांडिंग ऑफीसर ने यह भी कहा कि वह अधिकारी बहुत अच्छा नहीं है।

जब सैम ने मुझे यह सब बताया तो मैं बहुत परेशान और क्षुब्ध हुआ। मैं अपनी भावनाओं पर नियंत्रण नहीं रख सका और क्षोभ में उनसे पूछा, ''आपने या एम एस ने उसके साथ क्या किया?'' उन्होंने प्रतिक्रिया दी, ''आह, उसके साथ क्या करना! कहो, यदि तुम मेरी जगह पर होते तो क्या करते?'' मैंने तुरंत जवाब दिया, ''मैं उस नीच व्यक्ति का कोर्ट मार्शल करता!'' उन्होंने मुझसे आगे जो कहा, उससे मैं आश्चर्यचकित रह गया। जितने ही बड़े वह व्यक्ति थे उतना ही विशाल था उनका हृदय। उन्होंने कहा, ''यही कारण है कि तुम कभी भी सैन्य प्रमुख नहीं बनाए जा सकते।'' मैंने हतप्रभ हो उनसे पूछा, ''आपने क्या किया?'' उन्होंने कहा, ''शुभी, मैंने सैन्य सचिव से कहा कि वह आदमी वास्तव में वहाँ बहुत ही निराशाजनक अवस्था में है, इसलिए उसने अपने चीफ से झूठ बोला। उस निराश व्यक्ति को वहाँ भेज दो, जहाँ वह जाना चाहता है।'' जहाँ तक सैम का सवाल था, उनके लिए यह मामला खत्म हो गया था।

सैम ने सेना प्रमुख के रूप में अपने कार्यकाल में बहुत सी नई चीजों का समावेश किया। नर्सिंग ऑफीसर्स को द्वितीय विश्वयुद्ध के समयवाली वरदी को बदलकर भारत

दर्शन पर आए एक ड्रेस डिजाइनर से डिजाइन करवाई गई नई वरदी पहनने को दी गई। इस वरदी से नर्सिंग ऑफीसर्स को एक नया और विशिष्ट व्यक्तित्व मिला। सभी नर्सिंग ऑफीसर्स '90 के मध्य या अंत तक यही वरदी पहनते रहे और वे मरीजों तथा अन्य सभी के साथ बहुत खुश थे। इसी प्रकार, इस्पात का बना हेलमेट, जो विश्वयुद्ध के समय से भारतीय सैनिक पहनते आ रहे थे, उसमें किसी प्रकार का बदलाव नहीं किया गया था। उन्होंने वैज्ञानिक सलाहकारों से सलाह ली और डी.आर.डी.ओ. को इस्पात के हेलमेट को पुन: डिजाइन करने का आदेश दिया तथा सेना को नए रूप में हेलमेट मिला। सेना की वरदी में भी उन्होंने महत्त्वपूर्ण बदलाव किए। उन्होंने सेना के लिए टेरीकॉट की वरदी बनवाई। उस समय तक सैनिक ओ जी सेल्युलर कपड़े की कमीज और ओ जी ड्रिल कपड़े की पतलून पहनते थे। यह वरदी सेना के पास लंबे समय से थी, और इसके रख-रखाव में मुश्किल होती थी। उसके लिए उसमें अतिरिक्त स्टार्च का प्रयोग करना पड़ता था, ताकि वे स्मार्ट दिख सकें। गरमी के दिनों में जब सैनिकों को पसीना आता था, तब वह वरदी भद्दी व मैली दिखती थी। यह सब देखकर सैम ने सरकार से नई टेरीकॉट वरदी के लिए स्वीकृति ली, जो कुछ चुने हुए स्टेशनों पर भारतीय सेना के लिए बनाई गई। कुछ दिनों बाद चूँकि सभी पदों के सैनिकों, जिन्हें अपनी कमीज की बाँह को मोड़ना पड़ता था, विशेषकर दिन के समय में या शाम के समय या मलेरिया के समय में बाँह नीचे करनी पड़ती थी, सभी के लिए नई वरदी आवश्यक हो गई। इन सैनिकों के लिए छोटी बाँहवाली कमीज बनाई गई। द्वितीय विश्वयुद्ध से विरासत में मिली बर्मा में, जहाँ मलेरिया के विरुद्ध जंग लड़नी पड़ी थी, प्रयोग में लाई गई, सभी को तिलांजलि दे दी गई; क्योंकि इस नए आविष्कार ने काफी हद तक आर्थिक बचत की और मलेरिया पर भी काफी नियंत्रण कर लिया गया था।

दिल्ली जैसे स्टेशनों में, जहाँ विवाहित सैनिक आवास के लिए लंबे समय से प्रतीक्षारत थे और जिन्हें उपयुक्त आवास आसानी से किराए पर नहीं मिलता था, सरकार से अनुमति लेकर डिफेंस कॉलोनी और अन्य पॉश रिहायशी क्षेत्रों में उन्हें सरकारी कर्मचारियों के लिए निश्चित किराए से अधिक स्वीकृत किराए पर आवास दिलाया। उन्होंने आश्वस्त किया कि उनके अधिकारी औरं जवान आराम से रहें।

वे सेना में चिकित्सकीय सुविधा में सुधार लाने के लिए प्रतिबद्ध थे। वर्तमान में जो सशस्त्र बल का क्लीनिक कांप्लेक्स डलहौजी रोड पर राष्ट्रपति भवन के पीछे है, वह उन्हीं के आदेश पर फिर से डिजाइन किया गया और बनाया गया। उन दिनों एक पुराने तरह का बँगला सेना मुख्यालय के लिए केंद्रीय एम.आई. रूम के रूप में था। उस समय सैन्य प्रमुख के सर्जन रहे कर्नल गोपीनाथन इस कांप्लेक्स के संचालक थे। उन्होंने विभिन्न सलाहकारों और डी जी ए एफ एम एस को कार्यालय

में बुलाया और कहा, ''मैं अपने अधिकारियों, जवानों और उनके परिवारों को दी जा रही इस प्रकार की उपेक्षित चिकित्सा को नहीं सह सकता। यह केंद्रीय एम.आई. रूम न केवल भयावह है, बल्कि किसी भी प्रकार से एम.आई. रूम नहीं दिखता है। हमें अपने सैनिकों को अच्छी सुविधाएँ देनी हैं और उन्हें आधुनिक कांप्लेक्स देना है।'' इसके बाद मुख्य अभियंता, क्वार्टर मास्टर जनरल और एडजुटेंट जनरल को आदेश दिया गया कि निश्चित प्रयोजन के लिए रखे गए धन का प्रयोग कर आधुनिक सुविधाओं से युक्त आधुनिक भवन बनाए जाएँ। चिकित्सा सेवाओं के महानिदेशक को यह निर्देश दिया गया कि इस चिकित्सीय भवन में विशेषज्ञों को नियुक्त किया जाए, ताकि सैनिक और उनके परिवारों को दिल्ली छावनी क्षेत्र के सैनिक अस्पताल में इलाज के लिए न जाना पड़े।

केंद्रीय एम.आई. रूम को अस्थायी तौर पर तीन मूर्ति लेन के एक अन्य भवन में शिफ्ट कर दिया गया और तथा ए एफ सी (आर्म्ड फोर्सेस क्लीनिक) जैसा कि हम आज भी देख सकते हैं को फिर से डिजाइन किया गया। यह उनका विचार था कि चिकित्सक को सुखद और आरामदायक वातावरण में काम करना चाहिए। यही नहीं, मरीज जो प्रतीक्षालय में बैठे होते थे, उनके लिए भी इन भवनों में वातानुकूलित प्रतीक्षालय और वातानुकूलित भवन बनाए गए। आर्म्ड फोर्सेस क्लीनिक के नजदीक उन्होंने सेना दंत केंद्र का निर्माण करवाया और आज ये दोनों सुविधाएँ बेहतरीन सुविधाओं में हैं।

एम.आई. रूम का जिक्र करते हुए याद आया कि सैम स्वयं की बीमारी की रिपोर्ट करने के बिलकुल विरुद्ध थे। इस पहलू पर वह बेहद हठी थे। एक सुबह जब वह स्वयं को असहज महसूस कर रहे थे और आराम कर रहे थे, मैं उनसे मिलने के लिए गया। श्रीमती मानेकशॉ भी वहाँ थीं और डॉक्टर बुलाने के लिए उन्हें प्रेरित कर रही थीं। पर उन्होंने डॉक्टर से मिलने से इनकार कर दिया। यह देखकर मैं एम.आई. रूम में गया और कर्नल डॉ. गोपीनाथन, जो सैन्य प्रमुख के सर्जन भी थे, को प्रमुख को देखने के लिए 'आर्मी हाउस' ले आया। डॉक्टर ने उन्हें जाँचा, कुछ दवाइयाँ लिखीं और चले गए। जैसे ही डॉक्टर गए, सैम ने बुलाकर मेरी बुरी खबर ली। ''यदि तुमने अगली बार मेरी बात नहीं मानी तो मैं तुम्हें जेल भेज दूँगा।'' वे बहुत क्रोधित थे। श्रीमती मानेकशॉ ने मुझे अलग ले जाकर कहा, ''बहुत अच्छा किया, अब तुम यहाँ से पूरे दिन तब तक के लिए गायब हो जाओ जब तक कि यह स्वयं तुम्हें न बुलवाएँ।''

मैंने उनकी सलाह मान ली और वहाँ से चला गया।

जब सैम पूर्वी सेना के कमांडर थे, तब उनके दिमाग में नए कमान अस्पताल का प्रारूप आया और उन्होंने उसे बनवाया। इस विशाल भवन के निर्माण में काफी

समय लगा, क्योंकि निर्माण में अनेक प्रक्रियाएँ और समस्याएँ थीं। यह नया कमान अस्पताल कलकत्ता में न्यू अलीपुर में है, जो सैम मानेकशॉ के सेना प्रमुख के पद पर नियुक्त होने और सेना में उनके कार्यकाल की समाप्ति के समय के निकट बनकर तैयार हुआ। पूर्वी कमान के मुख्यालय ने उनसे इस नए अस्पताल का उद्घाटन करने के लिए कहा।

सैम सेना में कई बदलाव लाए और कई नई चीजों को शुरू कराया। इनको कमान की राय लेने के बाद ही लागू किया गया। जिस किसी काम में विशेषज्ञों की सलाह आवश्यक थी, उस संदर्भ में निर्णय लेने से पहले विशेषज्ञों की राय ली जाती थी। हालाँकि सबसे राय-विचार लेने से काम की प्रक्रिया में विचलन और मतांतर के कारण परेशानी होती थी, फिर भी सैम किसी भी विषय पर सबकी राय लेते थे और लेना चाहते थे। वे इस बात का हमेशा खयाल रखते थे कि यदि निर्माण कार्य के प्रति सेना मुख्यालय के बीच आम सहमति नहीं होती है तो आगे आनेवाला व्यक्ति सभी चीजों को बदल देगा और वह परिवर्तन स्थायी नहीं होगा। यदि सभी से सलाह ली जाती है तो आगे उस पद पर आनेवाला व्यक्ति भी परिवर्तन को स्वीकार करेगा और तब परिवर्तन स्थायी होगा। उनके स्वभाव के अनुसार अपने अधीनस्थ या जूनियर अधिकारियों से सख्ती से पेश आना कुकृत्य था। यदि एक बार कोई निर्णय ले लिया गया, गलत या सही या सामान्य, तो उस पर कार्यान्वयन होना है। उस अवस्था में वह तर्क से परे होता था। यदि उस पर पुनर्विचार आवश्यक होता तो ठोस कारणों से उन्हें और अन्य सभी को आश्वस्त करना होता था कि क्यों परिवर्तन न किया जाए या उसमें संशोधन किया जाए।

महू के इन्फैंट्री स्कूल में जूनियर कमांडर और सीनियर कमांडर के पाठ्यक्रम का संचालन किया जाता था। यह पाठ्यक्रम सभी सशस्त्र और प्रशिक्षित अधिकारियों के लिए जो कंपनी या इसके समतुल्य बटालियन या रेजीमेंट का कमान करते हों प्राथमिक रूप से आवश्यक था। यहाँ के अनुदेशक (शिक्षक) अधिकांशत: इन्फैंट्री से ही नियुक्त किए जाते थे। सैम, जो पहले इस संस्था के कमांडेंट थे, ने महसूस किया कि इस प्रशिक्षण में और मूल्य शामिल करने के लिए समन्वय लाना अत्यावश्यक है। इसलिए उन्होंने इन्फैंट्री स्कूल को विभक्त करके एक नई संस्था 'कॉलेज ऑफ कॉम्बेट' का निर्माण किया। जे.सी. व एस.सी. पाठ्यक्रम इस नए कॉलेज में चलाए जाने लगे और अन्य पाठ्यक्रम इन्फैंट्री में पहले की तरह चलाए गए। सन् 1971 के युद्ध के बाद एक नए पाठ्यक्रम 'हायर कमांड' को भी कॉलेज ऑफ कॉम्बेट के पाठ्यक्रम में जोड़ा गया।

इन्फैंट्री स्कूल में सेना के जे सी ओ के लिए 'प्लाटून कमांडर्स' पाठ्यक्रम का प्रशिक्षण दिया जाता था। यह महसूस किया गया कि इन्फैंट्री के युवा अधिकारियों के

लिए जूनियर लीडर्स कोर्स होना चाहिए। प्रारंभिक रूप में इसे 'जूनियर लीडर्स कोर्स' और बाद में इसे बदलकर इन्फैंट्री के लिए 'यंग ऑफीसर्स कोर्स' कहा गया। जैसे ही 'कॉलेज ऑफ कॉम्बेट' पूरी तरह स्थापित हो गया, उसके जूनियर लीडर विंग को बेलगाम में इन्फैंट्री स्कूल की एक यूनिट के रूप में स्थापित कर दिया गया। यह पाठ्यक्रम लगातार चलता रहा और भारतीय सेना के लिए अत्यंत लाभप्रद रहा।

जब सैम ने सेना प्रमुख के रूप में पदभार सँभाला तो बहुत से अधिकारी ऐसे थे, जो आठ-दस वर्ष से लगातार किसी-न-किसी बहाने से दिल्ली में ही कार्यरत थे। नियुक्ति के आदेश की व्यवस्था अनियमित थी। नियुक्ति का जो आदेश दिया जाता उसे मेजर के पद पर आसीन एम एस शाखा के उप सहायक सैन्य सचिव (डी ए एम एस), के द्वारा रोका या रद्द किया जा सकता था। सिविलियन स्टाफ ऑफीसर्स ऐसे कई पदों पर थे। उनको भी ऐसे अधिकार प्राप्त थे। अभिन्न रूप से सारे तथ्यों को देखने से यही लगता था कि इस उच्च स्तर पर एक जैसा तंत्रजाल फैला हुआ है और अधिकांश अधिकारी इन अधिकारियों के साथ मिलकर एक निदेशालय से दूसरे तक घूम-फिरकर दिल्ली में ही रहते हैं। सैम ने सैन्य सचिव को निर्देश दिया कि ऐसे सारे अधिकारी, जो तीन वर्ष से अधिक समय से दिल्ली में हैं, उनकी निदेशालय के क्रम से सूची तथा क्षेत्र में उनके अंतिम कार्यकाल के साथ उनके सामने रखी जाए। ऐसे सभी अधिकारियों को अगले दो महीने के अंदर यहाँ से बाहर तैनात किया जाए और किसी को भी कोई समय नहीं दिया जाए। तैनाती के आदेश को रोकने का अधिकार केवल सेनाध्यक्ष के पास होगा, वह भी मामले के तथ्यों के अनुसार। सभी पी एस ओ द्विसाप्ताहिक सम्मेलन में उन्हें कार्यों की प्रगति रिपोर्ट देंगे। उसी समय उन्होंने एक और आदेश दिया कि एक बार जो नियुक्ति जारी की जाएगी, वह किसी भी मेजर या उससे नीचे पद के लिए सैन्य सचिव द्वारा और लेफ्टिनेंट कर्नल या उससे ऊपर के पद के लिए चीफ द्वारा रद्द की जा सकती है। हर जगह खामियों के जो सुराख थे, उन्हें बंद किया गया। जैसे ही ये निर्देश जारी किए गए, विभाग में चिल्लपों शुरू हो गई और दिल्ली में रहने के लिए लोग राजनीतिज्ञों, नौकरशाहों तथा प्रभावशाली व्यक्तियों के संरक्षण का सहारा लेने लगे। जैसे ही सैन्य प्रमुख की जानकारी में ये बातें आईं, उन्होंने ए जी तथा एम एस को प्रारंभिक अनुशासनिक कदम उनके खिलाफ उठाने का आदेश दिया, जो अनधिकृत रूप से 'रसूखवालों' का संरक्षण ले रहे थे। जैसे ही यह खबर फैली, ऐसे आग्रहों में भारी कटौती हो गई और अधिकांश अधिकारियों को दिल्ली की आरामदायक सेवा छोड़कर कहीं और जाना पड़ा।

जिस समय सैम ने सेनाध्यक्ष का पदभार सँभाला, उस समय सेवानिवृत्ति की व्यवस्था के कारण अपेक्षाकृत कम उम्र में अधिकारियों को सेवानिवृत्त कर दिया जाता

था। मेजर और लेफ्टिनेंट अड़तालीस वर्ष की आयु में, कर्नल पचास वर्ष में, ब्रिगेडियर भी पचास वर्ष में सेवानिवृत्त कर दिए जाते थे। मेजर जनरल दो वर्ष के सेवाकाल के साथ दो बार पदभार सँभाल सकते थे और उनके सेवाकाल में बोर्ड की सहमति से एक बार की बढ़ोतरी की जा सकती थी, या बावन वर्ष तक, जो भी पहले हो। लेफ्टिनेंट जनरल के लिए भी वही शर्तें थीं, जो मेजर के लिए थीं; केवल उनकी सेवानिवृत्ति की आयु चौवन वर्ष की थी। सैन्य कमांडर के लिए भी वही नियम-कानून थे, केवल सेवानिवृत्ति की आयु छप्पन वर्ष की थी। सैन्य प्रमुख अपनी आयु के अट्ठावन वर्ष तक या अतिरिक्त तीन वर्ष तक सेवा कर सकते थे, जो भी पहले हो। इस व्यवस्था का एक ही उद्देश्य था कि सेना में नेतृत्व करनेवाले हमेशा जवान बने रहें। सैम ने महसूस किया कि यह व्यवस्था कुछ ठीक नहीं है, क्योंकि उसके बाद किसी के भी पास जीविका का कोई और विकल्प नहीं था। इसलिए उन्होंने इस व्यवस्था में एक ऐसा केस प्रस्तावित किया, जहाँ उम्र और कार्यकाल सेवानिवृत्ति के लिए शर्तें नहीं थीं। इस प्रकार कर्नल तक के पदवाले अधिकारी पचास वर्ष और ब्रिगेडियर बावन वर्ष में सेवानिवृत्त होने थे। उसी प्रकार मेजर जनरल अब चौवन वर्षों तक नौकरी कर सकते थे और लेफ्टिनेंट जनरल छप्पन वर्ष की आयु में सेवानिवृत्त होने थे। सैन्य प्रमुख के सेवाकाल में कोई बदलाव नहीं किया गया। पाठकों की जानकारी के लिए बता दूँ कि उस समय केवल नौसेना ही ऐसी सेवा थी, जिसके अध्यक्ष का कार्यकाल साठ वर्ष की उम्र तक था। अंततः यही शर्त सभी सेनाओं के अध्यक्षों के लिए लागू कर दी गई।

पदों और दस्तावेजों के अनुसार, वहाँ सैनिकों के दो प्रकार थे—एक योद्धा और दूसरे जो योद्धा नहीं थे जैसे—मोची, लुहार, बढ़ई, दर्जी, जमादार आदि। युद्ध काल में यह असमानता समाप्त होती थी, बावजूद इसके उनके वेतन और परिलब्धियों में अंतर था, उनके पद में अंतर था, कुछ अन्य असमानताएँ भी थीं। जहाँ योद्धा इन्फैंट्री बटालियन में 'एफ.-वर्ग' के वेतन के लिए अधिकृत थे, वहीं योद्धा नहीं कहलानेवाले वेतन और पेंशन के संबंध में 'निम्न वर्ग' में गिने जाते थे। मानेकशॉ ने महसूस किया कि सेवाओं की शर्तों में यह असमानता बहुत अधिक है। इसलिए उन्होंने इस व्यवस्था को समाप्त करने के लिए सरकार के पास एक प्रस्ताव भेजा, जो तीसरे वेतन आयोग के द्वारा स्वीकृत कर लिया गया। इसके लागू होने से सिपाहियों के सात वर्ग में से घटकर चार वर्ग हो गए और 'नॉन-कॉम्बेटेंट्स' शब्द अनावश्यक हो गया। अब सभी योद्धा (कॉम्बेटेंट) थे। सौभाग्यवश, उनके ही प्रयास से सशस्त्र बलों को केंद्रीय वेतन आयोग में शामिल कर लिया गया। जैसे ही केंद्रीय वेतन आयोग की सिफारिशें लागू होतीं, ये सशस्त्र बलों के लिए भी लागू कर दी जातीं। बिना समय नष्ट हुए सेनाओं के लाभ में वृद्धि होने लगी। इसके अलावा

अतिरिक्त डी ए का प्रावधान सशस्त्र बलों के लिए स्वत: नहीं था। उनके प्रति हमेशा बाद में सोचा जाता था। केंद्रीय आयोग में आने के बाद सारी सुविधाएँ सशस्त्र बलों को स्वत: मिलने लगीं।

सैन्य प्रमुख ने नई उच्च तकनीकों को प्रयोग में लाने, उससे परिचित करवाने को हमेशा प्रमुखता दी। उनके कार्यकाल में सेना में कंप्यूटर को शामिल किया गया। पहला कंप्यूटर सैन्य सचिव के कार्यालय में लगाया गया, जहाँ उन्हें सभी अधिकारियों और उनसे संबंधित विवरण को संचित करने के लिए कहा गया। केवल यही नहीं, इस साधन के जरिए नियुक्ति और नौकरी के पदोन्नति संबंधी कार्यों को भी सरल किया गया। जो भी हो, इस कंप्यूटरीकरण के बारे में अनेक कहानियाँ और अनेक विवाद हैं। उनमें से एक मुझे याद आ रहा है, जो सिग्नल रेजीमेंट के एक विशिष्ट अधिकारी के बारे में है, जिसे विदेश जा रही सेना की टुकड़ियों का नाम कंप्यूटर की प्रक्रियाओं में संचित करने का कार्य दिया गया था। जब उसने सूची देखी तो उसमें उसका भी नाम शामिल था। चूँकि उसका नाम इस कार्य के लिए चुना गया था, उसने अन्य सभी को विभिन्न कारणों से इस कार्य से निष्कासित कर दिया। किसी को यह कहकर कि इस अधिकारी को उच्च कमान पाठ्यक्रम के लिए चुना गया है, इसलिए यह उपलब्ध नहीं है। फलाँ अधिकारी की नियुक्ति हाल ही में जी एस ओ-1 (ओ पी एस) के रूप में हुई है, इसलिए वह उपलब्ध नहीं है। यह अधिकारी स्टाफ कॉलेज में शिक्षक के रूप में नियुक्त किया गया है, जहाँ उसकी आवश्यकता अधिक है, इसलिए यह नहीं जा सकता। इस प्रकार उसने सभी का नाम हटा दिया और स्वयं को उपलब्ध बताकर सिर्फ अपना नाम आगे रख दिया। जब यह सूची सैन्य सचिव के पास से होती हुई सैन्य प्रमुख के पास आई तो उसमें सैन्य सचिव द्वारा भेजी हुई छोटी सी एक चिट मिली, जिसमें लिखा था कि यह जानना दिलचस्प होगा कि जिस अधिकारी का नाम इस सूची में है, वह कंप्यूटर प्रोग्राम का प्रभारी है। सेनाध्यक्ष ने उप प्रमुख को उसी समय बुलाया और उन्हें मिलिट्री अटैची के चयन के लिए नए मानदंडों को बनाने का आदेश दिया। नई शर्तों को लागू करने के बाद भी वही एक नाम फिर से सामने आया। तब प्रमुख ने कहा कि यदि यह अधिकारी इतना जिद्दी है तो उसे जाने दो।

कंप्यूटरों का प्रभावी इस्तेमाल करने के लिए गुप्त रिपोर्टें लिखने के निमित्त विभिन्न गुणों को अंकों का मान दिया गया। इस प्रकार की रिपोर्ट तैयार करने के लिए सभी गुणों को मिलाकर एक नए ए सी आर फॉर्म की रूपरेखा तैयार की गई। सैन्य सचिव की शाखा ने एक उपयुक्त फॉर्म पेश किया जिसे लागू किया गया। उस समय सैम ने सैन्य सचिव को लिखा कि लेफ्टिनेंट कर्नल तक के पदों तक इन आँकड़ों को रोक दिया जाए, क्योंकि उस समय उन्हीं पदों पर आसीन अधिकारी बटालियन की कमान भी करते थे

और यह ब्रिगेडियर सहित जनरल ऑफीसर्स के लिए उपयुक्त नहीं था। यदि हम जनरल के इन आँकड़ों को दिखाएँगे तो सरकार चयन बोर्ड की जरूरतों पर सवाल करेगी। तुम्हारे पास कंप्यूटर हैं और तुम्हारे पास मूल्यों का अंक-मान है। यदि ऐसा है तो हमें सिर्फ इसके विश्लेषण से अच्छे अधिकारी मिल जाएँगे। उनके इस सुझाव को दृढ़ता से माना गया—और आज भी वैसा ही है। मानेकशॉ जानते थे कि इस तरह से सेना अपने जनरलों के चयन के योग्य हो जाएगी। उपयुक्त कमान एवं नियंत्रण को आश्वस्त करने के लिए एक और महत्त्वपूर्ण पहलू था कि उपयुक्त अधिकारियों का चयन किया जाए। युद्ध के बाद फील्ड मार्शल के समय में पूर्व के डिवीजनल कमांडरों में से मात्र एक को पदोन्नति के लिए चुना गया, जबकि पश्चिम में से चार को पदोन्नति के लिए स्वीकृत किया गया। उन्होंने कमान स्टाफ के दो प्रमुखों का और सैन्य कार्रवाई निदेशक का अनुमोदन किया। यह सब दिखाता है कि वह कार्य के प्रति कितने निष्ठ थे और अपने अंदर अधिकारी के कितने गुण समेटे हुए थे।

चयन की प्रक्रिया '80 के दशक के मध्य तक चली, जब कुछ लोगों ने सोचा कि जनरल ऑफीसर्स का मूल्यांकन भी आँकड़ों के आधार पर किया जाना चाहिए, ताकि चयन की प्रक्रिया थोड़ी और आधुनिक हो जाए। इसका परिणाम और व्यवस्था पर इसका प्रभाव सभी को देखने को मिला। हालाँकि कंप्यूटर की क्षमता अत्यधिक थी, लेकिन इससे अधिक इसका उपयोग नहीं किया जा सकता था। कंप्यूटर की अतिरिक्त क्षमता का प्रयोग एडजुटेंट जनरल की शाखा पदेन कमीशनों और अधिकारियों से संबंधित दस्तावेजों के रख-रखाव के लिए किया गया।

सैम के गोरखा ब्रिगेड के अध्यक्ष होने के कारण गोरखा उनके काफी करीब थे। उनकी पुनःस्थापना सैम के लिए चिंता का विषय थी, क्योंकि सेवानिवृत्ति के बाद नेपाल में उनके लिए बहुत कम जगह थी। इसलिए उन्होंने अन्य गोरखा रेजीमेंट के कर्नल से सलाह-मशविरा के बाद देहरादून के नजदीक रायवाला में एक 'गोरखा पुनःस्थापना प्रशिक्षण इकाई' (जी आर टी यू) की स्थापना की। इस स्थान का चयन विशेष रूप से किया गया, क्योंकि गोरखाओं के सभी प्रशिक्षण केंद्र देहरादून में ही स्थित थे, सिवाय 14 जी टी सी के, जो शिमला की पहाड़ी में सुबाथु में था। इस यूनिट में पेंशन के लायक हो चुके सैनिकों को विभिन्न प्रकार के कला और तकनीकी ज्ञान सहित दुग्धशाला, मुरगी फार्म, सिलाई, लकड़ी, चमड़े के सामान बनाने का प्रशिक्षण, मशरूम उद्योग, गाड़ी चलाने के प्रशिक्षण और मकैनिक का प्रशिक्षण दिया जाने लगा। सेना के जवान पहले महज चौंतीस-पैंतीस वर्ष की आयु में सेवानिवृत्त हो जाते थे, इसलिए इस तकनीकी ज्ञान और गुणों के आधार पर वे सेवानिवृत्ति के बाद अपना जीवनयापन अच्छी तरह से कर सकते थे या अपना व्यवसाय स्वयं चला सकते

थे। इस प्रशिक्षण केंद्र के शुरू करने के पीछे उनका यही उद्देश्य था। उन्होंने सरकार के सामने एक और प्रस्ताव रखा कि सेना के जवानों के लिए देश की पुलिस या अर्धसैनिक संगठनों जैसी सेवाओं में दोबारा नौकरी पाने के लिए एक निश्चित संरक्षित जगह दी जाए, जिसे सरकार ने स्वीकृति दे दी।

एक अन्य स्तर पर 'वाइकर्स टैंक', जिसे 'विजयंत टैंक' के नाम से भारतीय सेना ने शामिल किया था, उपयोगी साबित नहीं हुआ था। वाइकर्स ने इसका प्रारूप तैयार किया था और वे इसे मूल ग्राहक को नहीं बेच पाए थे। जिस दौर में पश्चिम से तकनालोजी आयात करने में कठिनाई हो रही थी, इसे भारतीय सेना को देने की पेशकश की गई। सेना ने इसे स्वीकार कर लिया; क्योंकि यह महसूस किया गया कि तकनीकी विकास के क्षेत्र में इससे प्रोत्साहन होगा, जिससे आगे तकनीकी विकास व आत्मनिर्भरता में बढ़ोतरी होगी। सैन्य प्रमुख ने विशेष रूप से आर्मर्ड कोर के निदेशक को यह सलाह दी कि इसके होने से कुछ तो हमारे पास है और हम इससे कुछ और अधिक बना सकते हैं। आर्मर्ड कोर ने इसे स्वीकार किया और इसके ऊपर लगातार तकनीकी विकास किया जाने लगा। खरीदने के लिए कोई भी नया टैंक उपलब्ध नहीं था, क्योंकि आपूर्ति करनेवाली सरकार अभी विचार-विमर्श में ही लगी थी। इसके अलावा पश्चिमी देशों के टैंक या तो बहुत महँगे थे या उपलब्ध नहीं थे। यह अवश्य याद रखना चाहिए कि यह शीत युद्ध का युग था, जब चारों ओर संधियों के रास्ते या किसी भी प्रकार से साझेदारी की प्रचुरता थी। विश्व लगभग दो भागों—पश्चिमी और पूर्वी ब्लॉक—में बँट गया था। जो इस समूह का हिस्सा नहीं थे, उनका अपना समूह था—गुटनिरपेक्ष देश। टैंक कल-पुरजों के अलावा कारखाने की स्थापना और टैक्नोलॉजी हस्तांतरण के साथ आया। अच्छा प्रशिक्षण देने के क्रम में टैंक की आयु को बिना हानि पहुँचाए तय किए रास्ते और प्रशिक्षण पा रहे टैंक जत्थे को प्रभावी रूप से संरक्षित रखने के लिए एक 'टैंकोड्रोम' बनाया गया जिसे आर्मर्ड कोर सेंटर तथा अहमदनगर स्कूल के लिए आयात कर उसे स्थापित किया गया, ताकि सैन्य टुकड़ियों को बेहतर प्रशिक्षण दिया जाए। प्रशिक्षण से उपकरणों को संरक्षित रखने में महत्त्वपूर्ण सहायता मिली और सभी को यह विश्वास हो गया कि अब उपकरण युद्ध के लिए उपयोगी रहेगा।

सेना में आधुनिकीकरण की आवश्यकता थी। कवचित रेजीमेंट को पहली प्राथमिकता दी गई। जहाँ प्रत्येक इन्फैंट्री डिवीजन एक कवचित रेजीमेंट रखने के लिए अधिकृत थी, उसमें से अधिकांश के पास एक भी नहीं था। इसी समय सरकार ने सैन्य शक्ति को सीमित करके दस लाख से कुछ कम कर दिया। यदि नई रेजीमेंट का गठन करना होता तो इसके भीतर से ही जवानों का उपयोग किया जाता। इसलिए यह आवश्यक था कि यूनिट्स के अंदर जवानों की क्षमता को पुनर्मूल्यांकित किया जाए।

उसी समय टैंकों को दोनों रेजीमेंट और जनरल स्टाफ रिजर्व के लिए उपलब्ध कराना था। इस रिजर्व की आवश्यकता युद्ध में व्यर्थ हो चुके उपकरणों को बदलने और हताहतों के स्थान पर सैनिक भेजने के लिए आवश्यक थी। आदेश दिया गया कि अतिरिक्त कवचित ब्रिगेड मुख्यालयों का गठन किया जाए जिनके डिवीजनों में रेजीमेंट हों। इन सबके लिए उपकरणों में स्वदेशी विजयंत टैंक टी 54/55 और पी टी-76 सोवियत व ईस्टर्न ब्लॉक टैंक शामिल थे। इन सबके अलावा वर्तमान सेंचूरियन टैंक व अन्य उपकरण भी थे तथा अन्य उपकरण थे। विजयंत टैंक का निर्माण व उत्पादन बढ़ा दिया गया और पूर्वी कमान में ब्रिगेडियर ई एम ई के रूप में कार्यरत मेजर जनरल किनी को इस कारखाने को चलाने के लिए नियुक्त किया गया। टैंक रेजीमेंट में बढ़ोतरी का सीधा अर्थ था—सहायक शस्त्रों जैसे ए आर वी (आर्मर रिकवरी वेहिकल), बी एल टी (ब्रिज लेयर टैंक) और अन्य तत्त्वों में उपयुक्त बढ़ोतरी। यह बढ़ोतरी पाकिस्तान के साथ के टैंकों की संख्या में असमानता लाने में और क्षतिपूर्ति में सहायक थी। चूँकि एंटी टैंक माइंस टैंक देशों में तेजी से नियोजित किए गए, इसलिए कार्रवाइयों में अपेक्षाकृत देरी हुई। थलसेना अध्यक्ष जनरल सैम मानेकशॉ ने रूस की यात्रा में 'ट्रॉल टैंक्स' के कार्यों को देखा था, जो महत्त्वपूर्ण गति से बारूदी सुरंगों को हटाने में सहायक थे। इन सब में आर्मर्ड कोर प्रभावित हुआ और वह इसे शामिल करने को उत्सुक हो गया। आयुध रेजीमेंट में वृद्धि का सबसे महत्त्वपूर्ण परिणाम था—'आर्मर्ड कोर' में तेजी से पदोन्नति। तब तक ये अधिकारी सेना के अन्य भागों में अपने समकक्षों की पदोन्नति से दो-तीन वर्ष पीछे थे। सैम ने इस पर विचार करके पदोन्नति के कारणों का विश्लेषण किया तथा बीस-पच्चीस अधिकारियों को इन्फैंट्री में बदलाव के लिए लिखा, ताकि वे जल्दी से कमान के पद को प्राप्त कर सकें। उनमें से अधिकांश ने उनकी सलाह मानी और इन्फैंट्री रेजीमेंट में शामिल हो गए। उनके वहाँ शामिल होने से पहले ही सैम ने उन रेजीमेंट के कर्नलों को लिख भेजा था कि उन अधिकारियों को एक अवसर दिया जाए और रेजीमेंट में अपनी अमिट छाप छोड़ने में उनकी मदद की जाए।

कवचित के गठन के आदेश के साथ ही इन्फैंट्री का यंत्रीकरण संबद्ध था। आर्मर डिवीजन और ब्रिगेड के पास अधिकृत 'मॉडीफिकेशन-एल.' पर कार्रवाई करने वाली इन्फैंट्री बटालियन थी। इन्फैंट्री डिवीजन के इस आधुनिकीकरण में परिवहन की वृद्धि की गई, ताकि टैंक की कार्रवाइयों के साथ चल सकें। फिर भी इन बटालियनों में इन टैंक के साथ गतिशीलता बनाए रखने में कमियाँ हो रही थीं। इसलिए यह अत्यावश्यक हो गया कि कवचित के सहयोग में बेहतर परिणाम के लिए इन्फैंट्री बटालियन को सक्षम बनाया जाए। तब थलसेना अध्यक्ष ने यह नियम बनाया कि इन्फैंट्री रेजीमेंट के

प्रथम या सबसे वरिष्ठ बटालियन, जिसने 'लॉरीड ब्रिगेड' के साथ सेवा की थी, वे यंत्रीकरण के लिए सर्वाधिक उपयुक्त होंगे। मुझे शक था कि यह नियम उनकी जनरल हरि बधवार से मित्रता की उपज थी और वास्तव में वह 8 गोरखा राइफल्स के प्रथम बटालियन को इस जगह पर देखना चाहते थे। पर यह स्पष्ट कर दिया गया था कि यह बटालियन अपने पैतृक रेजीमेंट से जुड़ी रहेगी। इससे एक बहुत अच्छी बात सामने आई कि उन बटालियन के पास चार राइफल्स कंपनी थीं और ये उन आर्मर रेजीमेंट के संगठन के अनुरूप होने के लिए एक कंपनी कम रही थीं जो इन स्क्वाड्रन के साथ काम करते थे।

यह सहायता के लिहाज से बेहतर था। इसके अलावा इस तरह छोड़ी गई अतिरिक्त जन-शक्ति अन्य स्थानों पर उपयोग में लाई जा सकती थी, जहाँ इसकी जरूरत थी। जहाँ तक उपकरणों का सवाल था, पहिए वाले और ट्रैक वाले, दोनों तरह के कवचित परिवहन पश्चिम से दोबारा आयात किए गए। जहाँ ट्रैक वाले ए पी सी 'टोपाज' आर्मर डिवीजन की इन्फैंट्री बटालियन को प्रदान की गई, वहीं पहिएदार ए पी सी 'बी टी आर' और 'एस के ओ टी' आर्मर्ड ब्रिगेड की इन्फैंट्री बटालियन को दिया गया।

यांत्रिक यूनिटों में प्रयुक्त ट्रैक माइलेज उनके सेवाकाल के जीवन का निर्धारक होता है। यह उसकी युद्ध के लिए या यूनिट के लिए यांत्रिक उपयुक्तता का भी निर्धारण करता है। इन सबको ध्यान में रखकर इन उपकरणों को युद्ध में गोलाबारी, मरम्मत और समारोह में प्रदर्शन हेतु मँगवाया गया। इन क्रियाकलापों में काफी माइलेज खर्च हुई। पहले ट्रैक रेजीमेंट अपने सारे उपकरणों का प्रयोग क्षेत्रीय गोलाबारी के लिए करते थे। क्षेत्रीय गोलाबारी के लिए देश में थोड़े से गोलाबारी क्षेत्र निर्धारित थे। इसका मतलब था गोलाबारी के लिए दूर तक फासला तय करके वहाँ पहुँचना। इसके लिए दो मुख्य परिवर्तन किए गए। अतिरिक्त गोलाबारी क्षेत्र बनाने के लिए और क्षेत्रों का पता लगाने और क्षेत्र उपलब्धि बढ़ाने के लिए भूमि अधिग्रहण के आदेश दिए गए। दूसरा, रूस की यात्रा के फलस्वरूप हथियारों के एक-तिहाई भाग को प्रशिक्षण उपकरण के लिए उद्दिष्ट किया जाता था ताकि जब यूनिट प्रशिक्षण के लिए जाए तो पूरी रेजीमेंट प्रक्रिया-विधि सहित अभ्यास करे।

भारी मोर्टार से सज्जित आर्टिलरी के 'लाइट रेजीमेंट', का पुनर्गठन किया गया। उनकी अतिरिक्त जन-शक्ति को मुक्त किया गया ताकि वह नई गठित होने वाली यूनिटों के उपयोग में आए। नई क्षमता, लंबी प्रहार सीमा और भारी वजन वाली तोपें लाई गईं। आर्मर्ड डिवीजन में स्वचालित आर्टिलरी का स्तर बढ़ाकर उनकी गतिशीलता में वृद्धि की गई ताकि युद्ध में टैंकों के लिए सहायक हों। हवाई सुरक्षा के लिए तोपखाने

में अधिक क्षमतावाले नए राडार और नई मारक तोपें लाई गई। चलित कार्रवाइयों के लिए ए डी तोपें ट्रैक्ड ए पी सी ढाँचे में लगाई गईं। बेहतर तोप नियंत्रक राडार और गोलीबारी–नियंत्रण प्रणाली का आयात तोपखाने का प्रभावी सहयोग देने के लिए किया गया। इसके अलावा माउंटेन गन के उत्पादन को बढ़ाकर निर्माण–प्रक्रिया में उसकी कमी की पूर्ति की गई।

सैम ने एक और महत्त्वपूर्ण निर्देश में संशोधन किया, वह था—यूनिट्स के लिए प्रशिक्षण में खर्च हो रहा अधिकृत गोला–बारूद। 'लेखा–परीक्षा नियमों' के अनुसार, प्रत्येक यूनिट को प्रशिक्षण के लिए एक निश्चित मात्रा में गोला–बारूद दिया जाता था। यह अर्द्धवार्षिक रूप से प्रदान किया जाता था और इसे वित्तीय वर्ष के अंत तक खर्च करना होता था। इस खर्च का कोई तालमेल गोलाबारी क्षेत्र की उपलब्धता, यूनिट के पास समय का होना या उनकी क्रियात्मक गतिविधियों से कतई न था। एक बार लाया गया गोला–बारूद वित्तीय वर्ष के अंत तक खर्च करना होता था। निश्चित रूप से इसके पीछे तर्क यही था कि उत्पादन और उपलब्ध कराने की प्रक्रिया को आसान किया जाए। सरलीकरण के इस चक्कर में मुख्य उद्देश्य खो गया था। यदि गोला–बारूद बच जाता था तो लेखा–परीक्षण में प्रश्न उठाए जाते थे और यूनिट प्रशासन को बुरी नजर से देखा जाता था। इसके परिणामस्वरूप सेना में अनुचित कार्यों की शुरुआत हो गई। एक घटना में तो पूर्वी कमान से जा रही सैन्य टुकड़ी ने अपने बचे हुए गोला–बारूदों को हुगली नदी में गिराने का निश्चय कर लिया था, ताकि लेखा–परीक्षक की नजर से बच जाए। दुर्भाग्य से गाद निकालनेवाले यंत्र वहाँ कार्य कर रहे थे, जिन्होंने बारूद से भरे बक्सों को निकाल लिया। जब जाँच शुरू हुई तो मार्के से उस यूनिट का पता चला, जिसके नाम पर यह दिया गया था। जाँच–पड़ताल के बाद सच्चाई सामने आई।

इस समस्या को दूर करने के लिए यह निश्चित किया गया कि प्रशिक्षण में बच गए गोला–बारूद को अगले प्रशिक्षण के लिए सँभालकर रखा जाएगा और अगले वर्ष में जितनी आवश्यकता होगी, इस बचे हुए को ध्यान में रखकर दी जाएगी। जाँच अधिकारी को यह निर्देश दिया गया कि सारी परिस्थितियों की जाँच की जाए, जैसे—गोलाबारी क्षेत्र की उपलब्धता और आवंटन, और कार्रवाई की जिम्मेदारियाँ—इन सभी को ध्यान में रखकर यूनिट द्वारा प्रशिक्षण समय के सदुपयोग कर टिप्पणी की जाए। 'जाँच नियमावली', जो जाँच अधिकारी और सहयोगी अधिकारी को जाँच में मदद करती है, को विधिवत संशोधित करके लागू किया गया।

सभी यूनिटों के लिए रेजें एफिशिएंसी टैस्ट को रेंज वर्गीकरण में बदल दिया गया। वार्षिक रेंज वर्गीकरण के आधार पर पहले किए जानेवाले गोलाबारी और निशानेबाजी अभ्यास की रूपरेखा द्वितीय विश्व युद्ध के पहले तैयार की गई थी।

युद्धनीति या युद्धनीति की तकनीकों में महत्त्वपूर्ण परिवर्तन को देखते हुए यह एक अच्छा कदम था।

सेना के वार्षिक समारोह के 'इन्फैंट्री क़मांडर्स सम्मेलन' में इस परिवर्तन की आवश्यकता पर चर्चा की गई थी। इस परिवर्तन की रूपरेखा को पुन: तैयार करने के लिए इन्फैंट्री स्कूल महू को चुना गया, जिसने नए आर ई टी को डिजाइन किया और व्यावहारिक परीक्षण के बाद इसे लागू किया। इस बात को ध्यान में रखा गया कि नए यूनिटों का गठन करना है। इस आर.ई.टी. और गोलीबारी क्षेत्रों की उपलब्धता में सुधार ने इसमें बड़ा योगदान दिया। केवल यही नहीं, प्रशिक्षण के लिए गोला-बारूद की आवश्यकता पर भी विचार किया गया और इसके परिमाण को कम कर खर्च में कमी की गई। इसके अलावा, गोलाबारी के अभ्यास को आवश्यक और उपयोगी रूप से डिजाइन किया गया। इस डिजाइन से 'कम दूरी' की रेंज का उपयोग किया गया, जो गोलाबारी या आर ई टी के वहन में यूनिट के अभिन्न अंग रहे।

सैम को यह स्पष्ट था कि उनके नाम पर जो भी आदेश-निर्देश निर्गत किए जाते हैं, उसमें उनके विचारों और व्यक्तित्व की छवि दिखनी चाहिए। कई बार उन्होंने मुझसे कहा था कि इस स्तर पर संचालन के कार्य में कमांडर के निर्देशों में उनकी दृष्टि की रूपरेखा होती है। उसके बाद विभिन्न चूनिटों की जरूरतों के मुताबिक विस्तृत योजना बनाना कोर कमांडर तथा उनके स्टाफ का काम था। थलसेना मुख्यालय में थलसेना अध्यक्ष का पद सँभालने के बाद उन्होंने सैन्य प्रशिक्षण (एम टी) निदेशालय को निर्देश दिया कि वह 'प्रशिक्षण दिशा-निर्देश' को सभी आधार पर निर्गत करे। उन्होंने यह भी कहा कि पहले जो निर्देश दिए गए थे, उसने विस्तृत विवरण की आवश्यकता नहीं है। इन विवरणों के फलस्वरूप मातहत कमांडरों को उनके प्रशिक्षण को प्रभावी बनाने और एक निश्चित छाप छोड़ने का अवसर नहीं मिलता। जब वह प्रारूप उनकी सहमति के लिए उनके सामने रखा गया तो उन्होंने 50-60 पृष्ठ के उस प्रारूप के स्थान पर 10-11 पृष्ठ का टंकित प्रारूप एकीकृत करके भेजा।

जुलाई 1969 में पुणे के दक्षिणी कमान में जनरल बेवूर की नियुक्ति जी ओ सी-इन-सी के रूप में हुई, जो सेना मुख्यालय में पहले उप प्रमुख थे। जब उन्हें पूरी जिम्मेदारी सौंप दी गई, तब उन्होंने 61 घुड़सवार कैवेलरी, को टैंक के साथ आर्मर्ड रेजीमेंट की एक कैवेलरी, में बदलने के लिए कदम उठाए। उनका तर्क यह था कि अपने युद्ध-कौशल और संघटनों के कारण 61 कैवेलरी पूर्णत: उपयोगी है और रेजीमेंट को पुनर्गठित कर सेना के लिए अत्यावश्यक प्रहार क्षमता हासिल करनी चाहिए। सैम ने उनसे पूछा कि इस आवश्यकता को उन्होंने तब क्यों नहीं देखा, जब वह उपप्रमुख

थे? फिर उन्होंने मजाकिया अंदाज में कहा कि शायद पिछले सैन्य प्रमुख के घोड़ों के प्रति लगाव ने अवसर नहीं दिया। रेजीमेंट कैवेलरी के रूप में बेवूर के सेनाध्यक्ष के रूप में सेवाकाल में ही नहीं, अपितु आज तक कायम है। इस विषय पर पी एस ओ एवं सेना कमांडरों के बीच खूब चर्चाएँ हुईं और यह निश्चय किया गया कि 61 कैवेलरी को अपने वर्तमान रूप में ही रहने दिया जाए। यह इसलिए, क्योंकि भारत ही शायद एक अकेला देश है, जहाँ युद्ध के लिए अश्व रेजीमेंट का उपयोग किया जाता है। इन सबसे अलग इसका महत्त्व होता था, जब 'पोलो' के अतिरिक्त सेना में विशेष रूप से घुड़सवारी प्रतियोगिता का आयोजन किया जाता था। इस चर्चा के दो अत्यंत रुचिकर परिणाम हुए।

प्रथमतः निम्न रोजगार संबंधी व्यवधानों को दूर किया गया। रेजीमेंट के एक स्क्वाड्रन को जयपुर से दिल्ली कैंट सभी राज्यों के प्रमुख और दिल्ली में अन्य आगंतुक प्रमुखों को गार्ड ऑफ ऑनर प्रदान करने के लिए भेजा गया। उसके पहले तक यह कार्य इन्फैंट्री बटालियन द्वारा दिल्ली में समारोह के अवसर पर जवानों और गार्डों को उपलब्ध करके राष्ट्रपति भवन तथा 'आर्मी हाउस' में किया जाता था। परिणामस्वरूप यह बटालियन कुछ ज्यादा ही नियोजित हो गई; क्योंकि वहाँ सप्ताह में एक या दो बार अतिथि आते थे, जिनके निमित्त इनकी आवश्यकता होती थी। इन्फैंट्री बटालियन को राहत की साँस मिली और उन्हें 61 कैवेलरी के 'सवारों' से भी छुट्टी मिल गई। दूसरा कुछ विभिन्न प्रकार का था। कैवेलरी ऑफीसर और सेना मुख्यालय सहित एडजुटेंट जनरल लेफ्टिनेंट जनरल हरप्रसाद और सैन्य कार्रवाई निदेशक मेजर जनरल के के सिंह के साथ 61 कैवेलरी के अन्य अधिकारियों ने एक बेजोड़ योजना बनाई। उनका विश्वास था कि 61 कैवेलरी को पुनर्संगठित करने के लिए तलाश अभी शुरू हुई है और आनेवाले समय में इसमें तेजी आएगी। 61 कैवेलरी के सी ओ को थलसेना अध्यक्ष के पास एक पत्र लिखने को कहा गया कि चूँकि 61 कैवेलरी को रेजीमेंट के प्रभावी कर्नल का संरक्षण नहीं मिल रहा है, इसलिए क्या सेनाध्यक्ष 61 कैवेलरी में स्थायी रूप से सम्माननीय कर्नल के पद को स्वीकार कर इस रेजीमेंट को अपना आशीर्वाद देंगे। इस प्रस्ताव को विशेष रूप से सेनाध्यक्ष को 'ब्रिगेड ऑफ गार्ड्स' के कर्नल बनाए जाने के लिए विनती की गई थी, हालाँकि यहाँ उनका कोई काम नहीं था। दूसरी बात यह थी कि यह सेना का एकमात्र अश्वारोही रेजीमेंट था, जिसे पुष्ट करने की आवश्यकता थी। जब सैम ने योजना को जाना तो उन्होंने तुरंत ही प्रस्ताव को स्वीकार कर लिया, क्योंकि वह नहीं चाहते थे कि इसमें जरा भी बदलाव हो।

सेनाध्यक्ष का मानना था कि वेलिंगटन के स्टाफ कॉलेज कोर्स में नामांकन की

व्यवस्था में खामियाँ हैं। इसमें शांति स्टेशनों पर तैनात अधिकारियों को आसानी से बिना किसी व्यवधान के नामांकन मिल जाता है। वहीं उन्हीं के साथी, जो युद्धक्षेत्र में थे, उन्हें यह सुविधा नहीं मिलती। इसके अलावा, रेजीमेंट के साथ की गई सेवा को कोई महत्त्व नहीं मिलता है। इसलिए उन्होंने एम एस शाखा को निर्देश जारी किया कि सभी कारकों को ध्यान में रखकर उन्हें महत्त्व देते हुए नामांकन के लिए कुछ मानदंड बनाए जाएँ। कंप्यूटर के स्थापित हो जाने के बाद यह काम सरल हो गया था। यह व्यवस्था जिसका परीक्षण होता रहता है, उपयोगी हो गई।

जब यह तय हो गया कि सेना को वर्ष 1971 के युद्ध में जाना ही है तब स्टाफ कॉलेज में होनेवाली रक्षा सेवा स्टाफ कॉलेज की प्रवेश परीक्षा के लिए एम ए ने थलसेना अध्यक्ष के पास एक प्रस्ताव पेश किया कि पूरे वर्ष के कार्यों के आधार पर उन अधिकारियों का चयन कर लिया जाए, जिन्होंने इस परीक्षा के लिए आवेदन किया है, जैसा कि सन् 1962 के युद्ध के बाद किया गया था। इस सलाह को स्वीकार कर लिया गया और डी सेनाध्यक्ष को चयन के लिए मानदंड निर्धारित करने का आदेश दिया गया। पी एस ओ और अन्य अधिकारियों ने सेना मुख्यालय में इस पर चर्चाएँ शुरू कर दीं, ताकि सर्वसम्मत पद्धति निकाली जाए। इस प्रकार जिन अधिकारियों ने इस परीक्षा के लिए आवेदन किया था, उन्होंने परीक्षा की तैयारी छोड़ दी और अपना समय व ध्यान युद्ध की तैयारियों में लगा दिया।

सन् 1969 का वर्ष राजनीतिक और ऐतिहासिक दृष्टि से महत्त्वपूर्ण था। यह समय था, जब कांग्रेस पार्टी में विभाजन हुआ और कांग्रेस के आधिकारिक उम्मीदवार के मुकाबले में श्रीमती इंदिरा गांधी ने अपना उम्मीदवार भारत के राष्ट्रपति पद के लिए खड़ा किया। नेताओं में खलबली मच गई और सभी एक–दूसरे को शंकित नजरों से देखने लगे। उस समय यह अफवाह तेजी से फैलने लगी कि देश में सैन्य शासन लागू हो सकता है और सैम मानेकशॉ इसे कार्यान्वित करने की स्थिति में हैं। ये अफवाहें किस आधार पर फैलाई गईं, यह अभी तक नहीं जाना जा सका। सरकार और सरकार से बाहर बहुत से लोग यह महसूस कर रहे थे कि इस देश को बेहतर नेतृत्व देनेवाले सबसे योग्य व्यक्ति थलसेना अध्यक्ष ही हो सकते हैं। अनेक महत्त्वपूर्ण व्यक्ति अकसर उनसे मिला करते थे। अफवाहें इस कदर व्याप्त थीं कि सेनाध्यक्ष को कभी भोजन के लिए तो कभी एकांत वार्त्ता के लिए राष्ट्रपति भवन बुलाया जाता। संभवत: सत्ताधारी कांग्रेस पार्टी में विभाजन और सरकार में अस्थिरता की स्थिति ही इनका उपयुक्त कारण थीं। जितना हो सकता था, सभी विषयों से बढ़कर यह डर व्याप्त हो गया और वह इन सबके पीछे सत्य के कारणों का पता लगाने के लिए रात-दिन जुट गए।

वर्ष 1969 के अगस्त या सितंबर में एक दिन संसद् भवन स्थित प्रधानमंत्री कार्यालय में सैम को मिलने के लिए बुलाया गया। वहाँ प्रधानमंत्री ने, जो समस्याओं के प्रति सीधा दृष्टिकोण अपनाती थीं और पहले से सूचित कर दी गई थीं, निश्चय किया कि दिल्ली में फैली अफवाहों के विषय में सैम से आमने-सामने खुलकर बात करेंगी। जब सैम वहाँ से बाहर आए तो मैंने उन्हें मुसकराकर गाड़ी में बैठते हुए देखा। जब मैंने उनकी प्रसन्नता का कारण पूछा तो उन्होंने कहा, "प्रधानमंत्री सोच रही थीं कि मैं सत्ता पर कब्जा करना चाहता हूँ। उन्होंने मुझसे कहा कि 'सैम, वे लोग कहते हैं कि मुझे सबसे बड़ा खतरा तुमसे है।' मैंने उनकी ओर देखा और पूछा, 'आप क्या सोचती हैं?' उन्होंने कहा कि 'मैं वास्तव में नहीं जानती हूँ।' तब मैंने उनसे कहा कि 'आपको मुझसे या सेना से डरने की आवश्यकता नहीं है। आप अपना काम कीजिए और मुझे अपना काम करने दीजिए।' उन्होंने मुसकराकर कहा, 'धन्यवाद सैम!' यही कारण है कि मैं प्रसन्न हूँ।" शायद यह घटना उनके पिता की मृत्यु के कारण हुई, जिसके लिए उस समय के सेनाध्यक्ष जनरल जे एन चौधरी ने सैम को जिम्मेदार ठहराया था। उसी से संबंधित प्रधानमंत्री के दिमाग में यह शंका पैदा की गई थी। हालाँकि चारों ओर से अत्यंत दबाव था; लेकिन सैम को यह श्रेय जाता है कि उन्होंने किंचित् भी ऐसी आशंका को बल प्रदान नहीं किया। वास्तव में उन्होंने हमेशा पड़ोसी देश का उदाहरण दिया, जहाँ सैन्य शासन ने वहाँ का सामाजिक ढाँचा तहस-नहस कर दिया। उन्होंने दावे के साथ कहा कि सशस्त्र बल मानव-चालित हैं और वे भी समाज की साजिशों का शिकार हो सकते हैं। उनका दृढ़ विश्वास था कि सेना का कार्य बाहरी आक्रमण से देश की रक्षा करना है और नेतृत्व के निर्देशानुसार देश के अंदर कानून-व्यवस्था को बनाए रखने में सहयोग देना है, न कि शासन करना और देश पर हुक्म चलाना है। यह ईश्वर की कृपा ही थी कि संकट की इस घड़ी में सेना का नेतृत्व सैम मानेकशॉ कर रहे थे।

सैम को पूर्वाभास था कि देश के सामाजिक-आर्थिक वातावरण में परिवर्तन से समस्याएँ उत्पन्न होंगी और इसलिए उन्होंने कुछ समस्याओं के निपटारे की पहल पहले ही कर दी थी। पिरामिड संरचना के कारण बहुत सारे अच्छे और उपयुक्त अधिकारियों को अगले पद के लिए तरक्की दे दी गई। सेना में बहुत अच्छे अधिकारी और कुछ बेहतर लोग भी थे—कम-से-कम कागजी रूप से तो जरूर ही कुछ बेहतर थे, जिन्हें उच्च पदों पर नियुक्त करना था। उन्होंने सार्वजनिक क्षेत्र की कंपनियों और निजी कंपनियों से सेना के कुछ अधिकारियों को उनके यहाँ सेवा का अवसर देने की बातचीत की पहल की। व्यापार जगत् ने अच्छी प्रतिक्रिया दिखाई और कुछ

अधिकारियों को अपनी कंपनी में अच्छे पदों का प्रस्ताव दिया। सीमेंस इंडिया में कर्नल रावत एवं हिंदुस्तान लीवर में कर्नल खुराना तथा ऐसे ही कुछ और नाम थे। यह एक शुरुआत थी, जिसकी जरूरत थी और जो अधिलंघन से आनेवाली समस्याओं का हल थी।

सन् 1971 की शुरुआत में सैम को संसद् भवन में प्रधानमंत्री से मुलाकात के लिए बुलाया गया। श्रीलंका की तत्कालीन राष्ट्रपति श्रीमती श्रीमावो भंडारनायके ने भारत सरकार से आग्रह किया था कि दक्षिणी श्रीलंका में जे.वी.पी. द्वारा स्थापित विद्रोहियों से निपटने के लिए कुछ सैनिक टुकड़ियाँ उनके पास भेजी जाएँ। सैन्य कार्रवाई निदेशक और अन्य से सलाह लेने के बाद थलसेना अध्यक्ष ने बंगलौर से ब्रिगेड को श्रीलंका जाने के लिए नामित किया। ब्रिगेड के साथ एक बटालियन को विमान से श्रीलंका भेजा गया। जैसे ही वहाँ के संचार माध्यमों से यह खबर फैली, श्रीलंका की राजनीतिक पार्टियों ने भारत को दोषी ठहराना शुरू कर दिया और आरोप लगाया कि भारत की श्रीलंका पर गिद्ध दृष्टि है। इन सैनिक टुकड़ियों को श्रीलंका के प्रमुख उद्यमों की सुरक्षा में लगाया गया और श्रीलंका की सेनाएँ जे.वी.पी. विद्रोहियों मे दमन कार्य में लगीं। भारतीय सेना के प्रति जो दुष्प्रचार किया गया था, उसके कारण वे सैन्य टुकड़ियाँ एक सप्ताह के अंदर ही भारत लौट आईं। एक वर्ष बाद जब मैं अपनी पत्नी के साथ कुछ श्रीलंकाई संबंधियों से लंदन में मिला, तब उन्होंने बिना किसी लाग-लपेट के दो-टूक कहा कि जिस प्रकार भारतीय सेना आग्रह के चौबीस घंटे के भीतर तत्परता के साथ श्रीलंका पहुँच गई, उससे उन लोगों ने समझ लिया कि भारत ने श्रीलंका पर कब्जा करने का मन बना लिया है। हमारे पास वे शब्द नहीं थे, जो उन्हें विश्वास दिला सकें कि वास्तव में कारण यह नहीं था। वास्तविक कारण था हमारे नेक इरादे और कार्रवाई क्षमता।

फरवरी 1971 में भारतीय थलसेना प्रमुख के आमंत्रण पर अमेरिका के सेना प्रमुख जनरल डब्ल्यू सी वेस्टमोरलैंड भारत आए। जब उनके भारत-भ्रमण का कार्यक्रम चल रहा था तब कुछ लोग चाहते थे कि वे भारत की वाणिज्यिक राजधानी बंबई की यात्रा करें। वास्तव में सैन्य प्रमुख भी चाहते थे कि वह दो दिन के लिए बंबई जाएँ। मैं असिस्टेंट एस्कॉर्ट ऑफीसर के रूप में एस्कॉर्ट ऑफीसर मेजर जनरल गुरबचन सिंह की सहायता के लिए तैनात किया गया था। मैंने सैन्य प्रमुख को बताया था कि अमेरिकन के पास बंबई जैसे अनगिनत शहर हैं और संभवतः उससे बहुत अच्छे भी। इसलिए मेरे विचार से, उनके लिए राजस्थान का भ्रमण अत्यधिक उपयुक्त होगा, जहाँ वह भारत की संस्कृति को महसूस कर सकते हैं। जूनियर और सीनियर का विचार किए बिना सैम ने मेरी सलाह को बिना किसी झिझक के स्वीकार किया।

यह उनका एक ऐसा गुण था, जो विश्व के जाने-माने नेताओं से उन्हें भिन्न बनाता था। उनकी यह महान् खूबी थी कि लोगों को सुनने के लिए वे अपने पद, अपनी उम्र और अनुभव—सभी को त्याग देते थे। उन्होंने इस सलाह को स्वीकार किया और जल्दी से जयपुर के महाराजा कर्नल भवानी सिंह, जो उस समय 'पैरा कमांडो बटालियन' का संचालन कर रहे थे, को फोन किया। लेफ्टिनेंट कर्नल भवानी सिंह दिल्ली आए और थलसेना प्रमुख से मिलकर दल के जयपुर भ्रमण के समय उनके स्वागत की जिम्मेदारी स्वीकार की। चूँकि वे उस समय जयपुर के राजा थे और मेजबानी करने जा रहे थे, इसलिए उन्होंने आग्रह किया कि जनरल गाड़ी में वेस्टमूरलैंड के झंडे की जगह उन्हें जयपुर राजघराने का झंडा लगाने की अनुमति दी जाए। सैम ने कहा, ''जब आप उनके साथ गाड़ी में होंगे, तब आपका झंडा होगा और जब आप उनके साथ नहीं होंगे तब उनका झंडा होगा।'' उन्हें इससे कोई समस्या नहीं थी और वास्तव में यह यात्रा अत्यधिक सफल रही। उनकी यात्रा के दौरान कर्नल भवानी सिंह ने दल का आतिथ्य किया। जनरल और श्रीमती वेस्टमोरलैंड को 'खासा कोठी' में ठहराया गया और अन्य लोगों को 'रामबाग पैलेस होटल' में, जो उस समय जयपुर राजघराने के अधीन था।

वहाँ एक मजेदार घटना हुई। जैसे ही वह होटल में घुसे, अमेरिकी सैन्य प्रमुख के साथ आए ब्रिगेडियर बॉल्डविन दौड़े हुए मेरे कमरे में आए। उन्होंने मुझसे अपने कमरे में आने को कहा और अपना कैमरा मुझे देते हुए मुझसे स्नानागार में उनका चित्र लेने को कहा। यह बिलकुल अजीब आग्रह था, फिर भी मैंने कुछ नहीं कहा। ज्यों ही मैं स्नानागार में गया, मुझे उनके आग्रह का अर्थ समझ में आ गया। उस अधिकारी को 'मानसिंह' सूट में ठहराया गया था, जिसमें एक बड़ा सुसज्जित स्नानागार था। नहाने के टब में शेर की मुखाकृतिवाला झरना था, जो सुंदर पत्थरों से ढका हुआ था, जिसमें चाँदी-जड़ित छड़ में झरने के चारों तरफ परदे लगे थे। इसके अलावा कमरे में बहुत सारी बेमिसाल और आकर्षक वस्तुएँ रखी थीं। स्नानागार की सजावट अत्यंत प्रभावशाली और सुंदर थी। वह नहाने के टब के अंदर बैठ गए और मुझसे चित्र खींचने को कहा, जिसे वे अपनी पत्नी को भेजना चाहते थे।

जयपुर यात्रा से पहले उन्हें झाँसी में आर्मर्ड डिवीजन दिखाने ले जाया गया, जहाँ उन्हें रूसी टी 55 टैंक की झाँकी दिखाई गई, जिसकी तोप भारत में ही लगाई गई थी, ताकि सँचलन के साथ गोलाबारी कर सके। इस आविष्कार से अमेरिकी सैन्य प्रमुख बहुत प्रभावित हुए। आज यह प्रायोगिक तौर पर हर टैंक में है और विश्व की सभी सेनाओं के द्वारा उपयोग में लाया जाता है। दुर्भाग्यवश सोवियत संघ टैंक में किए इस आधुनिकीकरण से खुश नहीं था, क्योंकि उसके अनुसार शर्तों में

यह शामिल नहीं था। इस महत्त्वपूर्ण यात्रा के परिणामस्वरूप अमेरिकी सेना प्रमुख ने यह जाना कि भारतीय सेना के जवान स्वेच्छा से यह कार्य स्वीकार करते हैं, न कि अमेरिकी सेना की तरह जबरन भरती किए जाते हैं। जब वे यहाँ से वापस गए तब अमेरिकी सेना में भरती के लिए यही प्रयास किया और आज वहाँ भी अधिकांश सैनिक स्वेच्छा से सेना में हैं।

झाँसी में वहाँ के कवचित डिवीजन द्वारा जनरल वेस्टमोरलैंड के लिए एक कार्यक्रम आयोजित किया गया, वह था—'साइकिल पोलो प्रतियोगिता'। जनरल इस आयोजन से बहुत प्रभावित हुए और पोलो के प्रबल प्रशंसक होने के नाते उन्होंने इस प्रतियोगिता में भी हिस्सा लिया, जहाँ यह योजना बनाई गई थी, जिसमें जनरल को सुविचारित योजना के तहत गोल करने का अवसर दिया जाना था। इससे अनभिज्ञ जनरल ने सहज ही गोल कर दिया। भारतीय सेना ने अपनी विशिष्टता के अनुसार खेल के अंत में जनरल वेस्टमोरलैंड को उनके द्वारा गोल किए जाने पर विशेष पुरस्कार से सम्मानित किया।

इस यात्रा के दौरान जनरल वेस्टमोरलैंड सिक्किम गए, जहाँ के तत्कालीन

जयपुर नरेश कर्नल भवानी सिंह जयपुर में जनरल डब्ल्यू.सी. वेस्टमोरलैंड का स्वागत करते हुए।

शासक (अब स्वर्गीय) चोग्याल ने एक अमेरिकी स्त्री 'होप कुक' से विवाह किया था। चोग्याल से मिलने के साथ ही उन्हें भारतीय सेना के नाथु-ला पोस्ट को भी दिखाया गया। इन ऊँचे स्थानों पर भारतीय सेना का नियोजन देखकर अमेरिकी थलसेना प्रमुख बहुत प्रभावित हुए। उन्हें जब यह बताया गया कि सेना के जवान इन स्थानों पर एक-दो वर्ष अपने परिवार से दूर रहकर अपना जीवन बिताते हैं तो वह भारतीय सेना की प्रशंसा किए बिना नहीं रह सके कि सचमुच भारतीय सैनिक महान् हैं, जो बिना किसी समस्या को उत्पन्न किए इतने लंबे समय तक यहाँ रहते हैं।

'आर्मी हाउस' का जीवन साधारण और अच्छा था। सेवक तथा 2 और 9 राइफल्स के सैन्य गार्डों सहित ड्राइवर के अलावा वहाँ और कोई वरदीधारी जवान नहीं रहता था। प्रमुख के पास उनका व्यक्तिगत रसोइया 'एरेस्वामी' था, जिसे वह प्यार से 'स्वामी' पुकारते थे। वह उनके साथ लगभग पंद्रह वर्षों से था। वहाँ और कोई भी भोजनालय सहयोगी या बैरा नहीं हुआ करता था। किसी समारोह में और अनगिनत रात्रिभोजों में, जो सेना कमांडर, प्रधानमंत्री या अन्य गण्यमान्य व्यक्ति के

1971 में बबीना में टैकों का संचलन और गोलाबारी देखते हुए।

जयपुर की महारानी गायत्री देवी के साथ।

लिए होते थे, तीन सेवक और रसोइया के दो बेटे खाना परोसा करते थे। गार्डों को घर के अंदर आने की इजाजत नहीं थी। उनका काम था—दिन-रात 'आर्मी हाउस' का पहरा देना—और वे वहीं करते थे।

दिल्ली आने से पहले तत्कालीन थलसेना अध्यक्ष जनरल कुमारमंगलम ने उन्हें बुलाया और पूछा, "'आर्मी हाउस' में आपके लिए कुछ और चाहिए, जो मैं कर सकूँ?" सैम ने कहा, "के, यदि तुम कर सको तो मेरे शयनकक्ष में दो टन का एयर-कंडीशनर लगवा दो। यहाँ मेरे शयनकक्ष में एक है, लेकिन उसे अतिथिगृह में लगवाना होगा और चूँकि सिल्लू अलग शयनकक्ष में सोती है, इसलिए दूसरा उसके लिए आवश्यक है।" जनरल 'के' ने इस आग्रह पर अपनी सहमति दी और नए सेना प्रमुख के 'आर्मी हाउस' में आने से पहले ही दो टन का एयर-कंडीशनर क्यू एम जी के द्वारा लगवा दिया गया। अपने पद के साथ सैम की व्यक्तिगत निष्ठा बहुत अधिक थी। उन दिनों किसी भी प्रकार का मुफ्त का माल लाने या देने की किसी भी अधिकारी को अनुमति नहीं थी। 'आर्मी हाउस' का बिजली बिल सेनाध्यक्ष अपनी जेब से चुकाते थे। घर में उपयोग होनेवाली वस्तुएँ और राशन भी मुफ्त में नहीं मिलता था, बाजार से लाया जाता था, सिवाय सब्जियों और मुरगी व उसके

सिक्किम के महामहिम चोग्यालाल से भेंट करते हुए।

अंडों के, जो वहाँ उत्पन्न किए जाते थे। ए डी सी को कर्मचारियों की गाड़ी दी जाती थी कि वह जे सी ओ, ए डी सी को घर तक छोड़ें, क्योंकि वे 'आर्मी हाउस' की विभिन्न गतिविधियों से जुड़े होते थे। सैम के पास कैंटीन से लिया गया एक नया स्कूटर था, जिसे जे सी ओ, ए डी सी को उनके निजी कार्यों के लिए दिया गया था। अपने निजी स्टाफ की देखरेख वह बहुत अच्छी तरह करते थे और उनके कर्मचारीगण भी कर्तव्यनिष्ठ व अच्छे आचरणवाले थे।

सैम के एक अर्दली का नाम दिल बहादुर गुरुंग था। वह अपने परिवार को दिल्ली ले आया और 'आर्मी हाउस' के सर्वेंट क्वार्टर्स में उसे आवास मिल गया। उस समय दिल बहादुर की पत्नी गर्भवती थी। उसी समय सैम की छोटी बेटी माया भी अपने पहले बच्चे को जन्म देने के लिए दिल्ली में थी। कुछ ही सप्ताह के अंदर उनके पास दो बच्चे आ गए। सैम मानेकशॉ की बेटी होने के कारण उसे दोस्तों और सगे-संबंधियों से अनेक उपहार मिले। उसमें से एक उपहार था पालना। जब यह दिया गया था, उस समय श्रीमती मानेकशॉ ने महसूस किया कि दिल बहादुर के बच्चे को एक साफ-सुथरे बिछावन की जरूरत है। इसलिए अनेक सुंदर कपड़ों

जनरल वेस्टमोरलैंड साइकिल पोलो खेलते हुए।

के साथ उस पालने को भी दिल बहादुर के घर उसके बच्चे के लिए भेज दिया गया। चूँकि दोनों बच्चे लड़के थे, इसलिए जन्म के बाद की सारी देखरेख श्रीमती मानेकशॉ और दिल बहादुर की पत्नी दिलमाया के द्वारा की जाती थी, जो उनसे काफी हिल-मिल गई थी। जब दिल बहादुर के बच्चे का स्तनपान छुड़ा दिया गया तो प्रमुख ने एक जर्सी गाय खरीदकर मँगाई, ताकि सभी को ताजा दूध मिल सके। चूँकि गाय के लिए चारा और भोजन का इंतजाम करना था, इसलिए जे सी ओ ए डी सी 'आर्मी हाउस' के सभी कर्मचारियों को बहुत कम कीमत पर दूध उपलब्ध कराते थे, ताकि गाय के चारे की कीमत निकल आए। दिल बहादुर को दूध मुफ्त में दिया जाता था, ताकि माँ और बच्चे स्वस्थ रहें। यह मानेकशॉ के लिए स्वाभाविक ही था। वह वास्तव में दूसरों की मदद करके खुश हुआ करते थे।

'आर्मी हाउस' में सब्जी उगाने का एक बड़ा बगीचा था, जिसमें एक-से-एक विशिष्ट सब्जियाँ उगाई जाती थीं। अन्य कार्यों के साथ ही जे सी ओ ए डी सी का एक यह भी कार्य था कि खूबसूरत डलिया में सजाकर इन सब्जियों को पड़ोसियों, पी एस ओ, अन्य अधिकारियों और कर्मचारियों तथा मित्रों के परिवारों में बाँटा जाए। सैम का यह व्यक्तित्व सबके द्वारा सराहनीय था और सभी उनका

आदर करते थे। अपनी अच्छी बातें वे सभी के साथ बाँटा करते और इन चीजों से पैसा कमाने की किसी के भी द्वारा दी गई सलाह से नफरत करते थे। सैम की एक और बड़ी विशेषता थी कि वह हमेशा अपने अधीनस्थ कर्मचारियों को बड़े और बेहतर उपहार देकर आदान-प्रदान करते थे। एक बार क्यू एम जी लेफ्टिनेंट जनरल जे के खन्ना ने सैम की मछली पकड़नेवाली बंसी की प्रशंसा की। उन्होंने तुरंत शुभकामनाओं के साथ जनरल खन्ना को वह बंसी भिजवा दी। जनरल खन्ना ने उन्हें दो बोतल स्कॉच व्हिस्की भिजवाई। जब प्रमुख ने इसके पीछे का कारण जाना तो उन्होंने दोनों बोतलें मुझे देते हुए कहा, "जाकर जनरल से कहो कि सैन्य प्रमुख किसी चीज के बदले किसी जूनियर से किसी भी शक्ल में कीमत नहीं लेते।" जब मैंने जनरल खन्ना को वे बोतलें लौटाईं तब वे काफी परेशान हुए और सैम के पास क्षमाप्रार्थी बनकर आए।

सर पदमपत सिंहानिया, जे के कंपनी समूह के मालिक, सैम के गहरे और अभिन्न मित्र थे। सन् 1960 में भारत में पहली बार टेलीविजन आया और सिंहानिया समूह के प्रमुख ने उनकी कंपनी द्वारा बनाया गया टी.वी. का एक सेट सैम को तोहफे में दिया। उसे अच्छी तरह से बरामदे में स्थापित किया गया, ताकि जे सी ओ ए डी सी, सभी कर्मचारी उनके परिवार और काम पर न लगे गार्ड भी इसका आनंद उठा सकें। बेहराम पंथाकी, जो दूसरे ए डी सी थे और मैं एक दिन जब उनके साथ कार्यालय जा रहे थे तब ए डी सी आवास के लिए उनसे एक टी.वी. सेट की माँग की। उस समय उन्होंने कुछ नहीं कहा। एक सप्ताह के अंदर उन्होंने हमारे ए डी सी कॉटेज में नया टी.वी. सेट लगवा दिया और साथ ही मिलिट्री असिस्टेंट लेफ्टिनेंट कर्नल (बाद में लेफ्टिनेंट जनरल) दीपिंदर सिंह के लिए भी एक सेट मँगवा दिया।

जब सैम सेना प्रमुख थे, तब आए दिन समारोहों का आयोजन करते रहते थे। जहाँ तक राजनीतिक समारोहों की बात थी, वह बहुत गिने-चुने और कुछ ही दूतावासों में जाते थे। राजदूतों के व्यक्तिगत आमंत्रण और कुछ विकासशील देशों के राजदूतों, जिनके साथ उनके अच्छे संबंध थे, उन्हीं के आमंत्रण पर वे समारोह में जाते थे। केवल उनका ए डी सी उनके साथ होता था, यदि उसे आमंत्रित किया जाता था तो। सैम का मानना था कि यदि उसे नहीं बुलाया जाता है और केवल रुतबे के लिए हम उसे अपने साथ ले जाते हैं तो मेजबान को अच्छा नहीं लगता और हो सकता है कि उसने उसके लिए खाने का प्रबंध न किया हो।

लोग हमेशा मुझसे महिलाओं के बीच सैम की लोकप्रियता के कारण पूछते थे। यह कहना बहुत कठिन था कि उनसे महिलाएँ क्यों प्रभावित थीं। मेरी दृष्टि

में इसके कारण स्पष्ट थे। सबसे पहले, वे आकर्षक व्यक्तित्व के स्वामी थे, जो लंबे और स्वस्थ संरचना से युक्त थे। हमेशा अच्छी सिलाई और डिजाइनवाले सूट से सज्जित वह पोशाक के साथ मिलते हुए अन्य सजावटी सामानों के प्रति विशिष्ट पसंद रखते थे। हलके रंग की पोशाक उनके अच्छे स्वस्थ और हष्ट-पुष्ट शरीर पर बहुत जँचती थी। वे हर समय तैयार और सजे हुए मिलते थे। दूसरा, समारोह में वे कोशिश करते थे कि जितना संभव हो, सबसे मिला जाए, बातें की जाएँ। महिलाओं को उनकी मुसकराहट और समारोह के अनुकूल मजेदार किस्से व चुटकुले सुनने को मिलते थे। उनकी समस्याओं को सुनकर, सहानुभूति जताकर विश्वास दिलाने के साथ-साथ उनकी सहायता करने की सैम की प्रवृत्ति उनकी ऐसी विशेषता थी, जिससे उनके प्रशंसक निरंतर बढ़ते चले जा रहे थे। तीसरा, किसी भी बात पर प्रतिक्रिया देने में वे दक्ष थे और सभी को प्रफुल्ल रखने में कुशल थे। अंततः के एक परिष्कृत व्यक्तित्व रखते थे, जिसके पास सभ्यता और अत्युत्तम विचारों-व्यवहारों का भंडार था। वे एक शानदार संवादकर्ता थे, जिनके पास हर अवसर के लिए किस्से-कहानियाँ हुआ करती थीं। इन सब गुणों के कारण ही उन्हें देखते ही महिलाओं के बीच खुसरफुसर होने लगती थी। उस समय वे अपने व्यक्तित्व व गरिमा को बरकरार रखते थे।

कलकत्ता में एक प्रसिद्ध उद्योगपति की पत्नी घुड़सवारी के दिनों में टर्फ क्लब में उनके बगल की जगह कभी नहीं छोड़ती थीं। हमेशा बातचीत का सिलसिला उनके घर शाम को पार्टी में सैम को आमंत्रित करके समाप्त होता था और सैन्य कमांडर हमेशा इससे अलग रहना चाहते थे। बहुत सारी महिलाएँ घुड़सवारी के क्लब में या सामाजिक समारोहों में उनके साथ रहने के लिए यत्न करती थीं। जब वे दिल्ली आए, यहाँ भी वही कहानी थी; बल्कि उनकी संख्या में काफी बढ़ोतरी हो गई थी, जिसमें राजदूतों, उद्योगपतियों, पत्रकारों आदि की भी गिनती शामिल हो गई। वह स्वाभाविक रूप से खूबसूरत व्यक्तित्व के धनी थे। सभी व्यक्ति, विशेषकर युवा महिलाएँ, उनकी गर्मजोशी और स्नेहिल संपर्क से विशेष रूप से प्रभावित थीं।

एक मजेदार किस्सा है। सैम को नाचना बहुत अच्छा लगता था। उनका मानना था कि यह क्रिया तनाव से मुक्ति देती है। युद्ध से पहले जहाँ भारत सरकार और सेना मुख्यालय में तीव्र गतिविधियाँ हो रही थीं, वहीं सेना प्रमुख दिल्ली में ओबेराय होटल के एक चीनी रेस्टोरेंट 'चिनोइस' में एक सुंदर लड़की के साथ नाच रहे थे। यह देखकर किसी एजेंसी ने प्रधानमंत्री के पास इसकी सूचना दे दी। अगली सुबह प्रधानमंत्री के कार्यालय में सैम की मीटिंग थी। जब कामकाजी बातें खत्म हो गईं तब प्रधानमंत्री ने बहुत विनम्रता से उन्हें सार्वजनिक स्थान पर रात में किसी सुंदर लड़की

के साथ नाचने से मना किया। इस पर सैम शांत रहे और चुपचाप प्रधानमंत्री की बातें सुनते रहे। जब उनकी बातें समाप्त हो गईं, तब उन्होंने प्रधानमंत्री से पूछा कि क्या वह जानना चाहेंगी कि वह सुंदर लड़की कौन थी? उनके नहीं बोलने पर उन्होंने कहा, ''प्रधानमंत्रीजी जिस सुंदर लड़की के साथ मुझे नाचते हुए देखा गया, वह मेरी बेटी थी।'' इस पर दोनों खूब हँसे। मैं हैरान हूँ कि एजेंसी ने क्या संदेश दिया और प्रधानमंत्री ने उस पर ध्यान दे दिया।

सैम की एक अन्य विशेषता थी अपने साथ काम करनेवालों की देखभाल करने की योग्यता और प्रवृत्ति। अविवाहित ए डी सी के रूप में हम 'आर्मी हाउस' के बगल में ए डी सी कॉटेज में रहते थे। हम अपनी रसोई बनाते थे। जब भी 'आर्मी हाउस' में कुछ अच्छा पकाया जाता, श्रीमती मानेकशॉ हमेशा हमारा हिस्सा हमें भेजती थीं। इसके अलावा, चूँकि हम अविवाहित थे, इसलिए हम अपने दोस्तों और सुंदर लड़कियों के साथ पार्टी करते रहते थे। सैम, उनकी पत्नी और उनकी बेटियाँ जब वहाँ होती थीं, उस पार्टी में तब तक रहती थीं जब तक वह समाप्त न हो जाए और वे सब भोजन न कर लें। भोजन बनाने के लिए उनके व्यक्तिगत रसोइए एरेस्वामी और उनके दो बेटे जॉर्ज व क्रिस्टोफर को आदेश दिया जाता था। खाना बनाने के बरतन, खाने की तश्तरियाँ, कटोरियाँ और फर्नीचर्स सभी 'आर्मी हाउस' से आते थे। सैम के निर्देश पर, जे सी ओ ए डी सी, जो 'आर्मी हाउस' पॉलट्री के प्रभारी थे, के द्वारा हमें कम दर पर मुरगियाँ दी जाती थीं। सब्जियाँ और सलाद प्रमुख के बगीचे से आते थे, संगीत का इंतजाम भी प्रमुख ही करते थे। हम जब भी पार्टी का आयोजन करते, ब्रिगेडियर डिसूजा, जो 5 गोरखा राइफल्स में तैनात थे और शराब कारखाना के नियोजक थे, उन्हें जरूर सूचित करते। वह हमें इन पार्टियों के लिए मुफ्त में शराब दिया करते थे। शराब में कुछ मदद हमें 'सिक्किम डिस्टिलरीज' के मालिक कांट्रेक्टर परिवार से भी मिल जाती थी। यह शराब हमें सिक्किम में ब्रिगेड के कमांडर ब्रिगेडियर खंबाटा, जो पूर्वी कमान में जनरल मानेकशॉ के सहायक सैन्य सचिव रह चुके थे, के द्वारा मिलती थी। प्रमुख हमेशा दिल से इन पार्टियों में शामिल होते थे और सभी जरूरतों को पूरा करके उन्हें सफल बनाते थे।

सन् 1972 के पूर्व मैंने सेनाध्यक्ष से आग्रह किया कि मुझे किसी कोटा के द्वारा एक 'फिएट' कार दिलवा दें। याद रहे कि उन दिनों भारत में 'लाइसेंस राज' हुआ करता था। प्रत्येक मंत्री का एक कोटा होता था, जिससे वह अपने संबंधियों और मित्रों को गाड़ी दिलवा सकता था। एक नई कार, वह भी फिएट, पाना आसान नहीं था, यदि आपके पास सीधी पहुँच नहीं है तो। मैंने उन्हें परामर्श दिया कि इसके लिए वह

अपने मित्र एल.एन. मिश्रा से बात करें। उन्होंने वादा किया कि वह इस बारे में जरूर कुछ करेंगे। दूसरी शाम, जब हम कार्यालय से घर लौट रहे थे, तब उन्होंने ड्राइवर से मिश्राजी के कार्यालय चलने को कहा और मुझसे कहा, ''तुम्हें तुम्हारी कार दिलवाते हैं।'' जब हम उनके कार्यालय में गए, उनके पीछे मैं भी गया। जाते ही उन्होंने मंत्रीजी से समस्या कह सुनाई और कहा, ''इन्हें अभी कार दिलवाइए।'' मिश्राजी, जो उस समय विदेश व्यापार मामलों के मंत्री थे, ने अपने पी.ए. से सेठ किलाचंद, जो बंबई में फिएट कार की एजेंसी और कारखाने के मालिक थे, से बात करने को कहा। उन्होंने उसी समय उनसे बात की और उसी क्षण गाड़ी देने को कहा। जब हम घर लौट रहे थे तब सैम ने कहा, ''शुभी, एम ए से कहकर ए जी से ऋण का इंतजाम करो और जब तुम कार लेना चाहो, हम बंबई चलेंगे। जाकर एम ए से कहो। तुम नाइक खानी राम (सैम का ड्राइवर) को अपने साथ ले जा सकते हो। पर वादा करो कि तुम अपनी कार में मुझे घुमाओगे।'' वास्तव में वह बहुत विचारवान् व्यक्ति थे। जब कार आ गई, तब उसके लिए गैराज नहीं था। मेजर जनरल ओ पी दत्ता की मदद से टिन की छतवाला एक शेड तैयार किया गया। उस समय वह सीमा सड़क संगठन के महानिदेशक थे और मैं उन्हें तब से जानता था, जब वे भूटान में सीमा सड़क परियोजना 'दंतक' के प्रमुख अभियंता थे। वह गैराज किंग जॉर्ज एवेन्यू (अब राजाजी मार्ग) पर ए डी सी कॉटेज नं. 4 पर अभी भी स्थित है।

एक पार्टी में डांस करते हुए।

दूसरी घटना थी—हर तीसरे महीने, धोबी और उसके परिवार; ड्राइवर, रसोइया और उसके परिवार, माली तथा अन्य वे सभी व्यक्ति, जो आर्मी हाउस की देखभाल करते थे, सभी के लिए आर्मी हाउस में होनेवाला समारोह। सैम अपनी पत्नी सिल्लू के साथ समारोह का आयोजन करते, जहाँ वे भोजन और शराब सभी को अपने हाथों से परोसते थे। उनके एम ए, ए डी सी, सेना मुख्यालय के कैंप कमांडेंट, लेफ्टिनेंट गिरधारी लाल हमेशा उपस्थित होते थे, जब भी इस प्रकार के समारोह के आयोजन की घोषणा जे सी ओ, ए डी सी द्वारा की जा जाती थी। इसके लिए पैसे की व्यवस्था प्रमुख के द्वारा की जाती थी और

उन सभी अखबारों व पत्रिकाओं को बेचकर पैसा जमा किया जाता था, जो प्रकाशकों द्वारा सेना प्रमुख को भेजे जाते थे।

'आर्मी हाउस' में सैम के तीन प्रिय मित्र नियमित रूप से आया करते थे। उनके विभिन्न प्रकार के कार्यों से सैम की सभी लोगों से जुड़ने की योग्यता प्रकट होती थी। एक थे केंद्रीय मंत्री श्री एल.एन. मिश्रा। बिहार के रहनेवाले यह भद्र पुरुष हमेशा 'आर्मी हाउस' आया-जाया करते थे। बिहार के इस सीधे-सादे देहाती पुरुष को गोल्फ से संबंधित किसी भी बात की कोई जानकारी नहीं थी। एक बार किसी ने उन्हें गोल्फ सेट उपहार में दिया। उन्होंने सैम को फोन किया और कहा, "इन फिरंगियों ने मेरे लिए कुछ अजीब सी छड़ी भेजी है। मैं नहीं जानता कि इसका क्या किया जाए। इसलिए यह सब मैं आपके पास भेज रहा हूँ। देखें, आप इसका क्या कर सकते हैं।" कुछ क्षण बाद पूरा गोल्फ सेट आर्मी हाउस के ए डी सी कार्यालय में लाया गया। यह महाशय उत्पीड़न की भावना के शिकार थे। वह हमेशा दुःखी रहते थे कि सुननेवाला यंत्र कहीं भी जहाँ वह जाते थे, लगा दिया जाता था। वास्तव में वह ईश्वर से भी ज्यादा प्रधानमंत्री से डरते थे। स्पष्ट रूप से वह कुछ छिपाना चाहते थे। उन्हें अच्छी जिंदगी की चाहत थी और शराब पीने में बहुत आनंद आता था। चूँकि वे अपने अन्य मित्रों के साथ ऐसा नहीं कर सकते थे, इसलिए 'आर्मी हाउस' में वे स्वत्रंत रूप से जमकर पी सकते थे। कुछ आश्चर्यजनक कारणों से उन दिनों राजनीतिज्ञों के लिए शराब पीना निषिद्ध था।

दूसरे थे—सावल भालोटिया—एक मारवाड़ी व्यवसायी जिनका कलकत्ता, दिल्ली सहित भारत के कई शहरों में कारोबार था। उनकी पत्नी हमेशा उनके साथ होती थीं। वे 'प्लाइवुड' और अन्य सामानों के उत्पादक थे। एक सीधा-सादा शुद्ध शाकाहारी आदमी जब भी दिल्ली में होता, सैम के साथ का आनंद उठाता। सैम को सुगंधित शेव लोशन और द्रव्य (कोलोन) का प्रयोग बहुत पसंद था। श्रीमती भालोटिया एक सरल स्त्री थीं। उन्होंने श्रीमती मानेकशॉ से कहा कि वे सैम से कहें कि सुगंधित द्रव्य की एक बोतल उनके पति को दें, ताकि वे भी सैम की तरह सुगंधित रहें। तीसरे थे श्री छिब्बड़, जो एक व्यवसायी थे और अनेक राजनीतिज्ञों से, विशेषकर जगजीवन राम और उनके पुत्र तथा एल.एन. मिश्रा से दोस्ती रखते थे जो कभी रक्षा उत्पादन के राज्य मंत्री रह चुके थे। इसके अलावा, वे सरकार में सचिव स्तर के कई नौकरशाहों से भी परिचित थे। वह एक अनिवासी भारतीय (एन.आर.आई.) थे, जो लंदन में रहते थे, लेकिन भारत में कई संपत्तियों के स्वामी थे। वे शस्त्र का व्यवसाय करते थे। जब भी कभी वे सैम से कोई आग्रह करते, सैम उसे ठुकरा देते थे। लेकिन रक्षा मंत्रालय और भारत सरकार के अन्य मंत्रालयों में पहुँच के कारण वे कोई-न-कोई रास्ता निकाल लेते

थे। सैम ने बस एक आग्रह स्वीकार किया था कि उनके बेटे को कैवेलरी के 'हडसंस हॉर्स' रेजीमेंट में कमीशन दिया जाए।

पूर्वी कमान के आर्मर्ड कोर के लेफ्टिनेंट कर्नल डी एस सिद्धू डेविड नाम से लोकप्रिय थे, जो पूर्वी कमान स्टाफ मुख्यालय में एक अधिकारी थे। यह अधिकारी सन् 1965 में एक ब्रिगेड की कमान कर रहे थे, जिन्हें लेफ्टिनेंट कर्नल के पद पर पदावनति देकर कमान सेवा से मुक्त कर दिया गया था। सैम हमेशा महसूस करते थे कि सन् 1965 में उच्च अधिकारियों द्वारा बर्खास्तगी या पदावनति अन्यायपूर्ण थी। इस भावना के पीछे मुख्य कारण था कि यदि अन्य तीस कमांडर अच्छा काम नहीं कर रहे थे तो उच्च कमांडरों पर भी गाज गिरनी चाहिए, जो उन्हें प्रशिक्षित करने के लिए जिम्मेदार थे। केवल यही नहीं, वास्तव में इनकी संख्या तो अधिक थी, और युद्धक्षेत्र में उनकी तैयारी बिलकुल खराब शिक्षण-प्रशिक्षण को प्रदर्शित कर रही थी। कर्नल सिद्धू एक ईमानदार अधिकारी थे, जिनके साथ अन्यायपूर्ण व्यवहार हुआ था। उन्होंने उसी समय तय किया था कि यदि वह सेना प्रमुख बनाए गए तो व्यवस्था को ठीक करेंगे, उनके साथ न्याय करेंगे। जून 1969 में जब मानेकशॉ थलसेना प्रमुख नियुक्त किए गए तो सेना मुख्यालय में कुछ दिनों बाद सबसे पहले उनसे मिलने के लिए जो व्यक्ति आए, वह थे डेविड सिद्धू। प्रमुख ने सिद्धू के दस्तावेजों को पूरी तरह देखा और उनसे कहा, "डेविड, मैंने पूरे दस्तावेज पढ़े हैं, तुम्हारे साथ अन्याय हुआ है। हालाँकि मैं जब सैन्य कमांडर था, तब मैंने वादा किया था कि मैं सेना प्रमुख बनूँगा तब जरूर कुछ करूँगा। पर अब स्थिति भिन्न है। फिर भी मैं तुम्हारे लिए बहुत थोड़ा सा कर सकता हूँ। कुछ नहीं तो मैं तुम्हें रॉ में भेजता हूँ, जहाँ तुम्हें अट्ठावन वर्ष तक सेवा करने का अवसर मिलेगा।" उनकी स्पष्टवादिता और उनका खुलापन ऐसे गुण थे, जिनसे सभी उनकी प्रशंसा करते थे। इस मामले में डेविड ने उनके निर्णय को स्वीकार किया और रॉ में चले गए, जहाँ से वह अट्ठावन वर्ष की उम्र में निदेशक के पद से सेवानिवृत्त हुए।

ऐसा ही दूसरा उदाहरण था क्वार्टर मास्टर जनरल की पदोन्नति का, जो सेना कमांडर के पद पर होनी थी। सेना प्रमुख और बोर्ड ने महसूस किया कि उनका सेवाकाल बहुत कम है। इसलिए उन्होंने उनसे कहा कि वे उनकी पदोन्नति के पक्ष में नहीं हैं। वह यह चाहते हैं कि उन्हें किसी ऐसी सेवा पर लगा दें, जहाँ वह लंबी अवधि तक कार्य कर सकें। क्या यह जनरल ऑफीसर को स्वीकार है, वह जानना चाहते थे। क्वार्टर मास्टर की 'हाँ' सुनकर उन्होंने अपने मित्र एल एन मिश्रा से बात की और मिश्राजी ने उन्हें 'खनिज व धातु व्यापार कॉरपोरेशन' में अध्यक्ष के पद पर नियुक्त कर दिया। एक अधिकारी के रूप में सैम ने हमेशा कोशिश की कि किसी के भी साथ व्यवहार

करने में वह ईमानदार बने रहें। कुल मिलाकर उनकी सोच थी कि लोग व्यवस्था और अपनी योग्यता व क्षमता को बरकरार रखने के लिए हमेशा सच का प्रयोग करें।

जब सैम थलसेना अध्यक्ष बने थे, तब यह परंपरा थी कि जे सी ओ पद के सूबेदार मेजरों को 'आर्मी हाउस' में गणतंत्र दिवस के अवसर पर चाय के लिए बुलाया जाता था। आमंत्रण पर नियंत्रण रखना होता था, क्योंकि सूबेदार मेजरों की संख्या बहुत बड़ी थी। केवल दिल्ली में उस वक्त प्रत्येक निदेशालय के प्रत्येक विभाग में कम-से-कम एक के हिसाब से पूरे विभाग में लगभग 100 सूबेदार मेजरों से अधिक थे। यह परंपरा शुरू से चली आ रही थी कि गणतंत्र दिवस पर ऑफीसर्स मेस में जे सी ओ को बुलाया जाए और स्वतंत्रता दिवस के अवसर पर जे सी ओ अधिकारियों को आमंत्रित करें। अनेक यूनिटों में आमंत्रण का क्रम इसके विपरीत भी था। 'आर्मी हाउस' के इस समारोह की देखभाल एडजुटेंट जनरल की शाखा सैन्य प्रमुख की सलाह पर सभी प्रबंध करती थी। जब जनरल मानेकशॉ ने इस परंपरा के बारे में जाना तो उन्होंने कहा, "यह क्या बेवकूफी है? पूरी सेना के जे सी ओ अधिकारियों के साथ उनके मेस में शराब पीने का आनंद उठाते हैं। सोचो, वह क्या सोचेंगे कि प्रमुख चाय में ही टरका रहे हैं। 'आर्मी हाउस' में शराब पीने का आयोजन होगा और सभी आमंत्रित जे सी ओ, अधिकारी गण, जनरलों और सैन्य प्रमुख सहित एक साथ रम पिएँगे।" उस समय से आगे जब भी गणतंत्र दिवस या उसके आसपास पार्टी होती थी, तब जे सी ओ को खाने-पीने की चीजें या शराब सैन्य प्रमुख के पद और गरिमा के उपयुक्त परोसी जाती थी।

सन् 1971 में जे सी ओ के लिए दी गई पार्टी के दौरान सैन्य प्रमुख को बंबई में उनकी माँ के निधन का समाचार मिला। एम ए और एडजुटेंट जनरल द्वारा यह सलाह देने पर कि पार्टी निरस्त कर दी जाए, प्रमुख ने कहा, "इस स्तर पर मेरे निजी मामले मेरे आधिकारिक कर्तव्यों के निर्वहण में कोई मायने नहीं रखते। अब मेरी माँ इस दुनिया में नहीं रहीं और आयोजन निरस्त करने से मेरी माँ को वापस नहीं लाया जा सकता। सभी जे सी ओ पार्टी का इंतजार कर रहे हैं और मैं उन्हें निराश नहीं कर सकता।" शोक से संबंधित समाचार को अगली सुबह तब तक सबके सामने न लाया जाए, जब तक प्रमुख और श्रीमती मानेकशॉ अपनी माँ के अंतिम संस्कार के लिए बंबई के लिए रवाना न हो जाएँ।

सेना दिवस समारोह का आयोजन धौला कुआँ के रक्षा सेवा अधिकारी संस्थान में हुआ करता था, जहाँ जनरल ऑफीसर, सभी दूतावासों के रक्षा राजदूत, सेवारत पी एस ओ और कुछ गण्यमान्य अधिकारीगण आमंत्रित किए जाते थे। भारत के राष्ट्रपति सर्वोच्च कमांडर के रूप में मुख्य अतिथि हुआ करते थे। प्रधानमंत्री तथा रक्षामंत्री भी

इस समारोह में उपस्थित होते थे। भारतीय मेजबानी के नियमानुसार, राष्ट्रपति, उपराष्ट्रपति, प्रधानमंत्री और अन्य राजनेताओं की उपस्थिति में किसी भी अधिकारी को शराब या ऐसा कोई भी पदार्थ नहीं परोसा जाता था। इसलिए सैन्य सचिव के साथ एक सहमति थी कि राष्ट्रपति इस समारोह से 20-30 मिनट के बाद चले जाएँगे, तब तक सभी आमंत्रित अतिथियों को मुख्य पेय पदार्थ के रूप में जूस परोसा जाएगा। जब तक प्रधानमंत्री नहीं चले जाते थे तब तक यह क्रम चलता रहता था। उस समय श्रीमती इंदिरा गांधी प्रधानमंत्री थीं और जैसे ही राष्ट्रपति वहाँ से निकलते थे, प्रधानमंत्री भी जाने के लिए तैयार हो जाती थीं तथा प्रमुख से कहती थीं, ''आप लोग इस आयोजन का आनंद उठाएँ।'' जैसे ही ये प्रतिष्ठित लोग वहाँ से निकलते, अतिथियों के बीच शराब का दौर शुरू हो जाता।

सैम किसी भी केंद्रीय मंत्री या सचिव से किसी भी विषय पर बातचीत के लिए मिलने से पहले पूरी तरह उस विषय का अध्ययन कर लेते थे। इसके पीछे बड़ा सीधा सा कारण था। उनका मानना था कि विभिन्न मंत्रालयों में नियुक्ति के कारण इन नौकरशाहों का सेवाकाल अबाधित व लंबा होता है। इससे दो-तीन वर्ष की कार्यकाल की अवधि वाले सेना अधिकारियों की अपेक्षा व बेहतर स्थिति में होते हैं। वे चर्चा के दौरान सरकारी तौर-तरीकों की बेहतर समझ के कारण अपनी बात ज्यादा असरदार तरीके से पेश कर सकते हैं। इसके अलावा नौकरशाहों के पास ऐसी स्थिति थी, जिससे चीजों को वे अपने दृष्टिकोण से, अपने लाभ के लिए और राजनीतिज्ञों के लाभ के लिए रखते थे जिनके वे प्रतिनिधि थे। प्राय: किसी विषय का वह ऐसा चित्र विचारार्थ प्रस्तुत करते थे, जो वे चाहते थे।

रक्षा मंत्रालय के सचिव श्री एच.सी. सरीन, आई सी एस, मंत्रालय में लंबे समय से थे। रक्षा उत्पादन सचिव के साथ-साथ बहुत सारे महत्त्वपूर्ण पदों पर वह रह चुके थे। कृष्ण मेनन के समय या उनसे भी पहले वह मंत्रालय में थे। हालाँकि इससे उनको स्पष्ट लाभ था फिर यह मानव का स्वभाव है कि वह अपने अतीत से प्रभावित रहता है। इसके अलावा, इतने वर्षों से मंत्रालय में रहने के कारण वह नए विचारों को अपनाने में अनिच्छुक थे। ऐसे में सेना की समस्या की अपेक्षा लोग अपने दृष्टिकोण को पकड़कर सलाह देने की प्रवृत्ति रखते हैं। मंत्रियों के करीब होने के कारण जो नौकरशाहों की सलाह पर निर्भर रहते हैं, सेवा मुख्यालय द्वारा दिए गए तर्क कभी-कभी उनको बढ़ा-चढ़ाकर प्रस्तुत किए लगते थे। ऐसे में पूर्व घटनाओं पर अधिक ध्यान दिया जाता है, भले ही उसकी तुक हो या न हो। लिहाजा सेना संबंधी अनेक व्यावसायिक प्रस्ताव, जो सैन्य प्रमुख के द्वारा उनके पास भेजे गए, उन्हें किसी-न-किसी आधार पर टाल दिया गया। इन विषम परिस्थितियों में सेना की तैयारी में अनावश्यक देर होती थी। इन परिस्थितियों को पनपते देख सैम ने प्रधानमंत्री को हस्तक्षेप कर सचिवों के बीच

सेनादिवस समारोह के लिए आते हुए राष्ट्रपति।

फेर–बदल करवाने का मन बनाया। इस फेर–बदल में श्री सरीन को भारी उद्योग मंत्रालय का सचिव नियुक्त किया गया और श्री के.बी. लाल को उनकी जगह रक्षा मंत्रालय में लाया गया।

एक बार प्रधानमंत्री की अध्यक्षता में आयोजित कैबिनेट समिति की बैठक में सैम को बुलाया गया। वहाँ 'सेना के लिए आवास पर खर्च' विषय पर बोलते हुए प्रधानमंत्री ने कहा, ''सैन्य प्रमुख महोदय, मुझे सूचना दी गई है कि आपके द्वारा इन आवासों पर आवंटन से अधिक कोष खर्च किया गया है। आप इसका कारण बताएँ।'' इस पर सैम ने जवाब दिया, ''प्रधानमंत्रीजी, मैं आपके आदेश का पालन करता हूँ। आपने निर्देश दिया था कि उन विवाहित जवानों को आवास के लिए प्रतीक्षा न कराई जाए, जो शांति स्टेशनों पर नियुक्त किए गए हैं। सन् 1972 में हमें पूरी तरह अधिकृत आवास मिल पाया। (मैं अपनी याददाश्त के अनुसार वर्ष का उल्लेख कर रहा हूँ, इसलिए हो सकता है कि यह सही न हो।) सन् 1970 के दशक में मैं एवं मेरे अधिकारीगण आवास के लिए अनवरत प्रतीक्षा में थे और किराए के निम्न स्तर के घरों (जो उन्हें दिया गया था) में रहते थे। यदि आपकी नीति में कोई परिवर्तन आया है

और मैं उससे अनभिज्ञ रहा हूँ तो मैं इस पर केवल खेद व्यक्त कर सकता हूँ।'' जब प्रधानमंत्री ने इस बाबत संबद्ध मंत्री से पूछताछ की तो पता चला कि उनकी नीतियों पर अमल हो रहा है और आवासों की योजना पर काम प्रधानमंत्री के निर्देश के अनुसार ही हो रहा है। आगे की चर्चा में यह निष्कर्ष निकला कि अगले दो दशक तक सेनाओं को अधिकृत पूरक आवास दिए जाने की कोई गुंजाइश नहीं है। इस कारण दिल्ली में नियुक्त अधिकारियों को 'सी.आई.एल.क्यू.' (आवास के बदले में क्षतिपूर्ति) यानी किराए के लिए धन देने की व्यवस्था की गई। इससे अधिकारियों को अच्छी कॉलोनियों—जैसे डिफेंस कॉलोनी और साउथ एक्सटेंशन जैसी जगहों—में दिल्ली में किराए का मकान लेने में आसानी हो गई।

सैन्य प्रमुख चाटुकारिता बिलकुल पसंद नहीं करते थे। वह बहुत खिन्न हो जाया करते थे, जब देखते थे कि वरिष्ठ अधिकारी और नौकरशाह किस तरह इस 'खेल' में लिप्त हैं। अनेक बार वह कन्फ्यूशियस का उदाहरण देते थे और कुछ इस प्रकार पढ़ते थे, ''आह, ये चाटुकार लोग! इन लोगों के साथ शासक की सेवा कैसे संभव है। जब वे उस स्थिति में नहीं होते थे, तब उसे प्राप्त करने की सोच में लगे होते थे। जब उनके पास वह होता था, तब उन्हें यह चिंता होती थी कि कहीं वह इसे खो न दें। और वह आदमी, जिसे अपना पद खोने की चिंता हो, उसके लिए ऐसी कोई सीमा नहीं होती, जहाँ वे न चला जाए।'' यद्यपि जैसे ही युद्ध पर विजय प्राप्त की गई, परिस्थितियाँ स्वतः बदल गईं।

सैम, सिल्लू और माया।

जनरल मानेकशॉ अत्यधिक व्यवहार-कुशल अधिकारी थे, जिनसे हर कोई मिल सकता था। वे उनकी स्थिति के बारे में विचार किए बिना अधिकारियों और अन्य लोगों के प्रति आदर-भाव रखने में हमेशा सचेत रहते थे। उनका मानना

था कि मानवीय गरिमा का खयाल रखा जाना चाहिए और उसका आदर किया जाना चाहिए। जब वे सुबह अपने कार्यालय आते तो अनेक पूर्व सैनिक और अन्य लोग अपनी-अपनी समस्याएँ उनके सामने रखते। एक दिन मैं उनके साथ था। मैंने देखा कि कुछ लोग उनके करीब आने की कोशिश कर रहे हैं। ऐसे में उन्हें धक्का भी दे रहे हैं। मैंने तुरंत दोषी व्यक्ति को एक ओर धक्का दे दिया। जैसे ही मैंने ऐसा किया, सैम ने मेरी गोरखा टोपी पर अपनी छड़ी लगाई और क्षोभ में कहा, ''पूर्व सैनिकों के साथ ऐसा कभी नहीं करना! क्या तुम्हें महसूस नहीं होता कि एक दिन तुम और मैं भी इसी स्थिति में होंगे? यदि तुम्हारे साथ ऐसा ही व्यवहार, जैसा तुमने अभी इस व्यक्ति के साथ किया, किया जाए तो तुम्हें अच्छा लगेगा? मानवता की गरिमा मन में सबसे ऊपर होनी चाहिए और वह किसी भी व्यक्ति के लिए अवमाननाकारी नहीं होनी चाहिए।''

एक दूसरी घटना तब हुई जब तत्कालीन प्रधानमंत्री श्रीमती इंदिरा गांधी विदेश यात्रा पर जा रही थीं। सैम उन्हें विदा करके पालम हवाई अड्डे से लौट रहे थे। जब उनकी कार सरदार पटेल मार्ग पर थी, उसी समय कार के आगे मेजर जनरल के झंडेवाली गाड़ी चली जा रही थी। सैन्य प्रमुख के ड्राइवर ने सोचा कि वह चार-सितारा जनरल की गाड़ी चला रहा है, इसलिए उसे हॉर्न बजाकर उस आगेवाली गाड़ी से रास्ता माँग कर आगे बढ़ने का अधिकार है। जैसे ही उसने वैसा किया, सैम ने अपनी छड़ी उठाई और बड़े प्यार से उसके सिर पर लगाकर कहा, ''खानी राम (ड्राइवर का नाम था), बदतमीजी मत करो। देखते नहीं कि वह भी एक फ्लैग कार है। वह भी जनरल साहब हैं। जब उनका ड्राइवर देखेगा कि हमारी गाड़ी आ रही है तब अपने आप पास देगा।'' उनका कहना बिलकुल सही था, जैसे ही जनरल की कार के ड्राइवर ने देखा कि सेना प्रमुख की कार उनके पीछे आ रही है, उसने कार को तत्काल रास्ता दे दिया।

जब सैम जनरल ऑफीसर्स के कार्य-व्यवहार की बात करते थे, तब दो बातें उनके सामने होती थीं। प्रथम, सेना के संचालन के मामले में उन्होंने सैन्य सचिव को निर्देश दिया था कि कमान डिवीजन और कोर में नियुक्त किए गए सभी जनरल दिल्ली से होकर गुजरते समय सैन्य प्रमुख से उनके कार्यालय आकर मिलें, ताकि जिम्मेदारी ग्रहण करने से पहले वह प्रमुख से व्यक्तिगत रूप से मिल सकें। यह औपचारिक मुलाकात एक कप चाय के साथ होती थी और जी ओ सी पद के अधिकारी हमेशा अपने नए कार्यों की तरफ पूर्ण स्पष्ट और विश्वस्त होते थे। इस प्रकार की मुलाकात नए अधिकारियों के लिए अत्यंत प्रेरणादायक होती थी, जो उनके हौसले और स्वाभिमान को बुलंद करती थी। द्वितीय, जनरलों के द्वारा पदोन्नति के

लिए अलंघन किए जाने के प्रतिवाद से संबंधित था। एक विशेष उदाहरण में यह देखने को मिलता है। एक मेजर जनरल, जो पूर्व में अपने डिवीजन की कमान कर रहे थे और उस समय एरिया कमांडर का प्रतिनिधित्व कर रहे थे, को अलंघन की शिकायत थी। जब यह बात उनके सामने अनुशीलन के लिए रखी गई, तब उन्होंने अपने निजी सचिव को बुलाया और जनरल को संबोधित कर एक पत्र लिखवाया। उन्होंने उस पत्र में बिलकुल सरलता से कहा, ''इस प्रतिवाद को देखते हुए उन्हें बस यही कहना है कि जनरल प्रतिवाद नहीं करते हैं।'' संबंधित जनरल ऑफीसर ने सेनाध्यक्ष के इस पत्र के पाते ही अपनी शिकायत वापस ले ली। संयोगवश, उन जनरल के संबंध बड़े-बड़े लोगों से थे और कुछ नेतागण भी उनके मित्र थे। संभवतः सेनाध्यक्ष के इस पत्र और सैम के आचरण को देखते हुए वे सेना प्रमुख के साथ सहमति जताने लगे।

जब सेना के जवानों के अधिकारों की बात आती थी, तब वह सरकार से दृढ़ता के साथ पेश आते थे। एक बार रक्षामंत्री जगजीवन राम ने सैम से कहा कि उनके विचार से सेना के जवानों को काफी छुट्टियाँ दी जाती हैं, जिसमें थोड़ी कमी करनी चाहिए। सैम ने तत्परता से जवाब दिया कि उनके सैनिक उन जगहों पर काम करते हैं, जहाँ उनके परिवार उनके साथ नहीं होते। उनके बच्चों की शिक्षा-दीक्षा में कमियाँ होती हैं, सामान्य नागरिक की तरह अपने चिरस्थायी दोस्तों का साथ नहीं मिलता जो बड़े शहरों और नगरों में रहते हैं। सैनिकों की कठिनाइयाँ, परिवारों से दूर सुनसान जगहों में लगातार नियुक्तियाँ, यह सब देखते हुए उन्हें लगता है कि उनकी छुट्टियाँ काफी सीमित हैं। इसलिए उन्होंने रक्षामंत्री से कहा कि वास्तव में इन सब चीजों को ध्यान में रखकर उनकी छुट्टियाँ बढ़ा देनी चाहिए। अंततः इस मुद्दे को वहीं समाप्त कर दिया गया और फिर कभी नहीं उठाया गया।

एक दिन मैं एम ए (मिलैटरी एन्टैचे) का कार्य सँभाल रहा था, क्योंकि एम ए उस दिन छुट्टी पर थे। एम एस ने मुझे फोन किया और किसी विशेष फाइल के बारे में पूछा। मैंने कहा कि वह फाइल सैन्य प्रमुख के पास है। फिर उन्होंने कहा कि वह फाइल उनके पास दो दिनों के अंदर पहुँच जानी चाहिए। कुछ क्षणों बाद जब मैं कुछ कागजों के साथ थलसेना प्रमुख सैम के पास गया तो उन्हें एम एस का संवाद कह सुनाया। उन्होंने सिर थोड़ा हिलाया और अपने काम में लगे रहे। सैम को मेरे लगातार याद दिलाते रहने के दो दिन बाद एम एस ने उस फाइल के बारे में फिर मुझसे पूछा। जब मैंने उनसे कहा कि वह अभी भी सैन्य प्रमुख के पास है तो उन्होंने अपना आपा खो दिया और मुझे कहा कि मैं काम के योग्य नहीं हूँ। मैंने सोचा, मुझ पर वे अनावश्यक नाराज हो रहे थे। इसलिए बिना किसी झिझक के मैं प्रमुख के कमरे

में गया और कहा कि उस फाइल को देखने का समय आपकी नहीं मिल पाने के कारण एम एस नाराज हैं और मुझे बुरा-भला कह रहे हैं। सैम के जवाब ने मुझे भौंचक्का कर दिया। उन्होंने कहा, ''बच्चे, व्यवस्था के द्वारा मुझसे एक अन्याय करवाया जा रहा था। मैंने संकल्प लिया है कि जब भी मेरा कोई अधिकारी किसी परेशानी में होगा, तब मैं उससे संबंधित घटना की फाइल पर अतिरिक्त समय देकर अध्ययन करूँगा, ताकि उसे अपराधी मानकर उसके साथ कोई अन्याय न हो जाए। फाइल सामने मेज पर पड़ी है। जब भी मुझे थोड़ा समय मिला, मैं इसका अध्ययन करूँगा। मुझे ऐसा करना अच्छा लगता है, क्योंकि मैं तथ्यों से पूरी तरह अवगत एवं विश्वस्त हो सकूँ और अपने हस्ताक्षर इस पर कर सकूँ। जाकर एम एस से कहो कि मैं उन्हें फाइल तभी दूँगा, जब मैं संतुष्ट हो जाऊँगा। और यदि उन्हें जल्दी चाहिए तो सीधे मेरे पास आना चाहिए, न कि तुम पर चिल्लाना चाहिए। उनसे एकदम यही कहो। अब बताओ, तुम उन्हें क्या कहोगे?''

उनके सामने उनकी बातें दोहराकर मैं अपने कार्यालय में आया और एम एस को फोन किया, जो बहुत समझदार थे। उन्होंने तुरंत सैन्य प्रमुख के दृष्टिकोण को स्वीकार किया और मुझसे अपने व्यवहार के लिए खेद व्यक्त किया। यह उदाहरण अपने जूनियरों के लिए सैम की स्वाभाविक चिंता और संवेदना का नमूना है, जिसकी वजह से अनेक आलोचकों के होते हुए भी उन्हें अत्यधिक आदर व सम्मान मिला।

सैन्य प्रमुख होने के नाते वह सेना और सेना कमांडरों की गरिमा से विशेष रूप से जुड़े हुए थे। जब वह चीफ्स ऑफ स्टाफ कमेटी के अध्यक्ष पद पर आए, तब उन्होंने एक निर्देश दिया कि एन डी ए, खडकवासला में होनेवाली पासिंग ऑउट परेड में तीनों सेनाओं के अध्यक्ष और सी-इन-सी को सलामी दी जाएगी। आई एम ए, देहरादून और ओ टी ए, मद्रास में सैन्य कमांडरों के प्रमुख द्वारा सलामी ली जानी थी। इसके पीछे उनका तर्क और उद्देश्य था कि ये सभी सेना के नेतृत्वकर्ता हैं और इनसे इन संस्थाओं के नए अधिकारियों व जवानों के आचरणों एवं व्यवहारों को प्रेरणा मिलेगी। ये अधिकारी इन नेतृत्वकर्ताओं के अधीन भी कभी सेवा कर सकते हैं, इसलिए यह एक-दूसरे को समझने में मदद करेगी।

सैन्य कमांडरों का सम्मेलन वर्ष में दो बार अप्रैल व अक्तूबर में होता था। चूँकि ये सभी सेना के सबसे वरिष्ठ अधिकारीगण थे, इसलिए सैम ने महसूस किया कि उन्हें सर्वोच्च कमांडर और देश के राष्ट्रपति से अनौपचारिक रूप से मिलने का अवसर जरूर मिलना चाहिए। उनके प्रस्ताव पर सेना प्रमुख, उप प्रमुख, सैन्य कमांडरों और सेना के अन्य वरिष्ठ अधिकारियों को भारत के राष्ट्रपति और

विवाह के दिन
सैम एवं सिल्लू।

पुत्री माया के विवाह के दिन दामाद धुन दारूवाला के साथ।

ईस्टर्न कमांड, कलकत्ता में फेयरवैल परेड का निरीक्षण करते हुए।

ईस्टर्न कमांड से प्रस्थान करते हुए।

जनरल एस.एच.एफ.जे. मानेकशॉ, एम.सी.।

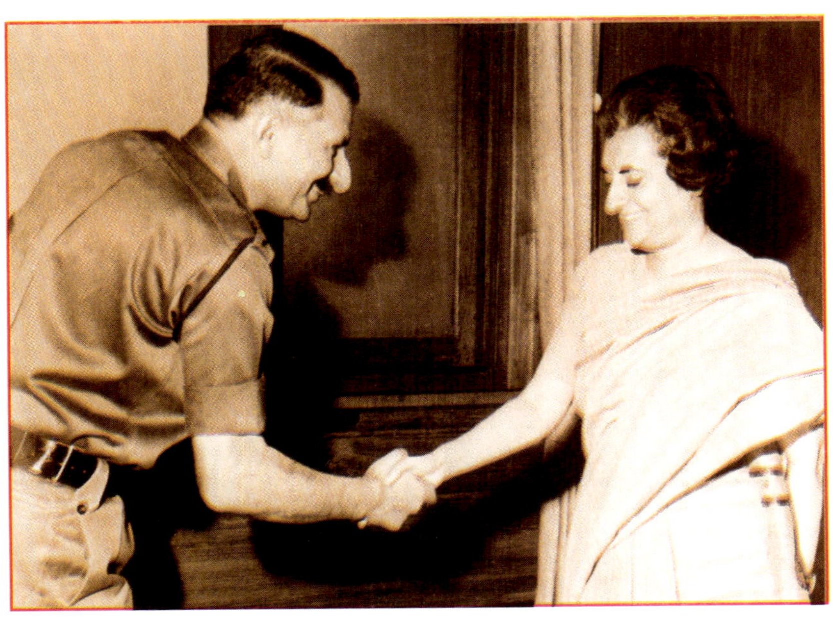

प्रधानमंत्री इंदिरा गांधी सन् 1971 के युद्ध में विजय के उपरांत
चीफ ऑफ स्टाफ कमेटी के अध्यक्ष को बधाई देते हुए।

अमेरिका में 'लीजन ऑफ मेरिट' से सम्मानित होने पर।

वाशिंगटन में कैपिटल हिल म्यूजियम के क्यूरेटर के साथ।

'मुक्ति वाहिनी' कैंप में सैनिकों को प्रोत्साहित करते हुए।

सैम मानेकशॉ अपने दो विश्वस्त सहयोगियों कैप्टेन शुभी सूद तथा बेहराम पंथाकी के साथ।

शकरगढ़ में जवानों से भेंट करते हुए।

1 कोर के अधिकारियों से भेंट करते हुए।

जोशीमठ में 4/8 गोरखा राइफल्स के अधिकारियों के साथ।

17 दिसंबर, 1971 को रक्षा मंत्री जगजीवन राम के साथ।

2 जनवरी, 1972 को फील्ड मार्शल बनने के अवसर पर राष्ट्रपति, उपराष्ट्रपति व प्रधानमंत्री के साथ।

प्रधानमंत्री के द्वारा वर्ष में एक बार भोजन पर आमंत्रित किया जाता था। वास्तव में यह उन अधिकारियों की गरिमा को बढ़ाने के लिए उच्च ऊर्जा का स्वरूप था और यह आमंत्रण पहली बार सेना के वरिष्ठ अधिकारियों को भेजा गया था। सम्मेलन सेना तक सीमित था और इसमें पी एस ओ, सेना मुख्यालय निदेशक और कुछ चुने हुए जूनियर अधिकारी तथा उनकी पत्नियाँ धौला कुआँ क्लब में होनेवाले इस सम्मेलन में शामिल होती थीं। सैन्य प्रमुख के साथ आर्मी हाउस में भोजन एक औपचारिक व नियमित बात थी। दूसरी नई बात जो शुरू की गई, वह थी—सशस्त्र जवानों के लिए राष्ट्रपति द्वारा अलंकरण वितरण समारोह। इसके पहले चूँकि अलंकरण वितरण समारोह सबके लिए एक साथ होता था, इसलिए जवानों को नागरिकों के साथ जगह बनाने के लिए प्रयास करना पड़ता था। इस निर्णय से 'गैलेंट्री अवार्ड' प्राप्त करनेवाले जवानों के परिवारों को भी राष्ट्रपति द्वारा दिए जा रहे सम्मान को देखने का अवसर मिलता था।

सैन्य प्रमुख 'न्याय' के मुखर पक्षधर थे। उनका मानना था कि "मेरी यह जिम्मेदारी है कि सभी अधिकारियों के भीतर उत्साह और ऊर्जा को पूरा करता रहूँ। ऐसे में, यदि कोई अन्याय होता है तो यह वरिष्ठ अधिकारियों का कर्तव्य है कि उस घटना पर पुनर्विचार कर उसे सुधारें। केवल यही नहीं, अपराध के ताने-बाने को बुननेवाले को ऐसी सजा दी जानी चाहिए कि लोग उसे याद रखें।" कुछ समय पहले सन् 1970 में हरियाणा के एक गाँव से एक व्यक्ति चूड़ीदार-अचकन पहने, माथे पर पगड़ी बाँधे सैम मानेकशॉ से मिलने आया। उसने कहा कि वह सैन्य प्रमुख से मिलना चाहता है, क्योंकि 4 कोर के इंजीनियर रेजीमेंट में सेवारत उसके बेटे का कोर्ट मार्शल कर उसे उस अपराध की सजा दी गई, जो उसने नहीं किया। इस कहानी को सुनकर सैम कुछ परेशान हो गए और उन्होंने उस व्यक्ति से कहा कि वे इसकी पूरी जाँच-पड़ताल करेंगे। एडजुटेंट जनरल, जो सेना में अनुशासनिक घटनाओं की सुनवाई करते थे, को उस बारे में विस्तृत जानकारी देने का आदेश दिया गया। जाँच के बाद यह रहस्य सामने आया कि वह जवान दोषी नहीं था। तुरंत उसे रिहा कर सैन्य सेवा में पुनः वापस लिया गया। साथ ही उस यूनिट के कमांडिंग ऑफीसर को अपने अधीनस्थ कर्मचारियों के साथ अन्याय करने के लिए डाँट-फटकार लगाई गई और उसका यूनिट से बाहर तबादला कर दिया गया। 4 कोर के जी ओ सी ने उन अन्य कनिष्ठ अधिकारियों और जे सी ओ को कड़ी डाँट लगाई, जो उस सिपाही पर आरोप लगाने की साजिश में शामिल थे। जहाँ सैम अपने अधिकारियों पर पूरा विश्वास करते थे, वहीं चरित्र की दुर्बलता को लेकर कठोर हो जाते थे।

जहाँ तक सन् 1971 के युद्ध का सवाल था, इसके लिए कार्रवाइयों की शुरुआत मार्च 1971 से ही कर दी गई थी। इसकी बहुत अधिक चर्चा हो चुकी है अतः दोहराने की जरूरत नहीं। हालाँकि यह उनकी ईमानदारी, कर्तव्यनिष्ठा और दृढ़संकल्प ही थे, जिनकी बदौलत उन्होंने प्रधानमंत्री से बात की और यहाँ तक कि उनकी बात न माने जाने पर इस्तीफे का प्रस्ताव भी रखा। उन्होंने भारतीय सेना के मान को सुरक्षित रखा। प्रधानमंत्री सेनाध्यक्ष को नामांकित करती थीं जो उस समय स्वयं अन्य सेवाओं के साथ-साथ सैन्य प्रमुख की स्टाफ समिति के अध्यक्ष थे। केवल यही नहीं, सैन्य प्रमुख को प्रधानमंत्री के द्वारा पूर्ण आजादी दी गई और सभी संबंधित मंत्रियों, विशेषकर वित्त, रक्षा एवं विदेश मामलों के मंत्रियों को प्रधानमंत्री ने निर्देश दिया कि स्टाफ कमेटी के अध्यक्ष जनरल मानेकशॉ को जिस किसी भी सहायता की जरूरत हो, उसे उपलब्ध कराया जाए। जैसे ही संबंधित मंत्रियों ने निर्देश प्राप्त किया, सशस्त्र बल और थल सेना अध्यक्ष की उस स्थिति को प्राप्त करना आसान हो गया, जिसमें तीनों सेनाओं के अध्यक्षों के साथ सभाओं व वार्ताओं के बाद सभी समन्वित कार्रवाई कर सकते थे। यही नहीं, उन्होंने हर एक के बीच अद्‌भुत विश्वास पैदा किया और हर समय उनकी सहायता को तैयार रहे। युद्ध के महत्त्वपूर्ण पहलुओं को अगले अध्याय में वर्णित किया जा रहा है।

जैसे ही तैयारी शुरू हुई, भारतीय सेना के द्वारा 'मुक्ति वाहिनी' के गठन के साथ ही अनियमित कार्रवाइयों की देखभाल के लिए पूर्वी कमान मुख्यालय में एक विशेष शाखा की स्थापना की गई। प्रारंभ में इसकी बागडोर मेजर जनरल ओ एस कालकट के हाथ में दी गई और बाद में मेजर जनरल बी एन सरकार को सौंपी गई, क्योंकि जनरल कालकट को रॉ (रिसर्च ऐंड एनालिसिस विंग) में भेज दिया गया था। उनका जाना आवश्यक था, क्योंकि पूर्वी सैन्य कमांडर और उनके बीच मतभेद हो गए थे। इसके अलावा, कालकट को पदोन्नति के लिए उनकी उम्र उनके पक्ष में नहीं थी। वे अट्‌ठावन वर्ष की उम्र तक सेवारत रह सकें, इसके लिए रॉ में उनकी प्रतिनियुक्ति कर दी गई।

☐

सन् 1971 का युद्ध

मार्च 1969 में पाकिस्तानी फील्ड मार्शल अयूब खान के इस्तीफे के बाद पाकिस्तान के नए राष्ट्रपति बने जनरल याह्या खान ने नवंबर 1969 में यह घोषणा की कि पाकिस्तानी नेशनल असेंबली का चुनाव वर्ष 1970 में किसी समय होगा। यह चुनाव सर्वजनीन मताधिकार पर आधारित और एक ही समय में देश के पूर्वी व पश्चिमी दोनों भागों में होगा। जब चुनाव हुए तब शेख मुजीब-उर-रहमान की अवामी लीग पार्टी ने पूर्वी पाकिस्तान की 160 सीटों में से 2 सीटों को छोड़कर सभी सीटों पर विजय प्राप्त की। उनकी पार्टी पश्चिमी पाकिस्तान में 1 भी सीट जीतने में असफल सिद्ध हुई वहीं प्रतिद्वंद्वी दल जुल्फिकार अली भुट्टो की पी.पी.पी. (पाकिस्तान पीपुल्स पार्टी) ने 138 में से 81 सीटों पर जीत दर्ज की। देश के भावी प्रधानमंत्री के रूप में मुजीब का नाम देखकर भुट्टो ने उनकी नियुक्ति का कड़ा विरोध किया। सबसे पहले उन्होंने 'अवामी लीग' के राजनीतिक मंच के नारे 'छह सूत्री कार्यक्रम' का विरोध यह कहते हुए किया कि इसका अर्थ पूर्णत: पाकिस्तान से अलगाव है और विरोध का दूसरा कारण पूर्वी क्षेत्र के द्वारा पश्चिमी पाकिस्तान पर राजनीतिक प्रभुत्व बताया। चुनावी परिणामों के गणित से यह अर्थ निकलता था कि भुट्टो का सत्ता में आने का कोई रास्ता नहीं है। अत: उन्होंने पूर्वी क्षेत्र के द्वारा पश्चिमी क्षेत्र पर प्रभुत्व की बात उठाकर पश्चिमी पाकिस्तानियों की भावनाओं को भड़काया।

राष्ट्रपति याह्या खान ने आपसी सहमति पर काम कर हल निकालने की कोशिश की और जनवरी 1971 में ढाका आए। दुर्भाग्यवश, वे समझौते को कारगर बनाने में नाकामयाब रहे और इसलामाबाद लौट आए। उसी महीने में कुछ दिन बाद भुट्टो भी ढाका आए और मुजीब के साथ समझौता करने की कोशिश की। किंतु सफलता हाथ नहीं लगी। मार्च 1971 में परिस्थितियों से यह साफ जाहिर था कि इस मामले को सफलतापूर्वक नहीं सुलझाया जा सकता। लेफ्टिनेंट जनरल टिक्का खान, जो 'बलूचिस्तान का कसाई' के रूप में कुख्यात था, की नियुक्ति पूर्वी पाकिस्तान के गवर्नर के रूप में कर दी गई। पाकिस्तानी सेना को पूर्वी पाकिस्तान में श्रीलंका के रास्ते गोपनीय ढंग से अधिक-से-

अधिक जवानों के साथ भेजा गया क्योंकि इंडियन एयरलाइंस के विमान के अपहरण की वजह से भारत के ऊपर उड़ान भरना उसके लिए प्रतिबंधित था। 23 मार्च, 1971 को 'पाकिस्तान दिवस' पर जब पाकिस्तान के राष्ट्रपति ढाका में थे, उस वक्त बँगलादेश की स्वतंत्रता की प्रस्तावना अवामी लीग द्वारा की जा रही थी और पूरे पूर्वी पाकिस्तान में बँगलादेश का झंडा फहराया जा रहा था।

25 मार्च, 1971 को याह्या खान के इसलामाबाद रवाना होने पर पूर्वी पाकिस्तान में जनरल टिक्का खान के द्वारा कुख्यात 'सैन्य दमन चक्र' शुरू कर दिया गया। उसी शाम शेख मुजीबर-उर-रहमान ने 'बँगलादेश के पीपुल्स रिपब्लिक' की घोषणा की और अपने समर्थकों को प्रेरित किया कि वे हर प्रकार से पाकिस्तानी सशस्त्र बलों का प्रतिरोध कर उसके शासन को समाप्त करें। उसी रात उन्हें गिरफ्तार कर लिया गया और युद्ध की नींव तैयार कर दी गई। प्रस्तावना 26 मार्च, 1971 से ही प्रभावी थी, लेकिन उसकी औपचारिक घोषणा 10 अप्रैल, 1971 को हुई। उसकी एक प्रतिलिपि यहाँ दी जा रही है।

स्वतंत्रता की प्रस्तावना

मुजीब नगर, बँगलादेश

दिनांक 10 अप्रैल, 1971

जहाँ संविधान की संरचना के लिए प्रतिनिधियों के चुनाव के लिए बँगलादेश में स्वतंत्र चुनाव 7 दिसंबर, 1970 से 17 जनवरी, 1971 तक हुए,

और

जहाँ इन चुनावों में बँगलादेश के लोगों ने अवामी लीग के कुल 169 सीटों में से 167 पर प्रतिनिधि चुने,

और

जहाँ याह्या खान ने संविधान की संरचना के उद्देश्य से चुने हुए प्रतिनिधियों को 3 मार्च, 1971 को मिलने के लिए बुलाया,

और

जहाँ असेंबली को निरंकुश व अनुचित तरीके से अनिश्चित समय के लिए स्थगित कर दिया गया,

और

जहाँ अपने वादे को पूरा करने के बजाय तथा बँगलादेश के लोगों के प्रतिनिधियों के साथ मिलकर बातचीत के समय ही पाकिस्तानी अधिकारियों ने अन्यायपूर्ण और विश्वासघाती युद्ध की घोषणा कर दी,

और

जहाँ इस प्रकार के विश्वासघाती आचरण के तथ्यों और परिस्थितियों में बँगलादेश के 7.5 करोड़ लोगों के अविवादित नेता बंगबंधु शेख मुजीबर-उर-रहमान ने बँगलादेश के लोगों के आत्मविश्वास के लिए संवैधानिक अधिकारों की पूर्ति के लिए 26 मार्च, 1971 को ढाका में स्वतंत्रता की घोषणा कर बँगलादेश के लोगों से अपील की कि वे बँगलादेश के संगठन और सम्मान की रक्षा करें,

और

जहाँ पाकिस्तानी अधिकारियों ने नृशंस व बर्बर युद्ध का आचरण किया और बँगलादेश के निहत्थे नागरिकों का संहार किया और क्रूर प्रताड़ना का जघन्य कार्य कर रहे हैं,

और

जहाँ पाकिस्तानी सरकार अन्यायपूर्ण युद्ध को थोपकर नर-संहार कर रही है और अन्य दमनकारी नीतियों को अपनाकर बँगलादेश के लोगों के प्रतिनिधियों को मिलने और संविधान का निर्माण कर उनके लिए एक सरकार बनाने का काम असंभव कर रही है,

और

जहाँ बँगलादेश के लोगों ने अपने नायकत्व, बहादुरी और क्रांतिकारी उत्साह से बँगलादेश के क्षेत्रों पर अपना प्रभावी नियंत्रण स्थापित कर लिया है,

हम बँगलादेश के लोगों के चुने हुए प्रतिनिधिगण, बँगलादेश के लोगों के जनादेश, जिसकी इच्छा सर्वोपरि है, से बँधकर सम्मानपूर्वक संवैधानिक असेंबली में स्वयं को गठित करते हैं, और

आपसी सलाह-मशविरे के साथ और बँगलादेश के लोगों को समानता, मानवीय गरिमा और सामाजिक न्याय का विश्वास दिलाते हैं,

बँगलादेश की स्वतंत्रता, जिसे पहले ही बंगबंधु मुजीबर-उर-रहमान ने घोषित कर दिया है, को निश्चित करते हुए बँगलादेश को एक प्रभुत्व-संपन्न पीपुल्स रिपब्लिक के रूप में घोषित और गठित करते हैं,

और

इसलिए यह अभिपुष्ट किया जाता है कि इसके भंग होने तक जो संविधान गठित किया गया है, उस गणतंत्र के राष्ट्रपति बंगबंधु शेख मुजीबुर रहमान और उपराष्ट्रपति सैयद नजरूल इसलाम होंगे,

और

यह कि राष्ट्रपति गणतंत्र की सभी सशस्त्र सेनाओं के सर्वोच्च कमांडर होंगे,

गणतंत्र की पूरी कार्यकारी और संवैधानिक शक्तियों सहित क्षमादान के अधिकार

भी उनके पास होंगे,

उनके पास प्रधानमंत्री तथा जरूरत पड़ने पर अन्य मंत्रियों को नियुक्त करने के अधिकार होंगे,

उनके पास कर लगाने और धन के विस्तार के अधिकार होंगे। उनके पास संवैधानिक असेंबली को बुलाने और उसके स्थगन का अधिकार भी होगा,

और

वह अन्य सभी प्रकार के कार्य, जो बँगलादेश की जनता और सरकार के लिए आवश्यक होंगे, करेंगे,

हम बँगलादेश के लोगों के चुने हुए प्रतिनिधिगण यदि राष्ट्रपति किसी भी कारणवश अपने कार्यालय जाने या कर्तव्यों व अधिकारों का पालन करने में असमर्थ होते हैं तो वैसी स्थिति में राष्ट्रपति को हटाकर उपराष्ट्रपति को सारे अधिकारों व कर्तव्यों की जिम्मेदारी देने का निश्चय करते हैं।

हम आगे निश्चय करते हैं कि संयुक्त राष्ट्र के घोषणा-पत्रों के द्वारा राष्ट्रों के परिवार का सदस्य होने के कारण जो भी जिम्मेदारी व कर्तव्य दिए जाएँगे, उन्हें प्रभावी करने और उनका पालन करने का संकल्प करते हैं।

हम आगे निश्चय करते हैं कि स्वतंत्रता का यह प्रस्ताव 26 मार्च, 1971 से प्रभावी होगा।

हम आगे निश्चय करते हैं कि इन कार्य-सूचियों को प्रभावी बनाने के लिए, अपने पूर्णाधिकार-संपन्न दूत के रूप में प्रोफेसर एम. यूसुफ अली को नियुक्त करते हैं और राष्ट्रपति तथा उपराष्ट्रपति को पद की शपथ दिलाते हैं।

ह/-

एम.यूसुफ अली

पूर्णाधिकार-संपन्न दूत

बँगलादेश की संवैधानिक असेंबली द्वारा

और उसके अधिकारों के अधीन*

पूर्वी बंगाल राइफल्स एवं पूर्वी पाकिस्तान राइफल्स के बंगाली सैनिकों ने जो बंगाली अधिकारियों द्वारा संचालित थे अनियमित बलों के अतिरिक्त पाकिस्तानी सेना का कड़ा प्रतिरोध किया। ज्ञातव्य है कि मेजर जिया उर-रहमान, जो बाद में

---

* 'इंडिया-बँगलादेश रिलेशंस, डॉक्यूमेंट्स 1971-2002', वॉल्यूम-1, 2003, ए.एस. भसीन, गीतिका पब्लिशर्स, नई दिल्ली, पृ. 6

बँगलादेश के राष्ट्रपति हुए, ने चटगाँव के पहाड़ी क्षेत्र में पाकिस्तान का प्रतिरोध किया। लेफ्टिनेंट जनरल जे एफ आर जैकब ने पाकिस्तानी सेना की संख्या का उल्लेख अपनी पुस्तक में किया है।

"सैन्य शासन के दौरान पाकिस्तानी सेना के पूर्वी क्षेत्र में चार इन्फैंट्री ब्रिगेड थे। अगले महीनों में तेजी से विस्तार कर 35 नियमित इन्फैंट्री बटालियन (*लगभग चार डिवीजन*[1]) तैयार की गईं। पश्चिम से अर्धसैनिक बलों के सात विंग, पूर्वी पाकिस्तान सिविल सशस्त्र बल के सात विंग, औद्योगिक सुरक्षा बल की अनेक कंपनियाँ और बड़ी संख्या में अनियमित मुजाहिद व रजाकर थे। आर्टिलरी की छह फील्ड रेजीमेंट, कुछ स्वतंत्र फील्ड और भारी मोर्टार दस्ते तथा हलकी विमान भेदी तोपें थीं। कवचित में एक अमेरिकी चैफी टैंक रेजीमेंट, चैफी टैंक के एक स्वतंत्र स्क्वाड्रन और चैफी तथा रूसी पी टी-76 टैंक के मिश्रित स्क्वाड्रन थे। जहाँ वायुसेना 25 सैबर जेट लड़ाकू विमान, परिवहन एयरक्राफ्ट, कुछ हेलीकॉप्टरों से सज्जित थी, वहीं नौसेना असंख्य गन बोटों से।[2]

पूर्वी पाकिस्तान में सैनिक कार्रवाई से स्थितियाँ तेजी से बिगड़ती गईं। अनेक शरणार्थी भारत में आने लगे। प्रारंभ में यह कुछ हजार लोगों तक सीमित था, अप्रैल 1971 के मध्य में जैसे भारत में आश्रय लेनेवालों की बाढ़-सी आ गई। लाखों लोग, जो भारत में प्रवेश कर चुके थे, यहाँ के सामाजिक ढाँचे को अस्त-व्यस्त कर चुके थे। यदि इस समस्या से नहीं निपटा जाता तो भारत की सुरक्षा व्यवस्था पर विषम प्रभाव पड़ सकता था। पूर्वी पाकिस्तान के लोगों पर पाकिस्तानी सेना के अत्याचार की बीभत्स और नृशंस कहानियाँ उन लोगों द्वारा सुनाई जाती थीं। पाकिस्तानी सेना ने प्रतिशोध की भावना से प्रेरित हो अपनी आयुधशाला के सभी प्रकार के हथियार इस्तेमाल किए, ताकि पश्चिमी पाकिस्तान के विरुद्ध बंगालियों के विद्रोह को दबाया जा सके। बंगालियों और पाकिस्तानियों के बीच दरार पड़ गई थी। भारतीय सत्ता-प्रतिष्ठान ने संसद् में अनेक प्रस्ताव पारित किए, सभी तरह से पाकिस्तान से इस समस्या का समाधान करने को कहा और उन शरणार्थियों को वापस ले जाने को कहा। अब भारत को अपनी हितरक्षा के लिए भी कदम उठाना जरूरी हो गया था। दुर्भाग्यवश, पश्चिम के विकसित देशों ने पूर्वी पाकिस्तान की इन घटनाओं पर समुचित ध्यान नहीं दिया और इसे नजरअंदाज कर दिया। उन्होंने इसे अफवाह समझकर निरस्त कर दिया और कहा कि पाकिस्तान अपनी आंतरिक स्थिति से निबट रहा है।

---

1. इटैलिक-लेखक द्वारा।
2. 'सरेंडर एट ढाका', ले.जन. जे.एफ.आर. जैकब, मनोहर पब्लिशर्स ऐंड डिस्ट्रीब्यूटर्स, नई दिल्ली, 1997, पृ. 34

अप्रैल के अंत तक 'राजनीतिक मामलों की कैबिनेट समिति', प्रधानमंत्री और सेनाध्यक्ष, जो स्टाफ कमेटी के अध्यक्ष थे, ने इस स्थिति से उपजी समस्याओं पर चर्चा के लिए एक बैठक बुलाई। इस बैठक में क्या घटित हुआ, वह एक साक्षात्कार से मालूम किया जा सकता था, जो सैम मानेकशॉ ने सन् 1996 में भारतीय नौसेना के 'एक्स-सर्विसमैंस अफेयर्स सेल' के प्रकाशन 'क्वार्टरडेक' के प्रतिनिधि लेखक कैप्टन अनिल चोपड़ा को दिया था। साक्षात्कार के उद्धरणों को 'सोल्जर टॉक : फील्ड मार्शल सैम मानेकशॉ के साथ एक साक्षात्कार' शीर्षक के अंतर्गत प्रस्तुत किया गया था, जिसे यहाँ प्रस्तुत किया जा रहा है—

अनिल चोपड़ा : '71 के युद्ध के दौरान वार रूम में कुछ लोग थे, जैसे एडमिरल नंदा और एडमिरल डॉसन। क्या उनके बारे में आप कुछ याद कर सकते हैं, जो आज भी आपको याद हो—उस समय की कोई ऐसी घटना या कुछ महत्त्वपूर्ण बात जिसने आपके मस्तिष्क में कोई छाप छोड़ी हो?

मानेकशॉ : मैं युद्ध शुरू होने के पहले की बात कह सकता हूँ। मैं तारीख याद नहीं कर पा रहा हूँ, अप्रैल का समय था या अप्रैल जैसा ही था। एक कैबिनेट मीटिंग में मुझे बुलाया गया। श्रीमती गांधी बहुत गुस्से में और परेशान थीं, क्योंकि शरणार्थी पश्चिम बंगाल, असम और त्रिपुरा में आ रहे थे।

'देखो इसे, अधिक-से-अधिक आ रहे हैं—असम के मुख्यमंत्री का तार, एक और तार…से, इस बारे में आप क्या कर रहे हैं?' उन्होंने मुझसे कहा।

मैंने कहा, 'कुछ भी नहीं, इसमें मैं क्या कर सकता हूँ?'

उन्होंने कहा, 'क्या आप कुछ नहीं कर सकते? आप क्यों कुछ नहीं करते?'

'आप मुझसे क्या चाहती हैं?'

'मैं चाहती हूँ कि आप अपनी सेना अंदर ले जाएँ।'

मैंने कहा, 'इसका मतलब है—युद्ध?' और उन्होंने कहा, 'मुझे नहीं पता, यदि यह युद्ध है तो युद्ध ही सही।' मैं बैठ गया और कहा, 'क्या आपने 'बाइबल' पढ़ा है?' सरदार स्वर्ण सिंह ने कहा, 'अब इसका बाइबल से क्या वास्ता?'

'बाइबल के पहले अध्याय के पहले अनुच्छेद में ईश्वर ने कहा है—'वहाँ प्रकाश हो, तो वहाँ प्रकाश हो गया', आपने भी वैसा महसूस किया। वहाँ युद्ध हो, और वहाँ युद्ध हो जाए।' क्या आप तैयार हो?' ''मैं निश्चित रूप से तैयार नहीं हूँ।'

तब मैंने कहा, 'मैं आपको बताऊँगा कि क्या हो रहा है। यह अप्रैल महीने का अंत है। कुछ दिनों में, 15-20 दिनों में, पूर्वी पाकिस्तान में मानसून का प्रवेश होगा। जब बारिश होगी तो वहाँ की नदियाँ सागर में तब्दील हो जाएँगी। यदि आप एक किनारे पर खड़े होंगे तो दूसरे किनारे को नहीं देख सकेंगे। अंततः मैं सड़कों

तक सीमित हो जाऊँगा।' वायु सेना मुझे सहायता देने में अक्षम होगी और पाकिस्तानी मुझे परास्त कर देंगे—यह एक कारण है। दूसरा, मेरी कवचित डिवीजन बबीना क्षेत्र में है, दूसरा डिवीजन—याद नहीं आ रहा है—सिकंदराबाद क्षेत्र में है। हम अभी फसल काट रहे हैं। मुझे प्रत्येक वाहन, प्रत्येक ट्रक, सभी सड़कें, सभी रेलगाड़ियाँ चाहिए होंगी, ताकि जवानों को रवाना कर सकूँ। और आप फसलों को लाने-ले जाने में अक्षम होंगी। फिर मैं कृषि मंत्री श्री फखरुद्दीन अली अहमद की ओर मुड़ा और कहा कि यदि भारत में भुखमरी हुई तो वे लोग आपको दोषी ठहराएँगे। मैं उस समय दोष सहने के लिए नहीं रहूँगा। तब मैंने उनकी तरफ घूमकर कहा, 'मेरा कवचित डिवीजन मेरा आक्रामक बल है। आप जानते हैं, उनके पास सिर्फ 12 टैंक हैं, जो सक्रिय हैं।'

वाई बी चव्हाण ने पूछा, 'सैम, केवल 12 क्यों?'

मैंने कहा, 'सर, क्योंकि आप वित्तमंत्री हैं। मैं आपसे कुछ महीनों से आग्रह कर रहा हूँ। आपने कहा, 'आपके पास पैसे नहीं हैं, इसी कारण।'

तब मैंने कहा, 'प्रधानमंत्रीजी, सन् 1962 में आपके पिताजी ने एक सेना प्रमुख के रूप में जनरल थापर की जगह अगर मुझसे कहा होता, 'चीनियों को बाहर फेंक दो।' मैंने उनकी तरफ देखकर कहता, इन सब समस्याओं को देखिए।'

'अब मैं आपसे कह रहा हूँ, ये समस्याएँ हैं। यदि अब भी आप चाहती हैं कि मैं आगे बढ़ूँ तो प्रधानमंत्रीजी, मैं दावा करता हूँ कि शत-प्रतिशत हार होगी। अब आप मुझे आदेश दे सकती हैं।'

तब जगजीवन राम ने कहा, 'सैम, मान जाओ ना।'

मैंने कहा, 'मैंने अपना मत दे दिया, अब सरकार निर्णय ले सकती है।' प्रधानमंत्री ने कुछ नहीं कहा। उनका चेहरा लाल हो गया था। बोलीं, 'अच्छा, कैबिनेट में चार बजे मिलेंगे।' सभी लोग चले गए। सबसे कनिष्ठ होने के कारण मुझे सबसे अंत में जाना था। मैं थोड़ा मुसकराया।

'सेनाध्यक्षजी, बैठ जाइए।'

मैंने कहा, 'प्रधानमंत्रीजी, इससे पहले कि आप कुछ कहें, क्या आप चाहती हैं कि मानसिक या शारीरिक स्वास्थ्य के आधार पर मैं अपना इस्तीफा भेज दूँ?'

उन्होंने कहा, 'बैठ जाओ, सैम। आपने जो बातें बताईं, क्या वे सही हैं?'

'देखिए, युद्ध मेरा पेशा है। मेरा काम लड़ाई करके जीतने का है। क्या आप तैयार हैं? निश्चित रूप से मैं तैयार नहीं हूँ। क्या आपने सब आंतरिक तैयारियाँ कर ली हैं? क्या आपने अंतरराष्ट्रीय स्तर पर सब तैयारी कर ली है? मुझे ऐसा नहीं लगता है। मैं जानता हूँ, आप क्या चाहती हैं; लेकिन इसे मैं अपने मुताबिक, अपने समय

पर करूँगा और मैं शत-प्रतिशत सफलता का वचन देता हूँ। लेकिन मैं सब स्पष्ट करना चाहता हूँ। वहाँ एक कमांडर होगा। मुझे एतराज नहीं, मैं बी.एस.एफ., सी.आर.पी.एफ. या किसी के भी अधीन, जैसा आप चाहेंगी, काम कर लूँगा। लेकिन कोई सोवियत नहीं होगा, जो कहे कि मुझे क्या करना है। मुझे एक राजनेता चाहिए, जो मुझे निर्देश दे। मैं शरणार्थी मंत्री, गृहमंत्री, रक्षामंत्री सभी से निर्देश नहीं चाहता। अब आप निर्णय कर लीजिए।'

उन्होंने कहा, 'ठीक है सैम, कोई दखलअंदाजी नहीं करेगा। आप मुख्य कमांडर होंगे।'

'धन्यवाद, मैं सफलता का दावा करता हूँ।'

इस प्रकार, फील्ड मार्शन के पद और बर्खास्तगी के बीच एक पतली सी रेखा थी। कुछ भी हो सकता था।*

सैम ने प्रधानमंत्री को जो कुछ कहा, उसका सार यह था कि 'संचालन की श्रृंखला' का होना अनिवार्य और किसी भी प्रकार से 'समझौता योग्य' नहीं था। सशस्त्र बल में 'संचालन की श्रृंखला' संचालन की संरचना से संबंधित होती है। जो उच्च कमांडरों से अधीनस्थ कमांडरों के बीच आदेशों का भेजा जाना होता है। यह संचालन या निर्णय के सभी आदेशों का क्रम में संचार करती है। यह अपनी सूचनाओं को नीचे से ऊपर भी ले जाती है, ताकि नीचे के संचालकों की बातों को ध्यान में रखकर उच्च संचालक कोई ठोस निर्णय लेने में सक्षम हो सकें।

यह सैम मानेकशॉ की विशेषता थी कि उन्होंने दृढ़ता और स्पष्टवादिता के साथ देश व सेना के हित के लिए अपने विचार सामने रख दिए। यह उनकी ईमानदारी, कर्तव्यनिष्ठा और दृढ़ निश्चय था, जिससे वे प्रधानमंत्री को समझा सके और उनकी सलाह न माने जाने पर त्यागपत्र देने को तैयार हो गए, जिससे सन् 1962 को नहीं दोहराया गया और भारतीय सेना को उस दिन सुरक्षित कर लिया गया। प्रधानमंत्री ने सेना प्रमुख, जो स्टाफ कमेटी के अध्यक्ष थे, को सभी सेनाओं से सामंजस्य करने को कहा और मुख्य कमांडर नियुक्त किया। उन्हें प्रधानमंत्री ने इस मामले में पूरी आजादी दी। प्रधानमंत्री ने वित्तमंत्री, रक्षा मंत्री, विदेश मंत्री और अन्य मंत्रियों को निर्देश दिया कि स्टाफ कमेटी के अध्यक्ष जनरल मानेकशॉ को पूरा सहयोग दें।

जैसे ही ये निर्देश निर्गत किए गए, कोई बाधा युद्ध की तैयारी में आड़े नहीं आई और सभी उपर्युक्त माँगें यथाशीघ्र पूरी की गईं। इसका मतलब यह नहीं था कि

---

* 'सोल्जर टॉक : एन इंटरव्यू विद फील्ड मार्शल सैम मानेकशॉ', क्वार्टरडेक-1996, ई.एस.ए. द्वारा प्रकाशित, नौसेना मुख्यालय, नई दिल्ली, पृ. 10-11

सशस्त्र सेना जो चाहे कर सकती थी। किसी भी मामले में देर नहीं की जाती थी और विभिन्न मंत्रालयों के बीच तुरंत विशेष संपर्क साधा जाता था। सैम उस पद पर थे, जहाँ से उन्हें तीनों सेनाओं में सामंजस्य स्थापित कर नेतृत्व करना था। लंबी बैठकें होती थीं और प्रत्येक प्रमुख को जो भी करना था, उसे अन्य सभी के द्वारा धैर्यपूर्वक सुना जाता था और और तब आम राय कायम की जाती थी। इससे एक–दूसरे की सेवाओं में विश्वास जाग्रत् हुआ और सभी एक–दूसरे की सहायता अपनी क्षमता से बढ़कर करने को तत्पर हो गए।

तीनों सेनाओं की आवश्यकता थी कमियों को पूरा करने और हथियारों में वृद्धि करने की चीजों को आयात करना, ताकि युद्ध में आवश्यक सर्वोच्च प्राथमिकतावाले आयुधों की कोई कमी न हो। अंतरराष्ट्रीय राजनीतिक वातावरण के मद्देनजर आयुधों की मुख्य आपूर्ति सोवियत संघ व 'पूर्वी ब्लॉक' तक सीमित थी। देश के भीतर रक्षा उत्पादों के निर्माण को बढ़ाना था और युद्ध के लिए भंडारण की गति तेज कर दी गई। उस समय पाकिस्तान की अपेक्षा हमारे कवचित रेजीमेंट में अंतर था। इस लक्ष्य को पूरा करने का कौशलपूर्ण रास्ता अपनाना आवश्यक था। उस समय जो स्वतंत्र कवचित स्क्वाड्रन थे, सभी को रेजीमेंट में पुनर्गठित करके सैन्य टुकड़ियों को सौंपा गया। इस तरह कार्रवाई की जरूरतों के अनुसार तीन रेजीमेंट बनाए गए। युद्ध के दौरान ये तीनों रेजीमेंट सेना में शामिल किए गए।

जब सभी तैयारियाँ राष्ट्रीय स्तर पर पूरी होने को थीं, सेना ने वास्तविकतानुसार अपनी युद्ध योजनाओं की घोषणा की। सेनाध्यक्ष का पदभार सँभालने के बाद सैम की यह पहली प्रमुख कार्यान्वयन योजना थी। इसके तहत विभिन्न स्तरों पर योजनाओं की रूपरेखा की तैयारी, युद्ध नीतियों पर चर्चाएँ, सभी की परिष्कृति और संशोधन आवश्यकताओं के अनुरूप उपयुक्त स्थानों पर भंडारण और युद्ध से संबंधित अन्य क्रियाओं को बिलकुल सही तरीके से अंजाम दिया गया। विभिन्न एजेंसियों में सामंजस्य ने सेना को गतिशील करने में मदद की, जैसे—रेलवे, पेट्रोलियम, रक्षा उत्पादन, भारी औद्योगिकी और ऐसे सभी ने इसे तेजी से आगे बढ़ाया। आवश्यकताओं के प्रक्षेपण की भविष्यवाणी पहले की जानी थी, और इसे सेना मुख्यालय के आदेशानुसार विभिन्न निदेशालयों के द्वारा इन एजेंसियों को उपयुक्त कार्रवाइयों को अंजाम देने के लिए भेजा जाता था। इसके आदेश सेना मुख्यालय में सेनाध्यक्ष ने पी एस ओ (प्रिंसिपल स्टाफ ऑफिसर) के साथ मिलकर एक सम्मेलन में निर्गत किए। बिलकुल स्पष्ट निर्देश देने के बाद सेना प्रमुख ने पी एस ओ के पास विवरणिका को छोड़ दिया और उस पर कार्य करके नियमित प्रगति रिपोर्ट की माँग की।

जब वे पूर्वी सेना की कमान कर रहे थे, तब उन्होंने जो सोचा था उसकी अपेक्षा विपरीत योजना तैयार हो गई। अब यह कहा जा सकता था कि चूँकि स्थिति पूर्वी पाकिस्तान में विस्फोटक थी, अपने स्थान पर जमे रहने की प्रक्रिया अब पश्चिमी पाकिस्तान के विरुद्ध होगी। इसके पीछे उद्‌देश्य था—भारत के सामाजिक ढाँचे को लगभग 1.2 करोड़ शरणार्थियों के कारण तहस-नहस किए जाने की समस्या (10 या 20 लाख इधर-उधर हो सकता है)। उनके वापस लौटने के लिए पाकिस्तान को कोई उपाय करना था, नहीं तो भारत अपनी सुरक्षा के लिए अत्यावश्यक कदम उठाएगा।

परिस्थितियों को ध्यान में रखकर रणनीति बनाई गई कि भारत बँगलादेश की सरकार बनवाकर पाकिस्तान को अस्थिर करे। यह पूर्व में बहुतरफा तीव्र आक्रामकता के साथ होगा। पश्चिमी पाकिस्तान में युद्धनीति के सुरक्षात्मक रुख के साथ रणनीतिक आवश्कताओं के अनुसार कार्रवाई करनी थी। इसे ध्यान में रखकर योजनाएँ बनाई गईं। इन योजनाओं की तैयारी के समय सैन्य प्रमुख के मस्तिष्क में दो बातें थीं। उनमें से पहली थी—युद्ध के दौरान क्षेत्रीय कमांडरों का निष्कासन। पाकिस्तान के साथ हुए सन् 1965 के युद्ध में लगभग 30 कमांडरों को कमान व्यवस्था से हटाया गया था। (अंकों में सुधार किया जा सकता है)। सैम ने सोचा कि यह युद्ध करने का सही तरीका नहीं है। इस प्रक्रिया से कमांडर अतिरिक्त सावधानी बरतते थे, जिससे उनके अंदर कठोर निर्णय लेने की कमी हो जाती थी और साथ ही सेना का नैतिक बल भी कमजोर हो जाता था। दूसरा, यह सत्य था कि अतीत में जो युद्ध सेना ने किए, अपने-अपने क्षेत्रों में उसकी भूमिका सुरक्षात्मक रही। उन्होंने अपनी स्थिति में सुधार करने के लिए कोई कार्रवाई नहीं की। अपने स्रोतों के भीतर ही उन्हें रूपरेखा बनाकर विन्यास का दायित्व सौंप दिया ताकि इस उद्‌देश्य के लिए और अधिक बलों पर निर्भर न हों। प्रत्येक कमांडर को अपनी सुरक्षात्मक कार्रवाई हेतु 'सीमित आक्रामक कार्रवाई' के लिए योजनाबद्ध होना था। इन योजनाओं को उत्तर में कश्मीर घाटी से दक्षिण में मरुभूमि तक कार्यान्वित करना था। इनमें से कुछ सफल हुईं और कुछ अपरिहार्य कारणों से नहीं हुईं।

जहाँ तक बँगलादेश की आजादी की योजना का सवाल था, इसके कार्यान्वयन के लिए भारतीय सेना के 3 कोर, एक मेजर जनरल के तहत शिलांग का 101 कम्युकेशन जोन और पाकिस्तानी सेना से अलग हुए पहले के पूर्वी बंगाल राइफल्स तथा अन्य बंगाली अनियमित सेना से बनाई गई छोटी-छोटी दो नियमित बटालियन और तीन बटालियन के साथ इसकी रूपरेखा तैयार की गई। इस सेना को 'किलो फोर्स' कहा गया, जिसे अपनी कार्रवाई को चटगाँव पहाड़ी क्षेत्र में अंजाम देना था।

जनरल टी एन रैना के अधीन नए बनाए गए 2 कोर, 2 डिवीजन चौथे और नौवें के साथ शत्रु क्षेत्र में पश्चिम से जाने थे। पूर्व से जनरल सगत सिंह के अधीन 4 कोर, 8 माउंटेन डिवीजन, 23 माउंटेन डिवीजन और 57 माउंटेन डिवीजन को कार्रवाई करनी थी। जनरल एम एल थापन को 33 कोर के साथ उत्तर-पश्चिम से 20 माउंटेन डिवीजन और 6 माउंटेन डिवीजन के दो ब्रिगेड (सेना मुख्यालय रिजर्व) के साथ पूर्वी पाकिस्तान में प्रवेश करना था। 3 बटालियन 50 स्वतंत्र पैराशूट ब्रिगेड के साथ पूर्वी कमान को सौंपी गई थी, जिसे कार्रवाइयों की प्रगति के अनुसार नियोजित करना था। इस सैन्य कार्रवाई के दौरान इसकी एक बटालियन को युद्ध के अंतिम चरण में ढाका के पास उतारा गया था। 101 कम्युकेशन जोन एरिया के साथ 3 ब्रिगेड को उत्तर-पूर्वी ओर से पूर्वी पाकिस्तान में कार्रवाई के लिए लगाया गया। जी ओ सी मेजर जनरल गुरुबख्श सिंह के जख्मी होने के कारण उन्हें युद्ध क्षेत्र से हटाना पड़ा और वहाँ मेजर जनरल नागरा को नियुक्त किया गया। 'किलो फोर्स', जो मुख्यालय मिजो हिल रेंज और 2 इन्फैंट्री बटालियन के साथ पहले के बंगाल राइफल्स के कुछ घटकों के साथ मिलकर बनाए गए थे, वे ब्रिगेडियर आनंद सरूप के अधीन कार्यरत थे। उन्हें चटगाँव पहाड़ी भूभाग में कार्रवाई करनी थी।

जहाँ एक तरफ सैन्य प्रमुख को विभिन्न मंत्रियों और कैबिनेट समितियों के साथ मीटिंगों में जाना था, वहीं दूसरी तरफ उन्हें क्षेत्रीय बल और विन्यास के मुख्यालयों में जाकर उनकी योजनाओं को सुनकर, उनकी जरूरतों को पूरा कर उनकी मदद करनी थी। उस समय शरणार्थियों की समस्या बढ़ती ही जा रही थी और वे राज्य सरकारों को प्रभावित कर रहे थे, जिससे राज्य सरकारें केंद्र सरकार को कोष और कार्रवाइयों के लिए कह रही थीं। यानी आक्रमण के लिए सैन्य प्रमुख पर चारों ओर से दबाव पड़ रहा था। जहाँ शरणार्थियों को खिलाना और छत देना मानवीय कर्तव्य था, वहीं इससे युद्ध में सहयोग की स्थिति नहीं थी। उन्हें 'फोर्स मल्टीप्लायर' प्रशिक्षण शिविर के रूप में नियोजित कर बंगाली भाषा बोलनेवाले (मातृभाषा होने के कारण सहज था, इसलिए) प्रशिक्षक और कर्मचारियों को रखकर सैनिक प्रशिक्षण देकर कम समय में तैयार करने की व्यवस्था की गई। सैन्य प्रमुख इन शिविरों में उनकी प्रगति को देखने प्राय: जाया करते थे। उनकी यह यात्रा अधिकतर वाया कलकत्ता हेलीकॉप्टर द्वारा होती थी। सेना प्रमुख और उनके सहयोगी वहाँ आम वेशभूषा में जाते थे, क्योंकि ये शिविर सीमा से सटे हुए क्षेत्रों में बनाए गए थे। इन शिविरों में तैनात सेना के सभी जवानों और प्रशिक्षकों की वेशभूषा एक समान थी। इसका कारण था कि भारत 'मुक्ति वाहिनी' को प्रशिक्षण देने का कार्य स्वीकार नहीं कर रहा था, ताकि ये सैनिक जत्थे किसी के द्वारा पहचाने न जाएँ। मेरे आश्चर्य

का ठिकाना न रहा, जब मैं इनमें से एक समूह के सामने था और 4/8 जी आर में रह चुके मेरे पूर्व कमांडिंग ऑफीसर कर्नल मजूमदार, जो पोशाक के मामले में बहुत अनुशासित थे, वे खुद एक लुंगी लपेटकर खड़े थे।

परिस्थितियों और तथ्यों के अनुरूप सेनाध्यक्ष के कहने पर कि सेना अभी तक तैयार नहीं है, तरह-तरह की अफवाहें फैलने लगीं। बी.एस.एफ. को वह कार्य दिया गया था, जिसे सेना ने करने से मना कर दिया था। जनरल जैकब ने जो बताया उसके अनुसार क्या यह एक योजना थी—सेना को हाशिए पर रखकर गृह मंत्रालय द्वारा प्रधानमंत्री को खुश करने की। जनरल जैकब ने उन घटनाओं को प्रस्तुत किया है। 'फोर्ट विलियम के मेरे घर में बी.एस.एफ. के कुछ प्रतिनिधि, जिनका नेतृत्व महानिदेशक के. रुस्तमजी कर रहे थे, मुझसे मिलने आए थे। उनके साथ गोलोक मजूमदार (उप इंस्पेक्टर जनरल) थे, बी.एस.एफ. के सहायक मेजर जनरल नरिंदर सिंह थे। वे बहुत उत्तेजित थे। रुस्तमजी ने कहा कि वह बहुत जल्दी में हैं, क्योंकि उन्हें बहुत कुछ करना है। मैंने पूछा किस बारे में? उन्होंने मुझसे कहा कि चूँकि पूर्वी कमान पाकिस्तानियों को पूर्वी पाकिस्तान से बाहर नहीं निकालेगा, इसलिए सरकार ने बी.एस.एफ. को यह काम सौंप दिया है। मैंने सोचा, वह मजाक कर रहे हैं और मैं हँस पड़ा। लेकिन उन्होंने गंभीरता से जवाब दिया कि उनके आने का लक्ष्य है—पूर्वी कमान की एक सैन्य टुकड़ी को आमंत्रित करना, जो दो-तीन सप्ताह बाद ढाका में होनेवाली विजय परेड में शामिल हो। एकाएक नदी के उस पार स्थित ऑक्सीजन संयंत्र में भयानक विस्फोट से पूरा आकाश प्रकाशित हो उठा। मैंने महसूस किया कि वह बहुत गंभीर थे और समझ रहे थे कि उन्होंने वह कर दिखाया, जो सेना नहीं कर सकी थी।

मैंने रुस्तमजी से कहा, जिन्हें मैं 12 इन्फैंट्री डिवीजन में था, तभी से जानता था कि आपकी सेना दो सप्ताह के भीतर निकाल बाहर कर दी जाएगी। यदि वे अपनी सेना को बेहतर तरीके से काम पर लगाना चाहते हैं तो उसे पहले सुंदर वन की दलदल और चिट्टगोंग पहाड़ियों के जंगल में कार्रवाई के लिए आधार बनाएँ।

मैं बी.एस.एफ. की कार्रवाई के विस्तार में नहीं जाना चाहता, जो पूर्वी पाकिस्तान के विरुद्ध की गई, लेकिन एक घटना की चर्चा करना चाहता हूँ। एक पखवाड़े बाद जैसोर सड़क पर स्थित सीमा चौकी बैनगाँव से बी.एस.एफ. के कमांडिंग ऑफीसर का फोन आया, जिसमें उन्होंने बताया कि उनकी सेना कुछ मील अंदर घेर ली गई है और पाकिस्तानी टैंक कभी भी हमला कर सकते हैं। मैं जानता था कि उस क्षेत्र में कोई पाकिस्तानी टैंक नहीं था। उसका उद्देश्य था कि हम समय से पूर्व सशस्त्र झड़प में फँस जाएँ। मैंने पूछा कि यदि सहायता के लिए सेना की

एक टुकड़ी उनके पास सुरक्षित पहुँच जाए तो? उन्होंने कहा कि यह हो सकता है। तब मैंने उससे पूछा कि सेना की एक टुकड़ी सुरक्षित पहुँच सकती है तो क्या वह उसी तर्क से वह स्वयं को बाहर क्यों नहीं निकाल सकते? मैंने कहा, यदि पूर्वी बंगाल रेजीमेंट और राइफल्स के तत्त्वों के साथ पीछे आ जाएँ तो हम जरूरत पड़ने पर, भारतीय राज्यक्षेत्रों के अंदर से सभी को कवर देंगे। उसने कहा, 'वह ऐसा करेगा।'

हमने तब एक इन्फैंट्री बटालियन को सीमा चौकी क्षेत्र से कवर देने के लिए आगे बढ़ने का आदेश दिया और सैन्य बल भारत आ गए। पाकिस्तानी स्रोतों के अनुसार बी.एस.एफ. के छह जवान गिरफ्तार किए गए, जिनसे बाद में ढाका में पाकिस्तानियों द्वारा परेड करवाई गई। ढाका की विजय परेड का यह था किस्सा।

29 अप्रैल को पूर्वी कमान को आधिकारिक तौर पर बँगलादेश की आजादी की लड़ाई में सहायता करने की जिम्मेदारी सौंपी गई और सीमा पर स्थित बी.एस.एफ. को पूर्वी सेना के अधीन रखा गया।*

चूँकि 'बँगलादेश की सरकार' निर्वासन में स्थापित हुई थी, उसके साथ स्थायी संपर्क अति आवश्यक था। इसके अलावा, उस समय अंतरराष्ट्रीय वातावरण पर विचार करके, खासकर अमेरिकी सरकार द्वारा भारत के विरुद्ध पक्षपातपूर्ण नीतियों के प्रति लगातार नजर बनाए रखना और रणनीतियों को तैयार करना अनिवार्य था, ताकि इसके विरोध में कोई विवाद न हो। श्री डी.पी. धर को विदेश मंत्रालय में कैबिनेट रैंक के साथ नीतियों-योजनाओं की समिति का अध्यक्ष बनाया गया और इसकी जिम्मेदारी उन्हें दी गई, साथ ही उनकी सहायता के लिए एक संयुक्त सचिव ए.पी. वेंकटेश्वरन को नियुक्त किया गया। दूसरे संयुक्त सचिव श्री रे को बँगलादेश सरकार के साथ संपर्क बनाए रखने का कार्यभार सौंपा गया। आजादी के बाद विदेश सचिव के रूप में सेवानिवृत्त श्री एस. दत्त, जो उस समय प्रमुख निगरानी आयुक्त थे, को उच्चायुक्त के रूप में और विदेश सेवा अधिकारी श्री जे.एन. दीक्षित को उप उच्चायुक्त के रूप में नियुक्त किया गया। बहुत सोच-विचारकर तैयार की गई कूटनीतिक योजना प्रधानमंत्री द्वारा कार्रवाई के लिए रखी गई, जो उस समय विकसित देशों के सामने भारत का पक्ष रखने के लिए विदेश यात्रा कर रही थीं। चीनियों और अमेरिकी प्रशासन द्वारा दी गई धमकियों को देखते हुए श्री धर और उनकी टीम ने समय रहते विदेश मंत्रालय के साथ मिलकर आगे-पीछे इस पर काम किया और सोवियत विदेश मंत्री ग्रोम्यको एवं भारतीय विदेश मंत्री सरदार स्वर्ण सिंह के बीच दिल्ली में 9 अगस्त, 1971 को सोवियत संघ के

---

* सरेंडर एट ढाका, ले. जनरल जे.एफ.आर. जैकब, मनोहर पब्लिशर्स ऐंड डिस्ट्रीब्यूटर्स, नई दिल्ली, 1997, पृ. 37-38

मुक्ति वाहिनी का एक और प्रशिक्षण शिविर।

साथ 'शांति संधि, मित्रता एवं सहयोग' की संधि पर हस्ताक्षर हुए। यह भारत के लिए बहुत महत्त्वपूर्ण थी।

संधि के बारे में थोड़ा कहना अप्रासंगिक न होगा। इस तथ्य के लिए संधि अति आवश्यक थी कि अमेरिका के लिए पाकिस्तान अग्र राष्ट्र था। हेनरी किसिंजर की गोपनीय चीन यात्रा, जो 9 से 11 जुलाई के बीच हुई थी, पाकिस्तान ने ही सुलभ कराई थी, जिससे चीन के साथ उसके रिश्ते मजबूत हुए थे। यह चीन और अमेरिका के रिश्ते की सक्रियता की शुरुआत थी और 21 से 28 फरवरी, 1972 की अमेरिका के राष्ट्रपति रिचर्ड निक्सन की चीन यात्रा के लिए पृष्ठभूमि इसी से बनी थी। उस समय 'शीतयुद्ध अपने चरम पर था। दोनों प्रमुख शक्तियाँ एक-दूसरे पर अपना आधिपत्य और प्रभुत्व कायम करने के उपाय और साधन ढूँढ़ रही थीं। चीन ने सोवियत संघ से दूरी बनाने की शुरुआत कर दी थी। यह समय चीन से मेलजोल बढ़ाने का था। अमेरिका की नीतियों से स्पष्ट था कि यह चीन को सोवियत संघ के प्रभाव से मुक्त करना चाहता था और उनके बीच के संबंधों में ठंडक पड़ चुकी थी। यह स्पष्ट था कि ये सब अमेरिका की नीतियाँ थीं, जिससे सोवियत संघ को पूरी तरह तोड़ा जा सके और सन् 1990 में वही हुआ। ज्ञातव्य है कि पाकिस्तान ने अमेरिका के लिए 'चीन की नीतियों' के क्रियाकलापों में महत्त्वपूर्ण भूमिका निभाई थी। पूर्वी पाकिस्तान में भारतीय प्रतिक्रिया के प्रति अमेरिका की प्रतिकूल नीति का यही स्पष्ट कारण था। सोवियत संघ चाहता था कि भारत उसकी

तरफ हो, खासकर तब जब चीन ने अमेरिका की तरफ अपना रुख कर लिया था। इस पृष्ठभूमि में ये संभावनाएँ प्रकट की जा रही थीं कि पूर्वी पाकिस्तान में सैन्य हस्तक्षेप किया जा सकता है। उसका सातवाँ द्रुतगामी बेड़ा हमारे लिए एक धमकी थी; साथ ही अमेरिकी प्रशासन की यह कार्रवाई पाकिस्तानी सेना को पूर्वी पाकिस्तान में अनुकूल कार्रवाई करने की स्वतंत्रता भी देती।

स्मरणीय है कि बँगलादेश युद्ध के समय राष्ट्रपति निक्सन के द्वारा 'यू.एस.एस. इंटरप्राइज' नामक अमेरिकी सातवाँ जहाजी बेड़ा बंगाल की खाड़ी में भेजा गया था। उस समय यह समझा जा रहा था कि यह पूर्वी पाकिस्तान में पाकिस्तानी सेना को नियंत्रण बनाए रखने में मदद करेगा। उस कठिन समय में श्री डी.पी. धर भारत की चिंता प्रकट करने मॉस्को गए। सोवियत सरकार ने उन्हें आश्वासन दिया कि भारत को इतनी अधिक चिंता करने की आवश्यकता नहीं है, क्योंकि सोवियत पनडुब्बियाँ और नौसेना इकाई पूरे दृश्य पर अपनी नजर गड़ाए हुए हैं। संभवत: यही कारण था कि धमकी की संभावना मात्र रह गई, वह वास्तविक रूप में सामने नहीं आई। यह उस संधि की बदौलत हुआ, जो भारत और सोवियत संघ के बीच की गई थी। जनरल नियाजी के आत्मसमर्पण के दस्तावेजों पर हस्ताक्षर करने के साथ ही भारत की प्रमुख चिंता समाप्त हो गई।

सेना मुख्यालय स्तर पर यह महसूस किया गया कि पूर्वी पाकिस्तान में प्रवेश के बाद नागरिक प्रशासन को उत्तराधिकारी बनाने की आवश्यकता होगी। एक दिन जब मैं साउथ ब्लॉक में सेनाध्यक्ष कार्यालय के बाहर बरामदे में खड़ा था, मेज़र जनरल आई एस गिल, जो सैन्य प्रशिक्षण निदेशक थे, उधर से गुजर रहे थे। मैंने उनका अभिवादन किया। उन्होंने प्रत्युत्तर दिया, ''गुड मॉर्निंग, सहायक बाबू!'' उन्होंने परची लिखनेवाले पैड से एक पन्ना फाड़ा और उस पर कुछ लिखा। उसे मुझे देकर उन्होंने कहा, ''जब तुम सैन्य प्रमुख से मिलो तो यह परची उन्हें दे देना।'' जैसे ही वह गए, मैंने परची को खोला। उस पर लिखा था—'हमें नागरिक प्रशासन टीम की आवश्यकता है, जो पाकिस्तान में सेना को उन कर्तव्यों से छुट्टी दिला सके।' भोजन के लिए जब मैं 'आर्मी हाउस' पहुँचा तो मैंने वह परची सैन्य प्रमुख को दे दी। परची को पढ़ने के बाद उन्होंने मुझसे कहा, ''जब मैं कार्यालय जाऊँ तो इंदर को मुझसे मिलने के लिए कहो।'' दोपहर में जनरल गिल प्रमुख से मिले और इन टीमों की पूर्व व पश्चिम दोनों पाकिस्तान में एक साथ गतिशील करने की योजना बनाई। जब जनरल गिल डी एम ओ (सैन्य कार्रवाई निदेशक) बनाए गए, तब ये शाखाएँ अपने मुख्यालयों के साथ सरकार द्वारा प्रस्तावित और स्वीकृत की गईं। इसकी बदौलत सेना को अनेक कार्यों से बचाया गया और इसने अधिकृत क्षेत्रों

में नागरिक प्रशासन स्थापित किया।

जैसे-जैसे युद्ध नजदीक आ रहा था, सेना मुख्यालय में सभी सैन्य निदेशालयों, खासकर मिलिट्री ऑपरेशन और मिलिट्री निदेशालयों को देर तक काम करना पड़ा। यह ऐसा समय था जब निदेशक और उनके सहयोगी कार्यावधि के बाद भी अपने घर नहीं जाते थे। घंटे लंबे होते गए और काम की माँग बढ़ती गई। सैन्य प्रमुख पूरी वचनबद्धता के साथ वहाँ काम कर रहे लोगों के लिए जागरूक थे। उन्होंने विदेश व्यापार मंत्री श्री एल.एन. मिश्रा से आग्रह करके साउथ ब्लॉक में भारत के कॉफी बोर्ड के द्वारा एक कॉफी रूम स्थापित करवाया। और आगे बढ़कर उन्होंने रात की अवधि में वरदी में रहनेवाले जवानों के लिए मुफ्त कॉफी का इंतजाम करवाया। इन सब सुविधाओं द्वारा वे तनाव को सरलता से सह सकते थे। कॉफी रूम आज भी वैसे ही चल रहा है, लेकिन अब कीमत चुकानी पड़ती है। सेनाध्यक्ष ने क्वार्टर मास्टर जनरल से 'ड्यूटी स्टाफ कार' की अनुमति कुछ निदेशकों को देने को कहा, ताकि जब वे अपने उच्च अधिकारियों से फुरसत पाएँ तो अपने परिवार से मिलने जा सकें। यह उस उच्च स्तर की सोच थी, जिससे कार्य-क्षमता हमेशा उच्च स्तर पर बरकरार रखी गई।

अक्तूबर-नवंबर 1971 में पश्चिमी कमान मुख्यालय जालंधर के कार्रवाई स्थल पर चला गया। इस समय प्रमुख के पास निजी सहायक के रूप में केवल दो अधिकारी थे। लेफ्टिनेंट कर्नल (बाद में लेफ्टिनेंट जनरल) दीपिंदर सिंह उनके सैन्य सहायक थे, मैं उनका ए डी सी और उप सैन्य सहायक और दूसरे ए डी सी कार्रवाई के लिए वापस अपनी बटालियन में भेज दिए गए थे, जो अपने कार्रवाई स्थल राजस्थान के क्षेत्र में जाने के लिए दिल्ली छोड़ चुके थे। मेरी 4/8 जी आर बटालियन उ.प्र.-तिब्बत सीमा पर जोशीमठ में तैनात की गई थी। चूँकि वह उस समय युद्धक गतिविधियों में शामिल नहीं थी, इसलिए मुझे दिल्ली छोड़ने का आदेश नहीं दिया गया था। इस समय सैन्य प्रमुख को हमेशा दौरे पर जाना होता था, इसलिए उन्होंने निश्चय किया कि दीपिंदर सिंह दिल्ली में कार्यालय सँभालेंगे और मैं उनके साथ अन्य जगहों पर जाऊँगा। इससे संबंधित विषयों पर अनेक जानकारियों को मैं बटोर पाया। इसलिए मिलिट्री एटैचे के पथ-प्रदर्शन के तहत मुझे अनेक निदेशालयों और सेना मुख्यालय के बीच संपर्क बनाए रखना था। जब भी प्रमुख की यात्रा का कार्यक्रम तय होता, इन निदेशालयों से मुझे सभी मामलों और जानकारियों की सूचना इकट्ठी कर जरूरत पड़ने पर प्रमुख को देनी होती थी। जैसा मैंने पहले भी कहा, सैम इस सिद्धांत पर विश्वास नहीं करते थे कि अधिकारियों के पद उनकी योग्यता को अंकित करते हैं। वह किसी भी काम को आपको सौंप देते थे और देखते थे कि आप कितनी

सक्षमता के साथ अपने कार्य को करते हैं। उसी समय, वे यह भी जानते थे कि एक जवान कैप्टन या मेजर होने के नाते मेरा परिप्रेक्ष्य सीमित था। इसलिए वे हमेशा सलाहों और निर्देशों के लिए उपस्थित रहते थे। सभी पी एस ओ सेना मुख्यालय में उनके कार्य करने की शैली से वाकिफ थे और इसलिए वह हमेशा मुझे परेशान करते थे कि मैं उन्हें बताऊँ कि अमुक समय वे किस कार्य के लिए भेजे जाएँगे। पी एस ओ के अधीन विभिन्न निदेशकों को निर्देश दिए गए थे कि उचित उत्तर और उचित मार्गदर्शन करें, जब मुझे उसकी जरूरत हो। वे सभी के लिए सहयोगी और मददगार थे। सामान्यतः सेना में यह समझा जाता था कि कनिष्ठ अधिकारी, विशेषकर फील्ड रैंक से नीचे, जो मेजर के पद से नीचे होते थे, उनको सिर्फ देखा जाना था, सुनना नहीं। बहुत सारे वरिष्ठ कमांडर इस नियम का बखूबी पालन करते थे और जब किसी कार्रवाई के विषय पर चर्चा का प्रश्न होता था तो वे आश्वस्त होना चाहते थे कि उस कमरे में सिर्फ वरिष्ठ अधिकारी ही हों। मेरे मामले में निर्देश जारी किया गया था कि जब तक सैन्य प्रमुख इसे अन्यथा न समझें, तब तक प्रमुख के साथ स्टाफ ऑफीसर के रूप में इन चर्चाओं में मैं शामिल रहूँगा।

पश्चिमी कमान सेना मुख्यालय की यात्रा के दौरान सुबह-सुबह प्रमुख पहुँच गए। उन्हें 'भूमिगत कार्रवाई कमरे' में ले जाया गया। ब्रिगेडियर जनरल स्टाफ (बी.जी.एस.) तुरंत नियुक्त किए गए थे और स्टाफ ऑफीसर के लिए जारी किए गए निर्देशों से अनभिज्ञ थे। जब उन्होंने देखा कि एक युवा कैप्टन कार्रवाई कमरे में प्रवेश करने की कोशिश कर रहा है, तब उन्होंने सेना के पारंपरिक तरीके को अपनाते हुए मुझसे कहा कि वहाँ तुम्हारी जरूरत नहीं है। तुम ए डी सी के साथ सैन्य कमांडर के कार्यालय में इंतजार करो। एक अनुशासित जवान की तरह मैंने उनकी आज्ञा का पालन किया और ए डी सी के कार्यालय चला गया। अचानक बी.जी.एस. हिचकता हुआ मेरे पास आया और कहा, "आपने मुझे बताया क्यों नहीं? सैन्य प्रमुख आपको इसी वक्त कार्रवाई कक्ष में बुला रहे हैं।" मैं जब वहाँ गया तो प्रमुख ने वहाँ से मेरी अनुपस्थिति का कारण पूछा। वह पूरी तरह घटना से वाकिफ थे, लेकिन बिना ब्रिगेडियर को दुःख पहुँचाए कारण जानना चाहते थे। तब एक हलकी सी मुसकान के साथ उन्होंने सैन्य कमांडर से कहा, "उन्नी, अब तुम अपना प्रश्न पूछो।" सैन्य कमांडर उस आर्मर्ड रेजीमेंट की प्रगति के बारे में जानना चाह रहे थे, जो उनके लिए प्रदान किया गया; जो पूर्व से निकल चुका था। पर उनके पास नहीं पहुँचा था। मैंने उनको बताया, "गतिविधि निदेशक की रेलवे बोर्ड के अध्यक्ष के साथ मीटिंग हुई थी, उन्होंने दो रेलगाड़ियाँ तुरंत उपलब्ध कराईं और उनके मुगलसराय स्टेशन पर पहुँचने की रिपोर्ट मिल गई है। तीसरी रेलगाड़ी दो दिन के अंदर सौंपी जाएगी, तब रेजीमेंट पूरी तरह

एकत्रित हो जाएगी।'' तब मुझसे पूछा गया, ''और मेरे गुप्त हथियारों का क्या हुआ?'' यह मल्टी-बैरल रॉकेट लांचर के बारे में था, जो सोवियत संघ द्वारा पहली बार भारतीय सेना को भेजा जा रहा था और रास्ते में था। मैंने उन्हें स्थिति से अवगत कराते हुए कहा कि हथियार बंबई पहुँच चुका है, जहाँ इसके शामिल किए जाने के पहले इसकी जाँच चल रही है। नए रेजीमेंटल कमांडर की नियुक्ति की गई है, जो इस हथियार को लेने के लिए जा रहे हैं। मेरे इस जवाब से सैन्य कमांडर परेशान हो गए और उन्होंने सैन्य प्रमुख से पूछा, ''आप रेजीमेंट के कर्नल कमांडेंट से बिना सलाह लिये कैसे रेजीमेंटल कमांडर की नियुक्ति कर सकते हैं? मैं तोपखाने का वरिष्ठ कर्नल हूँ और मुझसे सलाह नहीं ली गई।'' सैम ने उन्हें संतुष्ट करने की कोशिश करते हुए पूछा, ''वह किसे चाहते हैं?'' उनके नाम देने पर सैन्य प्रमुख ने मुझे निर्देश दिया कि सैन्य सचिव से आवश्यक आदेश जारी करने का आग्रह किया जाए। क्योंकि यह तत्काल कार्रवाई का विषय था, इसलिए मैंने उनसे अनुमति माँगी, ताकि मैं सैन्य सचिव को दिए गए आदेश को अनुपालन करने के लिए तुरंत कह सकूँ।

सैन्य कमांडर ने चाय के लिए बैठक समाप्त की और मुझे अपने कार्यालय में भेजा, ताकि मैं सैन्य सचिव से बात कर सकूँ। जब तक चाय समाप्त हुई, मैंने इस संबंध में बातें कर ली थीं और कार्रवाई कक्ष में लौट आया, जहाँ मैंने सूचना दी कि जरूरत पूरी कर दी गई है। जहाँ तक इस अधिकारी को वहाँ भेजने की बात थी तो मैंने सेनाध्यक्ष के नाम का प्रयोग कर पूर्वी वायु कमान के ए ओ सी-इन-सी से बात की। सैन्य प्रमुख ने तुरंत मुझसे पूछा, ''यह अधिकारी कहाँ से आ रहा है?'' मैंने उनसे कहा कि ''यह अधिकारी कहीं 5 माउंटेन डिवीजन में है। चूँकि इसे आज रात बंबई पहुँचना है, इसलिए मैंने सेनाध्यक्ष का नाम लिया, ताकि ए ओ सी-इन-सी पूर्वी वायु कमान से एक हेलीकॉप्टर दिया जाए, ताकि उसे जोरहाट पहुँचा दिया जाए, जहाँ से वह इंडियन एयरलाइंस से कलकत्ता से उड़ान भर लेगा। उस समय सेना के पास अपनी 'एविएशन कोर' नहीं होती थी, इसलिए ऐसे कार्यों के लिए भारतीय वायुसेना पर निर्भर रहना पड़ता था। कलकत्ता में पूर्वी कमान के ब्रिगेडियर इनचार्ज एडमिनिस्ट्रेशन को इस अधिकारी को इंडियन एयरलाइंस की शाम की उड़ान द्वारा बंबई तक पहुँचाने का काम सौंपा गया और बंबई को निर्देश दिया गया कि उसे वहाँ से लेकर उसके रहने का प्रबंध किया जाए और आयातित हथियार की खेप लेने में उसकी मदद की जाए। जब प्रमुख ने यह सब सुना तो बी.जी.एस. (ब्रिगेडियर जनरल स्टाफ) को एक नजर देखा और मुझसे कहा, ''इसलिए प्रमुख के नाम की आवश्यकता होती है।'' सैन्य कमांडर ने कहा, ''आप वादा करें कि अगली बार कार्रवाई कक्ष को छोड़कर नहीं जाएँगे।'' संवाद व्यर्थ सिद्ध नहीं हुआ,

क्योंकि बी.जी.एस. अपने कनिष्ठ अधिकारियों से व्यवहार करते समय बहुत सहनशील नहीं हुआ करता था। यह कहना व्यर्थ है कि उसके बाद मैंने वह कक्ष कभी नहीं छोड़ा।

मानेकशॉ अति प्रतिभावान् सैन्य कमांडर थे, जिनका मानना था कि सक्षमता उच्च पदों के विशेषाधिकार से नहीं होती है वरन् वरिष्ठ अधिकारियों द्वारा अपने अधीनस्थ अधिकारियों पर विश्वास करने और जिम्मेदारी सँभालने से होती है। उनका यह भी मानना था कि जब कनिष्ठ अधिकारी किसी कार्य को करने के लिए कदम उठा रहा हो तो वरिष्ठ अधिकारी को पूरा सहयोग देना चाहिए, चाहे वह गलत कर रहा हो या सही। जहाँ जरूरी हो, उसका मार्गदर्शन अवश्य करना चाहिए, न कि अनुभवों की कमी के आधार पर निरस्त कर देना चाहिए। इसके अलावा, उनका मानना था कि कनिष्ठ अधिकारियों का प्रशिक्षण उनके वरिष्ठ अधिकारियों के साथ संबंधों को महत्त्वपूर्ण आकार देता है। यह किसी भी नेता का प्रभावशाली चरित्र या गुण था, जो वह दिखा सकता था। मैं या कोई और बिना किसी हिचकिचाहट के कह सकता था कि सैम जानते थे कि वह अपने लोगों से कैसे सर्वोत्तम कार्य करवा सकते थे।

सितंबर महीने का अंत था, जब सैन्य प्रमुख संसद् भवन से प्रधानमंत्री के साथ मुलाकात करके लौट रहे थे। चूँकि मैं उनके साथ था, उन्होंने याद दिलाया कि उन्हें दक्षिणी कमान का जल्दी संचलन करना चाहिए। यह उनका स्वाभाविक तरीका था स्वयं को याद दिलाने का। एक स्टाफ ऑफीसर के रूप में जब तक वे विशेष रूप से कोई कार्य करने को नहीं कहते थे, तब तक उन्हें सिर्फ सुनते रहना था। उस स्तर पर कमांडर अकेलापन महसूस करते थे और उस समय तक एक ही उपाय होता था कि अपने दिमाग पर जोर न डालकर ए डी सी से बातें की जाएँ, जो हर हाल में महत्त्वहीन होता था और वह एक आवाज करनेवाली तख्ती की तरह कार्य करता था। जहाँ तक मेरा सवाल था, वह विषय समाप्त हो चुका था।

मध्य अक्तूबर में सैम को भूटान-नरेश ने युवराज की ताजपोशी के समारोह में आमंत्रित किया। इस यात्रा के दौरान जब उन्होंने पाया कि समारोह में कुछ देरी है तो वे मछली मारने के लिए चले गए। सैम काँटे से मछली पकड़ने में माहिर थे और उनके पास 'मछली पकड़ने' की एक से एक बढ़कर तकनीक थी। मुझे दिल्ली से एम ए की रिपोर्ट पाकर स्थिति की जानकारी लेने के बाद उनके पास जाना था। मैं जब तक सूचना प्राप्त करने के लिए रुका हुआ था, तब तक सैन्य कार्रवाई निदेशक (डी एम ओ) जनरल आई एस गिल ने दिल्ली से फोन करके

कहा कि उन्हें चीफ से बात करनी है। जब मैंने उन्हें बताया कि वह मछली मारने गए हैं, तो उन्होंने मुझसे ही बात की और कहा कि जब वह लौटें तो उनसे कहना कि दक्षिणी कमान मुख्यालय के कार्रवाई स्थल पर रवाना होने का समय आ गया है। मैंने उनसे कहा कि ''सर, जब सैन्य प्रमुख दो सप्ताह पहले किसी बैठक से लौट रहे थे तब मैंने उनके मुँह से सुना था कि उन्हें दक्षिणी कमान को रवाना कर देना चाहिए।'' यह सुनकर गिल ने कहा, ''ओह, उन्होंने ऐसा कहा! तब उनसे लौटने पर कहना कि मैंने दक्षिणी कमांड को कार्रवाई स्थल पर रवाना कर दिया है।'' यह कहकर उन्होंने फोन रख दिया। इस बातचीत से मैं असमंजस में पड़ गया कि मैंने डी एम ओ को यह बताकर ठीक किया या नहीं, खासकर तब जब मेरे यह कहने से उन्होंने निश्चय कर लिया। जैसे ही सैम लौटे, मैंने उन्हें जल्दी से सबकुछ बता दिया। मुझे लग रहा था कि मुझे इसके लिए सबक सिखाया जाएगा। लेकिन उन्होंने मुझे देखा और कहा, ''बहुत अच्छा, तुम्हें तो सैन्य प्रमुख होना चाहिए।''

डी.एम.ओ. के कार्य के बारे में यहाँ कुछ चर्चा करना उपयुक्त होगा। जनरल गिल योजना के स्तर पर डी एम ओ का कार्यभार सँभाल रहे थे। ऐसा इसलिए हुआ कि सैम ने इस पद के लिए जनरल ए एम वोहरा से वादा किया था, जिन्होंने कई बार उनके सहायक के रूप में सेवा की थी और स्टाफ कॉलेज की आधिकारिक जाँच के दौरान एक निष्ठावान् सहयोगी के रूप में जुड़ गए थे। यह अधिकारी उस समय इंग्लैंड में, इंपीरियल डिफेंस कॉलेज के पाठ्यक्रम में थे। अपने अधीनस्थ स्टाफ के लिए सेना प्रमुख की वफादारी बहुत अधिक थी, जिसे वे विभिन्न तरीके से प्रकट करते थे। जहाँ तक इस मामले का सवाल है, सेना युद्ध की तैयारी कर रही थी, वहाँ इन सभी बातों को ध्यान में रखना संभव नहीं। इसलिए जनरल गिल को स्थायी तौर पर डी एम ओ के पद पर नियुक्त कर मामले को स्थिर कर लिया गया। जब जनरल वोहरा लौटकर आए तब गिल की खाली जगह पर सैन्य प्रशिक्षण निदेशक के रूप में उन्हें नियुक्त किया गया।

क्योंकि युद्ध से पहले बँगलादेश पर पाकिस्तान की पकड़ मजबूत हो गई थी, इसलिए बंगाली नागरिकों को, विशेषकर संघर्ष वाले क्षेत्र में या किसी भी क्षेत्र में स्वतंत्र होकर घूमने की आजादी नहीं थी। लिहाज इन क्षेत्रों में सैनिक महत्त्व की सूचनाएँ मिलनी बंद हो गई थीं। चूँकि सैन्य प्रमुख के साथ मैंने अमेरिका की यात्रा की थी और अमेरिकी रक्षा राजदूत से परिचय हो गया था। कर्नल डब्ल्यू पी किंग और उनके परिवार द्वारा पृथ्वीराज रोड पर उनके आवास पर प्राय: दोपहर भोजन के लिए मुझे बुलाया जाता था। वे स्वयं भी ए डी सी कॉटेज में एक

नियमित अतिथि की तरह पार्टियों और अन्य आयोजनों पर आया करते थे। एक दिन सन् 1971 के अक्तूबर के अंत में, जब सैम अपनी कार में बैठकर 'आर्मी हाउस' लौट रहे थे, तब उन्होंने कहा, "शुभी, मैं पूर्वी पाकिस्तान से अधिक-से-अधिक सूचनाएँ नहीं पा रहा हूँ। क्या तुम पोर्टर से पूछ सकते हो?" अगली सुबह मैंने कर्नल किंग को फोन किया और उन्होंने रात्रिभोज के लिए उनके घर आने को कहा। मैंने उनके साथ खाना खाया, लंबी बातचीत की तथा देर रात अपने घर लौट आया। अगली सुबह मैंने निजी सचिव को बुलाया और रात में किंग के घर में जो कुछ भी उजागर हुआ था, सबकुछ लिखवाकर सैन्य प्रमुख के पास भेज दिया। उन्होंने इसे पूरी तरह ध्यान से पढ़ा और उन्हें अपने मतलब की बहुत सारी बातें मिल गईं। उन्होंने इस पर आधारित एक ताजा नोट बनाकर रक्षा मंत्रालय को भेज दिया। निजी सचिव को इसे भेजने से पहले मुझे दिखाने को कहा गया। यह प्रशंसा ही थी, जिसे रिपोर्ट में 'मेरे स्रोत' शीर्षक के अंतर्गत लिखा गया था। स्रोतों के लिए यह स्वाभाविक था कि उन्हें उचित पारिश्रमिक मिले। इस मामले में ऐसा कुछ नहीं था।

अक्तूबर के अंत में श्रीमती इंदिरा गांधी बेल्जियम, ऑस्ट्रिया, अमेरिका, फ्रांस

भूटान के युवराज का ताजपोशी समारोह।

और जर्मनी गईं, ताकि इन देशों के प्रमुखों से मिलकर भारत की वस्तु-स्थिति को उन तक पहुँचाया जा सके। रीति के अनुसार, तीनों सेनाओं के अध्यक्ष उन्हें विदाई देने के लिए नई दिल्ली स्थित पालम हवाई अड्डे के 'तकनीकी क्षेत्र' में आमंत्रित किए गए थे। जब श्रीमती गांधी सैम से मिलीं, तब उनसे कहा कि वे विदेश यात्रा पर जा रही हैं और उनसे आशा करती हैं कि वे कार्रवाई क्षेत्रों का कार्य-भार सँभाल लें। उस समय इस बात पर सेनाओं में कुछ विवाद चल रहा था। अपनी पुस्तक

ताजपोशी समारोह की परेड।

माई इयर्स विद आई ए एफ में एयरचीफ मार्शल पी सी लाल, जो वर्ष 1971 में एयर स्टाफ के प्रमुख थे, ने लिखा है—"जिस प्रकार मानेकशॉ ने वर्ष 1971 में जिम्मेदारियों का वहन किया था और युद्ध के दौरान तथा युद्ध के बाद जो लोकप्रियता उन्होंने दिखाई, जो प्रभाव उन्हें मिला उससे ऐसा लगता था मानो वह रक्षा स्टाफ प्रमुख के रूप में ही कार्रवाई कर रहे थे, जबकि वह चीफ ऑफ स्टाफ कमेटी के अध्यक्ष पद पर थे, जिसमें उन तीनों बराबर के हिस्सेदार थे।"*

---

* 'माई ईयर्स विद द आई.ए.एफ., एयर चीफ मार्शल पी.सी. लाल, लांसर पब्लिकेशंस, नई दिल्ली, 1986

भूटान में ट्राउट मछली का शिकार।

सच्चाई यही थी कि जनरल मानेकशॉ स्टॉफ के प्रमुख व अध्यक्ष थे और यह उनकी क्षमता ही थी जिसकी बदौलत उन्होंने तीनों सेनाओं में सामंजस्य बनाने की जिम्मेदारी सँभाली। वे वहाँ थे, क्योंकि वे लंबे अरसे से सैन्य प्रमुख के पद पर थे। इस कारण वह सबसे वरीय प्रमुख थे और इसीलिए चीफ ऑफ स्टाफ कमेटी के अध्यक्ष भी। उनके इसी पद के कारण उन्हें वर्ष 1971 के अप्रैल के अंत में मंत्रिमंडल की बैठक में बुलाया गया। सभी सेवाओं के बीच सामंजस्य एक अनिवार्य जरूरत होती है, जिसे अध्यक्ष को पूरा करना होता है। अप्रैल 1971 के अंत में मंत्रिमंडल की बैठक हुई और तब तक वे सबके बीच सामंजस्य स्थापित करते रहे थे।

संघर्ष से पूर्व पश्चिमी यूरोपीय देशों और अमेरिका की प्रधानमंत्री की यात्रा से कोई वस्तुगत, राजनीतिक या मानसिक सहायता देने का उनमें से किसी ने भी आश्वासन नहीं दिया, बावजूद इसके भारत को 1 करोड़ से अधिक बँगलादेशी शरणार्थियों का भार उठाना पड़ रहा था और पाकिस्तानी सेना की बर्बरता से उन्हें बचाना भी भारत का ही काम हो गया था। इन परिस्थितियों के सामने भारत के पास बँगलादेश की आजादी के लिए आगे बढ़ने के सिवा और दूसरा कोई उपाय

थिंपू जौंग, थिंपू।

नहीं था, ताकि आगे स्थिति को सुधारा जाए।

सन् 1971 के युद्ध से पहले सैन्य प्रमुख का सामान्य कार्य बन गया था कार्रवाई स्थलों पर जाना और जहाँ संभव हो, अधिकारियों व जवानों को संबोधित करना। इन कार्यों का मुख्य उद्देश्य होता था—भारतीय सेना को इतनी अच्छी तरह सुगठित व सुव्यवस्थित करना कि वह पाकिस्तान को अच्छा सबक सिखा सके। साथ ही वह अपने जवानों से आशा करते थे कि वह मर्यादित लेकिन वीरतापूर्ण व्यवहार करें। वे हमेशा अपना समय कमांडरों के साथ उनकी योजनाओं को सुनने में लगाते थे। यह नवंबर 1971 का तीसरा सप्ताह था, जब वह जम्मू के निकट 10 इन्फैंट्री डिवीजन के मुख्यालय गए। डिवीजन कमांडर की तथ्यगत प्रस्तुति सुनने के बाद वे उठ खड़े हुए और उनसे कहा, ''जसवंत, अब हमें चलकर तुम्हारी सुरक्षा व्यवस्था देखनी चाहिए।'' जी ओ सी 15 कोर सहित अन्य सभी गाड़ियों में सवार हो 10 डिवीजन के संकेंद्रण स्थल की तरफ चल दिए। जनरल जसवंत सिंह ने विभिन्न स्थानों से सैन्य प्रमुख को परिचित कराया और अपने विन्यास की प्रकृति की व्याख्या की तथा कहा, ''सर, यह है मेरा डिवीजन।'' इन सभी को देखकर सैन्य प्रमुख ने पूछा, ''लेकिन जसवंत, तुम्हारी सुरक्षा कहाँ है?'' इस पर जी ओ सी ने जवाब दिया, ''सर, मुझे आक्रमण का कार्य दिया गया है और इसलिए मैंने

आक्रामक रुख की तैयारी की है। मैं नहीं चाहता था कि मेरी टुकड़ी सुरक्षात्मक मानसिकता में रहे।'' सैम कुछ परेशान लग रहे थे। उन्होंने कहा, ''जसवंत, अगर शत्रु पहले आक्रमण करे तब तुम क्या करोगे? क्या मैंने तुम्हें स्टाफ कॉलेज में नहीं पढ़ाया था कि आक्रमण एक मजबूत आधार से दूसरे की ओर आगे बढ़ते हुए होना चाहिए और वे मजबूत आधार चारों ओर से सुरक्षात्मक दृष्टि से संघटित होने चाहिए?''

इस प्रकार डिवीजन कमांडर को सुझाव देकर उन्होंने उस जगह को छोड़ा और जम्मू हवाई अड्डे की ओर चल पड़े। जी ओ सी 15 कोर भी एयरक्राफ्ट पर सवार हुए। उन्हें उनके मुख्यालय ऊधमपुर में छोड़ा जाना था, जहाँ विदेश मंत्रालय के नीति और योजना समिति के अध्यक्ष श्री डी.पी. धर विमान पर सवार होने आ रहे थे। योजना बनाते हुए प्रमुख ने जी ओ सी-इन-सी पश्चिमी कमान को कड़े शब्दों में संवाद भिजवाया कि वे 10 इन्फैंट्री डिवीजन के क्षेत्र में जाएँ और डिवीजन कमांडर को युद्धनीति की मूलभूत बातों को समझाएँ। दुर्भाग्यवश 3 दिसंबर, 1971 को पाकिस्तान ने 10 इन्फैंट्री डिवीजन पर पहले हमला कर दिया और उसके अग्रिम ब्रिगेड को तहस-नहस कर दिया। वहाँ से रिपोर्ट भेजी गई कि नेतृत्व करनेवाले ब्रिगेड को लगभग पूरी तरह नष्ट कर दिया गया। दो आर्मर रेजीमेंट का इस तरह से नष्ट होना बहुत भारी नुकसान था। डिवीजन कमांडर ने बिना किसी को सूचित किए उस स्थान को खाली छोड़ दिया और मुन्नवर तवी में पीछे हट गए।

4 दिसंबर की सुबह जब सेना प्रमुख डी एम ओ कार्यालय में थे तो उन्होंने मुझसे कहा, ''जसवंत से संपर्क कराओ।'' जब उन्होंने डिवीजन कमांडर से बात की तो पता चला कि डिवीजन पीछे हटी है। उन्होंने डिवीजन कमांडर को स्थिति पर बने रहने का आदेश दिया और कहा कि वह आश्वस्त करें कि उसके बाद एक भी इंच भूमि की हानि नहीं होगी। उसके बाद उन्होंने तुरंत मुझसे कहा, ''सरताज को फोन लाइन पर बुलाओ।'' मैंने जी ओ सी 15 कोर को फोन किया और सैन्य प्रमुख के हाथ में फोन दिया। उन्होंने जी ओ सी 15 कोर से कहा, ''सरताज, मैं चाहता हूँ कि तुम 10 डिवीजन जाओ। खालसा ने अपना हौसला छोड़ दिया है। मैं चाहता हूँ कि तुम उसका हाथ थामो और सरताज, विश्वास दिलाओ कि वहाँ किसी को पदच्युत नहीं किया जाएगा।'' इस प्रकार जनरल सरताज सिंह जी ओ सी 15 कोर, 10 इन्फैंट्री डिवीजन के मुख्यालय गए और पूरी स्थिति को स्थिरता देने का प्रबंध सँभाला। उप प्रमुख जनरल नोरोन्हा ने टिप्पणी की, ''देखो, कोर कमांडर के उपस्थित होने से क्या अंतर हो सकता है?'' उस समय सैन्य प्रमुख थोड़े चिंतित थे। मैं बताने ही वाला था कि स्पष्ट है कि ब्रिगेड कमांडर वहाँ कमान

नहीं कर रहे थे। प्रमुख ने मेरी तरफ देखा और कहा, "लड़के, लगता है ब्रिगेड कमांडर संपर्क की स्थिति में नहीं हैं। वह कभी अपनी कमान नहीं छोड़ेगा। तुम जानते हो, क्यों? क्योंकि वह रजवाड़ा है और उसने एक लंबे अरसे से गोरखाओं के साथ सेवा की है।" यह कैसा सच था। चौबीस घंटे के बाद ब्रिगेड कमांडर ने फिर स्थितियाँ नियंत्रण में कर लीं और सबकुछ सामान्य हो गया था। सैन्य प्रमुख ने, सन् 1971 के पहले के अधिकारियों से वादे के अनुसार, किसी को हटाया नहीं गया। 10वीं डिवीजन के जनरल ऑफीसर कमांडिंग उपसेनाध्यक्ष के पद तक पहुँचे और पाकिस्तान का हमला फेलने वाले ब्रिगेड कमांडर लेफ्टिनेंट जनरल के पद से सेवानिवृत्त हुए।

सन् 1971 के युद्ध के दौरान जब भी वह सैन्य टुकड़ियों से मिलते और अधिकारियों से बात करते तो निश्चित कर लेते कि सब सामान्य रहें और अपने निर्देशों को सही ढंग से समझाते थे। अधिकारियों को विश्वास दिलाया गया कि भरसक प्रयास के बावजूद लक्ष्य को प्राप्त नहीं किया जा सका तो वे निश्चिंत रहें कि किसी को पद से हटाया नहीं जाएगा। वह समझाते कि उन दुश्मनों को भी लड़ाई का प्रशिक्षण दिया गया है और युद्ध में कोई हमेशा नहीं जीत सकता। कभी

पंजाब में जवानों के साथ।

तुम जीतोगे, कभी हारोगे। उन्हें दृढ़ विश्वास था कि जवान कभी भी जान-बूझकर कोई गलती नहीं करता कि वह युद्ध हार जाए। वह अपना यह संदेश सभी तक पहुँचाना चाहते थे, ताकि कमांडर कोई निर्णय लेने में झिझके नहीं। उन्होंने एक बात और स्पष्ट कर दी थी कि यदि किसी का नैतिक पतन हुआ या किसी प्रकार की चारित्रिक दुर्बलता नजर आई तो वह कार्रवाई करने से नहीं झिझकेंगे और वह जवान न केवल अपनी नौकरी खोएगा, बल्कि अपनी पद-प्रतिष्ठा भी खो देगा। सभी उपस्थित जवानों के लिए यह संदेश स्पष्ट था कि यदि किसी ने लंपटता दिखाई तो निश्चित रूप से कड़ाई बरती जाएगी। वह जोर देकर कहते थे कि वह आदमी अपने पीछे एक सुंदर पत्नी छोड़ आया है और दुश्मनों के क्षेत्र में उसकी पत्नी जैसी दूसरी कोई नहीं होगी। ऐसे संबोधनों में वह हमेशा निष्कर्ष के रूप में कहते थे, ''जब भी तुम्हारा हाथ लालची हो जाए तो तुम उसे स्वतंत्र रूप से गतिशील नहीं होने दो और उसे खींचकर अपनी जेब में डालो और मेरे बारे में सोचो। यह सबसे उपयुक्त तरीका है अपने चरित्र और अनुशासन को बनाए रखने का।''

नवंबर 1971 के अंत तक भारतीय सेना अपनी कार्रवाई करने को तैयार थी। प्रधानमंत्री की स्वीकृति लेने के बाद सेना प्रमुख ने 4 दिसंबर, 1971 का दिन कार्रवाई के लिए निश्चित किया। उन्होंने 4 को क्यों चुना? सैम के लिए 4 का अंक भाग्यशाली था। उनके जीवन में सभी अच्छी बातें 4 को ही हुई थीं। इसलिए 4 दिसंबर को 'डी-डे' के रूप में प्रस्तावित और निश्चित किया गया। एक बार इस सब पर सहमति हो गई, तब प्रमुख ने इस निर्णय को सभी सैन्य कमांडरों और अन्य दोनों सेनाओं के प्रमुखों को लिखकर संदेश भेज दिया। रक्षामंत्री को बंगलौर में एक पत्र के जरिए 3 दिसंबर को सूचना दी गई, जिसमें प्रमुख ने लिखा कि प्रधानमंत्री ने 4 दिसंबर को सैनिक कार्रवाई शुरू करने के लिए सहमति दे दी है और चीफ ऑफ स्टाफ समिति का अध्यक्ष होने के नाते उन्होंने आवश्यक निर्देश जारी कर दिए हैं।

3 दिसंबर, 1971 को अपराह्न लगभग 4:45 बजे पाकिस्तानी वायु सेना ने अमृतसर, श्रीनगर, पठानकोट, अवंतीपुर, उत्तरलई, जोधपुर, अंबाला और आगरा के भारतीय वायु क्षेत्रों पर हमला कर दिया। जहाँ तक राष्ट्र और सशस्त्र सेना का सवाल था, सभी आधिकारिक तौर पर पाकिस्तान के साथ युद्ध पर एकमत थे। दिन और समय के हिसाब से इन हमलों में एक आश्चर्य था कि हमारा डी-डे 4 दिसंबर रखा गया था, क्या यह राज खुल गया था? उस शाम जब 'आर्मी हाउस' लौटते समय मैंने ये सब उन्हें बताया तो उन्होंने धीरे से कहा, ''कोई फर्क नहीं पड़ता।'' वह खुश थे कि पहला कदम पाकिस्तान ने उठाया था और भारतीय सेना अब जवाबी कार्रवाई करेगी। रक्षामंत्री बंगलौर में थे। प्रधानमंत्री कलकत्ता में एक रैली को संबोधित

कर रही थीं। पूर्वी सैन्य कमांडर को प्रधानमंत्री को इसकी सूचना देने के लिए कहा गया और रक्षा सचिव ने रक्षामंत्री को सूचना दी। उसके बाद सेना कमांडरों को अपनी-अपनी योजनाओं के कार्यान्वयन और दोनों सेनाओं के अध्यक्षों को अपनी-अपनी सेनाओं को आवश्यक निर्देश देने को कहा गया।

4 दिसंबर को प्रधानमंत्री ने बँगलादेश के राष्ट्रपति और प्रधानमंत्री की तरफ से एक संयुक्त पत्र प्राप्त किया। पत्र को यहाँ प्रस्तुत किया जा रहा है।

बँगलादेश की पीपुल्स रिपब्लिक के प्रधानमंत्री ताजुद्दीन अहमद और राष्ट्रपति सैयद नजरुल इसलाम की तरफ से बँगलादेश के अस्तित्व को सुरक्षित रखने के लिए भारत की प्रधानमंत्री श्रीमती इंदिरा गांधी को लिखा गया संयुक्त आग्रह पत्र—

4 दिसंबर, 1971

महामहिम,

अभी-अभी हमें यह जानकर काफी दुःख हुआ कि 3 दिसंबर को दोपहर बाद पाकिस्तान के सैन्य शासन ने आपके देश पर कायरतापूर्ण हमले किए हैं। अंतरराष्ट्रीय नियमों के उल्लंघन के याह्या खान के इस आधुनिकतम प्रदर्शन ने अंतिम रूप से यह साबित कर दिया कि उनका इरादा उपमहाद्वीप में तनाव, हिंसात्मक क्षति पहुँचाने और सामाजिक-आर्थिक स्थिति में उथल-पुथल लाने का है। बँगलादेश की जनता पश्चिमी पाकिस्तान की इस प्रवृत्ति के प्रति सजग है और उसने लगभग नौ महीने पहले ही अपनी आजादी के लिए संघर्ष शुरू कर दिया है। हमने पहले भी महामहिम को 15 अक्तूबर और 23 नवंबर को इन सभी परिस्थितियों से अवगत कराते हुए पाकिस्तान के सैन्य शासन के साथ तब तक लड़ने के निश्चय को व्यक्त किया था, जब तक इन सेनाओं को हराने का काम पूरा न हो जाए। यहाँ उसके जनरलों के द्वारा किए गए आक्रमण से यह और भी आवश्यक हो गया है कि भारत और बँगलादेश की जनता कंधे-से-कंधा मिलाकर इस का जवाब दे और प्रजातंत्र एवं स्वतंत्रता तथा उन मानव-मूल्यों, जिन्हें हमने साथ में स्वीकारा है, के लिए लड़ें।

प्रधानमंत्री महोदया, हमें आपको यह सूचित करते हुए गर्व हो रहा है कि 3 दिसंबर को आपके देश पर पाकिस्तानियों के किए गए सीधे हमले के विरोध में बँगलादेश की स्वातंत्र्य सेनाएँ पाकिस्तान की उन्मत्त सेनाओं से बँगलादेश में या किसी क्षेत्र में या किसी भी फ्रंट पर लड़ने को तैयार हैं। पाकिस्तान के सैन्य तंत्र के विरोध में हमारा साथ खड़ा होना आगे के लिए उपलब्धि होगी, यदि हम आपस में एक-दूसरे से औपचारिक राजनीतिक संबंध बनाते हैं तो इसलिए, हम अपने आग्रह को पुनः दोहराते हैं कि महामहिम व भारत सरकार हमारे देश की सरकार को मान्यता देने पर जल्दी कोई निर्णय लें। हमें यह अवसर प्राप्त कर खुशी होगी और हम विश्वास दिलाते हैं कि बँगलादेश की सरकार और जनता

युद्ध के बाद अखनूर में 5/8 गोरखा राइफल्स के जवानों के साथ।

मजबूती से आपके साथ उस समय खड़ी रहेगी, जब संकट और खतरा हम दोनों देशों पर मँडरा रहा है। यह हमारा दृढ़ विश्वास कि हमारी संयुक्त शक्ति पाकिस्तानी राष्ट्रपति याह्या खान के कुत्सित इरादे और प्रवृत्ति को सफलतापूर्वक चकनाचूर कर देगी।

महामहिम को हम यह विश्वास दिलाते हैं कि हमारी सरकार का पूरा सहयोग आक्रांता से लड़ने में आपके साथ होगा। हमारी उच्चतम इच्छा और शक्ति का आश्वासन आपके साथ है।*

प्रधानमंत्री का उत्तर नीचे दिया गया है। बँगलादेश की मान्यता के विषय में भारत की प्रधानमंत्री श्रीमती इंदिरा गांधी की तरफ से बँगलादेश के प्रधानमंत्री ताजुद्दीन अहमद को प्रेषित पत्र।

नई दिल्ली, 6 दिसंबर, 1971

प्रिय प्रधानमंत्रीजी,

भारत सरकार में मेरे सहयोगी और मैं महामहिम कार्यवाहक राष्ट्रपति सैयद नजरूल

---

* 'इंडिया-बँगलादेश रिलेशंस डॉक्यूमेंट्स-1971-2002', वॉल्यूम-1, 2003, ए.एस. भसीन, गीतिका पब्लिशर्स, नई दिल्ली, पृ. 6

इसलाम और आपके द्वारा 4 दिसंबर को भेजे गए संवाद से बहुत प्रभावित हुए। इसके प्राप्त करते ही भारत सरकार ने बँगलादेश की पीपुल्स रिपब्लिक, जिसका आप पूरी निष्ठा के साथ नेतृत्व कर रहे हैं, की मान्यता स्वीकार करने के आग्रह पर फिर से विचार किया। आपको यह सूचित करते हुए मुझे हर्ष हो रहा है कि अभी जो परिस्थितियाँ सामने हैं, उनके आलोक में भारत सरकार ने मान्यता स्वीकार कर ली है। आज सुबह ही मैंने इस विषय पर अपनी संसद् में एक वक्तव्य जारी किया है, जिसकी एक प्रति संलग्न है।

बँगलादेश के लोगों ने आज तक बहुत कठिनाइयाँ झेली हैं। आपके जवान और नागरिक लोकतंत्र की स्थापना के लिए अपनी कुर्बानी देकर संघर्ष को जारी रखे हुए हैं। मुझे इसमें कोई शंका नहीं कि इस प्रयास व कुर्बानी में हमारा साथ और दोस्ती हमारी निष्ठा को इस महान् कार्य के लिए मजबूत करेगी। हालाँकि रास्ता लंबा है और श्रम तथा कुर्बानी, जो हमारे लोग करेंगे, के पश्चात् निश्चित रूप से कह सकती हूँ कि विजय हमारी होगी। मैं आपको व्यक्तिगत रूप से तथा आपके सहयोगियों को और बँगलादेश के लोगों को अपनी शुभकामनाएँ व अभिवादन संप्रेषित करने का अवसर नहीं खोना चाहती हूँ। आपके द्वारा महामहिम सैयद नजरूल इसलाम, जो बँगलादेश पीपुल्स रिपब्लिक के कार्यवाहक राष्ट्रपति हैं, को हृदय से आश्वासन देती हूँ।

आपकी शुभाकांक्षी
ह/-
इंदिरा गांधी

महामहिम श्री ताजुद्दीन अहमद
बँगलादेश के पीपुल्स रिपब्लिकके प्रधानमंत्री
मुजीब नगर*

जैसे ही युद्ध शुरू हुआ, थल सेना अध्यक्ष सैम मानेकशॉ की सुबह की दिनचर्या में सुबह 7:45 बजे प्रधानमंत्री के आवास 1 सफदरजंग रोड पहुँचकर उन्हें युद्ध-स्थितियों की ताजा जानकारी देनी थी। इसके बाद रक्षामंत्री के घर पर सुबह 8:30 बजे एक बैठक होनी थी। इसके बाद श्री डी.पी. धर के घर पर उनके साथ बैठक होनी थी। प्रधानमंत्री निवास में प्रधानमंत्री और सैन्य प्रमुख कॉफी के साथ मेज पर मेरे द्वारा ले जाए गए नक्शे के साथ होते थे, जिससे अच्छी तरह उन्हें तथ्यों की जानकारी दी जा सके। जैसे ही स्थितियों की जानकारी उन्हें दे दी जाती, मुझे ताजा बरफी—जो वास्तव में दुनिया में कहीं नहीं मिलती थी—के साथ कॉफी दी जाती, जब प्रधानमंत्री के प्रतीक्षालय में प्रधानमंत्री और सैन्य प्रमुख कार्रवाइयों और उनसे संबंधित अन्य सभी विषयों पर चर्चा करते थे। प्रधानमंत्री बहुत ही व्यावहारिक

* 'इंडिया-बँगलादेश रिलेशंस डॉक्यूमेंट्स-1971-2002', वॉल्यूम-1, ए.एस. भसीन, गीतिका पब्लिशर्स, नई दिल्ली, पृ. 9

व मित्रवत् थीं और प्रत्येक सुबह बिना ागा मेरे बारे में अवश्य पूछतीं। एक दिन हुआ यूँ कि सैन्य प्रमुख बिना मुझे लिये ही कार्यालय चले गए। जब उन्होंने मुझे देखा तो कहा, "ओह, सैम थोड़ी देर पहले चले गए।" उन्होंने अपने एक कर्मचारी से कहा कि ये जहाँ जाना चाहते हों, गाड़ी से वहाँ पहुँचा दिया जाए। वास्तव में उनकी सोच और ध्यान ही था, जिससे उन्होंने ऐसा किया।

प्रधानमंत्री के घर से सैन्य प्रमुख रक्षामंत्री के घर उनके साथ बैठक करने के लिए रवाना हुए। दो दिन बाद सैम ने मंत्री महोदय को सलाह दी कि वे अन्य दोनों प्रमुखों को भी इस बैठक में उपस्थित होने को कहें। यह तुरंत ही स्वीकार कर लिया गया और उसके बाद सुबह 8:30 बजे प्रत्येक दिन तीनों सेनाओं के अध्यक्ष रक्षामंत्री के साथ बैठक में शामिल होने लगे। रक्षामंत्री सभी संबंधित सेना कमांडरों और सैन्य कार्रवाई में संलिप्त समतुल्य सभी अधिकारियों से बातें करके युद्ध के विषय में हर तथ्य की जानकारी लेते थे, ताकि बैठक में हर विषय पर चर्चा हो सके। इस बैठक में जहाँ उनके साथ सभी प्रमुख बैठते थे, वहीं दीवार के पास लगी कुरसियों पर उनके स्टाफ अधिकारी बैठते थे। सभी प्राप्त स्थितियों पर चर्चाएँ और अगले चौबीस घंटों के लिए योजनाएँ बनाई जाती थीं और उनके स्टाफ के लोग हमें चाय व बिस्कुट देते थे। यदि कुछ महत्त्वपूर्ण चर्चा करनी होती तो सभी स्टाफ सदस्यों को कमरे से बाहर कर दिया जाता था। यहाँ के बाद दूसरा स्थान था पी पी सी अध्यक्ष श्री डी.पी. धर का घर, जहाँ बैठक होती थी। वह अकसर सैन्य प्रमुख को अमेरिका, सोवियत संघ और चीन से संबंधित घटनाओं की ताजा जानकारियाँ दिया करते थे। सूचनाओं की अतिविशिष्ट बातें वे 'कहवा' (कश्मीरी चाय) पीते हुए एक-दूसरे के साथ विनिमय करते थे और लगभग 9:15 या 9:30 बजे सैम कार्यालय के लिए निकल पड़ते थे। संयुक्त प्रमुखों की पहली बैठक में अध्यक्ष ने यह निर्देश दिया कि सुरक्षा की सीमा में रहकर संचार माध्यमों (मीडिया) को संक्षिप्त और सही जानकारी दे दी जाए, ताकि संचार माध्यम युद्ध का यथावत् प्रसारण कर सकें, सारे तथ्यों को समय पर प्रस्तुत कर सकें, तथ्यगत जानकारियाँ बिलकुल सही हों और बिना किसी लाग-लपेट या असंदिग्ध आँकड़ों के वे संचार माध्यमों के सामने रखी जाएँ। इस कार्य को करने के लिए पूर्व सैन्य गुप्तचर विभाग के निदेशक—जो उस समय नेशनल डिफेंस कॉलेज में सीनियर डायरेक्टिंग स्टाफ आर्मी में कार्यरत थे—मेजर जनरल एम एन बत्रा को नियुक्त किया गया, जिन्हें प्रत्येक शाम को संचार माध्यमों के सामने तथ्य प्रस्तुत करने होते थे। इस प्रकार इस कार्य को अच्छी तरह से करने के कारण देश-विदेश में उनकी काफी सराहना हुई। सबसे महत्त्वपूर्ण बात यह थी कि इस पूरे समय में प्रेस और अन्य संचार एजेंसियों को

जो खबरें दी गईं, वे बिलकुल उपयुक्त और सत्य थीं।

घायल जवानों या हथियारों की क्षति—दोनों की रिपोर्ट के बारे में दूसरा निर्णय लिया गया था। अतीत की कार्रवाइयों से यह देखा गया था कि लड़ाकू टुकड़ी द्वारा किए गए दावे बहुत अधिक थे और कार्रवाई समाप्त होने के बाद पता चला कि क्षेत्र में जितना था उससे अधिक उपकरण व शस्त्र दुश्मनों ने खोए बताए जाते थे। इसके पीछे बड़ा साधारण कारण था—दुश्मनों के टैंक को सेना द्वारा जमीन से प्रहार करके नष्ट किया गया, जिसे वायु सेना ने भी हमला करके नष्ट किया। इस तरह दावा दोगुना हो जाता था। यह विषय और भी जटिल हो जाता था, जब दो यूनिट्स के बीच जुड़ी हुई अंतर-इकाई सीमा होती थी और दोनों यूनिट्स एक ही उपकरण को नष्ट करने के लिए दावा करती थीं। इन सबसे बचने के लिए दावाकर्ता को अपने दावे के लिए प्रमाण देने पड़ते थे। वायु सेना के लिए यह कार्य आसान था, क्योंकि उनके एयरक्राफ्ट में कैमरे लगे थे, जबकि थलसेना को अपने दावे की संपुष्टि करनी होती थी। अच्छी बात यह थी कि इन निर्देशों के बाद हताहतों के आँकड़े, जो दिए होते थे, वे वास्तविक हो गए।

सैम लोगों की भावनाओं की बहुत कद्र करते थे। आई.एन.एस. 'खुकरी' भारतीय नौसेना का युद्धपोत था, जिसे 9 दिसंबर, 1971 की शाम को पाकिस्तानी नौसेना द्वारा डुबो दिया गया। जब 10 दिसंबर की सुबह सैम प्रधानमंत्री से मिलने गए तब उन्होंने 'खुकरी' और उसके कप्तान एम.एन. मुल्ला के भविष्य के बारे में पूछा। सैम ने उनसे कहा, "खुकरी तो नीचे डूब गया है, लेकिन जीवित रहनेवालों के विषय में कुछ कहा नहीं जा सकता। पहले मैं जाँच-पड़ताल करवाऊँगा और तब उसकी जानकारी दूँगा।" रक्षामंत्री के घर पर मैंने नौसेना अध्यक्ष के फ्लैग लेफ्टिनेंट से उस बारे में पूछा तो उन्होंने निश्चित जानकारी दी कि कैप्टन मुल्ला आई एन एस 'खुकरी' के साथ ही डूब गए।

वहाँ की बैठक समाप्त होने पर हम श्री डी.पी. धर के यहाँ गए। वहाँ रॉ के प्रमुख और विशेष सचिव श्री आर.एन. काव उपस्थित थे। बैठक समाप्त होने पर श्री काव ने सैम से कैप्टन मुल्ला के बारे में पूछा। उनके कुछ बताने से पहले ही मैंने सबकुछ कह दिया, जो मैंने नौसेना अध्यक्ष के फ्लैग लेफ्टिनेंट से सुना था। सैम ने तुरंत कहा, "रामजी, हम निश्चित तौर पर नहीं कह सकते। मैं दिन में इस विषय पर बताऊँगा। मैंने प्रधानमंत्री से भी यही कहा है।" जैसे ही वे गाड़ी में आए, मुझे इस कार्य के लिए अच्छा सबक दिया गया। तभी मैं जान पाया कि कैप्टन मुल्ला श्री काव के साले साहब थे और श्रीमती गांधी के भी संबंधी थे। बाद में यह पता चला कि अपने सैनिकों व सहयोगियों को डूबते हुए युद्धपोत को छोड़ने

का आदेश देकर कैप्टन मुल्ला ने अपनी सेवा की परंपरा को उच्चतम शिखर पर पहुँचाते हुए स्वयं को उस युद्धपोत के साथ डुबो दिया। उन्हें मरणोपरांत युद्ध में वीरता के सबसे बड़े दूसरे पुरस्कार महावीर चक्र (एम.वी.सी.) से सम्मानित किया गया।

पूर्व में युद्ध अच्छी तरह चल रहा था। वहाँ भारतीय सेना ने प्रतिरोधक द्वीप या शहरों को छोड़कर देहात में अपने कार्य को जारी रखने की नीति बनाई थी। पूर्व में जो पाकिस्तानी वायु सेना तैनात थी, उसे 'मुक्ति वाहिनी' ने नष्ट-भ्रष्ट कर दिया था। उन्होंने पाकिस्तान की संचार व्यवस्था को नष्ट कर उसे परेशान करने के अलावा उनकी सेनाओं को भरपूर हानि पहुँचाई और स्वयं को बखूबी बाहर निकाल लाए। उनके द्वारा की गई सहायता भारतीय सेना के लिए महत्त्वपूर्ण थी।

पश्चिमी परिदृश्य में जनरल के के सिंह के अधीन भारतीय 1 कोर की कार्रवाई वाला शकरगढ़ पठार क्षेत्र महत्त्वपूर्ण उठानवाला भूभाग था, जो भारत के उत्तर में सियालकोट से दक्षिण में नारोवाल तक फैला हुआ था। पाकिस्तान ने पूर्वानुमान किया था कि इस क्षेत्र में भारतीय सेना नारोवाल-धमताल-जफरवाल क्षेत्र में कार्रवाई करेगी। ये तीनों टाउनशिप में सुरक्षा के लिए पूरी तैयारी की गई थी और उनकी सुरक्षा माइन फील्ड्स द्वारा की जा रही थी। भारतीय 1 कोर जहाँ कुछ क्षेत्रों को कब्जे में कर उपलब्धि हासिल कर सकती थी, वही अत्यंत सतर्कता से आगे बढ़ रही थी। अपने कार्यों में उन्होंने जिस क्षमता का प्रदर्शन किया था, उसके अनुरूप परिणाम नहीं आ रहा था।

9 या 10 दिसंबर को हम जब रक्षामंत्री के घर से लौट रहे थे, तब मैंने सैम से ये कहा, "सर, जिस रास्ते से यह कार्रवाई हो रही है, वहाँ यह प्रकट हो रहा है कि 1 कोर के आक्रमण में बाधाएँ आ रही हैं।" उन्होंने कहा, "जनरल के के सिंह सतर्कता बरत रहे हैं और धीरे-धीरे किंतु निश्चित रूप से आगे बढ़ रहे हैं। हो सकता है कि उनका कार्य धीमी गति से हो, किंतु सोद्देश्य और सार्थक होगा।" तब मैंने उनसे कहा कि इस परिस्थिति में मैं एक डिवीजन को पीछे छोड़ दूँगा। वह हमारे आर्मर्ड डिवीजन के बारे में नहीं जानता है और हमें उसके आर्मर्ड डिवीजन के बारे में कोई सूचना नहीं है, इसलिए मैं सेना को पुनः समूह में जुटाकर इस मैदान में उतार दूँगा। उन्होंने सोचा कि हमने आर्मर्ड डिवीजन को छोड़ दिया है और अब वे इसके साथ प्रत्याक्रमण करेंगे।" सैम ने मुझसे पूछा, "तुम आर्मर्ड डिवीजन को युद्ध में कहाँ इस्तेमाल करोगे?" मैंने कहा कि आर्मर्ड डिवीजन युद्ध क्षेत्र के नजदीक ही कहीं है, लेकिन उन्हें सही जानकारी के लिए डी एम आई से पूछना चाहिए। सैन्य प्रमुख चुप हो गए।

जब हम साउथ ब्लॉक पहुँच गए तो वे कार्रवाई कक्ष में गए और अचानक कर्नल आदी होमजी मेरे कार्यालय में आए और कहा कि सेना प्रमुख ने इसी समय मुझे कार्रवाई कक्ष में बुलाया है। वह मुझे वहाँ ले गए और मैंने देखा कि वहाँ शकरगढ़ के नक्शे के सामने सेनाध्यक्ष, वी सी ओ एस, डी एम ओ और डी एम आई सभी बैठे थे। सैन्य प्रमुख ने मुझसे कहा, ''तुमने जो गाड़ी में मुझसे कहा था, वह कहो।'' मैं उन सभी प्रतिष्ठित अधिकारियों के बीच बोलने में हिचक रहा था; लेकिन मुझे बोलना तो था। जैसे ही मैंने अपनी बात समाप्त की, वी सी ओ एस—जो आर्मर्ड कोर के एक अधिकारी थे—ने कहा, ''तुम्हें तो आर्मर्ड कोर में होना चाहिए।'' तब प्रमुख ने कहा, ''गलत नाटा! (चूँकि वी सी ओ एस कद में छोटे थे, इसलिए 'नाटा' पुकारे जाते थे) 8 गोरखा को आर्मर्ड कोर को अपने अधीन कर लेना चाहिए।'' सभी उपस्थित जन खुलकर हँस पड़े और मुझे अपना काम करने के लिए वापस कार्यालय भेज दिया गया।

जब यह महसूस किया गया कि वास्तव में उस फ्रंट की गतिविधियाँ अत्यधिक धीमी हैं और यह मेरे सलाह देने से पहले था, जनरल कैंडेथ—जी ओ सी-इन-सी पश्चिमी कमान प्रमुख को सूचना देने में निग्रह बरत रहे थे। उन्हें आशंका थी कि कोर कमांडर को कहीं बदलने के आदेश ने दिए जाएँ। स्थिति बहुत चिंताजनक थी। उस कोर कमांडर का भाग्य अच्छा था कि युद्ध-विराम की घोषणा बीच में ही हो गई।

इस सेक्टर के दक्षिण में पंजाब में डेरा बाबा नानक पर रावी नदी पर बने पुल को कब्जे में करने के लिए सीमित आक्रामक कार्रवाई की योजना बनाई गई थी। जहाँ उस पुल का आधा हिस्सा पाकिस्तान के पास था, वहीं आधा हिस्सा भारतीय सेना की इन्फैंट्री ब्रिगेड के नियंत्रण में था, जिस पर इस आक्रामक कार्रवाई का जिम्मा था। मेरी बटालियन 4/8 गोरखा राइफल्स ने, जिसे उत्तर प्रदेश में जोशीमठ की ठंडी जलवायु से इस क्षेत्र में लाया गया था, इस कार्रवाई को अंजाम दिया। सैन्य प्रमुख का सोचना था कि वहाँ की सैन्य टुकड़ी की क्षमता अपर्याप्त थी, इसलिए अतिरिक्त बटालियन लाई गई। एम ए ले कर्नल दीपिंदर सिंह उनके साथ थे, जब वह इस बारे में सोच रहे थे। उन्होंने उ.प्र. सीमा क्षेत्र से 4/8 गोरखा राइफल्स को वापस बुला लेने का प्रस्ताव दे दिया। उनका मानना था कि वे वहाँ कुछ भी क्रियात्मक नहीं कर रहे थे। सैम को विचार पसंद आया और बटालियन को कुछ दिनों के अंदर बुला लिया गया। 4/8 गोरखा राइफल्स ने 5-6 दिसंबर, 1971 की रात को इस अंत:क्षेत्र पर कब्जा कर लिया और इसके लिए उसे कई वीरता पुरस्कारों से सम्मानित किया गया था। इस क्षेत्र और कुछ कैदियों को अधिकार में लेने के बाद पता चला

कि पाकिस्तान ने 6-7 दिसंबर, 1971 की रात को पुल के पहले सिरे पर बने मोरचेवाले हिस्से का लाभ उठाकर डेरा बाबा नानक से होकर एक हमले की तैयारी की थी, किंतु हमने वहाँ पहले ही धावा बोल दिया। समाचार-पत्रों ने इस युद्ध के बारे में लिखा—"दुश्मनों की कमर तोड़ दी गई है। विशेषकर रावी नदी पर बना सामरिक महत्त्व का पुल हमारे हाथ में आ गया। यदि इस मोरचे को खुला छोड़ दिया जाता तो उनके लिए डेरा बाबा नानक रोड जंक्शन तक जाने का रास्ता आसान हो जाता।

"तीन घंटे से भी कम समय में दृढ़तापूर्वक जमे अनेक हथियारों से लैस दुश्मनों को मार भगाकर डेरा बाबा नानक अंत:क्षेत्र पर कब्जा करना अपने आपमें एक वीरगाथा हो गई। 3 दिसंबर से ही दुश्मन भारतीय क्षेत्रों पर गोलाबारी कर रहे थे। अनुमान था कि उन्होंने 30,000 राउंड गोलियाँ चलाई थीं। भारतीय सेना ने अंत:क्षेत्र और पुल के पहले सिरे के मोरचे पर अधिकार करने का लक्ष्य बनाया था। स्पष्टत: दुश्मन सामने से हमले की अपेक्षा कर रहे थे। उन्होंने बीच के व्यापक क्षेत्रों में बारूदी सुरंगे बिछा रखी थीं। गोला-बारूद में एंटी-लिफ्टिंग यंत्र लगे हुए थे जिससे उन्हें हटाना प्राणघातक था। दुश्मन की योजना से चतुराई से निकलना उतना ही अपारंपरिक था, जितना कठिन था इसे सफलतापूर्वक संपूर्ण करना। भारतीय तोपों ने पूरे समय जवाबी हमले किए, ताकि दुश्मनों का ध्यान बँटा रहे। कमांडों ने पार्श्व से दुश्मनों को घेरकर पाकिस्तानी चौकी पर कब्जा कर लिया और भारतीय सेना ने गिरफ्तार पाकिस्तानी सैनिकों से महत्त्वपूर्ण सूचना प्राप्त कर ली, जो उस क्षेत्र में दुश्मनों की उपस्थिति के बारे में थी। उसी समय एक सशस्त्र टुकड़ी 15 फीट ऊँची दैत्याकार घासवाली भूमि को पार करती हुई नदी के किनारे की तरफ तेजी से बढ़ रही थी। इसका संचलन पूरी तरह कंपास की मदद से था, क्योंकि वहाँ घुप्प अँधेरा था। भारतीय सैनिक लगभग 45 मिनट में बाँध में से रास्ता बनाकर नदी के किनारे तक पहुँच गए। भारतीय टैंकों ने इन्फैंट्री के जवानों के साथ नदी को पार करना चाहा, लेकिन दो टैंक नदी की दलदल में धँस गए। उसके बाद डोगरा और गोरखा रेजीमेंट सहित पूरी फौज नदी के किनारे चलती हुई, एक के बाद एक चौकी पर कब्जा करती हुई सुबह लगभग 2:30 बजे पुल के पहले सिरे पर बने मोरचे पर पहुँच गई, जहाँ दुश्मन उसके आक्रमण और प्रहार से अनजान थे। जवानों ने उन पर चढ़ाई कर दी। यह सचमुच आश्चर्यजनक था कि पाकिस्तानी मेजर मजीद और उसके सैनिक सबकुछ छोड़कर भाग खड़े हुए।

इस नाटकीय गतिविधि का वर्णन करते हुए सेना के एक ऑफीसर ने बताया, "हमने वास्तव में उन्हें अचानक पकड़ लिया।" कुल मिलाकर भारतीय सेना ने

8 पक्के पिल बॉक्स, 2 रिकॉइललेस गन पोजीशन, 12 बंकर और कंक्रीट मोर्टार पिट्स 5-6 दिसंबर की रात को अपने कब्जे में किए। गोरखा रेजीमेंट ने 14 पाकिस्तानी सैनिकों को पकड़ा। यह आश्चर्य की बात थी कि वे भाग खड़े हुए। हालाँकि उनकी मोर्चाबंदी बहुत मजबूत थी और उनके पास रसद भी भरपूर थी।''*

दक्षिणी कमान के परिदृश्य में मेजर जनरल आर डी आर आनंद के अधीन 11 इन्फैंट्री डिवीजन ने पाकिस्तान के थार मरुस्थल में चोर की तरफ आक्रमण किए। इस डिवीजन के पास पैरा कमांडो बटालियन जयपुर के महाराजा लेफ्टिनेंट कर्नल भवानी सिंह, के अधीन थी। वह चाचरो के बाहरी दक्षिणी क्षेत्र में 20 राजपूत बटालियन के साथ कार्रवाई कर रही थी। यह नया चोर से 7 कि.मी. दूर तक बढ़ी और उसने परबत अली क्षेत्र में बालू के टीलों के पास मोर्चा जमाया। इस कार्रवाई में भारतीय सेना ने कुछ नए फेर-बदल किए थे। इस क्षेत्र में मुलायम बालू होने के कारण सेनाओं के लिए पथ निर्माण में काफी कठिनाइयाँ थीं। यदि सेना की संचालन व्यवस्था पूरी नहीं हो पाती तो कुशलता योजना पर अनेक विराम लग जाते। एक विशेष डक बोर्ड पथ, जो 6 फीट लंबा और 2-3 फीट चौड़ा लकड़ी से बना हुआ और जगह-जगह इस्पात के पिन व फ्रेम से बँधा हुआ था, यह ट्रैक आने-जाने के लिए इस्तेमाल किया गया। इससे सेना की जरूरत पूरी हो गई। चूँकि वहाँ का पानी अत्यंत खारा था और बहुत कम मात्रा में उपलब्ध था, इसलिए मुनाबाओ से मीटर गेज या सँकरी रेलगाड़ी को चलाया गया था और सेना के लिए आवश्यक पानी की आपूर्ति की गई थी। ऐसे ही कई और शोध किए गए थे। यह कहना सत्य होगा कि जवानों ने वहाँ जो भी आवश्यक चाहा, सब मिला।

जैसलमेर सेक्टर में 12 इन्फैंट्री डिवीजन ने पाकिस्तान में रहीमयारखान के दक्षिण-पूर्व में सीमित आक्रमण का मन बनाया। इस कार्रवाई के लिए नियत भारतीय जवान उस क्षेत्र तक पहुँचने में सफल रहे। हालाँकि तुरंत ही उन जवानों को वापस भेज दिया गया, क्योंकि पाकिस्तान की एक कवचित रेजीमेंट ने उस क्षेत्र में उसी समय में लोंगेवाल की तरफ अत्यंत जोरदार आक्रमण किया था। लोंगेवाल को खतरे में देखकर इस सैन्य टुकड़ी को जल्दी से वहाँ भेजा गया, ताकि पाकिस्तानी हमले से उपजी नाजुक स्थिति को स्थिर किया जा सके। बाद में पता चला कि इस कवचित रेजीमेंट के पास कोई इन्फैंट्री या वायुसेना की सहायता मौजूद नहीं थी। इस सशस्त्र सेना को हमारी पंजाब रेजीमेंट, जो वहाँ सुरक्षा की मजबूत पकड़ बनाए हुई थी, की बटालियन और वायु सेना ने नष्ट कर दिया। कुछ कवचित वहाँ उपलब्ध कराए

---

* 'ह्यूज चाइनीज ऐंड यू.एस. आर्म्स कैप्चर्ड इन डेरा बाबा नानक विक्टरी', द हिंदू, नई दिल्ली, 23 दिसंबर, 1971

गए। इससे पहले कि वह दुश्मनों का प्रभावी रूप से सामना करते, युद्ध लगभग समाप्ति की ओर था। कंपनी कमांडर का इस स्थिति पर पूरी तरह से नियंत्रण हो गया था, जिन्हें दुश्मनों का जमकर सामना करने के लिए 'महावीर चक्र' से सम्मानित किया गया।

जम्मू सेक्टर में चेनाब और चंद्रभागा नदियों के बीच एक उल्लेखनीय भूभाग पाकिस्तानियों के पास था, जिससे वे न केवल जम्मू पर हमला कर सकते थे बल्कि इस महत्त्वपूर्ण भूभाग के उच्चतम शिखर से 4 कि.मी. दूर स्थित अखनूर पुल पर भी कब्जा कर सकते थे। इस पुल पर कब्जा करते ही पुंछ-रजौरी-नौकोरा क्षेत्रों में सैन्य बलों का और जगहों से संपर्क समाप्त हो जाता। यह भूभाग तीन तरफ से भारतीय क्षेत्रों से घिरा था और दक्षिण-पूर्व में सियालकोट को गहराई प्रदान कर रहा था और उत्तर-पश्चिम में मराला हैडवर्क्स तक था। पाकिस्तानी सेना के कमांडर इसे 'भारतीय हृदय में घोंपा छुरा' कहते थे, वहीं जम्मू में जी ओ सी 26 इन्फैंट्री डिवीजन इसे 'मुरगी की गरदन' कहा करते थे। यह नाम इसलिए चुना गया था, क्योंकि इसकी संरचना मुरगी की गरदन से काफी मिलती-जुलती थी। इस डिवीजन के जी ओ सी मेजर जनरल जेड सी बख्शी, एम वी सी को दो कार्य सौंपे गए थे। पहला, इस मुरगी की गरदन को मरोड़ना, जिससे छंब और जौरियाँ को पार्श्व से हमले के खतरे को खत्म किया जा सके तथा अखनूर पुल पर शत्रु की हमले की योजना से पहले कार्रवाई की जाए। दूसरा, 1 कोर की कार्रवाई के साथ सियालकोट पर कब्जा करना। हालाँकि 5 दिसंबर, 1971 की रात को ही उसकी गरदन मरोड़ दी गई, लेकिन सियालकोट के विरुद्ध कार्रवाई को स्थगित कर दिया गया, क्योंकि पुंछ और छंब में सेना को पुनर्नियोजित किया जाना था।

जैसा कि पहले चर्चा की गई थी कि इस क्षेत्र के ठीक उत्तर में छंब क्षेत्र में 10 इन्फैंट्री डिवीजन ने आक्रमण की योजना बनाई थी, ताकि मराला हेडवर्क्स को खतरा पैदा किया जा सके। लेकिन यहाँ पाकिस्तान ने पहले हमला कर दिया और हमें कुछ क्षेत्रों से भी हाथ धोना पड़ा। पाकिस्तान हमारे अग्रिम मोर्चे को कुचलता हुआ आगे बढ़ा और हमें कुछ तोपें, जो गोलाबारी की मदद के लिए आगे लाई गई थीं, खोनी पड़ी। किंतु अंततः स्थिति काबू में कर ली गई।

कश्मीर स्थित कारगिल में हमने इस क्षेत्र की लगभग सभी चौकियों को कब्जे में करके असाधारण सफलता प्राप्त की। इसके अलावा, पाकिस्तानी सेना ने कुछ चौकियाँ 'युद्ध-विराम रेखा' के साथ की गई विभिन्न कार्रवाइयों में खोईं। हालाँकि हमने भी यहाँ कुछ खोया, लेकिन वह उतना महत्त्वपूर्ण नहीं था।

पूर्व में हो रहे युद्ध के संदर्भ में 11 दिसंबर, 1971 को मेजर जनरल राव

फरमान अली, जो पूर्वी पाकिस्तान में डिप्टी मार्शल लॉ प्रशासक थे, ने पाकिस्तान के प्रतिनिधियों द्वारा संयुक्त राष्ट्र में तुरंत युद्धबंदी की अपील करवाई। प्रार्थना की गई कि संयुक्त राष्ट्र के तत्त्वावधान में पूर्वी पाकिस्तान में सभी सैनिकों व नागरिक प्रशासकों को वापस किया जा सके। जब पाकिस्तान के राष्ट्रपति जनरल याह्या खान को इस अपील की सूचना दी गई तो उन्होंने इसे रद्द कर पूर्वी पाकिस्तान में अपनी सेनाओं को भारतीयों का मुकाबला जारी रखने को कहा। उन्होंने सबको विश्वास दिलाया कि चीन और अमेरिका से जो मदद माँगी गई थी, वह बहुत जल्द हमें मिलेगी। जनरल फरमान अली की अपील से यह स्पष्ट था कि पूर्वी फ्रंट पर सबकुछ ठीक नहीं था। जैसे ही मानेकशॉ ने यह सब जाना, उन्होंने परचे छपवाकर बँगलादेश में बँटवा दिए कि पाकिस्तानी सेना आत्मसमर्पण करके जान-माल की रक्षा करे उन्हें 'जेनेवा समझौते' के तहत पूरी सुरक्षा व गरिमा प्रदान की जाएगी।

जनरल मानेकशॉ ने ऑल इंडिया रेडियो पर यह अपील दोहराई और कहा कि पाकिस्तानी सेना को बिना देर किए, आत्मसमर्पण कर देना चाहिए। उन्होंने चेतावनी दी कि मुकाबला करने से उसे और जान-माल का नुकसान उठाना पड़ेगा। यह अपील तीन भिन्न संदेशों द्वारा एक पाकिस्तानी सैन्य टुकड़ी को दूसरी डिप्टी मार्शल लॉ प्रशासक मेजर जनरल राव फरमान अली को दी गई। मेजर जनरल राव फरमान अली को भेजे गए संदेश में उन्होंने कहा, "मैंने बार-बार बँगलादेश में आपकी सेनाओं को सलाह दी है कि हमारे सैनिकों ने उन्हें चारों तरफ से घेर लिया है, इसलिए जल्द-से जल्द आत्मसमर्पण कर दें। आप न ही समुद्र और न ही आकाश मार्ग से भाग सकते हैं और न ही पश्चिमी पाकिस्तान से कोई सहायता आपके पास आ सकेगी। प्रतिरोध करना बेवकूफी है और साथ ही आपकी कमान में सैनिक व्यर्थ ही मारे जाएँगे। मैंने पहले ही वादा किया है कि 'जेनेवा समझौते' के तहत उन सभी आत्मसमर्पित जवानों को पूरी सुरक्षा प्रदान की जाएगी, जो भी सैन्य या तथाकथित अर्धसैनिक हमारी सेना के समक्ष आत्मसमर्पण करेगा।"

जनरल मानेकशॉ ने उन्हें चेतावनी दी कि यदि वे आत्मसमर्पण नहीं करते हैं तो पश्चिमी पाकिस्तान के पुरुषों, स्त्रियों व बच्चों के जीवन को भी गंभीर खतरा होगा। मैंने पहले ही आपके दुर्ग नष्ट करने के लिए काफी परिमित बलों का प्रयोग किया है, अब यदि आगे और देर की गई तो मैं सहन नहीं करूँगा।

मेजर जनरल फरमान अली को दिए गए एक दूसरे संदेश में जनरल मानेकशॉ ने कहा "हम जानते हैं कि गुप्त क्रॉसिंग पर दो तटरक्षक तैयार हैं और हवाई सुरक्षा में मजबूत स्थिति के साथ आपके पास एक रनवे भी है। हम यह भी जानते हैं कि आपके 5 व्यापारिक जहाज 6 से 7 बजे के बीच रवाना होने का इंतजार कर

रहे हैं। मैंने अपनी सेना को इस स्थिति से निपटने का संकेत दे दिया है। यदि आप ऐसा करते हैं तो अपने व्यापारिक जहाज और सशस्त्र सेना को नष्ट पाएँगे।''

पाकिस्तानी सेना से अपील करते हुए जनरल मानेकशॉ ने कहा, ''आपके प्रयास वीरतापूर्ण किंतु फल-विहीन हैं। आप बेकार में हताहत हो रहे हैं। आपके कमांडर झूठी तसल्ली दे रहे हैं। मैं दावे के साथ कहता हूँ कि आपके पास भागने का मौका नहीं है। आप अपने परिवारों की खातिर आत्मसमर्पण और जल्दी आत्मसमर्पण कर दो।''*

जनरल नियाजी ने ढाका में अमेरिकी कौंसिल जनरल से बात की और अपने संदेश में राष्ट्रपति को निम्नलिखित शर्तों पर युद्ध-विराम के लिए कहा :

'जी-1305 (.) गोपनीय (.) राष्ट्रपति के लिए कमान से (.) आपका सिग्नल जी 0013 14 दिसंबर (.) मैं अमेरिकी कौंसिल जनरल से मिला और उन्हें लिखित रूप में इस प्रकार दिया (.) उद्धृत (.) एक (.) ढाका व अन्य किसी शहर में और युद्ध न हो, इसलिए मैं आपसे आग्रह करता हूँ कि निम्नलिखित शर्तों पर जल्द युद्ध-विराम कर दिया जाए (.) अल्फा (.) महत्त्वपूर्ण क्षेत्रों में पाकिस्तानी सेना का पुन: एकत्रीकरण, विपक्षी सशस्त्र बलों के कमांडरों के बीच आपसी सहमति से (.) ब्रेवो (.) सैन्य और अर्धसैन्य बलों की सुरक्षा की सुनिश्चितता (.) चार्ली (.) 1947 से पूर्वी पाकिस्तान में बसे हुए सभी लोगों की सुरक्षा (.) दो (.) इन शर्तों पर पाकिस्तानी सशस्त्र सेना और अर्धसैनिक बलों द्वारा सैन्य कार्रवाइयाँ जल्द-से जल्द समाप्त कर देंगे (.) तीन (.) वर्तमान विवादों पर संयुक्त राष्ट्र सुरक्षा परिषद् द्वारा पारित समझौतों और नियमों का मैं पालन करूँगा (.) चार (.) क्षेत्र बी (पूर्वी पाकिस्तान) के मार्शल लॉ प्रशासक और पूर्वी कमान के कमांडर होने के नाते मुझे पूरे पाकिस्तानी सैनिकों और अर्धसैनिकों पर इन क्षेत्रों में अधिकार का प्रयोग करने की स्वतंत्रता है (.) उद्धरण समाप्त (.) अब तक उत्तर के इंतजार में।

पाकिस्तानी सेना प्रमुख जनरल हामिद ने इसका जवाबी संदेश भेजा—''मैंने ऑल इंडिया रेडियो पर जनरल मानेकशॉ के संदेश सुने हैं?'' उन्होंने आगे जनरल नियाजी को सलाह दी कि उन्हें इन शर्तों को स्वीकार कर लेना चाहिए जो उनकी वर्तमान आवश्यकता के अनुरूप लगती हैं।

भारतीय प्रामाणिक समय के अनुसार शाम लगभग 4 बजे अमेरिकी दूतावास ने अपने रक्षा राजदूत के द्वारा जनरल नियाजी का संदेश भारतीय थल सेना प्रमुख जनरल मानेकशॉ को भिजवाया। जनरल नियाजी के संदेश का जनरल मानेकशॉ

* मानेकशॉ रिन्यूस कॉल फॉर सरेंडर', 'द हिंदू', 12 दिसंबर, 1971, पृ. 1

ने 15 दिसंबर, 1971 को विशेष प्रतिक्रियात्मक जवाब दिया, जो निम्नलिखित है—

"पहला, नई दिल्ली में अमेरिकी दूतावास द्वारा आज 14:30 बजे बँगलादेश में आपके युद्ध-विराम का संवाद मैंने प्राप्त किया।

"दूसरा, मैंने पहले ही जनरल फरमान अली को अपने दो संदेशों में यह सूचना दी है कि (क) बँगलादेश में मेरे सामने आत्मसमर्पण किए गए सभी सैनिकों और अर्धसैनिकों को सुरक्षा प्रदान की जाएगी, (ख) पश्चिमी पाकिस्तान में विदेशी नागरिकों, प्रजातीय अल्पसंख्यकों और जवानों—जो भी हों, सभी को सुरक्षा दी जाएगी। चूँकि आपने लड़ाई बंद करने की इच्छा जाहिर की थी, इसलिए मुझे उम्मीद है कि आप अपनी कमान में बँगलादेश के अपने सभी सैनिकों को हमारी फौज के सामने आत्मसमर्पण करने का निर्देश जारी करेंगे। वे जिस भी क्षेत्र में हों, सभी को आदेश भेजेंगे।

"तीसरा, क्योंकि मैं जेनेवा समझौते का सम्मान करता हूँ, इसलिए मैंने आपको आश्वासन दिया है कि आपके आत्मसमर्पण करने वाले सैनिक जिस गरिमा और प्रतिष्ठा के हकदार हैं, उन्हें वह सब दिया जाएगा, चूँकि उनमें बहुत से जख्मी हैं, अत: उनका अच्छी तरह इलाज किया जाएगा और जो मारे गए हैं, उनका अंतिम संस्कार उचित तरीके से किया जाएगा, मेरे लिए यह मायने नहीं रखता कि वे कहाँ से आए हैं। उन्हें किसी से भी डरने की जरूरत नहीं और न ही मेरी कमान में कोई जवान उनसे बदले की भावना से पेश आएगा।

"चौथा, अभी-अभी मैंने आपकी सकारात्मक प्रतिक्रिया प्राप्त की है। मैं पूर्वी क्षेत्र में भारत और बँगलादेश के सैनिकों के कमांडर जनरल अरोड़ा को यह निर्देश दे दूँगा कि वे किसी प्रकार की हवाई और जमीनी कार्रवाई आपके खिलाफ न करें। अपने विश्वास की वजह से मैंने आज 17:00 बजे से ढाका के ऊपर किसी भी प्रकार की हवाई कार्रवाई को बंद करने का आदेश दे दिया है।

"पाँचवाँ, मैं आपको विश्वास दिलाता हूँ कि मेरी आपकी सेना को जान-माल की अनावश्यक क्षति पहुँचाने की इच्छा नहीं है। मैं इनसानी जिंदगी को नुकसान पहुँचाने के कृत्य से घृणा करता हूँ। यदि आपने मेरी बात नहीं मानी तो मेरे पास दूसरा और कोई विकल्प नहीं होगा, सिवा इसके कि 16 दिसंबर को भारतीय प्रामाणिक समय के अनुसार 9 बजे मैं और भी प्रचंड रूप से आक्रमण आरंभ करवाऊँ।

"छठा, इन सभी विषयों पर शीघ्रता से चर्चा और निश्चय करने के क्रम में मैं आज 15 दिसंबर को भारतीय प्रामाणिक समय के अनुसार 17 बजे रेडियो लिंक प्रबंध कर दूँगा। इसकी तीव्रता दिन में 6605 (6605) khz और रात में 3216 (3216) Khz होगी। कॉल संकेत होंगे कैल (कलकत्ता) और डैक (ढाका)। मैं

आपको सलाह देता हूँ कि अपने संकेतकों को निर्देश दो कि वे माइक्रोवेव को शीघ्रता से पुनः स्थापित करें (.)।''*

जैसे ही मानेकशॉ का संदेश और राष्ट्रपति द्वारा अपने संदेश का जवाब नियाजी द्वारा मिला, उन्होंने युद्ध-विराम का प्रस्ताव स्वीकार कर लिया। जनरल नियाजी ने अपने सेना प्रमुख को सूचना दी कि वे अपनी कमान के तहत सभी सैन्य टुकड़ियों से युद्ध-विराम तथा उन शर्तों के नियम-पालन के लिए कह दें। परिणामतः ये संदेश ढाका ने पाकिस्तानी पूर्वी कमान के मुख्यालय के तहत सभी सैनिकों को पहुँचा दिया गया—

आदेशों के संकेत नीचे दिए गए हैं—

MSG फॉर्म

फ्लैश DTG : 160400

द्वारा : पूर्वी कमान अनक्लैश

प्रति : 9 डिवीजन

14 डिवीजन द्वारा DR

16 डिवीजन

36 डिवीजन

EP LOG क्षेत्र

EP CAF

91 BDE

FOCEP 97 BDE 117 BDE 313 BDE

AOC PAF

अत्यंत विषमता में भी आपने वीरतापूर्वक लड़ाई लड़ी (.) मैं आप पर गर्व करता हूँ (.) आप अब ऐसी स्थिति में पहुँच गए हैं, जहाँ और प्रतिरोध मानवीय क्षमता से बाहर है। और न ही यह किसी लाभदायक उद्देश्य की पूर्ति करेगा (.) आगे इससे सिर्फ जीवन की हानि और विनाश होगा (.) पाकिस्तान के राष्ट्रपति की इच्छा है कि लड़ाई रोकने और सशस्त्र सेनाओं को बचाने के लिए मुझे सभी आवश्यक कदम उठाने चाहिए और पश्चिमी पाकिस्तान के उन सभी जनों व सैन्य जवानों को सुरक्षा देनी चाहिए (.) दो (.) परिणामतः मैं युद्ध-विराम करने का आग्रह करता हूँ, जिसे भारतीय सेना के सेनाध्यक्ष ने स्वीकृति दे दी है। (.) अफसोस है कि हमें हथियार डालने पड़ेंगे (.) मैं आशा करता हूँ कि अच्छे सैनिकों की तरह आप अनुशासन में रहकर इनका पालन करेंगे (.) भारतीय सेना के सेनाध्यक्ष ने मुझे विश्वास दिलाया

* द हिंदू, नई दिल्ली, 16 दिसंबर, 1971, पृ. 1

है कि (.) अल्फा (.) हमारे सभी सैनिक और अर्धसैनिक बलों को सुरक्षा दी जाएगी (.) ब्रेवो (.) पश्चिमी पाकिस्तान के सभी कर्मियों को पूर्ण सुरक्षा दी जाएगी (.) चार्ली (.) जेनेवा समझौते के अनुसार जिस सम्मान के हकदार आप हैं, सभी सैन्य व अर्धसैन्य बलों तथा सैनिकों को पूर्ण गरिमा व आदर दिया जाएगा (.) डेल्टा (.) सभी घायलों का वे जहाँ भी हैं, अच्छी तरह इलाज किया जाएगा (.) इको (.) मुक्ति फौज सहित उनके कमान की कोई भी सेना आपसे बदला नहीं लेगी (.) तीन (.) युद्ध-विराम दोनों सेनाओं की आपसी सहमति से हुआ है (.) सभी शर्तों का विस्तार भेजा जा रहा है। (.) बहरहाल यह 160500 डेक से प्रभावी है (.) आप आक्रामक कार्रवाई बंद करेंगे और मेरे अगले आदेश की प्रतीक्षा करेंगे (.) फिर भी हवाई हमले से सावधान रहें। (.) सभी के सूचनार्थ

012/10/ GS (OP) OF ले. कर्नल TEL : 617

16 दिसंबर, 1971

अस्थायी रूप से 15 दिसंबर को शाम 5 बजे से अगली सुबह 9 बजे तक के लिए युद्ध-विराम कर दिया गया। चूँकि कहीं-कहीं छिटपुट लड़ाइयाँ चल रही थीं, इसलिए 16 दिसंबर के 3 बजे दिन तक युद्ध को बंद करने का समय बढ़ा दिया गया, ताकि सब जगह सूचना पहुँचे जाए और युद्ध-विराम समझौते का अनुपालन किया जा सके। जनरल नियाजी की सहमति मिलने के बाद जनरल मानेकशॉ ने मेजर जनरल जैकब को 'आत्मसमर्पण के दस्तावेज' पर दस्तखत करने के लिए आवश्यक प्रबंध के लिए ढाका रवाना होने के लिए कहा। दिल्ली में अधिकतर लोग यह समझ रहे थे कि सेना प्रमुख वहाँ इस अवसर पर उपस्थित रहेंगे। सैम ने बताया, "यह पूर्वी कमान की कार्रवाई है, इसलिए पूर्वी कमान के जी ओ सी-इन-सी इस मामले को देखेंगे। इसके साथ ही, मैं सेना प्रमुख हूँ, इसलिए यदि पूरी पाकिस्तानी सेना या उसके प्रमुख दस्तावेजों पर हस्ताक्षर करते हैं तब मैं वहाँ जाऊँगा।"

अत्यंत कम समय में जो प्रबंध किए गए और जनरल नियाजी की सुरक्षा का इंतजाम किया गया, वह सचमुच सराहनीय और सभी के द्वारा सहर्ष स्वीकार्य था। आत्मसमर्पण का दस्तावेज, जिस पर जनरल नियाजी और जनरल अरोड़ा के दस्तखत करवाए गए, वह इस प्रकार है—

भारतीय-बँगलादेशी सेनाओं की संयुक्त कमान में पाकिस्तानी सेना के आत्मसमर्पण का दस्तावेज—

ढाका, 16 दिसंबर, 1971

पाकिस्तान की पूर्वी कमान पूर्वी क्षेत्र में भारतीय और बँगलादेशी सेना के

ढाका में आत्मसमर्पण के दस्तावेज पर हस्ताक्षर करते समय।

जनरल ऑफीसर कमांडिंग इन चीफ लेफ्टिनेंट जनरल जगजीत सिंह अरोड़ा के समक्ष बँगलादेश में सारी पाकिस्तानी सेना के आत्मसमर्पण के लिए सहमत हैं। इस आत्मसर्पण में सभी पाकिस्तानी थल सेना, वायुसेना और नौ सेना के साथ ही सभी अर्धसैनिक बल तथा सिविल सशस्त्र बल भी शामिल होंगे। ये सैन्य बल लेफ्टिनेंट जनरल जगजीत सिंह अरोड़ा की कमांडवाले नियमित जत्थे के नजदीक स्थित निवर्तमान स्थान, जहाँ वे हैं, वहीं आत्मसमर्पण करेंगे और अपने हथियार डालेंगे।

जैसे ही दस्तावेज पर हस्ताक्षर हुए, पाकिस्तानी पूर्वी कमान लेफ्टिनेंट जनरल जगजीत सिंह अरोड़ा के आदेश के तहत आ जाएँगे। इस आदेश की अवज्ञा करना आत्मसमर्पण की शर्तों से धोखा करना होगा और युद्ध की रिवायतों तथा स्वीकृत कानून के अनुसार उसके अनुसार कार्रवाई होगी। आत्मसमर्पण की शर्तों में किसी भी प्रकार की शंका का समाधान और उसके विश्लेषण के बारे में लेफ्टिनेंट जनरल जगजीत सिंह अरोड़ा का निर्णय अंतिम और सर्वमान्य होगा।

लेफ्टिनेंट जनरल जगजीत सिंह अरोड़ा ने यह विश्वास दिलाया कि सभी आत्मसमर्पण करनेवाले सैनिक पूरे मान-सम्मान के हकदार होंगे और जेनेवा समझौते के अनुसार उन्हें वह सब दिया जाएगा। अर्धसैनिक बल और सैन्य बल जो आत्मसमर्पण करेंगे, उनकी सुरक्षा और देखभाल का आश्वासन दिया गया। लेफ्टिनेंट जनरल जगजीत सिंह अरोड़ा की कमान में सैनिकों द्वारा पाकिस्तान के सभी नागरिकों, जनजातीय अल्पसंख्यकों तथा पश्चिमी पाकिस्तान के जवानों को पूरी सुरक्षा प्रदान की जाएगी।

(हस्ता.)	(हस्ता.)
जगजीत सिंह	ए.ए.के. नियाजी
(जगजीत सिंह अरोड़ा)	(आमिर अब्दुल्ला खान नियाजी)
लेफ्टिनेंट जनरल	लेफ्टिनेंट जनरल
	मार्शल लॉ प्रशासक
जनरल ऑफीसर कमांडिंग इन चीफ	जोन बी और कमांडर
भारतीय व बँगलादेशी सेना	
पूर्वी परिदृश्य में	पूर्वी कमान (पाकिस्तान)
16 दिसंबर, 1971	16 दिसंबर, 1971*

इस संधि दस्तावेज पर हस्ताक्षर होने के बाद प्रधानमंत्री ने भारतीय संसद् में एक आधिकारिक वक्तव्य जारी किया, जो यहाँ प्रस्तुत है—

बँगलादेश में पाकिस्तानी सेना के आत्मसमर्पण करने पर भारत की प्रधानमंत्री श्रीमती इंदिरा गांधी द्वारा संसद् में जारी वक्तव्य।

नई दिल्ली, 16 दिसंबर, 1971

"मुझे एक घोषणा करनी है! पश्चिमी पाकिस्तान की सेना ने बिना शर्त बँगलादेश में आत्मसमर्पण कर दिया है। आत्मसमर्पण के दस्तावेज पर ढाका में भारतीय प्रामाणिक समय के अनुसार आज 16:31 बजे पाकिस्तान पूर्वी कमान के लेफ्टिनेंट जनरल ए ए के नियाजी और भारतीय तथा बँगलादेश के पूर्वी रणस्थल में जी ओ सी-इन-सी लेफ्टिनेंट जनरल जगजीत सिंह अरोड़ा के द्वारा हस्ताक्षर कर आत्मसमर्पण स्वीकार किया गया। अब ढाका एक स्वतंत्र देश की स्वतंत्र राजधानी है।

"यह संसद् भवन और समूचा राष्ट्र इस ऐतिहासिक घटना पर खुशी से झूम रहा है। बँगलादेश का विजय की इस घड़ी में हम अभिवादन करते हैं। हम मुक्ति वाहिनी के युवा लड़ाकों के साहस और निष्ठा का अभिवादन करते हैं।

* 'इंडिया-बँगलादेश रिलेशंस डॉक्यूमेंट्स-1971-2002', वॉल्यूम-1, 2003, ए.एस. भसीन, गीतिका पब्लिशर्स, नई दिल्ली, पृ. 10

हमें अपनी थल सेना, नौसेना और वायुसेना तथा सीमा सुरक्षा बल पर गर्व है, जिन्होंने अत्यंत शानदार तरीके से अपनी गुणवत्ता और क्षमता का प्रदर्शन किया। कर्तव्य के प्रति उनकी निष्ठा और अनुशासन सर्वविदित है। भारत उन वीर जवानों को हमेशा याद रखेगा, जिन्होंने इस संघर्ष में अपने जीवन की कुर्बानी दे दी। हम उनके परिवारों के साथ हैं।

"हमारे सशस्त्र बलों को हिदायत दी गई है कि जेनेवा समझौते के अनुसार युद्धबंदियों के साथ व्यवहार करना है और बँगलादेश के लोगों के साथ मानवीयता से पेश आना है। मुक्ति वाहिनी के कमांडरों ने भी ऐसे ही आदेश दिए हैं। हालाँकि बँगलादेश सरकार को जेनेवा समझौते पर हस्ताक्षर करने का अवसर अभी तक नहीं दिया गया है, लेकिन उसने घोषणा की है कि वह पूरी तरह उसके नियम-कानून का पालन सम्मानपूर्वक करेगा। अब यह बँगलादेश सरकार, मुक्ति वाहिनी और भारतीय सशस्त्र बलों की जिम्मेदारी है कि किसी भी प्रकार के बदले की भावना या हमले को न होने दिया जाए।

"हमारा लक्ष्य सीमित था—बँगलादेश के लोगों और मुक्ति वाहिनी की सहायता करना, ताकि आतंक के शासन से वे अपने देश को आज़ाद करवा सकें और हमारी भूमि पर होने वाले किसी भी अतिक्रमण का प्रतिरोध करना। भारतीय सेना आवश्यकता समाप्त होते ही बँगलादेश से स्वदेश वापस लौट आएगी।

"लाखों लोगों, जो सीमा पार अपने घरों से खदेड़े गए हैं, उनको वापस पहुँचाया जा रहा है। क्षतिग्रस्त इस देश के पुनर्स्थापित की जिम्मेदारी इस देश की सरकार व जनता के समर्पित दलों की है।

"हम आशा और विश्वास करते हैं कि इस नए राष्ट्र में उनके जनक शेख मुजीब-उर रहमान अपनी सही जगह लेंगे और शांति, समृद्धि व उन्नति के साथ बँगलादेश का नेतृत्व करेंगे। समय आ गया है कि वे एक साथ मिलकर 'सोनार बँगला' का सुनहरा भविष्य देखें। उन्हें हमारी अनेक शुभकामनाएँ।

"विजय सिर्फ उनकी नहीं है। मानवता की भावना को महत्त्व देने वाले सभी राष्ट्र इसे मानव की स्वाधीनता के लिए की गई खोज में महत्त्वपूर्ण मील-पत्थर मानेंगे।"*

आत्मसमर्पण के दस्तावेज पर हस्ताक्षर के साथ ही पूर्वी क्षेत्र में आधिकारिक तौर पर युद्ध समाप्त हो गया; लेकिन पश्चिम में सैन्य कार्रवाई जारी थी। यहाँ पाकिस्तान के राष्ट्रपति याह्या खान ने राष्ट्र के नाम अपने संदेश में कहा, "पूर्व में

---

* 'इंडिया-बँगलादेश रिलेशंस डॉक्यूमेंट्स-1971-2002', वॉल्यूम-1, 2003, ए.एस. भसीन, गीतिका पब्लिशर्स, नई दिल्ली, पृ. 11

पाकिस्तान की सेना दुश्मनों के द्वारा पराभूत कर दी गई है, क्योंकि वे संख्या में अधिक थे और उनके हथियार भी बहुत ज्यादा थे।'' उन्होंने आगे कहा, ''किसी बड़े युद्ध के एक फ्रंट पर इस तरह की अस्थायी संधि का यह मतलब नहीं कि युद्ध समाप्त हो गया।'' अपने लोगों को प्रेरित करते हुए उन्होंने कहा, ''हमारी सशस्त्र सेनाएँ तब तक नहीं रुकेंगी, जब तक दुश्मनों को सीमा पार खदेड़ न दें।''

17 दिसंबर, 1971 को प्रधानमंत्री इंदिरा गांधी ने सेनाध्यक्ष जनरल मानेकशॉ से मुलाकात की और पश्चिमी सीमा पर युद्ध-विराम की अपनी सरकार की इच्छा की जानकारी दी। भारत सरकार ने 17 दिसंबर, 1971 को पश्चिमी सीमा पर एकतरफा युद्ध-विराम की घोषणा कर दी। इस युद्ध-विराम की घोषणा करते हुए प्रधानमंत्री श्रीमती इंदिरा गांधी ने संसद् में एक वक्तव्य जारी किया।

भारत की ओर से एकतरफा युद्ध-विराम पर संसद् में प्रधानमंत्री श्रीमती इंदिरा गांधी द्वारा जारी वक्तव्य—

नई दिल्ली, 17 दिसंबर, 1971

''बँगलादेश की कायापलट के छह दिन बाद 31 मार्च, 1971 को मैं सदन में एक महत्त्वपूर्ण प्रस्ताव पारित करते हुए गर्व महसूस कर रही हूँ।

''भारत की स्थायी रुचि शांति और मानव अधिकारों की रक्षा के उस वादे को निभाने में है, जिससे बँगलादेश के लोगों को संहार से बचाया गया और सेना का उपयोग उसे समाप्ति से बचाने के लिए किया गया। मैंने सभी लोगों और सरकार का आह्वान किया कि वे अतिशीघ्र संरचनात्मक कदम उठाकर पाकिस्तान की सरकार को भीषण नर-संहार को रोकने को राजी करें।

''मैंने अपना वक्तव्य सदन की अत्यंत गहरी धारणा के साथ अभिव्यक्त किया कि पूर्वी बंगाल के लगभग 7.5 करोड़ लोगों की विजय अवश्य होगी। हमने यह भी आश्वासन दिया कि उनकी कुर्बानी और संघर्ष को भारत के लोगों के द्वारा पूर्ण सहानुभूति एवं सहायता दी जाएगी।

''हमने इस सदन में सम्मिलित रूप से जो प्रतिज्ञा की थी, वह आज पूर्ण हो गई हैं।

''यह स्वाभाविक है कि भारत की जनता खुशी से झूम उठी होगी। हम बँगलादेश के लोगों की भी खुशी को समझ सकते हैं। मैं इस उत्साह और खुशी में शामिल हूँ। लेकिन 'गीता' में कहा गया है कि न ही हर्ष में, न ही विषाद में हमें अपना धैर्य व संतुलन खोना चाहिए और न ही भविष्य को देखने की शक्ति को धुँधला करना चाहिए।

''उन सभी लोगों को, जिन्होंने शस्त्र उठाया, जिन्होंने सैन्य कार्रवाई की योजना

और निर्देशन में स्वयं को तल्लीन कर दिया और भारत के उन सभी नागरिकों को जिन्होंने उदारता दिखाई—सभी को धन्यवाद और बधाई।

''यह विजय केवल शस्त्रों की नहीं, आदर्शों की भी है। मुक्ति वाहिनी इतनी क्षमता के साथ नहीं लड़ सकती थी, अगर स्वतंत्रता और उसकी विशेष पहचान की स्थापना के लिए उसकी अदम्य अंत:प्रेरणा न होती। हमारे अपने सैनिक भी इतनी निर्भयता व साहस नहीं दिखाते, अगर इस लख्य के प्रति आश्वस्त न होते।

''भारत अन्य लोगों के विचारों को जानने व सहन करने में आस्था रखता है, युद्ध के समय भी यह उससे ऊपर है।

''हम लोकतंत्र, धर्मनिरपेक्षता और समाजवाद के समर्थक्र हैं। एकमात्र इन के साथ से ही पूरी आजादी के लिए रास्ता खुलता है, कमजोर वर्ग को सुरक्षा दी जाती है और विभिन्न व्यक्तित्वों को पूर्णरूप से उभरने का अवसर दिया जाता है। हमारा विश्वास है कि कोई भी राष्ट्र नकारात्मक सोच को लेकर नहीं बन सकता है या जिस राष्ट्र के पास अपने सभी लोगों के लिए अर्थहीनता हो, वह कभी भी खड़ा नहीं रह सकता। दुर्भाग्यवश, पाकिस्तान भारत के प्रति घृणा व संघर्ष की नीति पर आधारित है।

''जहाँ एक ओर हम पुन: अपने आदर्शों को प्रतिष्ठित करते हैं, वहीं मैं आशा करती हूँ कि पाकिस्तान की जनता परिस्थितियों और जरूरतों को साथ लेकर सही रास्ते की तलाश करेगी। इन चौबीस वर्षों में हमने अनेक उत्तेजक भाषण और निंदित व झूठे प्रचार अपने विरुद्ध सुने हैं। हमें विश्वास नहीं कि यह पाकिस्तान की जनता की सच्ची आवाज है। उन्हें उनके प्रशासकों ने अँधेरे में रखा हुआ है।

''हम उन्हें विश्वास दिलाना चाहते हैं कि हमें उनसे कोई दुश्मनी नहीं है। जो बातें हमें बाँटती हैं, उससे कहीं अधिक वे बातें हैं, जो साझी हैं। हम अपने संबंधों को पाकिस्तान की जनता के साथ दोस्ती और समझदारी की नींव पर रूपायित करना चाहते हैं। वे अपने घरों में मालिक की तरह रहें और उनकी ऊर्जा को गरीबो हटाने तथा देश में समानता लाने के लिए उपयोगी बनाया जाए।

''यह हमारी महती इच्छा है, जिससे अभिभूत हो हमने अपनी थल सेना, नौसेना और वायुसेना को यह निर्देश दे दिया है कि आज 20 बजे से पश्चिम में सभी सीमाओं पर युद्ध बंद कर दिया जाए।

''मैं अपने देश के सभी राजनीतिक दलों की आभारी हूँ, जिन्होंने इस क़ठिन समय में पूरी तरह से और विशेषकर शांति के लिए कदम आगे बढ़ाने में हमारा साथ दिया। यह प्रस्ताव हमारे विदेश मंत्री सरदार स्वर्ण सिंह ने न्यूयॉर्क में पूरे विश्व को बताया। हमने औपचारिक रूप से स्विस दूतावास के द्वारा यह संदेश पाकिस्तान सरकार

को भी भेज दिया है। हम आशा करते हैं कि पाकिस्तान की जनता एवं शासक इस प्रस्ताव की सराहना करेंगे और ऐसा ही प्रतिउत्तर देंगे।

"असफलता के परिणाम की सारी जिम्मेदारी पाकिस्तान के सैन्य शासक पर है। पाकिस्तान की पश्चिमी सीमा पर जो हुआ, उससे हम संतुष्ट नहीं हैं। आनेवाला समय विशेष रूप से जटिल और नई समस्याओं से भरपूर होगा। हमें अपनी अखंडता और अपने हित तथा अपने राष्ट्र के अस्तित्व की मूलभूत धारणाओं की रक्षा के लिए हमेशा चौकस रहना पड़ेगा।"*

19 दिसंबर, 1971 के टाइम्स ऑफ इंडिया में लोकसभा में रक्षामंत्री का दिया वक्तव्य प्रकाशित हुआ। इसमें उन्होंने सदन में सूचना दी कि इस युद्ध में हमारे जवानों की युद्धनीति मुख्य शहरों को छोड़कर नागरिकों के जान-माल और राष्ट्रीय संपत्ति को क्षति से बचाते हुए युद्ध करना था, जिससे दुश्मन आश्चर्यचकित थे। 'आत्मसमर्पण के दस्तावेज' पर हस्ताक्षर करने के साथ ही बँगलादेश स्वतंत्र हो गया और कहीं-कहीं छिटपुट लड़ाइयों के अलावा हमारे जवानों ने नियंत्रण कर लिया। युद्ध-विराम केसमय पश्चिमी मोरचे पर भारतीय सेना का कश्मीर के कारगिल, गुरेज और उरी जैसे सेक्टरों के अनेक स्थानों पर अधिकार था। लिपा घाटी का महत्त्वपूर्ण हिस्सा हमारे हाथ में था। जम्मू व कश्मीर के कुछ ऊँचाईवाले क्षेत्र—पुंछ-राजौरी-नौशेरा आदि क्षेत्र—भी अधिकार में किए गए थे। पूरा अखनूर का महत्त्वपूर्ण हिस्सा और जम्मू सेक्टर का सीमावर्ती इलाका सभी भारतीय सेना के अधिकार में थे। बसंतार नदी पार करके शकरगढ़ के जफरवाल के महत्त्वपूर्ण इलाके पर जहाँ भारतीय सेना ने कब्जां किया, वहीं रावी नदी के दक्षिणी मुहाने पर डेरा बाबा नानक का क्षेत्र भी भारतीय सेना के अधिकार में आ गया। सिंध की सीमा पर अनेक सीमा-चौकियों सहित छाद भेट व नगर परकार का पूरा इलाका चाचरो और विरावह भारतीय सेना के कब्जे में आ गए। सिंध के पाकिस्तानी क्षेत्र में नया चोर और उमरकोट तक सेना के नियंत्रण में था। भारतीय क्षति के बारे में बताते हुए उन्होंने सूचना दी कि इस युद्ध में भारत ने 45 एयरक्राफ्ट, 73 टैंक और 1 युद्धपोत खोया है। इस कार्रवाई में दोनों मोरचों पर कुल 2,473 अधिकारी और सैनिक शहीद हुए, 6,658 घायल हुए और 2,238 अधिकारी व सैनिक लापता हैं। युद्ध-विराम के समय पश्चिम का मुन्नवर तवी क्षेत्र पाकिस्तान के कब्जे में था और हुसैनीवाला क्षेत्र में सतलुज का पश्चिमी हिस्सा तथा पक्का गाँव के क्षेत्र में फाजिल्का के पश्चिमी हिस्से पर भी पाकिस्तान का अधिकार था।

पूरी दुनिया से सैम मानेकशॉ के लिए बधाई संदेश आ रहे थे। पहला संदेश

---

* 'इंडिया-बँगलादेश रिलेशंस डॉक्यूमेंट्स-1971-2002', वॉल्यूम-1, 2003, ए.एस. भसीन, गीतिका पब्लिशर्स, नई दिल्ली, पृ. 12-13

श्री एच.सी. सरीन (आई.सी.एस. एवं इस्पात व भारी उद्योग मंत्रालय के सचिव) का मिला था। जैसा कि पहले बताया गया है कि श्री सरीन रक्षा मंत्रालय में बहुत दिनों तक सेवारत थे और सचिवों के कार्यों में फेर-बदल के कारण अन्य मंत्रालय में जाने से पहले वह रक्षा सचिव नियुक्त किए गए थे। अगले दिन रक्षामंत्री की समिति की एक विशेष बैठक सरकार की तरफ से सैन्य प्रमुख की सेवाओं के प्रति आभार प्रकट करने के लिए बुलाई गई।

इन 14-15 दिनों में जब युद्ध समाप्त हो गया, तब सैम को युद्ध की एक रोचक कहानी सुनानी थीं। जब प्रधानमंत्री सैम से मिलीं तो उन्होंने पूछा कि "मुझसे आपने झूठ क्यों बोला? आपने तो कहा था कि इस मामले में लगभग एक महीना लगेगा; लेकिन आपने तो दो सप्ताह में ही सब ठीक कर लिया!" सैम ने जवाब दिया, "ऐसा इसलिए, क्योंकि मैं आप नेताओं को जानता हूँ। यदि मैं कहता कि युद्ध अगले दो सप्ताह में समाप्त हो जाएगा, तो आप पंद्रह दिनों में मेरी गरदन पकड़ लेतीं! मैंने दो सप्ताह के लिए अपनी योजना बना ली थी और आपको एक महीना बताया था, ताकि आप मेरे पीछे न पड़ें।" इस पर दोनों ने जमकर ठहाके लगाए।

अनेक नेताओं व विशेषज्ञों ने एकतरफा युद्ध-विराम के निर्णय को महत्त्वपूर्ण या उपयोगी नहीं बताया। उनका तर्क था कि यह पाकिस्तान के साथ जो समस्या है, उसके लिए स्थायी हल की तलाश को भी प्रभावित करेगा। जिस परिस्थिति में युद्ध चल रहा था, वह उसके समीकरण की सच्चाई से भिन्न था। यह भारत ही था, जो पूर्वी पाकिस्तान से बहुतायत में आए शरणार्थियों, जिनकी वजह से भारत की आंतरिक सुरक्षा और सामाजिक संरचना खतरे में पड़ गई थी, तब भी टिका हुआ था और यदि पाकिस्तान इस मुद्दे पर कोई कदम नहीं उठाता तो भारत को अपने हित के लिए कोई ठोस कदम उठाना ही था। उसी समय देश के राजनेताओं ने विश्व की अनेक सरकारों को यह स्पष्ट कर दिया था कि पाकिस्तान के क्षेत्र पर अधिकार करने का भारत का इरादा नहीं है और न ही उसके सामने किसी प्रकार का अड़ियल रुख अपनाने की इच्छा है। कुछ अभिधारणाओं को देखकर सेना प्रमुख ने जो युद्धनीति अपनाई थी, वह यह थी कि पश्चिम में सुरक्षात्मक युद्ध नीति पर अमल किया जाए और पूर्व में बँगलादेश की नई सरकार गठित करने के लिए तेज आक्रामक रुख अपनाया जाए। पूर्व में पाकिस्तानी सेना के आत्मसमर्पण से हमारे लक्ष्य की पूर्ति हो गई। आगे पश्चिम में कोई भी सैनिक कार्रवाई अहितकर होती। विश्व समुदाय में कुछ देश, जो पाकिस्तान के मित्र थे, भारत की कार्यनीति को संदेह की नजरों से देखते और इन सब कार्यों को हस्तक्षेप मानते। भारत द्वारा एकतरफा युद्ध-विराम का निर्णय एक अच्छी सूझ-बूझ भरा और सुविचारित संकेत था।

विवाद का दूसरा क्षेत्र था कि भारतीय सेना ने अपने जवानों को फैलाकर पूरे मोरचे पर हमले का रुख अपना लिया था। किसी भी नतीजे पर पहुँचने के पहले दो कारकों पर विचार करना अत्यावश्यक होगा। पहला पश्चिम में 'सुरक्षात्मक युद्धनीति' का रुख था; दूसरा, सैन्य प्रमुख की यह धारणा थी कि पहले के युद्ध में भारतीय सेना का एक भाग युद्ध से बाहर रह गया था। उनका सोचना था कि सेना की सामर्थ्य को इस तरह बेकार नहीं करना चाहिए। सुरक्षात्मक होने के साथ ही कुल मिलाकर लक्ष्य की पूर्ति के लिए कोई महत्त्वपूर्ण प्रयास नहीं किया गया था। इसलिए उन्होंने सैन्य कमांडरों को निर्देश दिया कि वे लक्ष्य को पहचानें और तब आधार की मजबूत पकड़ बनाकर अपना सुरक्षात्मक रवैया अपनाएँ। इन कार्यों के लिए उन्हें अलग से सेना नहीं दी गई। आक्रामक प्रवृत्ति संसाधनों की सीमा में अपनाई गई। इस प्रकार हम देख सकते हैं कि पश्चिमी मोरचे पर लगभग सभी डिवीजन अपने कार्यों का वहन कर रहे थे। इसलिए, जब ऐसा लगता था कि हमले हो रहे हैं, तब वे वास्तव में सीमित कार्रवाइयाँ होती थीं।

यदि युद्ध और लंबा खिंचता तो रक्षित सेना को पुनगर्ठित कर लगाने की संभावना थी, विशेषकर इनमें से अधिकांश सैन्य टुकड़ियों ने जिन मुश्किल क्षेत्रों पर कब्जा किया था, उसे आगे की कार्रवाई के लिए लॉञ्च पैड बनाया जा सकता था। पाकिस्तानी क्षेत्र को अधिकृत करने की लालसा पर नियंत्रण करके ऐसी स्थिति उत्पन्न की गई कि बँगलादेश के लाखों शरणार्थियों को वापस उनके देश भेजा जाए और युद्ध लंबा न खिंचे। शक्तिशाली देशों, जो पाकिस्तान के मित्र देश थे, के लिए युद्ध के कारणों पर प्रतिक्रिया करना अत्यंत कठिन था। अंततोगत्वा भारत को लाखों बँगलादेशियों, जिन्हें पाकिस्तान की बर्बरता की वजह से शरणार्थी बनकर भारत आना पड़ा था, को वापस उनके देश भेजकर उन्हें आजादी दिलाने के लिए युद्ध करना पड़ा। श्रीमती गांधी ने यूरोप और अन्य देशों की अपनी यात्रा के दौरान यह स्पष्ट कर दिया था कि भारत को पाकिस्तान की भूमि पर कब्जा करने की लालसा नहीं है। यह राष्ट्र की महत्ता के लिए, भारत की सुरक्षा के विरुद्ध जो धमकी दी गई है, उसके लिए किया गया सुरक्षा उपाय है। राजनीतिक प्रवृत्तियों द्वारा जहाँ पाकिस्तान के साथ समस्याओं का समाधान स्थायी रूप से करना था, वहीं युद्ध को लंबा खींचना उचित नहीं था और भारत के लिए अहितकर भी था।

पूर्व में युद्ध समाप्त हो जाने के बाद सेना को अन्य क्षेत्रों में पुनर्गठित करने के लिए काफी समय व संचलन की आवश्यकता थी। तभी उसे दोनों क्षेत्रों में समायोजित किया जा सकता था। इन परिस्थितियों में बहुत उम्मीद रखने पर भी 4 से 6 दिन आवश्यक थे। पाकिस्तानी छठी सशस्त्र सेना का डिवीजन और रक्षित सेना की स्थिति

की जानकारी हमें न थी। 1971 में निगरानी की तकनीक इतनी विकसित न थी। पाकिस्तानी छठी आर्मर्ड डिवीजन भी हमारी आर्मर्ड डिवीजन की वास्तविक स्थिति का पता करने में असमर्थ थी। यही कारण था कि उन्होंने अपनी रक्षित सेना को नहीं उतारा।

कुछ लेखक, जो इस युद्ध से जुड़े हुए थे, उनका कहना था कि युद्ध के अंतिम लक्ष्य को स्पष्ट रूप से बताया नहीं गया था। कुछ ने तो यहाँ तक कहा कि ढाका का कहीं भी उल्लेख नहीं किया गया। उनके विचार से, इसमें कोई शंका नहीं थी कि ढाका ही अंतिम लक्ष्य होना चाहिए था। तीन बिंदुओं की पुनरावृत्ति होनी चाहिए—पहला, पूर्वी पाकिस्तान में 3 कोर विन्यास को उसके आकार के साथ अपनी योजनाओं में बहुआयामी रूप में विस्तार से सामने रखना था। सैन्य विज्ञान का कोई भी छात्र यह जानता है कि इन परिस्थितियों में इतनी बड़ी सेनाओं को स्वतंत्र कार्रवाई ही नहीं करनी होती। अंतत: एक विशेष क्षेत्र में एकत्रित होना होता है। वे ढाका की दिशा में बढ़ रही थीं। प्रतिरोधक द्वीपों-शहरों को छोड़कर गुजरने और उसके केंद्र को आधार बनाने की यह पूरी योजना थी। दूसरा, बँगलादेश की जो सरकार अस्तित्व में थी, वह भारत से कार्यान्वित थी और मेरे मस्तिष्क में बँगलादेश में एक नई सरकार के गठन का लक्ष्य स्पष्ट था। यदि यह मान लिया जाए तो यह स्पष्ट था कि सरकार उस देश की राजधानी से संचालित होती। केवल यही नहीं, भारत की प्रधानमंत्री ने 6 दिसंबर, 1971 को भारतीय संसद् में बँगलादेश की मान्यता की सूचना दे दी और उस देश के राष्ट्रपति को बँगलादेश को नए राष्ट्र के रूप में बनाने की मान्यता को एक पत्र द्वारा उद्घोषित कर दिया था। तीसरा, भारतीय सेना के सामने अनपेक्षित रूप से बड़ी संख्या में आत्मसमर्पित कैदियों के लिए जो प्रबंध किए गए थे, वे अपर्याप्त थे। उनके लिए जो प्रबंध किए गए थे वे सब असामान्य लग रहे थे। यदि ढाका को लक्ष्य के रूप में सुनिश्चित कर लिया जाता तो अधिक संख्या में पाकिस्तानी युद्धबंदियों को अपने अधीन ले लेने की भी योजना बनाई जाती, हालाँकि भारतीय सेना के ढाका पहुँचने से पहले यह मान लिया जाता कि पाकिस्तान अपनी सेना को वहाँ से सुरक्षित निकालने में समर्थ है। यदि इसे अनपेक्षित मानने का बहाना बनाया जाता तो इसे स्पष्टीकरण की जरूरत थी।

जहाँ तक सन् 1971 के युद्ध का सवाल है, इस संदर्भ में वर्ष 1971 में सैन्य कार्रवाई निदेशक के रूप में कार्यरत लेफ्टिनेंट जनरल आई एस गिल ने युद्ध के कुछ पहलुओं पर जो जानकारी दी, उन्हें यहाँ प्रस्तुत किया जा रहा है—

(अ) पश्चिमी मोरचे पर भारतीय युद्ध नीति : भारत की युद्धनीति पूर्वी पाकिस्तान के विरुद्ध सफलता की थी। क्योंकि इस युद्ध का और कोई उद्देश्य नहीं

था। इसलिए वहाँ अपेक्षाकृत अधिक सैनिकों की जरूरत थी। पश्चिम में सुरक्षात्मक युद्धनीति का अर्थ होता है—आक्रामक सुरक्षा। पहली कोर की सैनिक कार्रवाई का मुख्य लक्ष्य था जम्मू व कश्मीर संचार रेखा की सुरक्षा करना और दुश्मनों के इलाके पर कब्जा करना। डेरा बाबा नानक के दक्षिण में इसे नियोजित नहीं किया गया। कुल मिलाकर पहली कोर ने उपलब्धि हासिल की वह थी घेरा डालने वाली पाकिस्तानी सेना को पीछे खदेड़ना। इन्फैंट्री के एक-तिहाई सैनिकों को जम्मू व कश्मीर से संलग्न ब्रिगेड के साथ नियोजित किया गया, क्योंकि छंब सेक्टर और पुंछ को दुश्मनों के आक्रमण का खतरा था। दो कवचित बलों के ब्रिगेड के बहुत कम भाग को एक समय में एक साथ कार्रवाई पर भेजा जाता था। कम घनत्व व अकुशलता से बिछाई गई बारूदी सुरंगों के प्रति आवश्यकता से अधिक सावधानी बरती गई ओर उन्हें साफ करके रास्ता बनाने में बहुत समय लगा। कमान की संरचना एक ब्रिगेड के डिवीजन के अंदर दूसरे को काम पर लगाकर उलझन में पड़ जाती थी। कमांडरों के स्तर पर कार्रवाई खराब थी और वहाँ कमान में कमी थी।

(ब) पूर्वी कमान को कार्रवाई के लिए लक्ष्य दिया गया था : सेना मुख्यालय में कार्रवाई निर्देशों में जो लक्ष्य पूर्वी कमान को दिया गया था, वह था मुख्य नदी की तट रेखा तक का क्षेत्र। ढाका इस लक्ष्य में शामिल नहीं था; क्योंकि जिस समय इस पर विचार किया गया, उस समय यह माना जा रहा था कि हम पर युद्ध विराम थोपे जाने से पहले सेना ढाका तक नहीं पहुँच पाएगी।

मुख्य लक्ष्य के रूप में ढाका को अगस्त में ही महत्त्वपूर्ण रूप से स्पष्ट कर दिया गया था; लेकिन सेना मुख्यालय के निर्देश में अंतिम नवंबर तक भी कोई औपचारिक संशोधन नहीं किया गया था। जब इसमें संशोधन कर भेजा गया तब पूर्वी कमान का मुख्य लक्ष्य था पूरे पूर्वी पाकिस्तान पर अपना अधिकार करना। हालाँकि पूर्वी कमान के स्टाफ प्रमुख ने इन जरूरतों के प्रति स्पष्ट रुख अपनाया, इसलिए इस कार्य को पूरा करने में अपने सामर्थ्य को लगा दिया। संयोगवश उत्तरी ध्रुव के पास एक अकेले ध्रुव पर सेना का सर्वाधिक जमाव था और टंगाइल क्षेत्र में पैरा ट्रूप को इनकी ढाका की ओर बढ़ने में सहायता करने के लिए गिराया गया था।

(स) कश्मीर : इस युद्ध में कश्मीर की समस्या का सैनिक समाधान निकालने का उद्देश्य नहीं था। इस विषय पर न ही वर्ष 1971 के पहले और न ही उसके बाद विचार किया गया।*

---

* फरवरी 1992 में महू (MHOW) के कॉलेज ऑफ कॉम्बैट में जनरल गिल द्वारा यह सफाई दी गई, जब सन् 1971 के युद्ध पर चर्चा चल रही थी। इंडिया'ज आर्म्ड फोर्सेज-फिफ्टी ईयर्स ऑफ वॉर ऐंड पीस, मेजर जन. अशोक कृष्णा, लांसर पब्लिशर्स, नई दिल्ली, 1998, पृ. 98-99

यह ऐसा युद्ध था, जिसमें अनेक सैन्य कमांडर घायल हुए थे। पूर्व में मेजर जनरल गुरुबक्श सिंह घायल हुए और पश्चिम में 'फॉक्सट्रॉट सेक्टर' में मेजर जनरल रामसिंह। मेजर जनरल नागरा द्वारा गुरुबक्श सिंह का स्थान लिया गया, वहीं जनरल ओ एस कालकट ने रामसिंह का स्थान सँभाला। वह 7 दिसंबर का दिन था। सैन्य प्रमुख ने यह सूचना शाम को लगभग 5 बजे प्राप्त की, जब वह 'आर्मी हाउस' लौट रहे थे। उन्होंने मुझसे जनरल ओंकार कालकट को टेलीफोन लगाने को कहा। जनरल कालकट उस समय नई दिल्ली में मंत्रिमंडलीय सचिवालय के रॉ में नियुक्त थे। जैसे ही जनरल ओंकार टेलीफोन लाइन पर आए, सैम ने उनसे पूछा, "ओंकार, क्या तुम एक डिवीजन की कमान करना पसंद करोगे ?" जनरल कालकट तुरंत सहमत हो गए। तब सैम ने कहा, "फजलिका रवाना होने के लिए तुरंत तैयार हो जाओ। मेरा ए डी सी सड़क मार्ग से तुम्हारे जाने की व्यवस्था कर देगा। तुम्हें वहाँ सुबह रिपोर्ट करनी है।" उन्हें यह निर्देश देकर सैम ने मुझसे जनरल के जाने के लिए प्रबंध करने को कहा। मुझे यह भी कहा गया कि सेना मुख्यालय से रेडियो संयंत्र का प्रबंध कर उन्हें दिया जाए। लुधियाना में उन्हें अपना रेडियो संयंत्र मिल जाने पर उसे वापस लौटाया जाना था। जब रामसिंह को मुक्त करने के लिए ओंकार रास्ते में थे, तब सैन्य प्रमुख को सूचना मिली कि रामसिंह कमान के लिए विन्यास में लौट गए हैं। उसी समय यह सूचना आई कि 14 इन्फैंट्री डिवीजन की कमान करते हुए मेजर जनरल हरीश बक्शी घायल हो गए हैं। फरीदकोट-मुक्तसर सेक्टर में जीप से यात्रा करते समय जमीन में बिछाई गई बारूदी सुरंग फट गई थी। वे अस्पताल में हैं। तब मुझे आदेश दिया गया कि जनरल ओंकार कालकट को 14 इन्फैंट्री डिवीजन, फरीदकोट भेज दिया जाए। ईश्वर का धन्यवाद कि रेडियो संयंत्र उनके पास था। उस समय से फरवरी 1972 तक जनरल कालकट ने इस डिवीजन की कमान तब तक की जब तक जनरल एच सी बक्शी अपनी उस डिवीजन की कमान करने लौट नहीं आए। उन्होंने अंतिम रूप से सन् 1974 में कमान छोड़ा। शकरगढ़ में 54 इन्फैंट्री डिवीजन की कमान करते हुए ब्रिगेडियर अशोक हंडू जब जीप से टोह के लिए जा रहे थे तब जमीन में बिछाई गई बारूदी सुरंग के फट जाने से वह भी घायल हो गए थे। वे मात्र कुछ दिन अस्पताल में रहे और वापस अपने फॉर्मेशन की कमान करने लौट आए।

□

सन् 1971 के बाद

युद्ध समाप्त होते ही अन्य कार्रवाइयों, जैसे—युद्ध में जख्मी हुए जवानों और युद्ध में शहीदों की विधवाओं के पुनर्वास, संयंत्रों की पुनः पूर्ति, सैन्य योजनाओं को पुनः नया रूप देने, युद्ध में शहीदों के स्मारकों की संरचना, सेना को पुनः संगठित करना, प्रशिक्षण कार्यों का आधुनिकीकरण आदि अनेक कार्यों को किया गया। बँगलादेश से भारतीय सैनिकों को वापस लाना और भारत में पाकिस्तानी युद्धबंदियों को पुनर्स्थापित करना प्राथमिक कार्य था। उस समय की सबसे महत्त्वपूर्ण माँग थी यह। क्योंकि सबके अंदर एक भय व्याप्त था कि कहीं नया स्वतंत्र देश अपने पूर्व बर्बर शासकों से बदला लेने की बात न सोचे।

सैन्य इकाइयों की गतिविधि और बँगलादेश में सेना का विन्यास युद्धबंदी शिविर की पुनर्स्थापना पर पूरी तरह निर्भर था। क्योंकि सैम ने पूर्वी पाकिस्तान में सेना को यह संदेश दे दिया था कि आत्मसमर्पण करनेवालों की देखरेख और सुरक्षा प्रदान की जाएगी, इसलिए युद्धबंदियों की सुरक्षा आवश्यक थी। थोड़े युद्धबंदी होंगे, ऐसा सोचकर यह योजना बनाई गई थी। किंतु वे इतनी अधिक संख्या में होंगे, इसका अनुमान नहीं था और न ही इतनों के लिए व्यवस्था की गई थी। केंद्रीय कमान जी ओ सी-इन-सी, जिनकी इस युद्ध में कार्रवाई भूमिका बहुत कम थी, लेकिन चीन के विरुद्ध उनकी प्रमुख भूमिका थी, की देखरेख में तेजी से भारतीय सैन्य यूनिटों में शिविरों की स्थापना की गई। जो यूनिट क्षेत्र में तब तक नियोजित थी, उसके जल्दी लौटने की उम्मीद न थी। इस प्रकार उनकी संपत्तियों से प्राप्त सुविधाएँ उपलब्ध कराई गईं। चूँकि 93,000 युद्धबंदियों को एक शिविर में रखना असंभव था, इसलिए अनेक युद्धबंदी शिविर बनाए गए। चूँकि इन शिविरों के संचालन के लिए स्थायी सैनिक कार्यरत थे, इसलिए इलाहाबाद जैसी स्थायी जगहों में ऐसे शिविर बनाए गए, जहाँ सी ओ डी और अन्य स्थायी यूनिट्स रहती थीं। ठीक उसी प्रकार, रेजीमेंट के केंद्र में स्थित केंद्रीय कमान ने उनके साथ रहकर उनकी संचालन व्यवस्था की जिम्मेदारी ली थी। कुछ शिविर उन नागरिकों के बच्चों और स्त्रियों के लिए बनाए गए थे, जो पूर्वी पाकिस्तान के प्रशासन का हिस्सा थे। इन सबके अलावा,

अंतरराष्ट्रीय परंपरा के अनुसार, सभी को उनकी धार्मिक क्रियाओं व कुछ मनोरंजन के लिए जरूरी सुविधाएँ मुहैया कराई जानी थीं। पूरी तरह से, इतने कम समय में किया गया प्रबंध वास्तव में संतोषप्रद था और ऐसी आकस्मिक घटना के लिए इतनी अच्छी योजना को अंजाम दिया गया, यह बहुत बड़ी बात थी। उन कैदियों के लिए विशेष चिकित्सा का प्रबंध एकदम मूल रूप में किया गया और जो भी निकटतम अच्छा अस्पताल था, सभी में उनके लिए जगह का प्रबंध किया गया। डाक सेवा बहुत अच्छी थी, जिससे सभी युद्धबंदी नियम के अनुसार अपने परिवारों के पास डाक भेजकर और उनसे मँगवाकर संवाद कायम कर रहे थे।

कुछ ने शिविर और रास्ते से भागने की कोशिश भी की थी। यह एक स्वाभाविक घटना है, क्योंकि अपने प्रशिक्षण और मनोविज्ञान के अनुसार, प्रत्येक सिपाही विदेशी बंधनों से आजाद होना चाहता है। जहाँ संचार माध्यमों और मीडिया ने कुछ घटनाओं की विस्तार से चर्चा की, वहीं सेनाध्यक्ष सैम मानेकशॉ इन घटनाओं पर न ही क्षुब्ध हुए और न ही चिंतित। जहाँ इन युद्धबंदियों ने भागने की कोशिश की, उन शिविरों में उन्होंने तेजी से सुरक्षा बढ़ा दी, ताकि वे भागने की कोशिश न कर सकें। उनका मानना था कि सर्वोत्तम प्रबंध के बाद भी कोई व्यवस्था पूरी तरह त्रुटिहीन नहीं हो सकती। राजनीतिक नेतृत्व को पाकिस्तानी युद्धबंदियों की इन कोशिशों के बारे में पर्याप्त रूप से बताया गया था, जो बंधनों से मुक्त होने की कोशिश करते थे।

युद्ध हाल ही में निर्णीत हुआ था। सैन्य टुकड़ियाँ अभी भी युद्धक्षेत्रों के लिए बनाए स्टेशनों पर थीं और इधर गणतंत्र दिवस नजदीक आ रहा था। इसलिए उचित भी था कि निर्णायक विजय के बाद देश में विशेष रूप से 26 जनवरी की परेड उत्सव रूप में गुंजायमान हो और इसे हर बार की तरह उत्साहपूर्वक मनाया जाए। सामान्यत: दिल्ली छावनी में प्रत्येक वर्ष 15 जनवरी को आयोजित सेना दिवस परेड के 45 दिन पहले से ही सेना की टुकड़ियाँ भाग लेने लगती हैं और परेड में अपना ध्यान लगाती हैं। यहाँ वे व्यापक पुनराभ्यास करती हैं और जैसे ही सेना दिवस परेड समाप्त होती है, वे ही टुकड़ियाँ गणतंत्र दिवस समारोह में हिस्सा लेती हैं। यदि सेना दिवस परेड न हो तो आशंका बनी रहती है कि अभ्यास की गतिविधि सही है या नहीं, परेड अच्छी होगी या नहीं। सेनाध्यक्ष अभ्यास के अच्छे या बुरे होने पर विचार किए बिना सैन्य टुकड़ियों को इस समारोह में परेड करने के लिए ले गए। नौसेना और वायुसेना की भी एक-एक टुकड़ी ने इस परेड में हिस्सा लिया। राष्ट्र अपने सशस्त्र बलों पर गौरवान्वित था और उसमें भाग लेनेवाले को पूरी शक्ति के साथ प्रेरित कर रहा था तथा उनके असावधानीयुक्त ड्रिल प्रदर्शन के लिए प्रशंसा कर रहा था। अंतत: वे अपने कार्य में सफल हुए और उनकी सफलता की तुलना उनके ड्रिल की आलोचना से नहीं की जा सकती थी।

युद्ध जीतने के बाद भारतीय सिपाहियों के लिए स्मारक बनाने का निर्णय लिया गया। विश्व के देशों में 'अज्ञात सिपाहियों' के भी स्मारक होते हैं। यह भी निर्णय लिया गया कि स्मारक राजधानी में बनेगा और उसका अनावरण 26 जनवरी, 1972 को किया जाएगा। चूँकि समय बहुत कम था और इंडिया गेट पर पहले से ही प्रथम विश्व युद्ध का स्मारक मौजूद है, जिस पर युद्ध में शहीदों की सूची पहले से ही उकेरी हुई है, इसलिए यह निर्णय लिया गया कि एक चिरंतन प्रज्वलित ज्योति इन स्मारकों पर जलाई जाएगी, जो हमेशा जलती रहे। इसे साकार रूप देने के लिए इसमें संबद्ध अनेक संस्थाओं से अनुमति की आवश्यकता थी। चूँकि कम समय में 26 जनवरी, 1972 को प्रधानमंत्री के द्वारा यह ज्योति प्रज्वलित होनी थी, इसलिए शक्ति का उपयोग कर बेहद तीव्र गति से इस संदर्भ में दस्तावेजों को आगे बढ़ाकर सभी से अनुमति ली गई। जब ये दस्तावेज गृह मंत्रालय में भेजे गए तो वहाँ यह सवाल खड़ा किया गया कि चूँकि सीमा सुरक्षा बल ने भी सन् 1971 के युद्ध में भाग लिया है, इसलिए 'डिफेंस सर्विस' के झंडे के बगल में सीमा सुरक्षा बल का झंडा भी लहराया जाए। जब सेना प्रमुख, जो स्टाफ कमेटी के प्रमुखों के अध्यक्ष थे, से उनका विचार पूछा गया तो उन्होंने बिलकुल असंदिग्धता से वक्तव्य दिया कि विश्व में 'अज्ञात सिपाहियों का स्मारक' देश की उन सशस्त्र सेनाओं के सिपाहियों को समर्पित स्मारक है, जिन्होंने अपने देश की सेवा करते हुए युद्ध में अपने प्राण गँवाए। सीमा सुरक्षा बल एक पुलिस सेवा है और बिना खींचतान किए उसे देश की सशस्त्र सेनाओं के समतुल्य नहीं बताया जा सकता है।

एक दिन पहले, 25 जनवरी, 1972 की शाम 7:00 बजे 'आर्मी हाउस' में कैबिनेट सचिव का फोन आया। जे सी ओ ए डी सी ने मुझे ए डी सी कॉटेज में कॉल भेज दिया। कैबिनेट सचिव फोन लाइन पर थे। उन्होंने मुझसे उनके कार्यालय आकर चीफ ऑफ स्टाफ के अध्यक्ष की सलाह के महत्त्वपूर्ण दस्तावेज ले जाने को कहा। उन्होंने मुझसे यह भी कहा कि जैसे ही सैन्य प्रमुख ये दस्तावेज देख लें, इन्हें प्रधानमंत्री को दिखाया जाए, जो राष्ट्रपति भवन में गणतंत्र दिवस की पूर्व संध्या पर उपस्थित रहेंगी और उनकी टिप्पणी भी प्राप्त की जाए। उसके बाद वे दस्तावेज उन्हें लौटा दिए जाएँ।

मैंने अपनी पोशाक बदली। सैन्य प्रमुख का चश्मा और कलम लेकर प्रधानमंत्री निवास गया, जहाँ से उनके द्वारा उपयोग में लाया गया चश्मा व कलम ली। ये वरिष्ठ लोग प्राय: अपनी कलम का उपयोग करते हैं और चाहते हैं कि किसी भी हस्ताक्षर के लिए उन्हें वही कलम लाकर दी जाए। उसके बाद मैं राष्ट्रपति भवन में कार्यरत ए डी सी से मिला, जो मुझे सैन्य प्रमुख तक ले गए और तब मैंने उन्हें वे दस्तावेज सौंपे। उन्होंने अपने विचार लिखे और टिप्पणी के लिए प्रधानमंत्री के पास भिजवाया। प्रधानमंत्री श्रीमती इंदिरा गांधी ने उनकी टिप्पणी को देखा और 5-10 सेकंड के बाद लिखा—

26 जनवरी, 1972 को प्रधानमंत्री द्वारा नई दिल्ली के इंडिया गेट पर अमर जवान ज्योति का उद्घाटन।

'जैसा सैम कहते हैं वैसा करो।' यह कहानी वहीं समाप्त हो गई; लेकिन अनेक वरिष्ठ अधिकारी या कम-से-कम सीमा सुरक्षा बल के एक अधिकारी इस बात से चिढ़ गए कि देश के आलाकमान ने उनकी सलाह या आकांक्षा को ज्यों-का-त्यों वापस कर दिया।

कुछ वर्ष बाद उन के साथ खाने की मेज पर उनके घर पर मुझे बताया गया कि वह और फील्ड मार्शल दोस्त के रूप में विदा नहीं हुए। 26 जनवरी, 1972 को स्मारक का उद्घाटन प्रधानमंत्री ने किया। जहाँ प्रधानमंत्री रक्षामंत्री तथा तीनों सेनाओं के अध्यक्षों ने पुष्प चक्र प्रधानमंत्री द्वारा चढ़ाए पुष्प चक्र के साथ चढ़ाए। प्रधानमंत्री ने पुष्प चक्र अर्पित किया और चिरंतन ज्योति प्रज्वलित की गई।

28 जनवरी, 1972 को राष्ट्रपति भवन में आयोजित एक विशेष समारोह में सैम और भारतीय नौसेना तथा वायुसेना के प्रमुखों को देश के प्रति उनकी विशिष्ट सेवाओं के लिए 'पद्मभूषण' से सम्मानित किया गया।

सेनाध्यक्ष द्वारा दो यात्राएँ की गईं। दिसंबर 1971 के अंत में ढाका की यात्रा उनकी पहली यात्रा थी। इसमें वह कार्यवाहक राष्ट्रपति ताजुद्दीन, प्रधानमंत्री कर्नल उस्मानी, बँगलादेश के थल सेना प्रमुख और सरकार के अन्य सदस्यों से मिले। इस यात्रा

उद्घाटन के अवसर पर रक्षामंत्री व तीनों सेनाध्यक्ष।

का उद्देश्य था उनकी सैन्य जरूरतों को पूरा करना और उनकी सेना को प्रशिक्षित करने में मदद करना। मैं इस यात्रा पर सैन्य प्रमुख के साथ था और हमारे साथ थे सैन्य कार्रवाई निदेशालय के एक कर्नल, जिन्हें बँगलादेश डेस्क की जिम्मेदारी दी गई थी। मुलाकात के बाद बँगलादेश सरकार ने भारतीय सैन्य प्रमुख मानेकशॉ को एक आधिकारिक समारोह में आमंत्रित किया। कर्नल राय सिंह, एम वी सी और मुझे जी ओ सी 4 कोर के आवास पर भोजन के लिए बुलाया गया। यह आवास पाकिस्तान के पूर्वी कमान के पूर्व कमांडर जनरल नियाजी का था। इससे पहले कि हम लोग भोजन के लिए बैठते, कर्नल ने मुझे कमान हाउस को निकट से देखने को कहा। उन्हें वहाँ हुई लूट की सत्यता की जाँच कर रिपोर्ट तैयार करनी थी। भोजन की अवधि के दौरान जी ओ सी लगातार यह बयान करते रहे कि इस घर का अधिकतम फर्नीचर—यहाँ तक कि बिजली का सामान, एयर कंडीशनर वगैरह—जनरल नियाजी के कर्मचारी ले जा चुके थे। वह नहीं बता सकते कि उन्होंने उन सबका क्या किया, क्योंकि उनमें से ज्यादातर पिंजरे में थे।

बँगलादेश की सरकार को भारतीय सेना से अत्यधिक मदद की आवश्यकता थी, ताकि उसकी सेना को क्रियात्मक अंतर्संरचना और प्रभावी रूप से पुनर्रचना के योग्य

बनाया जाए। भारतीय सेना ने जो कुछ महीने बँगलादेश में बिताए, उस दौरान सैन्य अभियंताओं ने प्रशासन को, पुल के पुनर्निर्माण, हवाई क्षेत्रों, जेटीज, सड़कों और रेलपथ के निर्माण में मदद की। इसके साथ ही पाकिस्तानी सेना द्वारा छोड़ी गई बारूदी सुरंगों की सफाई में मदद की। सेना के विशेष बम-निरोधी दस्ते ने जिंदा बम खोजे, विस्फोट होने से बचाया और हटाने में मदद की। भारतीय सेना के 'कोर ऑफ सिग्नल' ने बाहर की दुनिया से बँगलादेश के रेडियो और दूरभाषीय संबंध स्थापित करने में सहायता की। इन सब कार्यों को पूरा करने के बाद भारतीय सेना की अंतिम टुकड़ी 13 मार्च, 1972 को भारत लौट आई। इससे पहले कि वे देश छोड़ते, एक परेड का आयोजन किया गया, जिसमें ढाका स्टेडियम में 12 मार्च, 1972 को भारतीय सेना को विदा करने की याद में शेख मुजीब-उर-रहमान ने सलामी ली।

फरवरी 1972 के प्रारंभ में मास्को की उनकी दूसरी यात्रा थी, जब मैं भी उनके साथ था। यात्रा योजनाबद्ध ढंग से की गई थी कि आते व जाते दोनों समय पूरा दल लंदन में कुछ दिन ठहर सके। चूँकि एयर इंडिया पाकिस्तान के ऊपर से उड़ान नहीं भर सकता था और सीधे मास्को के लिए कोई उड़ान नहीं थी, इसलिए लंदन के लिए उड़ान भरना आवश्यक था, जहाँ से जापान एयरलाइंस का विमान हमें मास्को ले जाता। चूँकि वह लंदन जा रहे थे, इसलिए उन्होंने अपनी बेटी और दामाद के साथ कुछ समय बिताने के लिए थोड़ा और समय अपने पास रखा था। कर्नल आदी होमजी, जो पश्चिमी पाकिस्तान के मामले देखते थे, वह हमें मास्को में मिले। सरकार ने होमजी को लंदन में रुकने की इजाजत नहीं दी थी। प्रमुख ने एम ए और श्री डी.पी. धर से सलाह करके होमजी को कुछ महत्त्वपूर्ण कागज लाने की युक्ति से लंदन लाने का प्रबंध कर लिया और इस प्रकार लंदन तथा अन्य यूरोपीय देश देखना होमजी के लिए आसान हो गया।

श्री डी.पी. धर सोवियत संघ के पूर्व राजदूत थे और विदेश मंत्रालय में पी पी सी समिति के अध्यक्ष थे। प्रधानमंत्री ने उन्हें सैन्य प्रमुख के साथ जाने को कहा, क्योंकि सोवियत संघ में उनकी अच्छी पहचान थी। वह अगस्त 1972 में इन दोनों देशों के बीच शांति, सहयोग और मित्रता की संधि का दस्तावेज लाए थे। वह मास्को में हमसे मिले। यह यात्रा युद्ध में सोवियत उपकरणों की उपयोगिता का आकलन करने के लिए आयोजित की गई थी। मास्को में सोवियत सेनाध्यक्ष मार्शल पाव्लोवस्की, सोवियत थल सेना के कमांडर मार्शल कुलीकोव और रक्षामंत्री मार्शल ग्रीचको से मुलाकात हुई। चूँकि हमें नए सैन्य विन्यास के लिए अतिरिक्त यंत्रों और पुराने यंत्रों को बदलने की आवश्यकता थी, इसलिए सैन्य प्रमुख अपने साथ खरीदारी की सूची ले गए थे, ताकि मेजबान को अपना प्रस्ताव बता सकें। 'क्वार्टरडेक' को दिए एक साक्षात्कार में सैम ने कहा, ''यद्यपि सोवियत संघ से हमें यंत्र मुहैया कराने में बहुत कठिनाइयों का सामना करना पड़ा था,

लेकिन जो हमें चाहिए था, वह सब मैंने पाया। मार्शल के साथ मेरी अच्छी पटरी बैठी। मुझे याद है, मैंने उनसे कुछ टैंकों के लिए कहा था। तब उन्होंने कहा था, 'यदि हमारे पास होता तो क्या हम तुम्हें नहीं देते?''' ये राजनीतिक बातें हैं। यदि मैडम गांधी कॉमरेड कोसिगिन को लिखें कि तुम्हें कितने टैंक चाहिए, तो तुम्हें उससे तीन गुना अधिक मिलेगा।' मैंने श्रीमती गांधी से जो पत्र लिखवाया था, वह उन्हें सौंप दिया''।''

सोवियत रक्षामंत्री ने भारतीय सैन्य प्रमुख के सम्मान में एक समारोह का आयोजन किया था। उस समारोह में सोवियत संघ के अनेक मार्शल और जनरल थे। समारोह के दौरान उनमें से एक खड़ा होता और प्रमुख को सम्मान स्वरूप टोस्ट देता। वोदका के साथ थोड़ा पानी होता था। जब हमने देखा कि कम से कम 25 से 30 टोस्ट पीने हैं मुझे थोड़ी चिंता हुई। मैंने मिलिट्री अटैची ब्रिगेडियर इंदर सेठी, जो मेरे पास बैठे थे, उनसे कहा। उन्होंने मेरी समस्या सुलझाई और मुझे सिर्फ पानी पीने को कहा। वेटर पूर्णरूप से प्रशिक्षित थे, क्योंकि वे पहले से रखे गिलास में वोदका नहीं भरते थे। (ऐसे राजकीय समारोह में क्रॉकरी, कटलरी और शीशे के बरतन मेज पर बड़े करीने से सजे होते थे। इससे परोसने का कार्य बड़ा सरल हो जाता था और खटर-पटर नहीं होती थी।)

यात्रा के अंत में सैम को छोड़ने के बाद मुझे महाद्वीप देखने के लिए छुट्टी दे दी गई। यहाँ कुछ बड़ा ही रोचक हुआ। जब मैं छुट्टी पर जा रहा था, श्री डी.पी. धर मेरे कमरे में आए और मुझसे पूछा कि क्या कुछ मेरे लिए कर सकते हैं? मैंने उन्हें धन्यवाद देते हुए कहा कि आपने मेरे लिए इतना सोचा, यही बहुत है। ऐसा कुछ भी नहीं, जिसके लिए आपको तकलीफ दी जाए। तब उन्होंने मुझे एक लिफाफा दिया, जिसमें 200 डॉलर थे। एक बार फिर मैंने उन्हें धन्यवाद दिया और कहा कि इतना अधिक पैसा मैं नहीं ले सकता, क्योंकि मैं इसे लौटा नहीं पाऊँगा। वे हँसे और बोले, इसीलिए उन्होंने मुझे दिया है। उन्होंने आगे कहा कि पैसा लौटाने की आवश्यकता नहीं है, क्योंकि आप मेरे बेटे की तरह हैं। जो भी हो, मैंने फिर उन्हें धन्यवाद दिया और वह धनराशि स्वीकार नहीं की। इस अवधि के दौरान कार्रवाई के पहले मैंने उन्हें अच्छी तरह जाना था; क्योंकि वे हमेशा सैन्य प्रमुख के साथ वायु सेना के एयरक्राफ्ट में यात्रा किया करते थे। एक बार सेनाध्यक्ष सैम मानेकशॉ के सौजन्य से ए डी सी के साथ एक 'समारोह प्रबंधक' के रूप में मेजबानी का मुझे अवसर मिला। मैंने उनके लिए विशेष रूप से गोर्डन जिन का प्रबंध किया और उनका पूरा ध्यान रखा। वह इतने शिष्ट थे, चाहते थे कि मेरे लिए भी कुछ करें।

लंदन में फील्ड मार्शल लॉर्ड माइकेल कार्वर ने भारतीय सेनाध्यक्ष सैम मानेकशॉ से मिलने की इच्छा जताई। औरों की तरह वह भी बँगलादेश युद्ध के बारे में बात करने को आतुर थे। सैम मानेकशॉ जब वापस लौट रहे थे तब उन्होंने उनसे एक लंबी मुलाकात की। जब लंदन में 'पाम बीच कैसिनो' का वह आनंद ले रहे थे तब स्वागतकर्ता और सैम

के बीच बड़ी रोचक बात हुई। चूँकि युद्ध की वजह से अंतरराष्ट्रीय टी.वी. में वे थे, इसलिए स्वागतकर्ता ने सैम को देखा और कहा, ''मैं आपको जानता हूँ। क्या आप माकिनशॉ नहीं हैं, जिन्होंने पाकिस्तान से लड़ाई की?'' फिर उन्होंने महसूस किया कि उनका नाम गलत बोला है। उन्होंने कहा, ''लेकिन मुझे बताइए, स्कॉटमैन भारत में क्या कर रहा है? मैंने सोचा कि हमने भारत बहुत पहले छोड़ दिया है। आप लोग हमारे बिना कुछ नहीं कर सकते, या आप कर सकते हैं?'' फिर वे अपने ही मजाक पर खूब जोर से हँसे।

सैनिकों की भलाई, युद्ध में शहीदों की विधवाओं और घायलों के लिए कोष में वृद्धि करना एक प्राथमिक कार्य था। श्रीमती मानेकशॉ निरंतर इस कार्य में लगी रहती थीं और हमेशा सेना मुख्यालय, सैन्य अस्पताल, मंत्रियों के कार्यालय और बड़े-बड़े उद्योगपतियों—जो दिल्ली में थे—के बीच चक्कर लगाती रहती थीं। कल्याणकारी मेले, बिक्री और अन्य ऐसे कार्यक्रम, जिनसे कोष में वृद्धि हो सकती थी, देश के महानगरीय केंद्रों में व्यापक रूप से चलाए जा रहे थे। बंबई के अनेक उद्योगपतियों ने एक बड़ी धनराशि इकट्ठी करने में उनकी काफी मदद की; क्योंकि वे सेनाध्यक्ष की पत्नी थीं और साथ ही उनकी भी अपनी प्रतिष्ठा थी। सन् 1972 के अंत तक उन्होंने इन कार्यक्रमों के लिए बड़ी धनराशि इकट्ठी कर ली। बॉम्बे डाइंग जैसी कंपनियों ने सैन्य अस्पताल को अनगिनत संख्या में चादरें और तौलिए दान किए। ऊनी वस्त्रों की कंपनियों ने जहाँ अस्पताल में कंबल दान किए वहीं उद्योगपतियों ने युद्ध में शहीदों की विधवाओं और बच्चों के लिए अपनी-अपनी कंपनियों में नौकरी के द्वार खोल दिए, ताकि उनका जीवन फिर से नए सिरे से शुरू हो सके। 'आर्मी वाइव्स वेलफेयर एसोसिएशन' में धन दान करने की प्रवृत्ति लोगों में बढ़ रही थी। उसमें खूब पैसा आ रहा था। दान की हुई इन राशियों पर दानकर्ताओं को आयकर में छूट देना विधिसम्मत था। हालाँकि उस समय के नियम के अनुसार कुछ निश्चित धनराशि तक ही आर्मी वेलफेयर में दान करने से आयकर में छूट मिल सकती थी। इसलिए इस समस्या से निजात पाने के लिए सेनाध्यक्ष सैम मानेकशॉ ने उस समय के वित्तमंत्री वाई.बी. चव्हाण को लिखा, जो उनके मित्र भी थे। चूँकि वह उस नियम को तोड़ नहीं सकते थे, इसलिए इस विषय पर उन्होंने सैम को एक सलाह दी कि जो भी दान उस निश्चित रकम, जिस पर आयकर में छूट है, से अधिक हो उसे यदि प्रधानमंत्री राहत कोष में जमा करवाया जाए तो वह शत-प्रतिशत कर से मुक्त होगी। साथ में लगा यह नोट प्राप्त करते ही कि यह 'आर्मी वेलफेयर' के लिए हैं सारे रुपए सेना के लिए भेज दिए गए। कहना पर्याप्त होगा कि इस उपयुक्त मार्ग से किया गया कार्य बहुत ही अच्छा रहा और लोग इस कोष के द्वारा प्रभावी रूप से सेना के लिए धनराशि भेजते रहे।

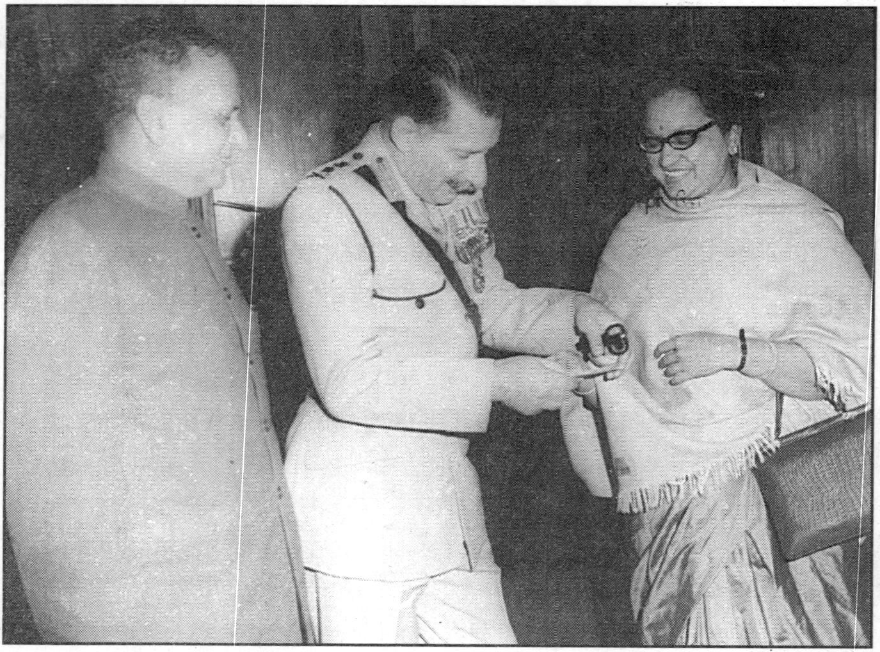

रेलवे बोर्ड के अध्यक्ष आर्मी वाइव्स वेलफेयर एसोसिएशन के लिए चंदा देते हुए।

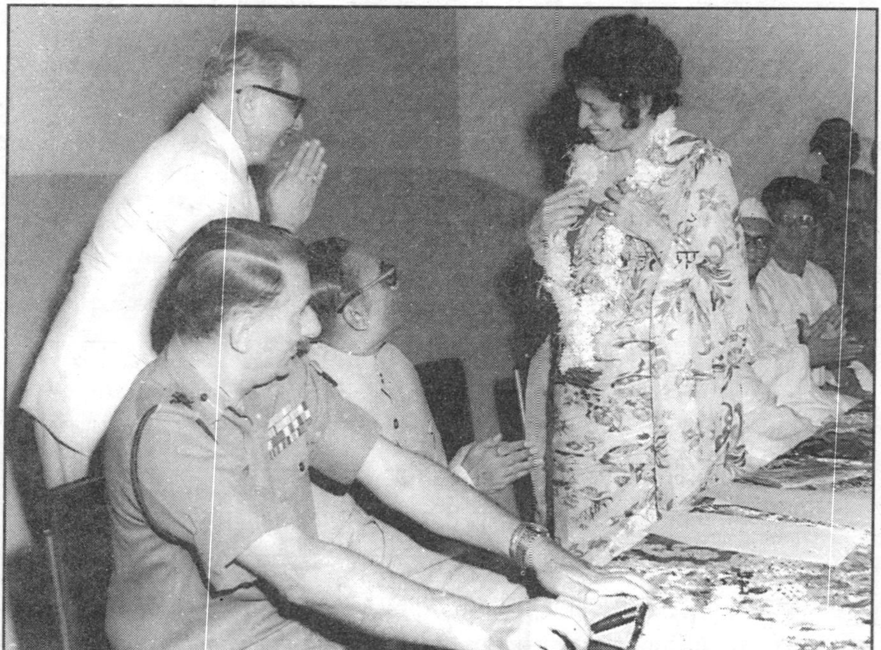

सूरत के व्यापारी आर्मी वाइव्स वेलफेयर एसोसिएशन के लिए चंदा देते हुए।

विश्व में पहली बार इस पैमाने पर शहीद सैनिकों की विधवाओं के लिए पेंशन में वृद्धि की गई। जो अधिकारी युद्ध में मारा गया था, उसकी विधवा उस अधिकारी के द्वारा अंतिम प्राप्त वेतन का तीन-चौथाई हिस्सा—उस अधिकारी के पद के अनुसार—उसकी सेवानिवृत्ति की आयु तक प्राप्त करने की हकदार थी। यदि कोई अधिकारी मेजर के पद पर था तो उसकी विधवा को उसकी सेवानिवृत्ति की आयु 48 वर्ष तक उसके वेतन का तीन-चौथाई हिस्सा प्रतिमाह पेंशन के रूप में दिया जाएगा। उस आयु के बाद उस अधिकारी के परिवार को सामान्य फैमिली पेंशन दी जाएगी, यदि वह दूसरा विवाह नहीं करती है। केवल यही नहीं, सैम ने सरकार को इस बात के लिए भी सहमत कर लिया कि उन विधवाओं को, यदि वे शर्तें पूरी करती हैं तो, उपयुक्त नौकरी दी जाए। राज्य सरकार ने युद्ध में मारे गए या अपंग हुए सैनिकों के बच्चों के लिए व्यावसायिक कॉलेजों में प्रवेश आरक्षित करने की घोषणा की। उपयुक्त छात्रवृत्ति योजना भी उक्त मामलों में लागू की गई। युद्ध में हताहत हुए जवानों के लिए दी जानेवाली अनुग्रह राशि में सैन्य प्रमुख द्वारा वृद्धि की गई। रेलवे ने युद्ध में शहीदों की विधवाओं, उनके प्रतिपालकों तथा युद्ध में सम्मानित अधिकारियों के लिए छूट की घोषणा की। रेलवे के द्वारा उन्हें यह सुविधा जीवनपर्यंत दी गई।

युद्ध समाप्ति पर सशस्त्र बल और अर्धसैनिक बलों के लिए पाँच नए मेडल बनाए गए। 13 अगस्त, 1972 को इस संदर्भ में उद्घोषणा की गई। जहाँ 'संग्राम मेडल' उन सभी जवानों को दिया गया, जो 3 दिसंबर, 1971 को अपने संगठन में शामिल थे, वहीं 'पूर्वी स्टार' और 'पश्चिमी स्टार' उन वीर सिपाहियों के लिए अधिकृत किया गया, जिन्होंने पूर्व और पश्चिम में की गई कार्रवाइयों में हिस्सा लिया था। 25वाँ 'एनिवर्सरी मेडल' से उन सभी जवानों को नवाजा गया, जो 15 अगस्त, 1972 को अपने सशस्त्र बलों में थे। पाँचवाँ 'वुंड मेडल' उन जवानों को दिया गया, जो 15 अगस्त, 1947 के बाद की कार्रवाइयों में घायल हुए थे। इस दिन भारत ने स्वतंत्रता प्राप्त की थी। देश की स्वतंत्रता से पहले द्वितीय विश्वयुद्ध में सैम भी बुरी तरह घायल हुए थे; लेकिन उन्होंने अपने लिए किसी भी मेडल या ताज का दावा नहीं किया। यह सैम का अपना व्यक्तित्व था, जिसकी बदौलत वह नेतृत्व का उत्कृष्ट उदाहरण प्रस्तुत करते थे

सैनिकों के कल्याण कोष की वृद्धि में फिल्म उद्योग ने भी महत्त्वपूर्ण योगदान दिया। उन्होंने अपनी सभी नई फिल्मों के प्रीमियर से इकट्ठा किए पैसे को 'आर्मी वाइव्स वेलफेयर एसोसिएशन फंड' में दे दिया। जनरल मानेकशॉ बंबई के 'शम्नुघम थिएटर' में हो रहे वार्षिक फिल्म फेयर अवार्ड शो में मुख्य अतिथि के रूप में आमंत्रित किए गए थे। मिलट्ररी एटैची और मैं उनके साथ था। थिएटर के प्रवेश द्वार पर उनकी प्रतीक्षा में खड़ी भीड़ ने उन्हें कार से उतरते ही घेर लिया। वे सब धक्का-मुक्की कर रहे

थे, ताकि उनसे हाथ मिला सकें, उनका ऑटोग्राफ ले सकें; कुछ नहीं तो कम-से-कम उन्हें छू ही सकें। फिल्म उद्योग के सितारे और आमंत्रित लोग सभी पूरे समारोह—जिसमें भाषण, मनोरंजन और पुरस्कार वितरण शामिल था—के दौरान सैम के पास आकर उनका ऑटोग्राफ लेते रहे। जब दर्शकों से सैम का परिचय कराया गया तो उन्होंने जवाब में कहा, ''मैं इस बात से अनभिज्ञ था कि मैं यहाँ इतनी अधिक सुंदरता या चित्रों की सजीवता देखूँगा। अगर मैं यह जानता तो मैं भी यहाँ अपने युद्ध के सजीव चित्रण के साथ आता?'' इस मनोरंजक टिप्पणी पर दर्शक खिलखिला उठे। इसके बाद उन्होंने फिल्म उद्योग को धन्यवाद दिया कि जिसने कठिनाइयों में सेवारत सिपाहियों और देश की सीमा पर, युद्धस्थल पर तैनात सैनिकों के लिए खुशियों की सौगात दी। इस संबोधन के बाद पुरस्कार वितरण समारोह हुआ। इस दौरान श्री आई.एस. जौहर, जो सिने जगत् के प्रख्यात कामेडियन थे, रंगमंच पर आए और एक वर्ष पूर्व अपने हँसोड़पन के लिए प्राप्त पुरस्कार को उस व्यक्ति को देने की इच्छा व्यक्त की, जिसने पूरे देश और दर्शकों को इतनी खुशी दी। उन्होंने मंगल ध्वनि के बीच आनंद और हर्षोल्लास से भरे माहौल में सैम को सम्मानित किया।

ये सारे कार्यक्रम चल रहे थे, पर घायलों को देखने अस्पताल भी जाना था और उनकी चिंताओं पर ध्यान देना था। इन सैन्य अस्पतालों में घायल युद्ध-बंदियों का भी इलाज किया जा रहा था। एक बार जब पाक सेना के एक कर्नल को देखने के लिए सैम दिल्ली के सैन्य अस्पताल में गए तो उन्होंने कर्नल से पूछा कि ऐसी कोई चीज, जो आप यहाँ चाहते हैं? उस अधिकारी ने सैन्य प्रमुख को देखा और कहा, ''सर, यदि मुझे पवित्र 'कुरान' की एक प्रति मिल जाती तो मैं आराम से अपनी प्रार्थना कर सकता। जब यहाँ कुछ भी करने को नहीं है तो मैं कम-से-कम दिन में उसे पढ़ तो सकता हूँ।'' सैम ने कहा, ''कर्नल, दिन समाप्त होने से पहले तुम्हें 'कुरान' की एक प्रति मिल जाएगी।'' तब मुझे राजपूताना राइफल्स केंद्र, जहाँ मुसलिम टुकड़ी थी, से संपर्क कर व्यक्तिगत रूप से उस अधिकारी को 'कुरान' उपलब्ध कराने को कहा गया, जो मैंने उसी शाम लगभग 5 बजे कर दिया। जब एक अन्य युद्धबंदी से सैम बातें कर रहे थे तो उसने उनसे कहा कि यह हमारा दुर्भाग्य था कि अच्छा लड़ने के बाद भी हम युद्ध हार गए। प्रमुख ने उसे यह कहते हुए शांत किया कि उनकी यूनिट पूरी युद्ध योजना का एक हिस्सा थी और उसकी प्रशंसा करते हुए उन्होंने कहा कि तुमने क्या किया, प्रश्न यह नहीं है, बल्कि मुख्यालय ने जो उस समय अच्छा सोचा, वह किया। वह अधिकारी चुप हो गया और सहमति में अपना सिर हिलाया तथा प्रमुख को सैल्यूट किया।

युद्धबंदियों का निरीक्षण करते हुए सैन्य प्रमुख यह देखते थे कि जिन शर्तों और नियमों पर ये शिविर स्थापित किए गए हैं, सब ठीक तरह से चल रहा है या नहीं।

ऐसे ही एक शिविर में एरिया कमांडर अपने चार सिपाहियों सहित फायरिंग की स्थिति में सैन्य प्रमुख के युद्धबंदियों से मिलने के पहले प्रमुख के आगे हो लिये। यह देख सैम को कुछ परेशानी हुई और उन्होंने एरिया कमांडर से कहा कि हालाँकि वे दुश्मन हैं, लेकिन वह उन सैनिकों से मिलते रहते हैं। उन्हें भरोसा रखना होगा। सभी रक्षकों को हथियार हटा लेने का आदेश दिया गया। जब सैन्य प्रमुख उन युद्धबंदियों से मिलने गए तो सभी उनसे मिलने के लिए आतुर थे। उन्होंने पूरा चक्कर लगाया और सबसे उनकी समस्याएँ पूछीं और उन्हें सुलझाया। पाक सेना का एक अधिकारी, जो उस समय बंदी था, वह सैम से इतना प्रभावित हुआ कि उसने कहा, ''मैंने आपके बारे में बहुत सुना है और मुझे यह दुःख है कि आप मेरे कमांडर नहीं हैं।'' संभवतः यह किसी सेना अध्यक्ष के लिए दुश्मनों के द्वारा की गई सबसे बड़ी प्रशंसा होगी। हालाँकि यह नहीं कहा जा सकता कि उनके बीच कोई आक्रामक नहीं था। सैम ने एक जे सी ओ को चुना, जो उनके पूर्व के रेजीमेंट में उनके साथ थे और उनसे रेजीमेंट तथा उसकी गतिविधियों के बारे में पूछा। जे सी ओ ने जब सैम को अपना दाहिना हाथ उसके कंधे पर रखकर बात करते देखा तो रोते हुए बोला, ''हमारी सेना के जनरल सिर्फ दूर से देखे जाते हैं। वे कभी भी अपने जे सी ओ और सैनिकों से इस तरह रूबरू बातें नहीं करते।''

जब भारत में युद्धबंदी शिविर बनाए गए तो उन सभी कैदियों को यहाँ लाया गया। पाकिस्तान के मीडिया ने भारतीय सेना द्वारा हो रही इन युद्धबंदियों की देखभाल, इलाज के बारे में अनेक घृणित व झूठी बातें प्रचारित कर दीं कि उनकी सुविधाओं में बहुत कमी है। उन्होंने उन सब पर अनगिनत आरोप लगाए, जो इन शिविरों के प्रशासनिक अधिकारी थे। जबकि सच्चाई नितांत भिन्न थी। कैदियों को उनकी पात्रता के अनुसार सभी सुविधाएँ उपलब्ध थीं। वास्तव में भारतीय जवानों की तरह उन्हें भी राशन उपलब्ध कराया जाता था। त्योहारों, अर्थात् मुसलिम त्योहारों, पर उन्हें अतिरिक्त राशन दिया जाता था। कपड़ों से संबंधित विषय हो या अन्य कोई भी, सभी चीजें उन्हें पर्याप्त रूप से दी जाती थीं। जब हमारी कोई सैन्य टुकड़ी स्थायी जगह पर पहुँच जाती थी तो उनमें से अनेक को बैरक आराम को भूल कर टैंटों में रहना पड़ता था। क्योंकि उनके बैरक युद्धबंदियों द्वारा उपयोग किए जाते थे। 'रेड क्रॉस' को इन कैदियों के रहन-सहन की स्थिति को जाँच कर उसे सुनिश्चित करने की अनुमति दी गई थी। इन एजेंसियों की रिपोर्ट के बावजूद पाकिस्तानी लगातार घृणित प्रचार करते रहे।

वास्तविक स्थिति की सच्चाई एक घटना द्वारा लाहौर में सामने आई, जब भारतीय थलसेना प्रमुख थलसेना सैन्य प्रमुख जनरल टिक्का खान के साथ बातचीत के लिए आए। लाहौर में गवर्नर के साथ दिन के भोजन के बाद वहाँ के कर्मचारियों से मिलने के लिए सैम से आग्रह किया गया, जो उनसे मिलने के लिए बेचैन थे। जैसे ही वह पंक्तिबद्ध उन

लोगों से हाथ मिलाने को आगे बढ़े, उनमें से एक ने अपना 'साफा' उतारा और सैम के चरणों में रखकर उन्हें हतप्रभ कर दिया। जब उन्होंने इसका कारण पूछा तो उसने बताया, "सर, वह आप ही थे, जिन्होंने हमें बचाया। मेरे पाँच लड़के आपकी कैद में हैं। वे मुझे पत्र लिखते हैं। आपने उन्हें 'कुरान' दिया है। वे लोग बैरक में रहते हैं, जबकि आपके सैनिक टेंट में रहते हैं। वे चारपाई पर सोते हैं, जबकि आपके सैनिक जमीन पर सोते हैं। अब मैं किसी पर भी विश्वास नहीं करता, जो कहते हैं कि हिंदू खराब होते हैं। झूठ की जड़ खोद दी गई है।"

जैसे ही युद्ध समाप्त हुआ, सबसे उच्च प्राथमिकता हमारी यूनिट और सैन्य बल के पुनर्गठन और पुनः आयुधीकरण को दी गई; क्योंकि प्रथम दो सप्ताह के भीतर समय पर कार्रवाई क्षेत्रों के भंडार का भंडारण और उसकी खपत को फिर से भरना अत्यंत आवश्यक था। इसे ध्यान में रखते हुए कम-से-कम समय में दुश्मनों की क्रिया से क्षति के साथ जन-बल सहित अन्य विभिन्न प्रकार के हथियार, गोला-बारूद, भोज्य सामग्री, यहाँ तक की पानी, सभी प्रकार की गाड़ियाँ, रेडियो संयंत्र, कपड़े आदि प्रत्येक वस्तु का भंडारण जरूरतों के अनुसार योजनाबद्ध तरीके से कम-से-कम समय में किया जाना सुनिश्चित किया गया।

सन् 1971 के युद्ध के परिणामस्वरूप 'युद्ध के उच्चतम निर्देशन' के बारे में सेना को प्रशिक्षण देने के लिए पाठ्यक्रम की आवश्यकता महसूस की गई। जहाँ स्टाफ कॉलेज अधिकारियों को ग्रेड-2 स्तर मेजर तथा किसी बटालियन/रेजीमेंट के संचालन के लिए नियुक्ति हेतु प्रशिक्षण दे रहा था। वहीं नेशनल डिफेंस कॉलेज, दिल्ली में ब्रिगेडियर के लिए अगले स्तर के पाठ्यक्रम की रूपरेखा तैयार की जा रही थी, जहाँ किसी ब्रिगेड की कमान सँभालने के बाद ब्रिगेडियर आते थे। इसी प्रकार स्टाफ की सेवाओं और उच्च कमान की नियुक्ति को ध्यान में रखकर लेफ्टिनेंट कर्नल के लिए एक पाठ्यक्रम की जरूरत महसूस की गई। इसलिए एक 'उच्च कमान पाठ्यक्रम' बनाया गया, जो कॉलेज ऑफ कॉम्बेट, महू में शुरू किया गया।

जब यह पाठ्यक्रम विचाराधीन था, तब 'कॉलेज ऑफ कॉम्बेट' के कमांडेंट को स्पष्ट निर्देश दिया गया था कि इस पाठ्यक्रम में शामिल होनेवाले अधिकारी की रिपोर्ट देने की आवश्यकता नहीं होगी। केवल यही नहीं, वे पूरी तरह से स्वतंत्र होंगे और अपनी सभी परेशानियों को सुलझाने के लिए स्वतंत्र होंगे, पहले की तरह उन पर कोई पाबंदी नहीं होगी और यह पाठ्यक्रम अच्छी तरह चल रहा था। इसमें जनरल एरिक वाज़ को भारतीय सेना के 'विचारवान् जनरल' के रूप में कार्रवाई तथा सैन्य प्रशिक्षण निदेशक के साथ सलाह कर कॉलेज ऑफ कॉम्बेट के कमांडेंट के रूप में चुना गया। भारतीय सेना में सभी क्षेत्रों के सैन्य विन्यास के लिए उप सैन्य प्रमुख और सैन्य प्रमुख ने बहुत विचार कर

एक योजना तैयार की, ताकि इनके जरिए अधिकारी को भारतीय सेना की टुकड़ियों की वास्तविक युद्ध योजनाओं पर चर्चा करने का अवसर मिले। इन क्षेत्रीय फॉर्मेशन को देखने व तथ्य प्रस्तुति का आयोजन कमान में कमांडरों द्वारा कमान मुख्यालय से लेकर ब्रिगेड मुख्यालय तक किया जाना था। संभवत: यह दुनिया में अपनी तरह का अनोखा पाठ्यक्रम तैयार किया गया था।

इसे ध्यान में रखकर और इस वास्तविकता को देखकर कि भारतीय सेना में अधिकारियों के प्रशिक्षण के लिए दुनिया की मित्र सेनाओं के बीच कार्यक्रमों का आपसी विनिमय किया जा रहा था, विदेशों से अनेक प्रयोजन प्राप्त किए गए। क्योंकि यह पाठ्यक्रम अत्यधिक गोपनीय था, इसलिए पश्चिमी देशों और सोवियत संघ को उन रिक्त जगहों पर नहीं रखा गया। उन्हें बताया गया कि यह पाठ्यक्रम केवल भारतीय सशस्त्र बलों के लिए बनाया गया था। कुछ रिक्त पद वायुसेना और नौसेना के लिए आरक्षित रखे गए। वायु सेना और नौसेना इसका एक भाग थे, ताकि आगे तीनों सेनाओं की सम्मिलित सैनिक कार्रवाई सामंजस्यपूर्ण रहे। अंतत: सन् 1980 के अंत में भारतीय नौसेना और वायुसेना ने भी अपने अधिकारियों के लिए एक उच्च पाठ्यक्रम की शुरुआत की। सैन्य प्रशिक्षण निदेशालय को यह निर्देश दिया गया कि वह 'हायर कमान ऐंड डायरेक्शन ऑफ वार' नामक एक जनरल स्टाफ प्रकाशन करे। यह प्राथमिक रूप से उस समय कॉलेज ऑफ कॉम्बेट के द्वारा प्रकाशित की गई थी, जो बाद में उच्च कमांडरों के लिए बहुत लाभदायक सिद्ध हुई।

कार्रवाई को ध्यान में रखकर देखने से स्पष्ट हुआ कि लद्दाख से बीकानेर तक पश्चिमी कमान के नियंत्रण की बीच की दूरी प्रबंध करने योग्य नहीं थी। इसलिए एक नया कमान मुख्यालय उत्तरी कमान ऊधमपुर में बनाया गया। ऊधमपुर सेना मुख्यालय में 15 कोर, जो वहाँ बहुत दिनों से थे, श्रीनगर भेजे गए और एक नया सेना मुख्यालय नगरोटा में बनाया गया, जो जम्मू व ऊधमपुर के बीच में स्थित था। पुंछ से जम्मू तक की सीमा रेखा और जम्मू से पठानकोट तक अंतरराष्ट्रीय सीमा के नियंत्रण के लिए इसे बनाया गया। पश्चिमी कमान और उत्तरी कमान के बीच फिर से दीवार खींची गई और सेना कमांडर द्वारा उत्तरी कमान व मुख्यालय सहित 16 कोर के कमांडर को सख्त निर्देश दिए गए कि किसी कमान के तहत क्षेत्रीय विन्यास की संपत्ति उसी क्षेत्रीय विन्यास के पास हमेशा रहेगी और ये नए बनाए गए मुख्यालय उनका स्वत्व-हरण तब तक नहीं कर सकते हैं जब तक कि किसी आवश्यक सैनिक कार्रवाई की आवश्यकता न हो। उत्तरी सेना के गठन के लिए फील्ड मार्शल ने पी एस भगत (वी सी) को चुना, जिन्होंने पूर्वी कमान की सेवा उनके चीफ ऑफ स्टाफ के रूप में पहले की थी। उत्तरी कमान का पदभार सँभालने से पहले वे केंद्रीय सैन्य कमांडर थे। फील्ड मार्शल ने महसूस किया कि

अगर कोई इस मुख्यालय का विकास कर सकता है तो वह सिर्फ जनरल भगत हैं। सैम जनरल भगत को बहुत पसंद करते थे और प्रायः कहा करते थे कि उनके बाद यदि कोई सबसे उपयुक्त व्यक्ति प्रमुख के पद का उम्मीदवार होगा तो वह 'प्रेम' होंगे। जनरल भगत ने सेना के सभी पदों के बीच अपार लोकप्रियता पाई थी। इनके अलावा 'विक्टोरिया क्रॉस' के विजेता भगत एक प्रतिभावान् और सहृदय कमांडर थे। जनरल जे एफ आर जैकब को 16 कोर का जी ओ सी नियुक्त किया गया जिसका गठन उन्होंने जम्मू के निकट नगरोटा में किया।

2 कोर मुख्यालय बँगलादेश युद्ध के समय बनाया गया। इसके प्रथम जी ओ सी जनरल रैना थे। इस मुख्यालय को बनाना आवश्यक हो गया था, क्योंकि पश्चिमी सेक्टर से बँगलादेश में कार्रवाई के ऊपर नियंत्रण और संचालन को सही करना आवश्यक था। जैसे ही बँगलादेश की कार्रवाई समाप्त हो गई, इस कोर मुख्यालय को वापस चंडी मंदिर में पुनर्स्थापित कर दिया गया। पंजाब में सीमा के साथ जो सुरक्षात्मक प्रवृत्ति अपनाई गई थी, बिलकुल स्पष्ट थी कि इस घटनास्थल पर किसी भी कार्रवाई के लिए कार्यों में प्रगति बहुत धीमी गति से होगी। केवल खुला स्थान उस मरुक्षेत्र में था, जो बड़े पैमाने पर युक्ति-संचलन की अनुमति देता था। इस नए 2 कोर को दोहरी भूमिका अदा करने को दी गई, जिसमें उसे आक्रामक होना था और सुरक्षात्मक पकड़ भी बनाए रखनी थी। परिणामतः इसे भारतीय सेना के द्वितीय आक्रामक कोर के रूप में संगठित किया गया। 'फोक्सट्रॉट सेक्टर' को 16 इन्फैंट्री डिवीजन के रूप में पुनः संगठित कर 2 कोर की कमान के अधीन सौंपा गया।

सन् 1971 के युद्ध का एक और परिणाम नए 31 आर्मर्ड डिवीजन के रूप में सामने आया। उस समय झाँसी में स्थित 1 आर्मर्ड डिवीजन को अंबाला में तैनात किया गया और 31 आर्मर्ड डिवीजन का गठन झाँसी में किया गया। वास्तव में दूसरे आर्मर्ड डिवीजन की आवश्यकता बहुत दिनों से महसूस की जा रही थी। सन् 1971 के युद्ध के दौरान 1 आर्मर्ड डिवीजन को सेना मुख्यालय रिजर्व के रूप में बरकरार रखा गया और बेहद दबाव के बावजूद पश्चिमी कमान में इसे उसके फॉर्मेशन के लिए नहीं भेजा गया। वास्तव में, पाकिस्तानी गुप्त सूचना एजेंसियों ने इस डिवीजन की स्थिति के बारे में पता लगाने की जी-तोड़ कोशिश की, किंतु वे नहीं लगा सके। उसी प्रकार हमारी गुप्तचर एजेंसी पाकिस्तान के छठे आर्मर्ड डिवीजन का पता लगाने में असमर्थ रही। यह एक और कारण था, जिससे रिजर्व डिवीजन को मैदान में नहीं उतारा गया। चीफ का कहना था कि युद्धका दारोमदार रिजर्व पर होता है। यदि वह सबसे पहले मैदान में उतार दिया जाए तो विपत्ति का आना तय है। जो भी हो, सन् 1971 के युद्ध के बाद ही यह आर्मर्ड डिवीजन अस्तित्व में आया। कचवित ब्रिगेड और कवचित रेजीमेंट के अतिरिक्त मुख्यालय को

बनाने का आदेश दिया गया। अपने रेजीमेंट के ही स्वतंत्र स्क्वाड्रन को अपने ही क्षेत्र में सामूहिक रूप से इकट्ठा कर इनमें से कुछ नई रेजीमेंट बनाई गईं।

सैन्य इकाइयों और फॉर्मेशन के प्रशिक्षण पर पुनः विचार कर आधुनिक बनाया गया। संयुक्त अभ्यासों के जरिए 'थलसेना-वायुसेना सहयोग' और सामंजस्य पर बल दिया गया। आधुनिक मोबाइल संचार के लिए एक संगठित योजना का मुद्दा इकाइयों के संचार के अधिक विश्वसनीय और लचीले नेटवर्क के प्रस्ताव के रूप में उठाया गया। इस प्रकार की व्यवस्था घटनास्थल की कार्रवाई में गतिशीलता का पूर्णरूपेण उपयोग करने में पूरी स्वतंत्रता देती है। जो आधुनिक संचार व्यवस्था विकसित देशों में उपलब्ध थी या विकासशील स्थिति में थी, उसके समरूप व्यवस्था करने से तकनीकी अंतर पाटा गया और स्वदेशी तकनीक को बल मिला।

रक्षा योजना 'वित्तीय या बजट' वर्ष से संबंधित थी। इसका मतलब था कि आधुनिकीकरण और संयंत्रों की प्राप्ति के लिए इस अवधि के दौरान धन खर्च नहीं किया जा सकता था, क्योंकि इस प्रक्रिया में बहुत समय लगता है। सेनाध्यक्ष इस प्रक्रिया के खिलाफ लंबे समय बहस कर रहे थे और इस व्यवस्था को बदलने का प्रस्ताव दे रहे थे। भारत सरकार ने अंततः इस प्रस्ताव को स्वीकार कर लिया और सन् 1972-74 की रक्षा योजना को राष्ट्रीय बजट से जुड़ा मान कर 1974-79 की रक्षा योजना को देश की पंचवर्षीय योजना के साथ सीमाबद्ध कर दिया। इस प्रस्ताव ने रक्षा सेवाओं की लंबी अवधि की जरूरतों के उत्पादन और उपलब्ध करने में सभी को नई स्थिति के अनुकूल बनाने की स्वीकृति दे दी और साथ ही रक्षा योजनाओं को भी इससे समग्रता मिल गई।

सैम 3 अप्रैल, 1972 को अट्ठावन वर्ष के हो गए थे। उस समय के नियमानुसार, सैना में सैन्य प्रमुख—चार सितारा जनरल—नियुक्ति के दिनों से तीन वर्ष तक या अट्ठावन वर्ष तक, जो पहले पूरा हो जाए, सेवा कर सकते थे। इसलिए 3 अप्रैल, 1972 से उनकी सेवानिवृत्ति प्रभावी हो गई। समझ में नहीं आता कि कैसे यह अफवाह फैल गई कि युद्ध के बाद की स्थिति को देखते हुए जनरल मानेकशॉ की सेवा में वृद्धि की जाएगी और वे आगे कुछ समय तक सेनाध्यक्ष का पद सँभालेंगे। हालाँकि वहाँ ऐसी कोई भी ठोस बात किसी भी तरह से सामने नहीं आई थी। उनका अपना विचार था कि जब तक किसी प्रकार का आदेश उन्हें मिल नहीं जाता, वह नियुक्ति की तिथि को सेवानिवृत्त हो जाएँगे। उनके दिमाग में यह बात बिलकुल साफ थी कि सेवानिवृत्ति के बाद, सेवा में निरंतर बने रहना अधिकारी के लिए उचित नहीं है और उन्होंने प्रधानमंत्री को यह बात स्पष्ट तौर पर मार्च 1972 के मध्य में कही, जब प्रधानमंत्री ने उन्हें अपने और अन्य से मुलाकात के लिए बुलवाया था।

उनके साथ अनेक मुलाकातों में उन्हें अनेक प्रस्ताव दिए गए। इनमें से चीफ ऑफ डिफेंस स्टाफ का पद था। एक बार इस बारे में मुझसे वह बात कर रहे थे। मैंने उनसे पूछा कि आप यह पद क्यों नहीं स्वीकार कर रहे हैं, तो उन्होंने कहा, ''लड़के, वर्तमान परिस्थिति में मैं यदि प्रस्ताव स्वीकार कर लेता हूँ तो इसका सीधा अर्थ होगा बिना किसी अधिकार या कार्य के कार्यालय और कर्मचारी पाना। चूँकि तीनों सेनाओं के अध्यक्ष स्वायत्त होते हैं, इसलिए मुझे कुछ करने के लिए तो होगा नहीं। बहुत जल्दी वे झिकझिक करने लगेंगे और मुझे खलनायक बताया जाएगा। इसलिए मैंने उनसे कहा है कि मैं इस प्रस्ताव को सिर्फ दो शर्तों पर स्वीकार करूँगा। प्रथम, मुझे रक्षा मंत्रालय को पुनः संगठित करने की अनुमति देनी होगी; दूसरा, मैं सेनाध्यक्ष के पद पर तब तक रहूँगा जब तक मंत्रालय के पुनःसंगठन का कार्य संपूर्ण नहीं हो जाता। वह मुझे सेनाध्यक्ष के पद पर बनाए रखेंगे, लेकिन रक्षा मंत्रालय के पुनःसंगठन को अनुमति नहीं देंगे। यही समस्या है।''

24 मार्च, 1972 को प्रधानमंत्री के प्रधान सचिव श्री पी.एन. हक्सर ने जनरल मानेकशॉ की चीफ ऑफ डिफेंस स्टाफ के रूप नियुक्ति के बारे में सरकार के प्रस्ताव पर वायुसेना अध्यक्ष एयर चीफ मार्शल पी सी लाल के विचार लिए। वायुसेना अध्यक्ष ने अपनी पुस्तक 'माई ईयर्स विद द आई ए एफ' में इस बारे में लिखा है—''मेरी टिप्पणी उसी शाम हक्सर के पास चली गई। मैंने वास्तविकता की ओर ध्यान आकर्षित किया कि बँगलादेश युद्ध में तीनों सेनाओं ने सैन्य कार्रवाई में बराबर का कार्य किया है और बिना किसी सुपर चीफ के एक साथ काम करने की अपनी क्षमताओं का प्रदर्शन किया है। मैं यह नहीं मान सकता कि सेनाओं के बीच विवादों को समाप्त करने के लिए किसी सी डी एस की आवश्यकता है, क्योंकि यह उम्मीद की जाती है कि वे अपने निर्णय में तटस्थ होंगे। इससे अंतःसेवा समस्याओं को दूर करने का एक समाधान निकाला जा सकता है, लेकिन जबरन थोपा गया यह समाधान संतोषपूर्ण परिणाम देने में असमर्थ होगा।''

आगे लिखते हुए उन्होंने कहा, ''मानेकशॉ ने पूरे युद्ध के दौरान मुझसे और नंदा से अधिक दायित्व सँभाला था। चीफ ऑफ स्टाफ कमेटी के अध्यक्ष होने के रूप में उनके लिए उस समिति में प्रत्येक दिन हुई बैठक को नियंत्रित करना उनके लिए आवश्यक ही नहीं था बल्कि श्री डी.पी. धर की अध्यक्षता में विदेश नीति योजना समिति की बैठक में सैन्य प्रमुखों का प्रतिनिधित्व करना भी उनका काम था। उन्होंने चीफ ऑफ स्टाफ कमेटी के प्रवक्ता का भी कार्य-भार स्वयं ले लिया था, जिससे उनकी प्रसिद्धि स्वाभाविक थी। लेकिन प्रसिद्धि के साथ ही उन्हें अतिरिक्त कार्य भी मिल गया, लेकिन इससे चीफ ऑफ स्टाफ कमेटी के काम की प्रवृत्ति को नहीं बदला जा सकता था, न ही तीनों सेवाओं के

कार्य करने के तरीके को बदला जा सकता था और न ही बदला गया। जिस सेवा-भावना से वे सैनिकों और राष्ट्र को प्रतिष्ठित करने की प्रवृत्ति की ओर उन्मुख थे, उससे वह पूरी तरह इस प्रतिष्ठा के हकदार थे और यह सब उन्हें फील्ड मार्शल के रूप में नियुक्त होकर मिला। यदि कोई सैन्य अधिकारी ऐसे पद का पात्र होता है तो वही हैं, क्योंकि उनमें प्रतिभा, कठिन परिश्रम की उत्कृष्ट क्षमता और किसी भी परिस्थिति को सँभालने के लिए योग्यता का मिश्रण है। इन सबके साथ जो भी हो, मैं नहीं समझता कि, जैसा कि सन् 1972 के पूर्व में प्रकट किया गया था, उन्हें सी डी एस के रूप में नियुक्त किया जाना चाहिए।''*

पाठकों की रुचि के लिए यह बता दूँ कि सन् 1966 तक 'चार सितारा' वाला मात्र एक पद हुआ करता था और वह था सेनाध्यक्ष का। नौसेना और वायुसेना को 'तीन सितारा' पद मिला करता था। सन् 1965 के पाकिस्तान युद्ध के बाद 1966 में ये दोनों भी 'चार सितारा' के लिए स्थापित किए गए।

31 मार्च, 1972 को सैन्य प्रमुख सैम पुणे में दक्षिणी कमान के मुख्यालय को देखने गए थे। उनकी यह यात्रा दो दिन के लिए थी। वे जनरल बेवूर के साथ कमान हाउस में ठहरे थे। यह एक प्रकार की विदाई यात्रा ही थी। चूँकि यह यात्रा दो दिन के लिए थी, इसलिए जो पायलट प्रमुख को पुणे तक ले आए थे, वे उन्हें वहाँ छोड़कर बंबई घूमना चाहते थे; क्योंकि उनके लौटने तक एयरक्राफ्ट एव्रो को खड़ा करके रखना था। सैन्य प्रमुख तुरंत मान गए और जैसे ही हम दक्षिणी कमान के मुख्यालय के वायु क्षेत्र पर पहुँचे, पायलटों को रेलवे स्टेशन छोड़ दिया गया, जहाँ से वे तुरंत बंबई के लिए रवाना हो गए। कार्रवाई कक्ष की तथ्य प्रस्तुति के बाद 'राजेंद्र सिंहजी सर्विस ऑफिसर्स इंस्टीयूट' में दक्षिणी कमान के अधिकारियों के साथ हमने खाना खाया। जब हम खाना खा रहे थे तो ड्यूटी ऑफिसर मेरे पास आया और कहा कि दिल्ली से सैन्य उपप्रमुख फोन लाइन पर हैं और वह मुझसे बात करना चाहते हैं। मैंने बात की तो मुझे सूचना दी गई कि प्रधानमंत्री सैन्य प्रमुख से मिलना चाहती हैं, इसलिए दिल्ली में उनकी आवश्यकता है। मैंने जनरल नोरोन्हा को फोन पर रुकने के लिए कहा और सैम को उस फोन के बारे में बताया। सैम ने फोन लिया और उपप्रमुख की बातें सुनने के बाद दिल्ली के लिए रवाना होने के लिए मुझे प्रबंध करने का निर्देश दिया। जब मैंने कहा कि पायलट तो बंबई चले गए है, तब उन्होंने मुझे कर्मीदल का इंतजाम करने को कहा।

विंग कमांडर नंदा करिअप्पा, पुणे के वायुसेना बेस के कार्रवाई स्टेशन कमांडर, ने समस्या का समाधान किया। वह शांत स्वभाव के थे। उन्होंने सरलता से कहा कि डेढ़

---

* 'माई ईयर्स विद द आई ए एफ' से उद्धृत, एयर चीफ मार्शल पी.सी. लाल, लांसर पब्लिकेशंस, नई दिल्ली, 1986

घंटे के भीतर विमान उड़ने के लिए तैयार हो जाएगा। वे पायलट का प्रबंध कर देंगे। वायुसेना मुख्यालय को मुझे सूचित नहीं करना था। विमान ने शाम लगभग 4 बजे उड़ान भरी और शाम 7:30 बजे सैन्य प्रमुख मानेकशॉ दिल्ली पहुँच गए। 'आर्मी हाउस' पहुँचते ही श्री डी.पी. धर का फोन आया कि 9 बजे रात में प्रधानमंत्री के साथ सैन्य प्रमुख की मुलाकात का समय निश्चित किया गया है। चूँकि वह मुझे अच्छी तरह जानते थे, इसलिए उनसे बातें करते हुए मैंने पूछा कि क्या कोई शुभ परिणाम आने वाला है? उन्होंने कहा कि थलसेना प्रमुख के लिए एक प्रस्ताव इंतजार कर रहा है। अब यह उन पर निर्भर है कि वह क्या करते हैं। मैंने सैन्य प्रमुख को मुलाकात के बारे में बताया तो उन्होंने मुझे 8:50 बजे कार तैयार रखने का निर्देश दिया।

जब वह गाड़ी में बैठ गए तो उन्होंने मुझसे पूछा, "तुम्हें क्या लगता है, क्या होने जा रहा है?" मैंने कहा, "वे आपको कार्यभार सँभालते रहने के लिए कहेंगे।" उन्होंने कहा, "इतने विश्वस्त मत होओ। ये देर रात की मुलाकातें लोगों को नौकरी से निकालने के लिए होती हैं।" तब मैंने उनसे कहा कि वह आपको अपनी शर्तों के बारे में बताएँगे तब उन्होंने कहा, "क्या तुम शर्त लगाना पसंद करोगे?" मैंने कहा, "एक बोतल स्कॉच व्हिस्की के लिए शर्त लगी।" तब उन्होंने कहा, "ठीक है, याद रखना कि तुम्हारे सैन्य प्रमुख केवल अच्छी स्कॉच व्हिस्की पीते हैं।" इस पर मैंने जवाब दिया, "आप भी मुझे स्कॉच व्हिस्की की एक अच्छी बोतल भेजना नहीं भूलेंगे।"

बैठक लगभग एक घंटे तक चली। 'आर्मी हाउस' लौटने के बाद मैंने उन्हें 'गुड नाइट' कहा और स्वयं भी सोने चला गया।

अगले दिन सुबह तड़के 5:30 बजे मुझे सैम के अर्दली दिल बहादुर ने जगाया। मैंने उसके आने का कारण पूछा। उसके हाथ में 'यी मंक्स' स्कॉच व्हिस्की की बोतल देखकर मैं बेहद खुश और आश्चर्यचकित था। इसके साथ ही एक नोट था—'शुभी के लिए, जो बच गया और मुझे इसकी कीमत इस बोतल से चुकानी पड़ी।' मेरा दिन खुशियों से भर गया और मैं इस आनंद से भरी खबर को सैन्य प्रमुख के साथ एक कप चाय पीकर बाँटने के लिए 'आर्मी हाउस' गया। उस नोट की प्रति, मेरी स्मरणीय वस्तु, पाठकों के लिए यहाँ प्रकाशित है। यह नोट आंशिक रूप से पाठ्य है, क्योंकि यह बोतल के ऊपर डिब्बे के साथ चिपकाया हुआ था और उस समय से अनेक मौसम में जगह-जगह आता-जाता रहा।

इस अंतिम मुलाकात में उन्होंने यह स्पष्ट कर दिया कि जब तक सर्वोच्च कमांडर का आदेश उन्हें नहीं मिलता है, वह निर्धारित तिथि को सेवानिवृत्त हो जाएँगे। सरकार ने इस संबंध में घोषणा कर दी थी कि 1 अप्रैल को राष्ट्रपति भवन में प्रतिष्ठापन समारोह होगा।

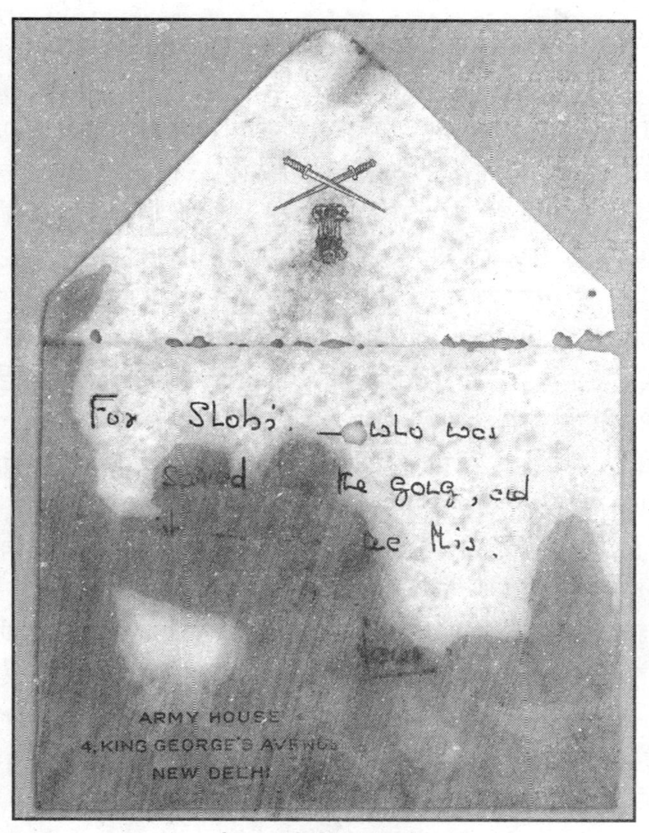

लेखक को भेजा एक नोट।

उस शाम राष्ट्रपति भवन के अशोक हॉल में चाय के दौरान मैं नौसेना अध्यक्ष एडमिरल एस.एस. नंदा के पास टहलता हुआ गया और उनसे पूछा कि यहाँ क्या हो रहा है? वह बहुत खुश थे। उन्होंने कहा कि आज शाम कुछ अच्छी बातों की घोषणा की जाएगी। घोषणा दोपहर में की गई, जिसमें कहा गया कि राष्ट्रपति ने आदेश दिया है कि जनरल एस एच एफ जे मानेकशॉ सेनाध्यक्ष के रूप में बने रहेंगे।*

युद्ध की समाप्ति के बाद पाकिस्तान की नई प्रतिस्थापनाओं के साथ राजनीतिक संवाद के लिए मुलाकातों की तैयारी शुरू की गई। युद्ध में सेना के जीते विशाल क्षेत्र पर विचार करने के लिए सेना मुख्यालय की राय ली गई और सेनाध्यक्ष को रक्षा मंत्रालय व विदेश मंत्रालय के साथ ही प्रधानमंत्री के साथ हुई अनेक बैठकों में आमंत्रित किया जाता था। अपने प्रस्ताव में सेना मुख्यालय ने पूर्व की 'युद्ध-विराम रेखा' को 'वास्तविक

---

* रेड कोट्स टु ऑलिव ग्रीन, वी लॉन्गर, ऐलाइड पब्लिशर्स, नई दिल्ली, 1974, पृ. 504

नियंत्रण रेखा' (एल.ओ.सी.) के रूप में दोबारा नाम देने को कहा और विवादों का निपटारा द्विपक्षीय सहमति से करने के लिए यू.एन.एम.ओ.जी. आई.पी. की समाप्ति करने का विचार दिया। जैसा कि 'प्रारंभिक वर्ष' शीर्षक अध्याय में पहले ही चर्चा की गई थी, इससे जम्मू व कश्मीर के अंदर सेना के गठन में बहुत लाभ हुआ। तब तक इसे 'युद्ध-विराम समझौते' का उल्लंघन माना जाता था और इसकी सूचना यू.एन.एम.ओ.जी.आई.पी. द्वारा संयुक्त राष्ट्र को दी जाती थी।

जून 1972 के आते-आते श्री जुल्फिकार अली भुट्टो अपनी पुत्री सुश्री बेनजीर भुट्टो के साथ भारतीय प्रधानमंत्री श्रीमती इंदिरा गांधी से बात करने भारत आए। यह बातचीत शिमला में हुई और इसमें भारतीय सेना के सैन्य कार्रवाई निदेशक जनरल आई एस गिल श्रीमती गांधी के साथ थे। 2 जुलाई, 1972 को शिमला में श्री भुट्टो और श्रीमती गांधी के बीच हुए 'शिमला समझौते' पर हस्ताक्षर किए गए। रोचक बात यह थी कि उस दिन सुबह तक समझौते का कोई संकेत न था। इस समझौते के दौरान पी.पी.सी. अध्यक्ष श्री डी.पी. धर को हृदय संबंधी बीमारी हो गई। उन्हें शिमला के स्नोडान अस्पताल में भरती कराया गया और फिर आगे की जाँच व इलाज के लिए चंडीगढ़ के पोस्ट ग्रेजुएट संस्थान ले जाया गया। 1 जुलाई की रात तक जब शर्तों पर सहमति नहीं हो पाई तो विदेश सचिव दिल्ली लौट आए और श्री पी.एन. हक्सर श्री डी.पी. धर से मिलने चंडीगढ़ आ गए। सुबह श्रीमती गांधी की अकेले में श्री भुट्टो के साथ मुलाकात हुई और अचानक समझौता हो गया। 2 जुलाई, 1972 को दोनों ने 'शिमला समझौता' पर हस्ताक्षर किए।

कुछ महीनों बाद रॉयल नेपाल आर्मी के चीफ ऑफ स्टाफ ने नेपाल दर्शन के लिए भारतीय सैन्य प्रमुख सैम मानेकशॉ को आमंत्रित किया। सरकार ने उन्हें इस यात्रा के लिए भारतीय वायुसेना के एयरक्राफ्ट को उपयोग में लाने की अनुमति दी। यह सेना के वरिष्ठ अधिकारियों के साथ मुलाकात के अलावा नेपाल के राजा और दर्शकों से मिलना था। इस यात्रा के दौरान वह सेवानिवृत्त सैनिकों से भी मिले और उनके समूह को 'पोखरा' में संबोधित किया।

सितंबर 1972 में मुझे यू.के. में स्टाफ कॉलेज कैंबरले में स्टाफ कॉलेज कोर्स में शामिल होने के लिए नामांकित किया गया। मैं 23 सितंबर को अपनी पत्नी के साथ लंदन गया। उसके बाद भारत में और सैम के साथ क्या हुआ, इसे मैंने प्रकाशित सामग्रियों, अन्य लोगों के संवादों के जरिए जिन्होंने सैम के साथ विभिन्न परिस्थितियों में काम किया—और उनके साथ हुए अपने संवादों के जरिए प्राप्त किया। मैंने उन सबको ईमानदारी से वास्तविक रूप में आलेखित करने की कोशिश की है।

समझौते पर हस्ताक्षर करने के साथ ही नियंत्रण रेखा, जो 'शिमला समझौते' के

1972 में नेपाल नरेश के साथ।

अनुच्छेद 4(ii) में प्रारूपित (लिखित) है, भविष्य की वार्ताओं के लिए प्रयोग में आने लगी। सैम ने लेफ्टिनेंट जनरल पी एस भगत, जी ओ सी-इन-सी, उत्तरी कमान को भारतीय सेना के प्रतिनिधि के रूप में नियंत्रण रेखा के निर्धारण व अन्य मुद्दों पर पाकिस्तान के साथ बातचीत के लिए चुना। पाकिस्तान 4 कोर के जी ओ सी लेफ्टिनेंट जनरल अब्दुल हामिद खान पाकिस्तान के प्रतिनिधि थे। भारत की तरफ से सुचेतगढ़ में बातचीत हुई और पाकिस्तान की तरफ से वाघा में। संवादों की उद्घोषणा के पहले सैन्य कार्रवाई के दोनों निदेशकों के बीच हॉटलाइन जो सन् 1971 में निष्प्राण हो गई थीं, उन्हें फिर से सक्रिय किया गया। बातचीत और चर्चाओं के दौरान अधिकृत क्षेत्रों के अधिकार को हटाने से संबंधित अनेक प्रासंगिक मुद्दों पर बातें की गईं और सभी की संतुष्टि के अनुसार उनका समाधान किया गया। जहाँ इन चर्चाओं ने अनेक भयंकर विवादों का निपटारा किया, वहीं यह थाकोचक—जो जम्मू के निकट पाकिस्तान द्वारा अधिकृत था—उस छोटे से अंत:क्षेत्र पर आकर रुक गई। शिमला समझौते के अनुसार अंतरराष्ट्रीय सीमा पार के सभी अधिकृत क्षेत्रों को लौटाना था। जम्मू व कश्मीर के जो 4(ii) के अनुच्छेद के द्वारा संचालित होता है, में कहा गया है। (ii) जम्मू व कश्मीर में 17 दिसंबर, 1971 को

पोखरा (नेपाल) में सेवानिवृत्त सैनिकों को संबोधित करते सैम।

युद्ध-विराम के लिए नियंत्रण रेखा बनाई गई, बिना किसी पूर्वाग्रह के दोनों तरफ के पुनर्गठन को कायम रखकर उसका सम्मान करना होगा। दोनों में से कोई भी एकपक्षीय होकर, आपसी मतभेद को सामने रखकर और विधिसम्मत व्याख्याओं के बावजूद इसका उल्लंघन नहीं करेगा। दोनों पक्षों को किसी प्रकार का विवाद उत्पन्न करने और रेखा के जबरन उल्लंघन से बाज आना होगा।'*

पाकिस्तान इस विवादित क्षेत्र पर अपना दावा करता है, इसलिए वह इसे अपने पास रखेगा। विशेषज्ञों के द्वारा दोनों तरफ के दावों में दम था। चूँकि दोनों में से कोई भी क्षेत्र को छोड़ने को तैयार नहीं था, इसलिए केंद्र ने यह निश्चय किया कि इस मसले को सुलझाने के लिए दोनों तरफ के सैन्य प्रमुखों को भेजा जाए। क्योंकि वे पाकिस्तान में कानून नहीं बना सकते थे, इसलिए मेरा मानना है कि यह काम श्री जुल्फिकार अली भुट्टो के परामर्श से तय किया गया।

उसके तुरंत बाद पाकिस्तानी थल सेना अध्यक्ष जनरल टिक्का खान ने जनरल मानेकशॉ से टेलीफोन पर बातें कीं और मिलने की जगह तय की गई। जनरल दीपिंदर

---

* 'शिमला समझौता', 2 जुलाई, 1972; काला (Bold) लेखक द्वारा किया है

सिंह का कहना था कि भारत ने रावलपिंडी का प्रस्ताव दिया था, लेकिन जनरल टिक्का खान ने लाहौर को निश्चित किया। उन्होंने सोचा, रावलपिंडी में बैठकर प्रस्ताव रखने से समस्याएँ उत्पन्न हो सकती हैं। लाहौर के लोग जहाँ अधिक समझदार और राष्ट्रीय पूर्वग्रहों से मुक्त हैं वहीं रावलपिंडी के लोग पंजाबी सामुदायिक भावना से, जिन्होंने सीमित रूप में ही सही, लेकिन पूर्वी पाकिस्तान में समस्याएँ खड़ी की थीं फिर कुछ समस्या पैदा कर सकते हैं। जैसे ही बैठक के लिए जगह व तारीख निश्चित की गई, चीफ के साथ सैन्य कार्रवाई निदेशक प्रमुख, एम ए, ग्रेड 1 अधिकारी जनरल, ए डी सी, एक अर्दली और प्रेस संवाददाताओं का एक दल भारतीय वायुसेना के एयरक्राफ्ट में लाहौर के लिए रवाना हुआ, जहाँ जनरल टिक्का खान ने अपने स्टाफ तथा कोर कमांडर व पत्रकारों सहित सभी का स्वागत किया। कोर सेना मुख्यालय में बातचीत हुई, जिसका कोई परिणाम सामने नहीं आया और सैम अपनी टीम सहित दिल्ली लौट आए। पाकिस्तान द्वारा अधिकृत 'थाकोचक' में हुए गतिरोध के बारे में प्रधानमंत्री को सूचना दे दी गई थी। सेना से जानकारी लेने के बाद लगातार कुछ बैठकें की गईं, जिनसे केंद्रीय और अनेक लोगों द्वारा विवादित समस्या को सुलझाने के वैकल्पिक हल निकालने की कोशिशें की गईं। दुर्भाग्यवश, कोई नया विचार इस समस्या से निपटने के लिए सामने नहीं आया और प्रधानमंत्री ने सैम को दोबारा पाकिस्तान की यात्रा पर जाकर इसे सुलझाने का भार सौंपा। उन्होंने कहा कि यदि आवश्यक हो तो थाकोचक पर अपने दावे को छोड़ दिया जाए।

लाहौर पहुँचकर पुनः दोनों सैन्य प्रमुखों में आमने-सामने उस मुद्दे पर चर्चा शुरू हुई। जनरल दीपिंदर सिंह, जो सैन्य प्रमुख के साथ थे, के अनुसार, "दोनों—जनरल टिक्का खान और जनरल मानेकशॉ—का मानना था कि यदि इस छोटी सी जगह थाकोचक के मामूली से मुद्दे पर वे किसी नतीजे पर नहीं पहुँचे तो हँसी के पात्र बन जाएँगे। जिस क्षेत्र का न ही कोई राजनीतिक और न ही सामरिक महत्त्व है, उसे इतना महत्त्व मीडिया के तूल देने से मिला। जैसा कि होता आया है, इस छोटे से भूभाग के बदले में कोई क्षतिपूर्ति ले-देकर इसका समाधान निकाला जा सकता था। सैन्य प्रमुख ने अपना यह विचार प्रधानमंत्री को पाकिस्तान दौरे पर जाने से पहले बता दिया था। पूर्व के गतिरोध पूर्ववत् रह गए और दोनों देशों के प्रतिनिधि भोजन के लिए चले गए। दोपहर भोजन के बाद दोनों सैन्य प्रमुख कॉफी पीते हुए अपनी मनपसंद बातें कर रहे थे, जिसका विषय था—'विवाहित अधिकारियों के लिए आवास की संरचना कैसी होनी चाहिए?' टिक्का खान ने 'स्वतंत्र बँगले' के बारे में अपनी राय दी, वहीं मानेकशॉ ने जमीन की कमी के कारण आवास के बनाने में बहुमंजिले आवासों की बात कही। बँगले की खूबियों के बारे में टिक्का खान की धारणाओं के तर्क को सुनकर सैम ने अपनी अद्वितीय शैली में

'थाकोचक' मुद्दे को सुलझाने के लिए एक शिष्ट तरीका अपनाया। उन्होंने टिक्का खान से कहा, 'यही कारण है कि हम ऊँचे भवनों के पक्ष में हैं, क्योंकि भारतीय सेना के पास इतनी अधिक जमीन उपलब्ध नहीं है। जबकि जनरल टिक्का खान बँगला का प्रस्ताव देते हैं, क्योंकि पाकिस्तानी सेना के पास जमीन की कमी नहीं है। यदि यह बात सच है तो क्यों वह कुछ किलोमीटर जमीनवाले 'थाकोचक' पर अपनी दावेदारी जता रहे हैं?' जैसे ही इस टिप्पणी को सबने समझा, वहाँ हँसी गूँज उठी और 'थाकोचक' भारत को लौटा दिया गया। इसे पाने के लिए, भारत ने जमीन का एक छोटा सा हिस्सा जो पाकिस्तान से तीन तरफ से इसे पाने के लिए 'कैयान' में श्रीनगर के नजदीक लिपा घाटी से घिरा था, पाकिस्तान को दे दिया। यह मुद्दा मैत्रीपूर्ण तरीके से निपटाया गया और उसके बाद प्रेस में वक्तव्य जारी कर दिया गया।''

चार महीने में सेना के दोनों तरफ के वरिष्ठ अधिकारियों के बीच दस बार हुई बातचीत और सेना प्रमुखों के बीच दो बार हुई बातचीत के बाद अंततः नियंत्रण रेखा का अंकन दिया। नियंत्रण रेखा के बारे में जो सहमति जताई गई, वह इस प्रकार थी— ''नियंत्रण रेखा मुन्नवर तवी एन डब्ल्यू 605550 से तीन मील तक झांगर के पश्चिम में (छंब के साथ पाकिस्तान में) खींची गई, जहाँ से यह उत्तर-पूर्व मीठी धारा एन आर 2619 की ओर मोड़ी गई और जहाँ से एन.आर. 052669, पुंछ नदी तक (पुंछ से लगभग 6 मील एन.डब्ल्यू.) वहाँ से घूम कर एन.डब्ल्यू. जरनी गली (भारत में) के उत्तर तक गुलमर्ग में, वहाँ से पश्चिम की ओर मंडी गली (भारत सहित) से गुजरकर पीरकाँठी (पाकिस्तान में) तक खींची गई और वहाँ से उत्तर की ओर छोटा काजी नाग (भारत में) होती हुई लगभग 7 मील उरी के एन डब्ल्यू से लिपा घाटी में कैयान (भारत में) तक खींची गई। नियंत्रण रेखा पश्चिम की ओर रिचमार गली तथा कटरान की (पाकिस्तान में) से वंजल रिज और चक मुकाम की ऊँचाई (भारत में) तक खींची गई। रिचमार गली से नियंत्रण रेखा दक्षिण दिशा की ओर टिथवाल को पार करती हुई केरन के उत्तर में तीन किलोमीटर तक और उसके उत्तर की ओर मुड़कर लुंडा गली (भारत में) तक गई। उसके बाद पूर्व की ओर केल सेक्टर के हरमरगी गाँव में (पाकिस्तान में) से दूरमट में कंजालवान सेक्टर (भारत में) और 14,236, 15,460 की ऊँचाई पर मिनीमर्ग सेक्टर में करोबल गली (सभी भारत में) तक गई और वहाँ से नेरिल (भारत में) के साथ ब्रिलमैन (पाकिस्तान) और चेट के उत्तर में कारगिल क्षेत्र से टरटोक सेक्टर के चोरबाटला तक खींची गई। वहाँ से नियंत्रण रेखा उत्तर-पूर्व की ओर थांग (भारत में) से लेकर पूर्व के ग्लेशियर्स से मिलाई गई।''*

सरकार द्वारा 31 दिसंबर, 1972 को जनरल मानेकशॉ को उनकी अद्वितीय सेवा

* स्रोत : रेड कोट्स टु ऑलिव ग्रीन, वी लॉन्गर, ऐलाइड पब्लिशर्स, नई दिल्ली, 1974, पृ. 509

के लिए फील्ड मार्शल का पद देने की घोषणा की गई। जैसे ही यह घोषणा हुई, उनके सचिवालय में बधाइयों के अनगिनत पत्र और संवादों का ढेर लगने लगा। इनमें से एक पत्र फील्ड मार्शल लॉर्ड क्लाउड ऑकिनलेक का था, जिसमें उन्होंने कहा था कि "एक फील्ड मार्शल से दूसरे फील्ड मार्शल को, मैं बता नहीं सकता कि मैं कितना प्रसन्न हूँ।"

यह विचित्र प्रतीत होता था कि परतंत्र भारत के अंतिम ब्रिटिश कमांडर इन चीफ फील्ड मार्शल लॉर्ड क्लाउड ऑकिनलेक ने भारत से जाने के पच्चीस वर्ष बाद स्वतंत्र भारत के थल सेना प्रमुख को बधाई संदेश भेजा था। इससे भी महत्त्वपूर्ण यह कि उनके योगदान की महत्ता को स्वीकार करते हुए—वास्तव में सैम ने बँगलादेश युद्ध को जीतने में जो भूमिका निभाई और जिससे एक नए देश बँगलादेश का जन्म हुआ—उसके सम्मान में उन्हें यह पुरस्कार दिया गया। 2 जनवरी, 1973 को राष्ट्रपति भवन में भारतीय सशस्त्र सेनाओं के सर्वोच्च कमांडर राष्ट्रपति वी.वी. गिरि ने अपनी तरह के पहले भव्य समारोह में जनरल एस एच एफ जे मानेकशॉ के कंधे पर फील्ड मार्शल पद का मेडल अंकित किया और साथ ही उनके कार्यालय एवं मार्शल पद का प्रतिनिधित्व करनेवाला एक 'बैटन' प्रदान किया। एक इतिहास की रचना हुई। भारत ने अपना प्रथम फील्ड मार्शल पैदा किया था। फील्ड मार्शल का 'बैटन' बहुत ही कम समय की सूचना पर दिल्ली छावनी के आर्मी बेस वर्कशॉप में डिजाइन और तैयार किया गया था।

सन् 1973 की जनवरी के आरंभ में यह तय किया गया कि 15 जनवरी, 1973 को फील्ड मार्शल सेनाध्यक्ष के पद का त्याग कर देंगे। लेफ्टिनेंट जनरल जी जी बेवूर (पी वी एस एम) दक्षिणी सेना कमांडर फील्ड मार्शल का अनुसरण करते हुए अगले सेना प्रमुख बनाए जाएँगे। वहीं सैम चाहते थे कि लेफ्टिनेंट पी एस भगत अगले सेना प्रमुख बनाए जाएँ और वही उनके उत्तराधिकारी हों। यह बात उन्होंने प्रधानमंत्री से पहले मौखिक रूप से कही भी थी। मराठा लॉबी की अगुवाई कर रहे श्री वाई बी चव्हाण ने प्रधानमंत्री को इस बात के लिए सहमत कर लिया था कि जनरल बेवूर की सेवानिवृत्ति में बढ़ोतरी कर दी जाय और सेनाध्यक्ष का पदभार सौंपा जाए। सेवानिवृत्ति के पहले सेवाकाल में बढ़ोतरी से वह वरिष्ठतम अधिकारी हो गए और उस स्थिति में स्वत: सैम के उत्तराधिकारी बन गए। बहुतों ने इसे गलत पूर्वोदाहरण बताया और तब यह भी चर्चा हुई कि क्या फील्ड मार्शल के सेवाकाल में वृद्धि नहीं की जा सकती है, बेवूर उत्तराधिकार के लिए वरिष्ठ हैं। हालाँकि परिस्थितियों भिन्न हैं। दूसरी तरफ जनरल भगत युद्ध में वीरता पुरस्कार एवं 'विक्टोरिया क्रॉस' से सम्मानित थे और यह उनकी सबसे उपयुक्त प्रतिष्ठा थी। लेकिन यह सरकार का विशेषाधिकार था और उस पर सवाल नहीं उठाया जा सकता था।

इससे पहले कि सैम कार्यालय को छोड़ते, स्टाफ कमेटी के अगले अध्यक्ष की

राष्ट्रपति जनरल मानेकशॉ को फील्ड मार्शल का रैंक लगाते हुए।

नियुक्ति का प्रबंध होना था, क्योंकि उसी दिन वायु सेना अध्यक्ष पी.सी. लाल भी सेवानिवृत्त हो रहे थे। यह परंपरा थी कि वरिष्ठतम सेनाध्यक्ष ही अध्यक्ष पद सँभालेगा। इसलिए एडमिरल नंदा, जो कुछ ही समय में सेवानिवृत्त होने वाले थे, को अध्यक्ष बनाया गया। समस्या थी अगले पदधारी की, क्योंकि सरकार सेनाध्यक्ष को स्टाफ कमेटी का अध्यक्ष बनाना चाहती थी। जब वायुसेना अध्यक्ष दोपहर से पहले सेवानिवृत्त हो गए और फील्ड मार्शल मानेकशॉ ने सेनाध्यक्ष का पद दोपहर से पहले छोड़ दिया। श्री लाल ने दोपहर बाद पद त्याग किया। इससे समस्या हल करने में कोई कठिनाई नहीं हुई।

15 जनवरी, 1973 की आर्मी की परेड में सी.ओ.ए.एस. ने फील्ड मार्शल के रूप में सलामी ली। आर्मी डे परेड में प्रथम फील्ड मार्शल द्वारा सलामी लिये जाने के अतिरिक्त परेड में एक और बड़ी महत्त्वपूर्ण घटना हुई। एडजुटेंट जनरल ने आदेश दिया था कि भारतीय सेना रेजिमेंट्स के रेजिमेंटल कलर्स परेड में शामिल किए जाएँ। जब रेजिमेंट की पैदल पंक्तियाँ सलामी मंच से होकर गुजरीं, ये कलर्स फील्ड मार्शल को डिप किए गए। यह मैन्युअल ऑफ सेरेमोनियल ड्रिल्स, जो यह निर्धारित करता था कि जब रेजिमेंटल कलर्स परेड में शामिल किए जाएँ तो वे केवल 'राज्य प्रमुख' या फील्ड

मार्शल के पद पर आसीन किसी अधिकारी को ही डिप किए जाएँगे, के अनुसार ही था। आर्मी डे परेड की समाप्ति पर अपने परवर्ती जनरल जी जी बेवूर को कार्यभार सौंपने के लिए सी.ओ.ए.एस. अपने सेरेमोनियल मोटरकेड काफिले के साथ रायसीना हिल स्थित साउथ ब्लॉक में सेना मुख्यालय में अपने कार्यालय में गए।

औपचारिक रूप से सेना प्रमुख का कार्यालय पदासीन सेना प्रमुख लेफ्टिनेंट जनरल जी जी बेवूर को 15 जनवरी, 1973 को दोपहर 12 बजे सौंप दिया गया। फील्ड मार्शल मानेकशॉ श्रीमती मानेकशॉ और अपनी दो बेटियों शेरी व माया के साथ जनरल बेवूर तथा मुख्य अधिकारी समेत आए और द्वितीय बटालियन, 8वीं गोरखा राइफल्स से 'गार्ड ऑफ ऑनर' साउथ ब्लॉक के गेट नं. 4 पर लिया। इस रेजीमेंट के सैम कर्नल थे। इसलिए जाते हुए सेना प्रमुख को उन्हीं की रेजीमेंट की बटालियन और सैनिकों से आखिरी अभिवादन करवाना बहुत उपयुक्त था।

गार्ड ऑफ ऑनर समाप्त हुआ। सैम समारोह में उपस्थित सभी गण्यमान्य जनों से मिले और हाथ मिलाया। उसके बाद उन्होंने काले रंग की कार डौज, जिसे वह कलकत्ता सेना मुख्यालय से लाए थे और वह जब तक दिल्ली में थे तब तक उन्हें यह कार आवंटित की गई थी, पर सवार हो 'आर्मी हाउस' को छोड़ दिया। एक युग की समाप्ति हो गई।

☐

सेना के बाद के दिन

15 जनवरी, 1973 को सेनाध्यक्ष जनरल मानेकशॉ ने जनरल जी जी बेवूर को कार्यालय का पदभार सौंपकर दिल्ली छावनी में एम.ई.एस. इंस्पेक्शन बँगला में आवास लिया, क्योंकि लुटियंस की दिल्ली में कोई उपयुक्त घर उन्हें नहीं मिला था। जब प्रधानमंत्री को यह बात पता चली तो तो उन्होंने आपत्ति की और कहा कि सैम को 'आर्मी हाउस' में ही रहने देना था।

सन् 1973 में फील्ड मार्शल को इंपीरियल जनरल स्टाफ के प्रमुख-जनरल सर (बाद में लॉर्ड) माइकेल कार्वर ने रॉयल ब्रिटिश सेना से भेंट के लिए ब्रिटेन की यात्रा के लिए आमंत्रित किया। जब उनके यात्रा कार्यक्रम की योजना बनाई जा रही थी, तब

इंग्लैंड में सलामी परेड का निरीक्षण करते हुए।

उन्होंने सैम से उस जगह के बारे में पूछा, जिसे वह पहले देखने की इच्छा रखते हैं। उन्होंने भारत के अंतिम ब्रिटिश सी-इन-सी जनरल सर रॉय बुकर से मिलने की इच्छा के साथ ही रॉयल स्कॉट की दूसरी बटालियन को देखने की मंशा प्रकट की। यात्रा का प्रबंध किया गया और इस दौरान उन्होंने एक सिल्वर खुकरी स्मृति-चिह्न के रूप में ऑफीसर्स रेजीमेंटल सेना मुख्यालय, इडिनबर्ग को भेंट की। उन्होंने ऐसा ही एक स्मृति-चिह्न गोरखा ब्रिगेड एसोसिएशन को भी भेंट किया, जिसने उन्हें विंडसर के नजदीक 'गोरखा पब' में आमंत्रित किया था। उस समय मैं यू.के. में किंबरले में स्टाफ कॉलेज कोर्स में था। इस यात्रा में ब्रिटिश सेना ने मानेकशॉ को 'क्लैरिजेस' होटल में ठहराया था। कार्यवाहक उच्चायुक्त, यू.के. ने इस उद्देश्य हेतु एक सैन्य अधिकारी को उनके लिए स्थानीय संपर्क अधिकारी के रूप में नियुक्त किया था। इस यात्रा के दौरान उन्हें इंपीरियल डिफेंस कॉलेज देखने का भी सुअवसर प्राप्त हुआ था, जिसमें वह सन् 1957 में किए गए पाठ्यक्रम में शामिल थे, जो अब रॉयल कॉलेज फॉर डिफेंस स्टडीज के नाम से जाना जाता है। इसके साथ ही सैम को यू.के. में अन्य सैन्य संस्थानों को देखने का अवसर भी प्राप्त हुआ था।

मैं और मेरी पत्नी चकित थे, जब एक रविवार की सुबह को फील्ड मार्शल मानेकशॉ के साथ क्लैरिजेस होटल में चाय पीने का आमंत्रण हमें मिला। मैंने उन्हें किंबरले के अपने घर पर दोपहर भोजन के लिए आमंत्रित किया। उन्होंने मुझे आश्वस्त किया कि वह आएँगे और इस यात्रा के अंत में कुछ दिन अपनी बेटी के पास लंदन में बिताने की इच्छा जताई। हम सभी लोग फील्ड मार्शल मानेकशॉ के आधिकारिक बँगले पर आयोजित स्वागत समारोह में उच्चायुक्त द्वारा आमंत्रित किए गए।

जब यात्रा समाप्त हुई तब सैम, सिल्लू, माया और धुन सप्ताहांत पर हमारे साथ भोजन के लिए आए। हमने उन्हें भोजन के पहले स्टाफ कॉलेज के परिसर सैंडहर्स्ट के रॉयल सैन्य अकादमी, जो स्टाफ कॉलेज के नजदीक था, में घुमाया, जहाँ उन्होंने हमारे साथ दो-तीन घंटे बिताए। हमारे विरोध के बावजूद वह भोजन के बाद लंदन लौटने से पहले अपनी तश्तरी और खाने के बरतन साफ करने की माँग पर अडिग रहे। यह उनकी विशेषता थी। वह जानते थे कि भारत की तरह यू.के. में आप किसी को घरेलू कार्यों में मदद के लिए नहीं रख सकते हैं। मेरे मन में यह बात घूम रही थी कि मैं ही सेना में अकेला ऐसा मेजर था, जिसके घर पर फील्ड मार्शल ने बरतन साफ किए थे।

भारत लौटने पर रेजीमेंट के कर्नल मेजर जनरल डब्ल्यू टी कैंपबेल, सी बी ई का भेजा हुआ एक पत्र मानेकशॉ ने प्राप्त किया। यह पत्र अति महत्त्वपूर्ण था, क्योंकि इसमें अज्ञात तथ्यों के बारे में ऐतिहासिक महत्त्व की जानकारियाँ थीं और इसीलिए इसे

यहाँ प्रस्तुत किया जा रहा है—

''मैं अभी-अभी इडिनबर्ग की यात्रा और अपने रेजीमेंटल सेना मुख्यालय से घर लौटा हूँ, जहाँ यह सुंदर खुकरी देखकर मैं अति प्रसन्न हुआ, जिसे आपने उपहार में दिया है। यह हमें रेजीमेंट के साथ आपकी याद दिलाता रहेगा। इसे उपयुक्त अभिलेख के साथ हमारे 'शो-केस' में गर्व से प्रदर्शन के लिए रखा गया है।

''जब मैं आर.एच.क्यू. में था, तब डंकन एक्येन ने मेरा ध्यान उस महत्त्वपूर्ण 'डबल' उपलब्धि पर दिलाया, जिसे आपने अपनी पदोन्नति के द्वारा रेजीमेंट के लिए पाया था। हमारे पास पहले से ही एक विशिष्टता है कि ब्रिटिश सेना में हमारे पास प्रथम फील्ड मार्शल हैं, जब सन् 1763 में किंग जॉर्ज द्वितीय, ने इस रेजीमेंट के कर्नल प्रथम अर्ल ऑफ ऑर्कने जॉर्ज हैमिल्टन को यह पद दिया था और अब मैं आशा करता हूँ कि आप हमें इस 'डबल' पर दावा करने की अनुमति देंगे। मैंने सोचा है कि आप इस अद्‍भुत दैव योग के प्रति जरूर रुचि रखेंगे।''

जनवरी 1973 के बादवाले समय में नई दिल्ली के एक साप्ताहिक पत्र 'डेटलाइन' ने सैम का साक्षात्कार लिया था। जहाँ उन्होंने साक्षात्कारकर्ता के अनेक प्रश्नों के उत्तर दिए, वहीं उनमें से दो प्रश्नों ने राष्ट्रीय प्रेस और संसद् में भयंकर विवाद खड़ा कर दिया। प्रश्न बिलकुल तुच्छ और अहानिकारक था। जिस तरीके से पत्र ने सैम के उस वक्तव्य को छापा, उसके कारण ये विवाद उठ खड़े हुए। व्यक्तिगत रूप से मैं आश्वस्त था कि जिसने भी यह किया है, उसकी तरफ से सही जिम्मेदारी ली जाएगी और इस अप्रिय घटना का अंत देखने को मिलेगा। यह उनकी प्रवृत्ति थी, जो सैम के दोस्त नहीं थे और इतनी कुत्सित व घृणित तरीके से तथ्यों की प्रस्तुति कर रहे थे। जो टिप्पणी उनके द्वारा दी गई थी; प्रथम—'लंदन मेरा प्रिय शहर है' दूसरा—'जिन्ना ने मुझे सन् 1947 में पाकिस्तानी सेना में शामिल होने के लिए कहा था। यदि मैं उनके साथ होता तो तुम्हारे पास हारा हुआ भारत होता।'

वास्तव में जिस पत्रकार ने उनका साक्षात्कार लिया था, उसने उन संवादों को अक्षरशः नहीं छापा था, जो उसे करना चाहिए था। संभवतः वह पूरे साक्षात्कार को सनसनीखेज रूप देना चाहती थीं। यह पूछने पर कि आपका प्रिय शहर कौन सा है, फील्ड मार्शल ने उससे प्रश्न किया था कि 'भारत या विदेश में?' इसे स्पष्ट करने के बाद उन्होंने जवाब दिया था 'विदेश में मेरा प्रिय शहर लंदन है, क्योंकि मुझे वहाँ घर की तरह महसूस होता है। मैं वहाँ की भाषा और लोगों को जानता हूँ और वे मुझे जानते हैं।' जब यह साक्षात्कार प्रकाशित हो रहा था तो पत्रकार ने 'विदेश' शब्द को

हटा दिया। इस शब्द को हटाने पर उनसे शत्रुता निकालने वालों को फील्ड मार्शल के खिलाफ मसाला मिल गया।

दूसरी टिप्पणी एक मजाक के रूप में की गई थी। फील्ड मार्शल की बुद्धि की तीक्ष्णता जग-जाहिर थी। एक उदाहरण है—जब वे नई दिल्ली में 'प्रथम फील्ड मार्शल के एम करिअप्पा मेमोरियल लेक्चर' में अपना संभाषण दे रहे थे—"इन साठ वर्षों में अंग्रेजी भाषा सहित अनेक परिवर्तन हुए हैं, जब से मैं सेना में शामिल हुआ हूँ। मेरे उन दिनों में अगर कोई कहता कि कैप्टन मानेकशॉ गे है तो, उसका मतलब था कि वह बहुत हँसमुख और मजाकिया है।

दूसरी घटना देखें, जब वह सन् 1973 में नई दिल्ली में विंटेज कार रैली के लिए झंडी दिखा रहे थे। दीपिंदर सिंह के अनुसार, जब पत्रकार उनका साक्षात्कार ले रहे थे तब प्रथम प्रश्न के घेरे से साक्षात्कार निकल नहीं पा रहा था, क्योंकि फील्ड मार्शल ने जवाब ही ऐसा दिया था। जब उनसे उनकी विंटेज कार की रुचि को देखते हुए यह पूछा गया कि क्या वह एक ऐसी कार लेने की योजना बना रहे हैं, तो फील्ड मार्शल ने जवाब दिया कि उनकी रुचि स्व-स्पष्ट है कि रक्षा मंत्रालय ने उन्हें विंटेज कार उनके इस्तेमाल के लिए दी है। पत्रकार इतना हँसा कि जिससे वह आगे साक्षात्कार लेने में असमर्थ हो गया।

'क्वार्टर डेक', जो सन् 1996 में नौसेना मुख्यालय द्वारा प्रकाशित किया गया था, उसके साथ बातचीत में फील्ड मार्शल की प्रतिक्रिया भारतीय संसद् में उठे प्रश्नों के बारे में थी और वहाँ मची खलबली के परिणामस्वरूप जो सामने आया, वह उल्लेखनीय है।

क्वार्टर डेक : आप जो कुछ कह रहे हैं, उससे जाहिर होता है कि श्रीमती गांधी मजाक को बखूबी समझती थीं।

मानेकशॉ : उनके पास यह गुण आश्चर्यजनक रूप से था।

क्वार्टर डेक : तब उन्होंने युद्ध के बाद आपका मजाक क्यों नहीं समझा ?

मानेकशॉ : यह उनकी गलती नहीं है। उन्होंने मुझ पर कभी शक नहीं किया। मुझे इस संदर्भ में उनका पत्र मिला था। यह वह नहीं था। रक्षामंत्री जगजीवन राम, मैं समझता हूँ, मुझे पसंद नहीं करते थे।

मैं जब इंग्लैंड में था तब जगजीवन राम ने सदन में यह प्रश्न पूछा था। मैंने उन्हें वहाँ से पत्र लिखा था। मैंने कहा, 'प्रधानमंत्रीजी, मैंने ऐसा नहीं कहा है।' मैंने उन्हें वह पूरी घटना बताई, जो घटित हुई थी। मैंने कहा कि वह लड़की मेरे कमरे में आई, उसने केक खाया और यह समाचार पाने के लिए मुझसे बहुत सारी बातें कीं और मुझसे पूछा कि 'मैं पाकिस्तान क्यों नहीं गया ?' मैंने कहा कि 'जिन्ना ने मुझसे कहा

था, लेकिन मैंने उनसे कहा कि मैंने भारत में जन्म लिया है, भारतीय लड़की से शादी की है। मैं वहाँ जाकर क्या करूँगा? मैं किसी बटालियन की कमान नहीं कर रहा हूँ या कुछ और कि मैं वहाँ जाऊँ।' तब उसने कहा कि 'क्या हुआ होता, यदि आप पाकिस्तान गए होते?'

मैंने कहा, 'मैं जीत गया होता और तुम्हें कोड़े लगवाता।' तो ये सब बातें मैंने उससे कहीं; लेकिन उसने वही लिखा, जो वह चाहती थी। तब जगजीवन राम ने प्रश्न पूछा था, हाँ। जब मैं वापस आया तब मैंने प्रधानमंत्री से पूछा, 'देखिए, आपने मेरे पक्ष में क्यों कुछ नहीं कहा?' उन्होंने कहा, 'आप मेरे बेटों को जानते हैं। दोनों मुझसे नाराज हैं।'

'आपने सैम को निराश क्यों किया?'

'लेकिन सैम, मैं सदन में कितने लोगों का पक्ष ले सकती हूँ?'*

एक महत्त्वपूर्ण बात यह है कि यह साक्षात्कार जनवरी 1973 के उत्तरार्ध में लिया गया था और प्रकाशित हुआ था; लेकिन सारा विवाद उस समय खड़ा किया गया, जब सैम ब्रिटिश सेना को देखने ब्रिटेन की यात्रा पर थे। पाठक यहाँ स्वयं इस बात का निष्कर्ष निकाल सकते हैं।

शायद अनेक घटनाओं के साथ ही ऐसा इसलिए किया गया, क्योंकि जगजीवन राम फील्ड मार्शल को पसंद नहीं करते थे। जगजीवन राम ने सेना में अनुसूचित जातियों के आरक्षण पर कार्यान्वयन नहीं होने का मुद्दा उठाया था। वह उन सभी जिम्मेदार व्यक्तियों से इसका लिखित कारण चाहते थे कि इतने महत्त्वपूर्ण नीति-निर्णय का अनुपालन क्यों नहीं किया गया? सेनाध्यक्ष होने के नाते सैम ने जवाब दिया था कि इस मामले में कार्रवाई की शुरुआत मुझसे ही की जाएगी, क्योंकि मैंने इस नीति-नियम का पालन नहीं किया, बल्कि इस विषय पर अपने पूर्वगों की कार्रवाई का समर्थन किया। रक्षा मंत्रालय द्वारा डराने-धमकाने के नीति-नियोजन के साथ ही इसे समाप्त कर दिया गया और फिर दोबारा इसके बारे में कुछ नहीं सुना गया। दूसरा कारण, जो दीपिंदर सिंह के द्वारा बताया गया, वह यह कि सैम ने जगजीवन राम द्वारा उन्हें राजनीति में आने का दिया गया सुझाव ठुकरा दिया था।

भारत लौटने पर विवादों पर उठाई जा रही टिप्पणियाँ जारी थीं और फील्ड मार्शल पर काफी दबाव बना हुआ था कि वह इन सब पर अपनी प्रतिक्रिया दें। दृढ़ विश्वासी होने के कारण कि संबंधित राजनीतिज्ञ मेरे पक्ष में सफाई अवश्य पेश करेंगे, उन्होंने प्रेस को अपना कोई वक्तव्य नहीं दिया। दुर्भाग्यवश उनकी आशा झुठला दी गई। उनका स्वभाव ऐसा नहीं था कि वह अपनी सफाई पेश करने किसी के पास

---

* 'क्वार्टर डेक, सोल्जर टॉक—एन इंटरव्यू विथ फील्ड मार्शल एस एच एफ जे मानेकशॉ', ई एस ए सी नौसेना मुख्यालय, नई दिल्ली, 1996, पृ. 11-12

जाते। उन्होंने अपनी गंभीरता और प्रतिष्ठा को संतुलित रखा, जब उन्हें विरोधी अपनी तरह से नीचा दिखाने में कोई कमी नहीं कर रहे थे।

इस अवधि में रक्षामंत्री श्री जगजीवन राम, जिन्होंने सदन में प्रश्न उठाया था फील्ड मार्शल के आचरण में दोष ढूँढ़ने के अवसर की ताक में थे। ब्रिटेन से लौटने के बाद नई दिल्ली स्थित नेशनल डिफेंस कॉलेज कोर्स के लेफ्टिनेंट जनरल एम एन बत्रा, जो अब इस संस्था के संचालक थे, ने फील्ड मार्शल को व्याख्यान के लिए आमंत्रित किया। इस बैठक को संबोधित करनेवाले सभी आमंत्रित वक्ताओं को यह आश्वासन दिया गया कि उनकी टिप्पणियाँ इस संस्था की चारदीवारी के अंदर ही रहेंगी। ऐसा इसलिए, क्योंकि उनमें से लगभग सभी सेना या राष्ट्रीय सुरक्षा के उच्च पदस्थ अधिकारी थे और कॉलेज की पाठ्यचर्चा के विषय पर वे इसके बिना योगदान नहीं दे सकते थे। इसके अलावा कॉलेज सभी राजनीतिक दलों के नेताओं को भी आमंत्रित करता था, ताकि इसके सदस्यों को राष्ट्र के बारे में संतुलित विचार मिल सकें। फील्ड मार्शल ने अपने ईमानदार विचार पाठ्यक्रम के सदस्यों के सामने रखे। जो भी हो, सदस्य क्या आशा लगाए रखते हैं, समझना कठिन था और यही कारण था कि वक्ता किसी भी बात का श्रेय न मिलने या गुमनामी के लिए आश्वस्त थे। अनेक सिविल सर्वेंट्स सहित गुप्तचर विभाग के बहुत से अधिकारी और कॉलेज के संकाय-शिक्षक के रूप में दो नौकरशाह उस पाठ्यक्रम के संभाषण में उपस्थित थे। उनमें से एक ने यहाँ प्रस्तुत किए गए व्याख्यानों को अपनी भाषा से अतिरंजित कर गलत तरीके से रिपोर्ट के रूप में मंत्रालय को भेज दिया।

रक्षा मंत्री इतने क्रुद्ध हुए कि उन्होंने रक्षा सचिव से कॉलेज में व्याख्यानों की लिखित प्रति मँगाने को कहा। रक्षा सचिव श्री के.बी. लाल ने कॉलेज के संचालक को फोन किया और कहा कि व्याख्यानों की लिखित प्रति के साथ आकर उनसे मिलें। जनरल बत्रा ने मुझे बताया कि वह रक्षा सचिव से मिले ओर विस्तार से चर्चा की। जनरल ने मंत्रालय को वास्तविक स्थिति से अवगत कराया और सभी विषयों के सापेक्ष में उनके सामने लाई गई सूचनाओं का एक-एक करके विश्लेषण किया तथा बताया कि कॉलेज के द्वारा ऐसी कोई लिखित प्रति नहीं रखी जाती; क्योंकि सामान्यतया वक्ता बिना किसी लिखित दस्तावेज के अपने विचार प्रकट करते हैं। व्याख्यानों के अंत में पाठ्यक्रम के सदस्यों द्वारा पूछे गए सवालों का जवाब आमंत्रित वक्ता को देना होता है। इन सभी गतिविधियों की वजह से अनेक बार देखा गया है कि आमंत्रित वक्ता, जो दूसरी बार बुलाए गए थे, ने बाद में अपने विचार बदल दिए।

यह घटना तो समाप्त हो गई, लेकिन इससे सिर्फ मंत्रीजी की मानसिकता की अभिव्यक्ति हुई।

मानेकशॉ दंपती ने 15 जुलाई, 1973 को दिल्ली छोड़ दी और अपने मित्र कावस पटेल की मदद से कुन्नूर में बनवाए गए अपने घर में आ गए। सन् 1973 के अंत में घर बनकर तैयार हुआ और वह यहाँ रहने के लिए आ गए। सन् 1974 के पहले के कुछ महीने तो उन्हें घर में स्थिर होने में लग गए। उसके बाद फील्ड मार्शल अपने शौक बागबानी, संगीत सुनने और पुस्तकें पढ़ने में अपना समय बिताने लगे। श्रीमती मानेकशॉ ने स्वयं को सामाजिक कार्यों में व्यस्त कर लिया। वे नीलगिरि में अल्प सुविधा प्राप्त तथा गरीब लोगों के लिए एक मुफ्त दवाखाना चलाने लगीं। उन्होंने स्टाफ कॉलेज की महिलाओं के साथ 'कार्ड सेशंस' और 'मा-जोंग' एवं 'कनास्ता' जारी रखा।

स्तवक—कन्नूर में मानेकशॉ का घर।

सन् 1974 में ब्रिटेन में रहनेवाले शिवदासानी ने फील्ड मार्शल को 'क्रैगमोर बागान' के अध्यक्ष पद का प्रस्ताव दिया। शिवदासानी मानव प्रबंधन और अन्य संसाधन प्रबंधन की समस्याओं से जूझ रहे थे। अभी तक उनके परिवार के द्वारा ही इस कंपनी की देख-रेख की जा रही थी। चूँकि फील्ड मार्शल के पास काफी समय था, इसलिए उन्होंने अपनी शर्तों पर यह पदभार स्वीकृत कर लिया। उन लोगों ने उन्हें कंपनी में

एक शेयर दिया और साथ ही अपने परिवार के निकट संबंधी को भी एक शेयर दिया, जो उस समय तक कंपनी को चला रहे थे। फील्ड मार्शल ने अपनी शैली में अधिकांश समस्याओं को सुलझाया। जैसे ही कंपनी की स्थिति बेहतर हो गई, उसके प्रशासन को और देखभाल की जरूरत नहीं रही। फील्ड मार्शल ने वहाँ समय देने की जरूरत महसूस नहीं की और इसलिए शिवदासानी द्वारा दिए गए शेयर उन्हें वापस कर कंपनी से इस्तीफा दे दिया। दूसरी तरफ, उनके संबंधी को शिवदासानी ने जो शेयर दिए थे, उन्हें लौटाने के एवज में वह उस शेयर की कीमत माँग रहे थे।

वह कभी चुपचाप नहीं बैठे रहे। सशस्त्र बल और सिविलियन संस्थान के आमंत्रण पर उन्होंने 'नेतृत्व' पर व्याख्यान देने की शुरुआत की। 17 अप्रैल, 1975 को वह 'द बॉम्बे बर्माह ट्रेडिंग कॉरपोरेशन लिमिटेड' के बोर्ड ऑफ डायरेक्टर्स में नियुक्त किए गए। जैसे ही उन्होंने यह प्रस्ताव स्वीकृत किया, अनेक व्यवसायों ने उन्हें निदेशक पद पर नियुक्त किया। कुछ कंपनियों के नाम आगे दिए गए हैं, जिसके निदेशक या अध्यक्ष पद को सैम ने स्वीकार किया—

ए.वी. थॉमस इंडस्ट्रियल प्रोडक्ट्स लिमिटेड	निदेशक
सिफको फाइनेंस लिमिटेड	निदेशक
फिंस फ्रोजेन फूड लिमिटेड	अध्यक्ष
फूड्स ऐंड इंस लिमिटेड	अध्यक्ष
गोइट्ज इंडिया लिमिटेड	निदेशक
इंडियन चार्ज क्रोम लिमिटेड	निदेशक
इंडियन मेटल्स ऐंड फेरो एलॉयज लिमिटेड	निदेशक
मुलर ऐंड फिप्स (इंडिया) लिमिटेड	अध्यक्ष
नागार्जुन एग्रो टेक लिमिटेड	अध्यक्ष
नागार्जुन फर्टिलाइजर्स ऐंड केमिकल्स लिमिटेड	अध्यक्ष
लीला लैंड्स (मलेशिया)	निदेशक
द बॉम्बे बर्माह ट्रेडिंग कॉरपोरेशन लिमिटेड	निदेशक
नॉर्थ बोर्नियो टिंबर्स बरहद, मलेशिया	निदेशक
ब्रिटेनिया इंडस्ट्रीज लिमिटेड	निदेशक
ईस्ट इंडिया होटल्स	निदेशक
इंडियन अल्यूमीनियम लिमिटेड	निदेशक
हैरिसंस मलयालम लिमिटेड	निदेशक
स्टीलेज इंडस्ट्रीज	अध्यक्ष
गुडलैस नेरोलैक पेंट्स लिमिटेड	निदेशक
नागार्जुन इन्वेस्टमेंट ट्रस्ट	निदेशक

एस्कॉर्ट्स ट्रांसमिशन	निदेशक
निकिताशा टेलीविजन लिमिटेड	निदेशक
जे के बैंक	निदेशक

नियुक्तियों की भीड़ को देखते हुए सैम को देश व विदेश में इन कंपनियों के कारखानों और इकाइयों के कार्यों को देखने के साथ ही निदेशकों/अध्यक्षों की बैठकों में शामिल होने के लिए हमेशा यात्रा करनी पड़ती थी। ईस्ट इंडिया होटल्स में सैम समिति के स्थायी सदस्य नियुक्त किए गए थे, जिन्हें इस संस्था के वरिष्ठ अधिकारियों और प्रबंधकों का चयन व नियुक्ति की जिम्मेदारी दी गई थी। उनका गहरा अनुभव इन सब चयनों से बेहतर ढंग से उपयोगी नहीं हो सकता था। इन सब कारणों से वह कुन्नूर में अधिक समय नहीं बिता पाते थे। उनके अनुसार, मुश्किल से 6 से 7 दिन वह घर में रह पाते थे।

एक बार जब मैं उनसे दिल्ली में मिला तो उन्होंने मुझे बताया कि श्रीमती मानेकशॉ शिकायत करती हैं, ''जब आप सेना में थे, तब मेरी ओर ज्यादा ध्यान देते थे।'' ऐसे ही एक बार मैं उनसे बंबई के ओबेरॉय होटल की लॉबी में मिला। मैं अपने दोस्तों के साथ वहाँ खाना खाने के लिए गया था। उन्होंने मुझे देखा और कहा, ''शुभी, तुम्हें मेरे दूसरे घर में देखकर मुझे बेहद खुशी हुई!'' जब मैंने उनके इस कथन का आशय पूछा तो उन्होंने कहा, ''मैं घर से ज्यादा समय ओबेरॉय होटल में बिताता हूँ।'' कंपनियों के निदेशक और अध्यक्ष पद पर उन्होंने व्यवसाय जगत् में काम करने का नया आयाम दिया था। किसी भी चीज को सतह पर जाकर देखने के बाद अपने विचारों को सटीक ढंग से बोर्ड की बैठकों में प्रस्तुत करना उनके स्वभाव में था। अपने अनुभवों का बड़ा महत्त्व था।

बॉम्बे ग्रुप ऑफ कंपनीज की परिसंपत्तियों का निरीक्षण करके जब वह एक बार मलेशिया से लौट रहे थे तब अपनी बेटी से मिलने सिंगापुर आए थे, जहाँ सिंगापुर के प्रधानमंत्री श्री ली क्वान यू ने उन्हें मिलने के लिए आमंत्रित किया। मैं जब दिल्ली में उनके लौट आने के बाद उनसे मिला, तब उन्होंने मुझे यह सब बताया था। उन्होंने कहा, ''इससे पहले कि मैं उनसे मिलता, मुझसे कहा गया कि वह अजनबी से ज्यादा देर तक नहीं मिलते। इसलिए मेरे लिए आधे घंटे के निश्चित समय से पहले ही मुझे वापस आना होगा। जैसे ही मैं उनके कार्यालय में गया और उनसे बातचीत की, उन्होंने मुझे वापस आने नहीं दिया। हमने साथ ही भोजन किया और लगभग तीन घंटे साथ में बिताए। हमने लगभग सभी मुद्दों पर बातचीत की और मुलाकात समाप्त होने पर उन्होंने मुझसे कहा कि मैं उनकी सेना को सिंगापुर में प्रशिक्षित करूँ। मैंने उनसे कहा कि मैंने भारत में दस लाख से अधिक सैनिकों की शक्तिशाली सेना का संचालन किया है और मेरे लिए इन सेनाओं का संचालन उपयुक्त नहीं होगा।''

जे के बैंक का निदेशक होने के कारण उन्होंने सभी बैठकों में उपस्थित होने का नियम बनाया था। यह वह समय था, जब जे के में आंतरिक समस्याओं के साथ ही विद्रोह भी चरम सीमा पर था। अधिकांश निदेशक कश्मीर आने की हिम्मत नहीं जुटा पाते थे। चूँकि मैं जम्मू हवाई अड्डे पर एक डिवीज़न की कमान कर रहा था, इसलिए मैंने जम्मू हवाई अड्डे के वी.आई.पी. परिसर में हुई ऐसी ही एक बैठक को देखा था। अध्यक्ष ने मुझसे प्रशंसनीय भाव से कहा था कि फील्ड मार्शल ही एक ऐसे निदेशक हैं, जिन्होंने कभी बोर्ड की बैठक को नजरअंदाज नहीं किया है। उन्होंने आगे कहा कि जे के में समस्याओं की वजह से निदेशकों को चिंतामुक्त रखने के लिए ये बैठकें हवाई अड्डे पर की जाती हैं। यहाँ तक कि इनमें से कोई भी पहले नहीं आता था। अनुशासन और उद्देश्य का भाव फील्ड मार्शल ने व्यावसायिक जगत् में जगाया, जिस पर अपने पत्र में श्री केशव महिंद्रा ने भी प्रकाश डाला है।

प्रशिक्षण द्वारा चार्टर्ड एकाउंटेंट बने विनोद बैद सन् 1997 में एक प्रसिद्ध मर्चेंट बैंकर बन गए थे। उनके समय में हमेशा अच्छा नहीं हुआ था। उन्होंने फील्ड मार्शल मानेकशॉ, एयर चीफ मार्शल एन सी सूरी, पूर्व सी.बी.आई. प्रमुख विजय करन, स्टॉक ब्रोकर विवेक महाजन और यूनाइटेड बैंक ऑफ इंडिया के के.एल. रॉय को निदेशक के रूप में अपनी कंपनी में ले लिया था। उनमें से सभी ने सन् 1997-98 में इस्तीफा दे दिया; लेकिन तब तक बैद ने उनके नामों का लाभ उठाकर नई कंपनियाँ बना ली थीं। उनके नाम की बदौलत विभिन्न राज्यों में लगभग 60 शाखाओं में बचत निधि इकट्ठी कर ली थी और इस धन को अन्य व्यवसायों में लगाया था। चूँकि सभी अकार्यकारी निदेशक थे, इसलिए कंपनी के प्रतिदिन के कार्यों व आर्थिक लेन-देन या व्यावसायिक व्यवहार में उनकी कोई भूमिका नहीं थी। विनोद बैद, जो प्रूडेंशियल कैपिटल मार्केट (पी.सी.एम.) के प्रबंधक थे, बैंक ऑफ राजस्थान से धन निकालने के जुर्म में कोलकाता जेल में बंद हुए।

जब लॉर्ड स्वराज पॉल ने 'एस्कॉर्ट' कंपनी, जिसके बोर्ड में फील्ड मार्शल एक निदेशक थे, को खरीदने के लिए बोली लगाई तो सरकार ने पूरे बोर्ड को बदलकर पुनः गठित करने का निर्णय लिया। कंपनी को अधिग्रहित करने के इस प्रयास के बारे में श्री मुराद अली बेग लिखते हैं, "उसी समय एल.आई.सी. सभी नौ निदेशकों को हटाने की माँग कर रही थी। वह 9 जून को एक विशिष्ट सामान्य सभा के लिए दबाव डाल रही थी। जैसा कि हम लोग अपेक्षा कर रहे थे कि बड़ी संख्या में शेयरधारक इसमें शामिल होंगे, इसलिए सीरी फोर्ट ऑडिटोरियम में इस बैठक का आयोजन किया गया था। इस ए.जी.एम. की कार्रवाई एक आश्चर्य के रूप में हमारे सामने आई और यह सरकार के लिए भी एक सदमे की तरह था, क्योंकि शेयरधारकों की बैठक ने सरकार पर प्रहार किया और सरकार द्वारा नामित व्यक्ति को अध्यक्ष पद सौंपने की आलोचना की। इस उद्देश्य में

अध्यक्ष का स्वार्थ निहित था। फील्ड मार्शल सैम मानेकशॉ भी निदेशक पद से बाहर किए जा रहे थे। उन्होंने एल.आई.सी. की समस्या को उजागर करते हुए एक जोरदार भाषण दिया, जो व्यापक रूप से सब जगह प्रकाशित किया गया।''

तब सरकार ने नए अध्यक्ष के रूप में श्री नायक को नियुक्त किया। जब यह घोषणा की गई तब फील्ड मार्शल ने चुटकी ली कि पहली बार किसी 'नायक' ने फील्ड मार्शल को विस्थापित किया है। भारतीय सेना में 'नायक' एक पद है, जो 'नॉन-कमीशंड अधिकारी' या 'कॉरपोरल' के समतुल्य होता है।

एक और रोचक घटना केंद्र सरकार के एक मंत्री की है, जब एक कंपनी विशेष को सरकारी नीति के बदले जाने कुछ फायदे हुए। जैसे ही यह महसूस किया गया, संबंधित मंत्री ने आधिकारिक फाइल पर हस्ताक्षर करने से पहले 2 करोड़ रुपए के हिस्से की माँग कर दी। फाइल मंत्रालय में कुछ-न-कुछ कारण बताकर इधर-उधर होती रही और मंत्रीजी ने हस्ताक्षर नहीं किए। यह विचार करते हुए कि निर्धारित समय समाप्त हो रहा है और इससे कंपनी की 'बैलेंस शीट' की 'बॉटम लाइन' पर बुरा प्रभाव पड़ेगा, बोर्ड ने निर्णय लिया कि वह कंपनी के हित में मध्यस्थता करने के लिए फील्ड मार्शल की मदद लें। सैम ने संबंधित सचिव और मंत्री से मिलने का समय निश्चित किया। जब सचिव से उन्होंने इस देरी का कारण पूछा तो सचिव ने मंत्रीजी की माँग के बारे में बताया। उन्होंने सचिव से फाइल ले ली और मंत्रीजी के पास उनके कार्यालय में हस्ताक्षर लेने को पहुँच गए। मंत्री महोदय ने कुछ कारण बताकर क्षमा माँगी और कहा कि वह बाद में हस्ताक्षर कर देंगे। सैम ने उन्हें उसी समय उस पर हस्ताक्षर करने को कहा और धमकी दी कि यदि आप अभी हस्ताक्षर नहीं करेंगे तो वह बाहर जाकर प्रेस को बुलाएँगे और बताएँगे कि मंत्रीजी हस्ताक्षर करने के लिए 2 करोड़ रुपए की माँग कर रहे हैं। जैसे ही मंत्रीजी ने यह सुना, तुरंत हस्ताक्षर कर दिए और तब सैम ने इसकी लिखित घोषणा के लिए सचिव को दे दिया। सचिव ने सैम से कहा, ''सर, यह काम केवल आप ही कर सकते थे। इस संबंध में सहायता के लिए आपका धन्यवाद!''

जब मैंने इसे अध्याय में शामिल करने का निर्णय लिया तो विभिन्न बोर्डों में साथ रहे फील्ड मार्शल के अनेक सहयोगियों से कंपनी तथा बोर्ड में उनके योगदान के बारे में विचार लिख भेजने को कहा। बॉम्बे ग्रुप ऑफ कंपनीज ने इस उद्देश्य की पूर्ति के लिए सभी बातों को बतानेवाले के रूप में एक वरिष्ठ सहयोगी को नियुक्त कर दिया था, जो मुझे सैम के निदेशक या अध्यक्ष पद पर कार्य करने के बारे में पूर्ण ब्योरा भेजते थे। महिंद्रा ऐंड महिंद्रा लिमिटेड के श्री केशव महिंद्रा से मुझे एक रोचक जानकारी मिली। मैं सोचता हूँ कि इन कंपनियों में काम करने के तरीके में फील्ड

मार्शल की गहरी अंतर्दृष्टि की झलक मिलती है, इसलिए इस पत्र को मैं यहाँ प्रस्तुत कर रहा हूँ—

28 अप्रैल, 2005

केशव महिंद्रा
अध्यक्ष

प्रिय मेजर जनरल सूद,

आपके पत्र के लिए अनेक धन्यवाद। मैं यह जानकर बहुत खुश हूँ, कि आप फील्ड मार्शल के बारे में एक पुस्तक लिख रहे हैं। उनसे मेरा व्यक्तिगत साथ कई वर्ष पहले से रहा है, जब वह व्यवसाय जगत् में आए भी नहीं थे। मैं इस बात के लिए जिम्मेदार हूँ कि मैंने सेवानिवृत्ति के बाद भी क्रियाशील रहने के लिए उन्हें कहा, क्योंकि खाली बैठना उनके स्वभाव में नहीं था। मैं बहुत खुश हूँ कि वह बोर्ड में अपना योगदान देने के लिए शामिल हो गए हैं। सैन्य शासन का अनुशासन भाव उन पर इस कदर हावी रहता है कि वह कभी भी किसी बैठक को नहीं भूलते हैं। यात्रा के दबाव के कारण उन्हें कई बार असुविधाएँ होती हैं। उन्होंने अपनी सेवा के द्वारा कई बोर्डों को समस्याओं से उबारकर कंपनी के द्वारा सही कार्य करने की दिशा में सही गतिविधियों से परिचित कराया। वह व्यवसाय के नट व बोल्ट में रुचि नहीं रखते थे वरन् अपने स्वभाव, अपनी योग्यता और अपने प्रशिक्षण का उपयोग कर व्यवसाय के बेहतर भविष्य के बारे में सोचते थे। मुझे फील्ड मार्शल के साथ अनेक कंपनियों के बोर्ड में काम करने का अवसर मिला। मैं उनका आदर और उनकी सराहना करता हूँ कि उन्होंने अपने मित्रों में मेरी गिनती की।

आशा करता हूँ, यह पर्याप्त होगा। मैं जब दिल्ली आऊँगा तो आपसे मिलने का अवसर निकालूँगा और यदि आप मुंबई आते हैं तो मुझे खबर करेंगे।

आदर सहित

आपका स्नेहिल
ह/-
केशब महिंद्रा

मेजर जनरल शुभी सूद
नई दिल्ली

इस पत्र में जो भी कहा गया, उसके अलावा व्यावसायिक बोर्ड प्रसिद्ध व्यक्तियों को बोर्ड में शामिल करना चाहता था। इसके अनेक लाभ थे। सबसे महत्त्वपूर्ण लाभ यह था कि सरकारी स्तर पर किसी विषय पर निर्णय लेने या सरकार को किसी बात के लिए तैयार करने में इन व्यक्तियों के द्वारा आसानी होती थी। फील्ड मार्शल सैम मानेकशॉ जैसे प्रतिष्ठित और लोकप्रिय व्यक्ति, जिनकी घर-घर में पैठ थी, के होने से लाभ खुद-ब-खुद संस्थानों तक चला आता था। उनकी ईमानदारी और कर्तव्य-निष्ठा से अनेक बेईमान और भ्रष्ट कार्य अपने आप कम होने लगे थे। मंत्रीजी से मुलाकात

का वर्णन ऊपर किया जा चुका है। यह हर कोई जानता था कि सैम के विचारों को जनता निर्विरोध स्वीकार करेगी, इसलिए मंत्रीजी ने चुपचाप उनकी माँग मान ली थी।

सन् 1977 में जब जनता पार्टी ने केंद्र में अपनी सरकार बनाई थी तो प्रधानमंत्री मोरारजी देसाई ने सैम को स्पोर्ट्स अथॉरिटी ऑफ इंडिया के अध्यक्ष पद का प्रस्ताव दिया। अपनी छोटी सी सेवा अवधि में ही सैम ने विभिन्न खेल संगठनों और उनके अंगों सहित सरकार को सहमत कर लिया कि अंतरराष्ट्रीय स्तर पर बने नियमों के अनुसार खेल समूह के लिए उपकरण और पोशाक होनी चाहिए। पहलवानों के लिए अंतरराष्ट्रीय अभ्यासों में जाने के लिए उपयुक्त समरूप पोशाक बनाई गई और श्रीमती विद्या स्टोक्स, जो वीमेंस हॉकी फेडरेशन की अध्यक्ष थीं, की देखरेख में स्त्रियों की हॉकी टीम को खेल के मैदान में सुंदर रूप दिया गया। सन् 1996 में प्रधानमंत्री पी.वी. नरसिम्हा राव ने सैम को भारतीय रेड क्रॉस के बोर्ड में शामिल होने का आमंत्रण दिया। स्वास्थ्य मंत्री, जो इस बोर्ड की अध्यक्षता करते थे, ने एक सभा बुलाकर यह घोषणा की कि अगली बैठक सितंबर में होगी। पर यह बैठक आज तक नहीं हो सकी।

सन् 1979 में सैम को रॉयल नेपाल आर्मी द्वारा नेपाल की यात्रा का आमंत्रण भेजा गया। नेपाल के राजा महेंद्र ने फील्ड मार्शल को भारतीय सेना की सहायता से गोरखा राइफल्स और पेंशनभोगियों के लिए किए गए कार्यों के लिए 'त्रि शक्ति पट्टा' से सम्मानित किया।

फील्ड मार्शल निरंतर उनकी मदद में लगे रहे, जिन्हें उनकी मदद चाहिए होती थी। मैं स्वयं से संबंधित एक घटना का वर्णन इस बात की पुष्टि के लिए यहाँ करता हूँ। जब उनके साथ मैं सेवारत था, तब मुझे आश्वासन दिया गया था कि जब मेरी बारी आएगी तब मैं अपनी बटालियन 4/8 गोरखा राइफल्स की कमान करूँगा। स्टाफ कॉलेज कोर्स को पूरा कर लौटने के बाद मुझे मेरी बटालियन में नियुक्त किया गया, ताकि मैं अपनी कमान रिपोर्ट प्राप्त कर सकूँ। जब जनरल रैना सेनाध्यक्ष नियुक्त किए गए तो उन्होंने एक आदेश जारी किया कि दो कमान रिपोर्ट्स का मतलब है, बटालियन में लगातार कम-से-कम 20 महीने बिताना। यह अवधि बिलकुल पूरी हो गई थी, क्योंकि सभी अधिकारी दो महीने की छुट्टी के हकदार थे और चूँकि दो रिपोर्ट्स दो वर्ष में पूरी होनी थीं, इसलिए यूनिट को 20 महीने उपस्थिति बनानी आवश्यक थी। वहाँ ऐसे भी थे जिन्होंने दो रिपोर्ट बनवाईं और आरामदेह कर्मचारी सेवा के लिए रेजीमेंट की नौकरी छोड़ दी। इस प्रकार अपनी सुविधा के अनुसार और लाभ के लिए व्यवस्था में जोड़-तोड़ किया जाता था। इन शर्तों को पूरा करने के लिए अधिकारियों को अनेक पैरामीटर से गुजरना होता था। मैं उस पैरामीटर से होकर नहीं गया।

जिस बटालियन में मैंने 29 महीने गुजारे, उससे निकालकर मुझे पूर्वी क्षेत्र में

स्टाफ कार्यों के लिए नियुक्त कर दिया गया। इस सेवाकाल को पूरा करने के बाद मुझे मेरी यूनिट में वापस भेज दिया गया। इसी प्रकार की नियुक्ति के आदेश मेरे सी ओ के लिए भी दिए गए। यह तकनीकी कारण से भी नहीं होना चाहिए। मुझे पदोन्नति नहीं दी गई। जो भी हो, मेरे सी ओ चले गए और मैं कार्यवाहक सी ओ बन गया। सी ओ के रूप में कार्य मैं कर रहा था। उसी समय बटालियन ने रेजीमेंट स्टाफ के कर्नल के स्टाफ अधिकारी का एक पत्र प्राप्त किया, जिसमें लिखा था—'मैं सूचना देता हूँ कि इस रेजीमेंट के कर्नल के साथ चौथी बटालियन का कोई बैटमैन नहीं है।' मैं इस पत्र के आग्रह और इसकी भाषा से हैरान था। मैंने जवाब दिया कि संभवत: यह नजरअंदाजी का मामला था। जो भी हो, इस रेजीमेंट के अंतिम कर्नल की चार साल तक विभिन्न प्रकार से सेवा करते हुए भी मैं इन नीतियों को नहीं जान सका। कल्पना करें उन सिख या राजपूत जैसी रेजीमेंट की, जिनमें 20 बटालियन थे। किसी भी कारणवश कर्नल से कोई आग्रह नहीं किया गया। एक उपयुक्त आदमी को वहाँ भेज दिया गया। जब भी सैम को किसी सेवक की जरूरत होती, वे बटालियन के सी ओ को स्वयं लिखते थे या अपनी तरफ से किसी कर्मचारी से लिखवाते थे।

मेरे विचार से, यह बिलकुल तय था कि यह कर्नल को खुश करने के लिए स्टाफ ऑफीसर द्वारा खेला गया कोई खेल था। वास्तव में, यह ऐसा नहीं था और कर्नल की तरफ से यह आग्रह किया गया था और मेरे पत्र को जिसके सामने रखा गया था और जिसने जवाब दिया, ''मेरे प्रिय कार्रवाई सी ओ, आपके पत्र के बारे में··· मैं केवल आग्रह कर सकता हूँ कि जैसे ही स्थायी जिम्मेदार अधिकारी यहाँ पहुँचते हैं, उन्हें मुझसे मिलते रहने के लिए कहा जाए। आपका···स्नेहाकांक्षी···'' 2/8 जी आर से एक अधिकारी, जो 3/8 जी आर की सूची में नामित था, सन् 1978 में उसकी सी ओ के रूप में नियुक्ति की गई और मुझे अपनी बटालियन की कमान से मेहरुम रखा गया। मेरे कुछ शुभचिंतकों ने मुझे सूचित किया कि मेरा नाम रेजीमेंट के कर्नल द्वारा अन्य रेजीमेंट के लिए प्रस्तावित किया गया था, क्योंकि वहाँ कमान शक्ति की कमी थी।

3 नवंबर, 1978 को मुझे कमान के लिए स्वीकृति मिली। एम एस शाखा से जैसे ही मुझे इस आदेश की प्राप्ति हुई, मैंने फील्ड मार्शल को घटना की पूरी लिखित जानकारी दी। मैंने उन्हें यह भी विस्तार से लिखा कि 1/8 गोरखा राइफल्स के अलावा रेजीमेंट की सभी बटालियन को अपने मूल अधिकारी स्वीकृत कर दिए गए और वे बटालियन का पदभार ग्रहण करने की प्रतीक्षा में हैं। हो सकता है, मुझे मिली सूचना गलत हो, तो मैं असम राइफल्स बटालियन को कमान करने के लिए अपनी सेवा का योगदान करूँ, यदि मैं सही हूँ तो मेरा नाम 1/8 जी आर को कमान करने के लिए चुना जाए।

उन्होंने सेना प्रमुख को लिखा और उसकी एक प्रति मुझे भेज दी, साथ ही एक

नोट में यह भी लिखा—"शुभी, मैंने कर दिया।" उस पत्र में उन्होंने जनरल ओ पी मल्होत्रा, जो तब सेनाध्यक्ष थे, को लिखा था, "मेरे पूर्व ए डी सी मेजर शुभी सूद के साथ बहुत अन्याय किया जा रहा है।" सेनाध्यक्ष ने तुरंत उन्हें सूचित किया कि मुझे 1/8 गोरखा राइफल्स में स्थानांतरित कर दिया गया और अब मुझे अपनी रेजीमेंट से बाहर नहीं भेजा जाएगा। फील्ड मार्शल ने अपने पत्र द्वारा यह जानकारी मुझे दी। यदि उन्होंने हस्तक्षेप नहीं किया होता तो महज एक वरिष्ठ अधिकारी के झूठे अभिमान की वजह से एक बड़ा अन्याय कर दिया जाता। मुझे याद है, फील्ड मार्शल हमेशा कहा करते थे, "सभी को यह अवश्य सीखना चाहिए कि कोई ऊँचा पद पाकर स्वयं को सदाशयता में भी ऊँचा करना चाहिए।" मैं आश्चर्यचकित था कि सभी वरिष्ठ अधिकारी क्यों नहीं इस पाठ को अपने मन, कर्म और वचन में ढाल सकते।

जनरल करिअप्पा को सरकार द्वारा 'मानद फील्ड मार्शल' का पद दिए जाने को पदाधिकारियों के बीच स्वीकारा नहीं जा रहा था। इस मनोभ्रम की ओर सैम ने संकेत किया और तब सरकार ने तुरंत 'मानद' शब्द को वापस ले लिया। सैम ने उनसे कहा था, "फील्ड मार्शल सृजित किए जाते हैं, न कि नियुक्त किए जाते हैं। यदि वे सृजित किए जाते हैं तो 'मानद' नहीं हो सकते।"

27 फरवरी, 2004 को नई दिल्ली में इंदिरा गांधी राष्ट्रीय मुक्त विश्वविद्यालय के द्वारा फील्ड मार्शल सैम मानेकशॉ, एम सी के साथ बहरीन के प्रधानमंत्री शेख खलीफा-बिन-सलमान अल-खलीफा को 'ऑननेरी डॉक्टर ऑफ लेटर्स' के सम्मान से नवाजा गया। दीक्षांत समारोह के दौरान सम्मान प्राप्त व्यक्ति को 'पीले या सुनहरे रंग' का लबादा पहनना पड़ता था, जो इस मानद उपाधि के साथ दिया जाता था। इस मानद उपाधि को ग्रहण करते समय फील्ड मार्शल ने अपने संभाषण में कहा कि "मैं यह महत्त्वपूर्ण सम्मान सिर्फ इसलिए ग्रहण कर रहा हूँ, क्योंकि मैं इसे स्थापित करनेवाली श्रीमती इंदिरा गांधी का बहुत आदर करता हूँ।" समारोह के बाद जब महत्त्वपूर्ण व्यक्तियों के साथ वह चाय पी रहे थे तब उन्होंने उपकुलपति के साथ हास-परिहास करते हुए कहा कि एक सैनिक को 'पीला लबादा' देने का अर्थ होता है—उसका अपमान करना, क्योंकि सेना के लिए पीला वस्त्र कायरता का प्रतीक है। कुलपति ने क्षमासूचक व्यवहार किया! 'द ट्रिब्यून' के लिए जब इस घटना को समाचार के रूप में तैयार किया जा रहा था तब उसमें लिखा गया कि 'संभवत: यह पहली बार ऐसा हुआ है कि अपनी तीक्ष्ण बुद्धि और तीव्र निर्णय क्षमता के लिए जाने जानेवाले फील्ड मार्शल मानेकशॉ इस दुविधा में हैं कि वह स्वयं को फील्ड मार्शल डॉ. सैम मानेकशॉ कहें या डॉ. फील्ड मार्शल सैम मानेकशॉ?'

सन् 1982 की शुरुआत में फील्ड मार्शल को इंदौर के लॉयंस क्लब ने आमंत्रित किया। महू के कॉलेज ऑफ कॉम्बेट में होने के कारण मुझे उनका संपर्क अधिकारी

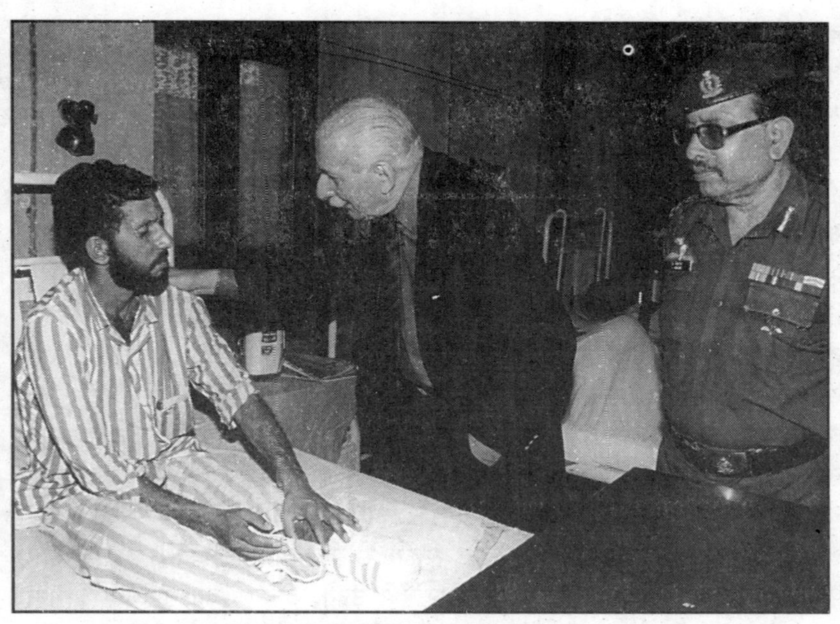

दिल्ली के सैनिक अस्तपाल में कारगिल युद्ध में घायल सैनिकों से मिलते हुए।

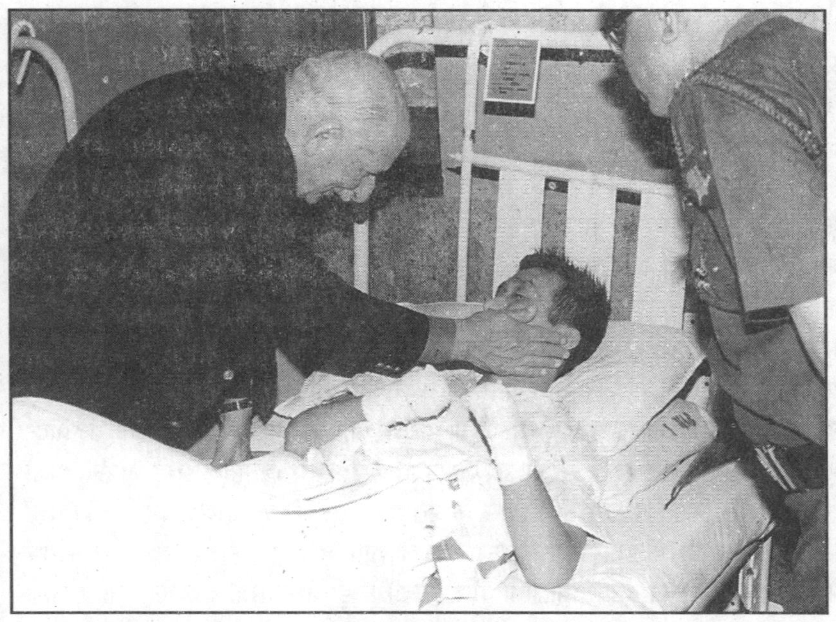

दिल्ली के सैनिक अस्पताल में कारगिल युद्ध में घायल सैनिक को स्नेह से थपथपाते हुए।

बनाया गया और इस बारे में विस्तृत जानकारी दी गई। इस संस्था ने बहुत बड़े हाल की व्यवस्था की थी, जो लोगों से खचाखच भरा था। वक्ता के परिचय को छोड़कर सभी बातें हिंदी और 'हिंग्लिश' में की गईं। फील्ड मार्शल ने उपस्थित जन-समुदाय को अंग्रेजी में संबोधित किया। जब मंच पर प्रश्नोत्तर काल की घोषणा की गई, तब श्रोताओं में से एक ने फील्ड मार्शल से पूछा, "आपने हिंदी में भाषण क्यों नहीं दिया, जो हमारी राष्ट्रभाषा है? क्या आपको हिंदी बोलने में संकोच होता है?" अंतिम वाक्य उनके चेहरे पर फेंकी गई आपत्तिजनक मुसकान की तरह था। फील्ड मार्शल ने तुरंत हिंदुस्तानी में जवाब दिया, "आपने अपनी जुबान को बहुत मुश्किल बना दिया है। हमारे समय में स्कूल को 'इस्कूल' बोलते थे, अब आप 'पाठशाला' बुलाते हो। ऐसे ही टेलीफोन को 'टेलीफून' बोलते थे, अब आप उसे 'दूरभाष' बुलाते हैं। अब अगर आपसे बात करने के लिए मुझे फिर से स्कूल में जाना पड़े तो यह इस उम्र में संभव नहीं है।" सभी श्रोताओं ने जोरदार तालियाँ बजाईं। जिस व्यक्ति ने वह प्रश्न किया था, उन्होंने क्षमा माँगी और खाने की मेज तक क्षमा माँगते रहे।

फील्ड मार्शल सैम मानेकशॉ ने सरकार से किसी भी राजकीय या शासकीय पद का प्रस्ताव स्वीकार नहीं किया। प्रधानमंत्री उनके अनुभव का उपयोग विभिन्न अवसरों पर राष्ट्रीय सुरक्षा मामलों में लिया करते थे। सितंबर 1993 में सरदार स्वर्ण सिंह के साथ सैम श्रीनगर के राज्यपाल से मिलकर वहाँ की स्थिति का जायजा लेने गए। जनरल के वी कृष्ण राव, जो वहाँ के राज्यपाल थे, से मिलने के बाद उन्होंने प्रधानमंत्री नरसिम्हा राव को सूचित किया कि जम्मू व कश्मीर के राज्यपाल की कुरसी पर कृष्णराव सही व उपयुक्त व्यक्ति हैं और वे राष्ट्र की सुरक्षा के हित में सभी आवश्यक कदम उठाएँगे।

अमृतसर के स्वर्ण मंदिर में 'ऑपरेशन ब्लू स्टार' में सरकार के लिए कुछ फैसलों के परिणामस्वरूप सांप्रदायिक संबंधों में अच्छे संकेत सामने नहीं आए। अविश्वास का वातावरण चारों ओर व्याप्त था। ऐसे में भारत सरकार के किसी महत्त्वपूर्ण व्यक्ति का हस्तक्षेप आवश्यक था, इसलिए एस.जी.पी.सी. ने फील्ड मार्शल मानेकशॉ को समस्याओं पर चर्चा करने के लिए अमृतसर बुलाया। जब वर्ष 1985-86 में सैम को यह आमंत्रण मिला तो उन्होंने प्रधानमंत्री श्री राजीव गांधी से बात की। प्रधानमंत्री ने उन्हें मिलने के लिए बुलाया। पूरा गांधी परिवार फील्ड मार्शल के प्रति गहरा आदर भाव रखता था। उन दिनों सुरक्षा को ध्यान में रखते हुए आगंतुकों को अपनी गाड़ी रेसकोर्स रोड स्थित प्रधानमंत्री निवास के स्वागत कक्ष में ही छोड़नी पड़ती थी। वहाँ से वे दूसरी गाड़ी में प्रधानमंत्री निवास तक ले जाए जाते थे। फील्ड मार्शल के संदर्भ में इन प्रक्रियाओं को हटा दिया गया और उनकी गाड़ी प्रधानमंत्री कार्यालय के दरवाजे पर जाकर रुकी।

इस मुलाकात के दौरान सैम ने उस आमंत्रण के बारे में बताया और कहा कि यदि प्रधानमंत्री नहीं चाहते हैं तो वह कोई बहाना बनाकर रुक जाएँगे। इस पर प्रधानमंत्री ने कहा कि हम चाहते हैं कि आप वहाँ जाएँ और उनकी समस्याओं को सुनकर वापस आएँ; क्योंकि वहाँ से जितनी सूचनाएँ मिलनी चाहिए, नहीं मिल रही हैं। सैम एस.जी.पी.सी. के आमंत्रण पर गए, उनकी समस्याएँ और सलाह सुनीं।

वहाँ से लौटने पर सैम ने प्रधानमंत्री को पूरी जानकारी दी। उनमें से एक समस्या जो उन्होंने उठाई, वह यह थी कि पंजाब के सशस्त्र बल में बहुत कम सिख अधिकारियों को तैनात किया गया था। वास्तव में इस मुद्‌दे पर कुछ ठोस परिवर्तन लाने होंगे। सैम ने प्रधानमंत्री से कहा कि सेना इन सब विचारों से परे है और ये नीतियाँ सेना की एकता को चोट पहुँचाएँगी। प्रधानमंत्री ने आश्वासन दिया कि ऐसी कोई नीतियाँ नहीं निर्गत की गई हैं और चूँकि यह बात उनके सामने अब आई है तो वह कुछ-न-कुछ करेंगे। इस मुलाकात के कुछ दिनों बाद ही प्रधानमंत्री ने आदेश पारित किए और समस्या का उचित समाधान कर दिया गया। प्रधानमंत्री के साथ अन्य मसलों पर भी चर्चा हुई थी, जिस पर नजर रखी गई। सिखों के उच्च पदस्थ लोगों द्वारा फील्ड मार्शल में जो विश्वास दिखाया गया था, वह बिना किसी संदेह के सार्थक सिद्ध हुआ।

22 फरवरी, 1947 को फील्ड मार्शल सैम मानेकशॉ के द्वारा वरिष्ठ नागरिकों के लिए राजस्थान में एक 'वरिष्ठ नागरिक केंद्र', 'अनंत भंडारी दिवस केंद्र' का औपचारिक समर्पण किया गया। यह केंद्र विशेष रूप से योग, ध्यान, संगीत, आध्यात्मिक, शैक्षिक आदि जरूरतों को पूरा करता था। यह 15 नवंबर, 1996 से पूर्णरूपेण कार्य करने लगा। कोई भी व्यक्ति, जो साठ वर्ष से अधिक आयु का हो, इसका आजीवन सदस्य बन सकता था।

नवंबर 1997 में राजस्थान राज्य सरकार ने फील्ड मार्शल और एडमिरल (सेवानिवृत्त) शेखावत को जो भारतीय नौसेना में थे, उदयपुर के निकट 'हल्दीघाटी' में 'राणा प्रताप सम्मान' से सम्मानित करने की घोषणा की। इस पुरस्कार में 1 लाख 25 हजार रुपए देश की अमूल्य सेवा के लिए उनकी पहचान के रूप में दिए जाते थे। इस उद्‌देश्य के लिए आयोजित समारोह में यह राशि मुख्यमंत्री ने प्रदान की। चूँकि उस समय मैं जोधपुर में तैनात था, इसलिए इस समारोह में उपस्थित होने के लिए उन्होंने मुझे भी बुलाया।

सेना के बाद के दिनों में फील्ड मार्शल ने स्वयं को व्यावसायिक जगत् और विश्व के शैक्षिक व व्यावसायिक संस्थानों में व्याख्यान देने के लिए की गई यात्राओं में व्यस्त रखा। उन्हें अनेक प्रतिष्ठित शैक्षणिक एवं व्यावसायिक संस्थानों से विभिन्न विषयों पर चर्चा के लिए आमंत्रित किया जाता था। जहाँ तक सेना से संबंध था, उन्हें

डिफेंस सर्विस स्टाफ कॉलेज, वेलिंगटन और कॉलेज ऑफ कॉम्बेट, महू में अतिथि व्याख्याता के रूप में नियमित रूप से बुलाया जाता रहा। कारगिल युद्ध के बाद तत्कालीन थल सेना प्रमुख ने सैन्य अस्पताल आकर जख्मी सैनिकों का उत्साह बढ़ाने के लिए विशेष रूप से फील्ड मार्शल को बुलाया। जब वह जख्मी सैनिकों से मिल रहे थे तो उनमें से एक दर्द से कुछ ज्यादा ही कराह रहा था। फील्ड मार्शल ने उससे पूछा कि तुमने कितनी गोलियाँ खाई हैं? सिपाही ने कहा कि एक। सैम ने अपनी कमीज खोलकर उसे अपने शरीर पर नौ गोलियों के जख्मों के निशान दिखाए और कहा कि नौ गोलियाँ खाकर भी उन्होंने शोर नहीं किया, जैसा कि तुम कर रहे हो। यह देखकर वह सिपाही सकपका गया और कराहना बंद कर दिया।

हालाँकि सैम सक्रिय सेवा में नहीं थे, लेकिन सेना में अनेक विकास कार्यों के वह संपर्क में रहे। अनेक सेवारत व सेवानिवृत्त सैनिकों को विभिन्न विषयों में उनकी मदद की जरूरत होती थी और वह हमेशा उनकी तरफ से हस्तक्षेप कर उनकी मदद करते थे। सन् 2006 में बानवे वर्ष की उम्र पूरी होने के बाद भी फील्ड मार्शल हमेशा प्रसन्नचित्त रहते थे और जहाँ भी जाते, भीड़ उनके पीछे हो लेती थी। महिलओं के प्रति उनका आकर्षण ज्यों-का-त्यों था, और सामान्यत: उनके इर्द-गिर्द स्त्रियाँ अनुराग दिखाती नजर आती थीं। कुछ समय पहले तक सैम अनेक बोर्डों की बैठकों में शामिल होते रहे, जहाँ वह निदेशक थे। हालाँकि अब तक उनकी सक्रियता मंद हो गई थी, लेकिन वह कुछ चुनी हुई कंपनियों के बोर्ड की बैठकों में शामिल होते थे। उन्हें अपनी व्यस्तता की वजह से कुछ कंपनियों से इस्तीफा देना पड़ा, ताकि अपने कुछ कार्यों के साथ वह न्याय कर सकें। यह कहना आवश्यक नहीं कि कंपनियाँ अभी भी विभिन्न मुद्दों पर उनकी आवश्यकता महसूस करती थीं।

वर्ष 2002 में 60 वर्ष से अधिक समय तक उनकी जीवन संगिनी रही सिल्लू का देहांत हो गया। इससे जो खालीपन सैम की जिंदगी में आ गया था, उसे तो नहीं भरा जा सकता था, लेकिन उनकी बेटियाँ माया और शेरी जब भी समय पाती थीं, उनके साथ कुन्नूर में समय बिताने आ जाया करती थीं। वे भी हमेशा चेन्नई और दिल्ली आया-जाया करते थे, जहाँ उनकी बेटियाँ और दामाद रहा करते थे। उनके नाती-नातिनें जब भी भारत में होते, उनसे मिलने आते और उनकी कहानियाँ बड़े चाव से सुनते।

फील्ड मार्शल हमेशा सेना के एक प्रिय नेता के रूप में रहे। वह अपनी भावी पीढ़ियों के द्वारा उस निर्णायक जीत के लिए हमेशा याद किए जाएँगे, जो भारतीय सेना ने उनके नेतृत्व में सन् 1971 में ढाका में हासिल की थी। यह शायद चंद्रगुप्त मौर्य की 2500 ईसा पूर्व हासिल जीत के बाद पहली जीत थी।

□

नेतृत्व : मानेकशॉ की शैली

''सर्वोत्तम व्यक्तियों के तीन गुण होते हैं—सच्चरित्र होने के कारण वे चिंताओं से मुक्त होते हैं; बुद्धिमान होने के कारण वे घबराहट व परेशानी से मुक्त होते हैं; बहादुर होने के कारण वे निर्भय होते हैं।''

—कन्फ्यूशियस

प्रधानमंत्री ने कुछ नहीं कहा। उनका चेहरा लाल हो गया था। उन्होंने कहा, ''अच्छा, कैबिनेट में चार बजे मिलेंगे।''

सभी लोग चले गए। सबसे कनिष्ठ होने के कारण मुझे सबके बाद में जाना था। मैं उनकी तरफ देखकर मुसकराया।

''चीफ, बैठ जाइए।''

और तब मैंने कहा, ''प्रधानमंत्रीजी, इससे पहले कि आप अपना मुँह खोलें, क्या आप शारीरिक या मानसिक अस्वस्थता के कारण मेरा इस्तीफा देना पसंद करेंगी?''

उन्होंने कहा, ''ओह, बैठ जाइए, सैम। आपने जो कुछ भी कहा, क्या वह सब सत्य है?''

''हाँ, देखिए, युद्ध करना मेरा काम है। मेरा काम है जीतने के लिए लड़ना। क्या आप तैयार हैं? मैं निश्चित रूप से तैयार नहीं हूँ। आप अंदर से पूरी तरह तैयार हैं? अंतरराष्ट्रीय तौर पर आप पूरी तरह तैयार हैं? मुझे ऐसा नहीं लगता। मैं जानता हूँ, आप क्या चाहती हैं। मैं वह अवश्य करूँगा; लेकिन अपने समय एवं मरजी से और मैं शत-प्रतिशत सफलता का दावा करता हूँ। लेकिन मैं एक बात एकदम स्पष्ट करना चाहता हूँ कि वहाँ सिर्फ और सिर्फ एक कमांडर होगा। मुझे कोई फर्क नहीं पड़ता, मैं बी.एस.एफ. के अधीन, सी.आर.पी.एफ. के अधीन, आप जिसे चाहें, उसके अधीन काम कर सकता हूँ। कोई रूसी मुझे नहीं बताएगा कि क्या करना है। और मुझे निर्देश देने वाला एक ही राजनीतिक बॉस होना चाहिए। मैं नहीं चाहता कि मुझे शरणार्थी मंत्रालय, गृह मंत्रालय या

रक्षा मंत्रालय— सब निर्देश दें। अब आप अपना मन बना लें।''

उन्होंने कहा, ''ठीक है सैम, कोई भी हस्तक्षेप नहीं करेगा। केवल आप एक कमांडर होंगे।''

''धन्यवाद, मैं सफलता की गारंटी देता हूँ।''

नेतृत्व एक आदर्श, सिद्धांत, विश्वास, सत्य, ईमानदारी और निष्ठा का मिश्रित रूप है। नेतृत्व विश्वास और निस्स्वार्थ-भाव का प्रदर्शन है।

नेतृत्व की अवधारणा, सदियों में विकसित हुई है। यह लोगों पर नियंत्रण करने के विभिन्न तरीकों से निसृत है। जहाँ किसी समय में यह शक्ति के रूप में प्रयुक्त होती है, वहीं किसी समय में यह तर्क-वितर्क और समझदारी पर निर्भर करती है। जैसे-जैसे समाज सभ्य होता गया, उचित संसाधनों के द्वारा समझाने-बुझाने की क्षमता, अपने दावों को शक्तिशाली बनाने की योग्यता—इसका महत्त्वपूर्ण पैमाना बन गया। भारतीय सेना में अंग्रेजों द्वारा चलाए गए तरीके, विशेष रूप से 'स्वतंत्रता के प्रथम युद्ध' के बाद, जन्म की परिस्थितियाँ, ज़मीन और धन, सभी नेतृत्व के प्राथमिक निर्धारक तत्त्व बन गए थे। समाज में बदलाव आने और तकनीकों के जड़ पकड़ने के साथ, व्यापक रूप से सामाजिक-आर्थिक बदलाव की अभिव्यक्ति हो रही थी। रहन-सहन के स्तर में तीव्र गति से बदलाव हो रहा था, जीवन-शैली उन्नत हो रही थी, समाज आरामदायक कार्यों/व्यवसायों के साथ अधिक धन कमाना चाहता था। इस सबके लिए अद्‍भुत प्रायोगिक क्षमतावाले नेता की आवश्यकता थी, जो सशस्त्र सेना का नेतृत्व कर सके। इसका मतलब था कि प्रशिक्षण-वास्तविकताओं की पहचान हो सके। सभी नेता पहले मनुष्य हैं। इसलिए नेतृत्व के लक्षण में मानवीय गुण दिखाते हैं, जो अन्य व्यक्तियों के सहयोग तथा आदर पाने में, अमूल्य होते हैं। नेतृत्व व्यक्तिगत कार्य है, क्योंकि सभी नेताओं में एक जैसा स्वभाव व गुण निहित नहीं होता।

जीवन के विभिन्न क्षेत्रों में नेता अपनी तरह का नेतृत्व करते हैं। कोई शब्दाडंबरपूर्ण, दिखावटी है तो कोई अंतर्मुखी और कितनों के पास तो अपनी कोई शैली ही नहीं होती है। उनकी कार्य-प्रणाली जो भी हो, सब में एक समानता होती है और वह है कि वे अपने-अपने चुने हुए क्षेत्रों में एक विशिष्ट छाप छोड़ते हैं। सशस्त्र सेना में नेता नियुक्त किए जाते थे, न कि वे प्रकट होते थे। यह तानाशाही प्रवृत्ति को बढ़ावा देती है। जहाँ सैन्य नेतृत्व में तानाशाही उसका एक हिस्सा होता है, वहीं विभिन्न नेता समस्याओं को विभिन्न तरीके से सुलझाते हैं। परिपक्व/प्रौढ़ नेता आत्मविश्वासी, समझदार, संवेदनशील और अपने आदेशों को बलात् पालन करने या करवाने से घृणा करनेवाले होते हैं। यह नहीं कहा जा सकता कि वे अपनी सोच

से प्रजातांत्रिक होते हैं, संचालन कार्य या अपने संचालन को बलपूर्वक मनवाने में अयोग्य होते हैं। वे अपने संचालन के लिए सम्मान अर्जित करना जानते हैं, वे स्वयं का उदाहरण पेश कर नेतृत्व करते हैं। ऐसे नेता व्यक्तिगत चमत्कारों से नेतृत्व करते हैं। सैम मानेकशॉ ऐसे ही नेता थे।

नेताओं के उच्च स्तर पर उनकी 'मौखिक प्रतिष्ठा' महत्त्वपूर्ण भूमिका निभाती है। प्रतिष्ठा विभिन्न स्तर के लोगों के साथ सामंजस्य से, वर्षों की मेहनत से अर्जित की जाती है और व्यावसायिक तथा अन्य मानवीय गुणों की कसौटी पर परखी जाती है। यहाँ विभिन्न कार्यों में नेता की विशेषता उसके स्वतंत्र सत्तात्मक योगदान के द्वारा देखी जाती है। मानेकशॉ जैसे कुछ नेता ही भाग्यशाली होते हैं, क्योंकि उन्हें अपेक्षाकृत कम उम्र में ही महत्त्वपूर्ण अवसर प्राप्त होते हैं, जहाँ उन्हें उनकी योग्यता सिद्ध करनी होती है और उस समय उन्हें यह अवसर मिला, क्योंकि उस वक्त सेना को पुनः संयोजित और संगठित किया जा रहा था। जहाँ कुछ प्रशंसक होते हैं, वहीं कुछ शत्रुता भी दिखाते हैं; क्योंकि वातावरण के विकास में एक तीव्र प्रतियोगी भावना और दबाव होता है। इसलिए संतुलन आवश्यक होता है। और इसी समय नेतृत्व के गुण नेताओं के द्वारा प्रदर्शित किए जाते हैं, जिससे उस व्यक्ति का मूल्य आँका जाता है, उसके गुण पहचाने जाते हैं। ये गुण क्या हैं?

सुकरात (470-399 ई.पू.) ने संभवतः पहली बार नेता के गुण गिनाए। उनका कहना था, ''जनरल को यह जानकारी अवश्य होनी चाहिए कि वह अपनी सेना के लिए राशन व युद्ध के लिए आवश्यक भंडारण कैसे जुटाएगा। उसमें योजना बनाने की कल्पना-शक्ति, प्रायोगिक बुद्धि और ऊर्जा होनी चाहिए, ताकि वह सारी चीजों को सूक्ष्मतः से देख सके। उसे एक निरीक्षक, अथक, युक्तिशील, दयालु व कठोर, सरल व चालाक, एक पहरेदार एवं लुटेरा, स्नेहिल व रहस्यमय, उदार और कंजूस तथा दुःसाहसी एवं अनुदार होना चाहिए। ये सभी और अन्य स्वाभाविक तथा अपनाए गए गुण उसमें होने चाहिए। उसे युक्तियों की अच्छी जानकारी होनी चाहिए क्योंकि किसी असंगठित भीड़ में और मकान में इकट्ठी की गई भवन सामग्री में कोई फर्क नहीं होता।''

भारतीय सेना के 'जनरल स्टाफ पब्लिकेशन-1976' में 'नेतृत्व' की रूपरेखा दी गई है कि नेता के प्रमुख गुण हैं—सजगता, सहनशीलता, निर्णय-क्षमता, निर्भरता, आचार-व्यवहार, उत्साह, आगे आने की क्षमता, निष्ठा, निर्णय करने की योग्यता, न्यायपूर्ण, ज्ञानवान्, ईमानदार और चीजों व परिस्थितियों को भाँप लेने की क्षमता आदि। कुछ और लक्षण दिए गए, जो सूची में शामिल नहीं हैं, जैसे—सत्यता, समूह-भावना, निस्स्वार्थपूर्ण, दया और सहृदयता, नैतिक बल खोए बिना युक्ति निकालना, धैर्य और उपयुक्तता के साथ आवश्यकता को समझना, आत्मविश्वास, परिपक्वता और मानसिक

तथा भावनात्मक स्थायित्व। ये गुण आवश्यक हैं और और प्रत्येक व्यक्ति में ये अलग-अलग दर्जे में पाए जाते हैं।

इन गुणों में सैम दो गुण और जोड़ते हैं। प्रथम, एक नेता को भाग्यशाली होना चाहिए; दूसरा, उसे ऐसा होना चाहिए जिसे 'छोकरापना' कह सकते हैं। जहाँ प्रथम गुण अच्छी तरह समझा हुआ है, वहीं दूसरे गुण की परिभाषा लचीली है। साधारण शब्दों में कहें तो नेता में अपने लोगों में घुल-मिल जाने की खासियत हो, और कुछ ऐसा प्रतीत हो, जिसके बारे में गुणगान किया जाए। हो सकता है, यह हर समय अच्छा न हो, पर ऐसा भी न हो कि अपमानजनक प्रतीत हो। असल में इसकी सटीक परिभाषा करनी कठिन है।

व्यक्तिगत रूप से सबसे महत्त्वपूर्ण गुण, जो एक नेता में आवश्यक रूप से सम्मिलित होना चाहिए, वह है—'दूरदृष्टि'। एक नेता तभी अच्छा कर सकता है, जब उसे आगे देखने की क्षमता हो और हमेशा उन सबसे आगे रहे, जो नेतृत्व करते हों या जो निर्णय लेने और कार्यान्वयन करने, दोनों ओर से सक्रिय हों।

सैन्य नेतृत्व के वातावरण में नेतृत्व के गुणों का होना ही पर्याप्त नहीं होता। एक सैन्य नेता के लिए, विशेष रूप से युद्ध में, युद्ध के सिद्धांतों का प्रयोग अति महत्त्वपूर्ण पहलू होता है। नेतृत्व के गुणों और उन सिद्धांतों के बीच सामंजस्य की एकात्मता चाहिए। इन दोनों के बीच सीधा संबंध होता है, क्योंकि नेतृत्व की विशेषता इन के बीच तारतम्य स्थापित करती है। ये सिद्धांत हैं—लक्ष्य का चुनाव और उसे बनाए रखना, हौसला बनाए रखना, आक्रामक कार्रवाई, सुरक्षा, आश्चर्य, सैनिकों का एकत्रीकरण, प्रयास में बचत, लचीलापन, सहयोग और प्रशासन।

अतीत में लोग अशिक्षित थे, आज सेना में भरती होने वाले शिक्षित हैं। वे शिक्षित हो रहे हैं। भले ही वे बेरोजगार हों, लेकिन अपने अधिकारों और कर्तव्यों को जानते हैं। समाज में इस तरीके से बदलाव आया कि सेना में भरती के लिए ग्रामीण आधार को छोड़कर अब कस्बे और शहर सभी जगहों से लोग आने लगे। कल का युद्धक्षेत्र भी तकनीक-चालित होगा, जो नेतृत्व की अभूतपूर्व माँग रखेगा। आयुधों के स्वरूप में परिवर्तन भी नेतृत्व में परिवर्तन की माँग करेगा। ये तर्क प्रथम दृष्ट्या सही लग सकते हैं। लेकिन सूक्ष्म अन्वेषण से, यह स्पष्ट हो जाता है कि ये परिवर्तन निरंतर होते हैं और नेताओं को कमोबेश एक ही तरीके से भूमिका अदा करनी होती है। नेताओं के चरित्र और व्यक्तिगत लक्षण स्थिर होते हैं, जो हमेशा स्थितियों को जीत लेने में कामयाब हो जाते हैं।

इजराइलियों का प्रतिनिधित्व कर रहे डेविड फिलिस्तीनी गोलियथ का सामना कर रहे थे। जहाँ गोलियथ 5,000 पीतल की कड़ियों वाले कवचन के भार में दबा

हुआ था, वहीं डेविड बिलकुल असुरक्षित, सिर्फ एक ढेलवांस लिये हुए थे। उन्होंने इससे एक पत्थर गोलियथ को दे मारा, ''पत्थर के जबरदस्त आघात से फिलिस्टाइन गोलियथ घायल हो गया।'' उसके बाद उन्होंने तलवार से उस बड़े आदमी का सिर काट डाला! ''पत्थर कोई नया हथियार न था। वह तो पुराना हथियार था, जिसका मानव ने सबसे पहले हथियार के रूप में उपयोग किया होगा। लेकिन अपनी लड़ाई में डेविड ने मिसाइल के तौर पर युद्धक्षेत्र में इसका औपचारिक उपयोग किया और यह दिखा दिया कि शत्रु पर विजय प्राप्त करने के लिए उसके ऊपर तलवार या भाला लेकर दौड़ना नहीं होता या स्वयं को कवच से ढककर सुरक्षित रखना नहीं होता, बल्कि उसे मारने के लिए एक निश्चित दूरी से चलाई गई उपयुक्त गोली ही काफी होती है। इस प्रकार उसने युद्ध-नीति के प्रथम सिद्धांत की स्थापना की। गोलियथ का सिर काटकर डेविड ने यह दिखाया कि संपूर्ण विजय के लिए शत्रु को गिरा देना ही काफी नहीं, बल्कि उसे पूरी तरह नष्ट कर देना और उसके सिपाहियों को हतोत्साहित करना होता है। प्रूशियन क्लॉसेवित्ज (1780-1831), जो युद्ध के महान् दार्शनिक थे, ने बड़ी स्पष्टता से डेविड की विजय के सिद्धांत की व्याख्या की थी।''[1]

उपर्युक्त उदाहरण से मानेकशॉ के नेतृत्व संबंधी विचार स्पष्ट होते हैं। वेलिंगस (निलगिरी) में डिफेंस सर्विसेज स्टाफ कॉलेज के छात्रों और अधिकारियों को संबोधित करते हुए, उन्होंने नेतृत्व के विभिन्न पक्षों पर विचार किया और कहा, ''नेतृत्व बदलता नहीं है। नेतृत्व के विषय में धारणाएँ सदियों से बदलती रही हैं। होता यह है कि जैसे-जैसे राष्ट्र उन्नति करते हैं और तकनीक का विकास होता है, नेतृत्व के कुछ पक्षों पर विशेष जोर दिया जाने लगता है।''[2]

निर्णायक होना सर्वश्रेष्ठ कमांडर की निशानी होती है। सेना में यह प्रायः कहा जाता है कि कमान की क्षमता कमांडर के हाथों में होती है—निर्णय लेने की योग्यता, सही गलत या विभिन्न। 'कमान निर्णय' लेना हो सकता है कि सैनिकों को लाभ दे या नहीं भी दे। इस पद में क्या अंतर्निहित है, 'कमान निर्णय' वह है जिसमें सैन्य कमांडर कठिन विकल्पों के साथ कठिन परिस्थितियों में दिए गए कार्यों के आधार पर खतरा उठाने की जिम्मेदारी लेता है। सभी लिये गए निर्णय सही नहीं हो सकते। इसलिए यह अधिकारों के अभ्यास में व्यक्तिगत जिम्मेदारी का भाव घटनाक्रम पर निर्णयात्मक प्रभाव डालता है और वह निर्णय बिलकुल आवश्यक होता है। जब सेना में उनका सेवाकाल लगभग चालीस वर्ष के निकट

1. 'लिंक्स ऑफ लीडरशिप, थर्टी सेंचुरीज ऑफ कमांड', जॉन लैफिन, जॉर्ज जी. हैरप ऐंड क. लि., लंदन, 1966, पृ. 20
2. 'लीडरशिप', डी.एस.एस.सी. वेलिंगटन में फील्ड मार्शल एस एच एफ जे मानेकशॉ का व्याख्यान।

पहुँच रहा था, तब ऐसे अनगिनत उदाहरण सामने आए। इसका सबसे बेहतरीन उदाहरण है—प्रधानमंत्री को सन् 1971 के अप्रैल के अंत में पूर्वी पाकिस्तान के विरुद्ध तुरंत सैन्य कार्रवाई करने से इनकार करना।

मानेकशॉ सेना की तैयारी की अवस्था से भलीभाँति परिचित थे, साथ ही वे यह भी जानते थे कि उस समय सैन्य कार्रवाई करना खतरे को निमंत्रण देने के तुल्य था और 'युद्ध के सिद्धांतों' का पूरी तरह उल्लंघन करना था। फील्ड मार्शल द्वारा लिया गया यह निर्णय उच्च स्तरीय चारित्रिक मनोबल, निष्ठा, जानकारी और सच्चाई को प्रदर्शित करता है। हालाँकि निश्चित तौर पर वहाँ उनके विरोधी भी थे। वे इस बात पर बहस कर रहे थे कि पूर्वी पाकिस्तान में जो सेना है, उससे अधिक सेनाओं द्वारा धावा बोलकर, तेज आक्रमण कर विजय हासिल की जा सकती है। युद्धनीति, आंतरिक संरचना और जलवायु को देखते हुए मेरी राय में यह बिलकुल अतर्कसंगत था। यदि ये सभी कारक नहीं देखे जाते तो सन् 1962 की शर्मनाक हार की पुनरावृत्ति हो सकती थी। जो लोग उपर्युक्त सिद्धांतों की व्याख्या कर रहे थे, वे सन् 1962 के परिणामों के जिम्मेदार थे। सेना व शत्रु की शक्ति व कमजोरियों के आकलन की कमी के कारण भयानक परिणाम सामने आया। सबसे महत्त्वपूर्ण यह कि निर्णय के विरुद्ध तर्क करने की अक्षमता, चाहे जिस किसी भी कारण से रही हो, ने परिहार्य परिस्थिति तक पहुँचा दिया था। ऐसी परिस्थितियों में ऊँचे आधार-स्तंभ पर जा बैठना नेतृत्व की जरूरतों को नकार देने के समान था।

अप्रैल 1971 में प्रधानमंत्री के द्वारा पूर्वी पाकिस्तान में तुरंत कार्रवाई करने में उठी समस्याओं पर अपने विचार रखने के बाद सेनाध्यक्ष ने इन कार्रवाइयों के लिए 'कमान शृंखला' बनाने की स्पष्ट बात की। इसके लिए भी चारित्रिक मनोबल की आवश्यकता थी। 'कमान शृंखला' का मतलब था सशस्त्र सेना में कमान की ऐसी संरचना, जिसमें आदेशों को उचित रूप से उच्च कमांडर से सहयोगी कमांडरों तक पहुँचाया जाता है। वास्तव में, इस व्यवस्था में आदेशों के कार्यान्वयन को सुचारु रूप से संचालित करने या निर्णय और सूचनाओं को वापस निम्न व्यवस्था से उच्च तक ले जाना, जिससे किसी भी निर्णय तक पहुँचने में आसानी हो, भी शामिल किया जाता है। युद्ध में किसी राष्ट्र की हार तभी होती है जब उसके नेतृत्वकर्ता कमान शृंखला के प्रति सजग नहीं होते।

सौभाग्यवश, भारत की प्रधानमंत्री ने इस महत्त्वपूर्ण पहलू को अच्छी तरह समझा। इससे भी महत्त्वपूर्ण यह कि यहाँ चीफ्स ऑफ स्टाफ के एक अध्यक्ष थे, जो इस मुद्दे पर स्पष्ट निर्देश ले सकते। अनेक ने यह कहा कि तीनों सेनाओं के अध्यक्ष के पास उनके मामलों की स्वायत्तता होते हुए, यह अनावश्यक ही था। चीफ्स ऑफ

स्टाफ के अध्यक्ष वास्तविक कमांडर और विशेषकर कोई चीफ ऑफ डिफेंस स्टाफ के न होने पर, तब वे ही सैन्य कार्रवाई के समन्वयक भी थे। हमारे इतिहास में सन् 1962 की पराजय इस नियम के उल्लंघन का सबसे उपयुक्त उदाहरण है। युद्ध के मैदान में कोर कमांडर ने रक्षामंत्री और उच्च राजनीतिक कार्यालय से सीधा आदेश लिया था। 'कमान श्रृंखला' का पालन नहीं किया गया और उन्होंने जो किया, उसके लिए खेद व्यक्त करने का भी समय उन्हें नहीं दिया गया। यह उन नेताओं के चरित्र-लक्षण का परिणाम था, जिन्होंने अपनी ऊर्जा-शक्ति का उपयोग राजनीतिक इच्छा और सैन्य कार्रवाई के लिए किया। इसके बिना जहाँ कमांडर कमजोर होते हैं, वहाँ कमान श्रृंखला का पालन नहीं होता।

अनेक लोगों ने इस बात पर बहस की कि जब मानेकशॉ नेतृत्व कर रहे थे तब उन्होंने कमान श्रृंखला पर प्रकाश डालते हुए सैन्य कमांडर को बोलने की बजाय पूर्वी कमान मुख्यालय में सेना प्रमुख को बोलकर स्वयं ही इसका उल्लंघन क्यों किया? यहाँ पर दो बातें ध्यान देने योग्य हैं। पहला, कमान में चीफ्स ऑफ स्टाफ पूरी तरह स्थिति का निर्देशन का रहे थे और उन्हें जो भी सूचनाएँ चाहिए थीं, वे वास्तव में उनके पास तैयार थीं। उनके बात करने से संचालन की कड़ी या नियम का उल्लंघन नहीं होता था। वास्तव में, निर्णय लेना सैन्य कमांडर के हाथ में होता है और यह चीफ्स ऑफ स्टाफ के अध्यक्ष से कतई छीना नहीं जा सकता। दूसरा, जैसा कि पहले बताया गया है, "इसमें सूचनाओं को नीचे की व्यवस्था से ऊपर के संचालक तक वापस ले जाने का अनुक्रम भी कार्यान्वित होता है, ताकि निर्णय लेने में सुविधा हो।" इस पैमाने के अनुरूप संचालन की कड़ी को कहीं से भी तोड़ा नहीं गया और पूरी व्यवस्था में इसे कायम रखा गया।

सामान्य आधिकारिक स्तर पर युद्धनीति विषयक विचार-विनिमय किए जाने चाहिए, जो एक स्वाभाविक प्रक्रिया है। यदि ऐसा नहीं होता है तो सैन्य क्रम की कार्रवाई में कोई-न-कोई गंभीर समस्या अवश्य होगी। सलाह-मशविरे का द्वार हमेशा खुला रहना चाहिए। इसका अर्थ यह नहीं कि हर सलाह मान ली जाएगी। अन्य जनरलों की अपेक्षा निर्णय लेनेवाले के पास उच्चतम परिदृश्य होता है। इसका ध्यान रखना चाहिए और किसी दूसरे के लिखे विचारों के प्रति सावधानी बरतनी चाहिए।

आक्रामक प्रतिक्रिया का मतलब है—शत्रु से युद्ध। युद्ध में मुख्य सबक होता है—आक्रामण के लिए उपयुक्त अवसर। सुरक्षात्मक दृष्टि से भी युद्धनीति तैयार होनी चाहिए। तब भी भावना आक्रामक होनी चाहिए और युद्ध के मैदान का हर सिपाही इस रंग में सराबोर होना चाहिए। इसके अलावा थल सेना, नौसेना और वायुसेना की कार्रवाइयाँ विध्वंस और छापामार कार्रवाई को संयुक्त कर दुश्मनों से युद्ध के लिए तैयार

रखनी चाहिए। बिना सोची-विचारी हुई आक्रामकता से हताहतों की संख्या अधिक होने की संभावना होती है।

यह मानेकशॉ का गुण ही था कि उन्होंने सैन्य व्यवस्था के लिए बहुत सीमित रूप में आक्रामक रुख अपनाने की योजना बनाई थी। जैसा कि पहले वर्णन किया गया है, पहले के युद्ध में, जिसे भारत ने लड़ा था, अंतरराष्ट्रीय सीमा के साथ पाकिस्तान के पार एकदम नगण्य उपलब्धि थी। इसके विपरीत, यह तर्क दिया जा सकता है कि सन् 1965 के लाहौर और खेमकरण क्षेत्र के साथ युद्ध में वैसी ही कार्रवाई की गई थी। लेकिन सेना के दृष्टिकोण से इस बारे में न ही योजना बनाई गई थी और न ही उसके कार्यान्वयन से पहले कुछ सोचा गया था। भारतीय सेना पाकिस्तान के द्वारा किए जा रहे हमले का केवल प्रतिक्रियात्मक उत्तर दे रही थी। दूसरी ओर, सन् 1971 में आक्रामक हमलों में आकस्मिकता को ध्यान में रखकर योजनाबद्ध तरीके से कार्रवाई तैयार की गई थी। उसी समय छंब क्षेत्र में उनके निर्देश के बावजूद पूरी तैयारी न करने का परिणाम सामने आया। सैन्य विन्यास के संचालक का सीमित आक्रामकता पर ध्यान केंद्रित था। उसे जो मुख्य कार्य दिया गया था, वह था उस क्षेत्र में सुरक्षात्मक व्यवस्था पर चौकस रहना, जिसके लिए कोई समझौता नहीं किया जा सकता था। सिद्धांत की दृष्टि से सुरक्षा आधारभूत होती है। कार्रवाई की स्वतंत्रता के लिए इसे प्रत्येक स्तर पर प्रयोग में लाना आवश्यक होता है। शत्रुओं द्वारा किए गए अचानक हमले से सुरक्षा बचाती है और शत्रुओं पर अचानक हमला करने के लिए भी सुरक्षा आवश्यक है। इसमें कुछ भी निष्क्रिय नहीं। इस घटना में इन सिद्धांतों का उल्लंघन किया गया था और हमें उसके परिणाम भुगतने पड़े।

पश्चिम में युद्धनीति पूरी तरह सुरक्षा को खयाल में रखकर बनाई गई थी। इसके बावजूद आक्रामक अतिशयता पूरी तरह नजर आती थी। ढाका को मुख्य लक्ष्य के रूप में नहीं बताया गया था। यह इस तैयारी की सबसे प्रमुख आलोचना थी। हालाँकि यह सच था कि कागजी कार्रवाई या सैन्य निर्देशों में इसके बारे में कुछ नहीं लिखा गया था, लेकिन यह उतना ही सच था कि पूरी रणनीति ढाका तक पहुँचने के लिए ही थी। इस बिंदु पर 'रणनीति' और 'युक्तिपूर्ण चाल' में अंतर समझना आवश्यक होगा। साधारण शब्दों में—रणनीति सेना मुख्यालय में बनाई गई युद्ध-योजनाओं पर प्रकाश डालती है, वहीं 'युक्तिपूर्ण चाल' सेना और उसके हथियारों के साथ नियोजन पर प्रकाश डालती है।

सैम और कार्रवाइयों में शामिल उनके स्टाफ ने कमान के साथ सलाह-मशविरे के बाद योजनाओं का समीकरण बनाया था। पूर्व में, तीन कोर फॉर्मेशन की आकृति-निर्माण की गई, जिसका नियोजन पूर्वी कमान के द्वारा होना था। उन्होंने अपने नियोजन

में सभी दिशाओं से तीव्र आक्रामक रुख अपनाया था। बड़ी संख्या में सैन्य बलों का विशेष बिंदु को ध्यान में रखकर नियोजन किया गया था जहाँ उन्हें मिलना था। उनसे यह उम्मीद नहीं की जा सकती थी कि वे अपने तईं किसी लक्ष्य को निर्धारित करके कार्रवाई करेंगे। तब उस समस्या का समाधान करना आवश्यक था कि इस सेना के लिए 'गुरुत्व का केंद्र' कहाँ बनाया जाए? सभी उपलब्ध साक्ष्यों से ढाका की ओर इशारा किया जा रहा था। दूसरा कारक था पूर्वी कमान के लिए पैराशूट ब्रिगेड का आवंटन। संयोगवश केवल एक बटालियन ही ढाका रोड को सुरक्षित और अधिकृत करने के लिए नियोजित की गई। मेरे विचार से, रणनीति में कोई संदिग्धता नहीं थी।

यह भी कहा गया था कि पहले युद्ध शुरू करने के लिए पर्याप्त संसाधनों की कमी थी। इसी कारण से सरकार को पहले तैयारी पूरी करने की सलाह दी गई थी। उसके बाद संचालक मुख्यालय ने समुचित संसाधनों को इकट्ठा किया, ताकि सैन्य कार्रवाई को शुरू किया जा सके। ये संसाधन विभिन्न कारणों से शांति के समय अलग-अलग स्थानों पर होते हैं। उदाहरण के लिए पुल बनाने के यंत्र व सामग्री बाढ़ वाले क्षेत्रों के निकट रखी जाती है। यह केवल मानसून के बाद ही किया जा सकता था। इसे पूरी युद्धनीति और बाधाओं के परिप्रेक्ष्य में समझा जा सकता था। इन सभी स्थितियों को समझकर युद्ध नीति बनाने का श्रेय मानेकशॉ को जाता है, जिनमें राष्ट्र के लक्ष्य की प्राथमिकता के प्रति संवेदना थी। यहाँ तक कि 'यंगहसबैंड' के तिब्बत में अभियान के दौरान भी उपकरण सिक्किम में मद्रास तथा रुड़की से लाए गए।

मानेकशॉ इस सच्चाई को भलीभाँति समझते थे कि 'एक शुद्ध व्यावसायिक वातावरण अत्यधिक खतरनाक होता है और उच्च पद पर आसीन सैन्य कमांडर उतना ही अधिक खतरनाक होता है, जितनी लंबी उसकी सैन्य सेवा होती है।' वह इस भ्रम से भी वाकिफ थे कि उच्च पदासीन अधिकारी गहरी जानकारी से भरा हुआ होता है। मेजर से लेकर ब्रिगेडियर तक के प्रशिक्षण में जो शून्य रिक्तता होती थी, जैसा कि 'सीनियर कमान कोर्स' और 'नेशनल डिफेंस कॉलेज कोर्स' उसे महसूस करते हुए उन्होंने कर्नल के लिए एक कोर्स की शुरुआत की 'हायर कमान कोर्स'। यह अपनी सर्वोत्तमता में नेतृत्व के लिए व्यावसायिक पहचान की तरह था।

नेतृत्वकर्ता की सबसे प्रमुख जिम्मेदारी होती है कि वह अपने कमान के लिए मजबूत आधार का आश्वासन दे और अपने पद पर उच्च जिम्मेदारी को निभाए। यदि ऐसा किया जाता तो कुछ नेतृत्वकर्ताओं को इस कला को सीखने का प्रशिक्षण लेना पड़ता। इसलिए यह आवश्यक होता कि अधिक उपयुक्त को छाँटकर सही जगह के

लिए चुना जाता, बजाय उसके जो कम उपयुक्त थे। इस व्यवस्था को पूरे कार्य और उपलब्धि के ऊपर संज्ञान लिया जाता, यदि सर्वोत्तम का चुनाव किया जाता। और इसका पूर्णरूप से सैम ने परिचय दिया तथा उच्चतम जिम्मेदारी के लिए पद पर आसीन होनेवाले का चुनाव किया। इसके अलावा उन्होंने विश्वस्त किया कि प्रशिक्षण को औपचारिक बनाया जाएगा और व्यवस्था में पारदर्शिता होगी। इन्फैंट्री स्कूल और स्टाफ कॉलेज में कमांडेंट रह चुके मानेकशॉ को पूरी तरह ज्ञात था कि पाठ्यक्रम में शामिल छात्रों की रिपोर्ट के प्रस्तुतीकरण में क्या-क्या नकारात्मक आघात किए जाते हैं। इसलिए उन्होंने उपस्थित हो रहे छात्रों की रिपोर्ट पर पाबंदी लगा दी और उन्हें स्वतंत्र रूप से अपने विचार प्रकट करने की अनुमति दे दी। उनके इस निर्णय ने उस समय उन्हें सैन्य नेतृत्वकर्ता से अलग कर दिया था।

सैम की विनोदी प्रवृत्ति सेना के किसी विषय या जीवन के अन्य क्षेत्रों के लिए लगातार सराहना का विषय थी। उनकी विनोदप्रियता से अधिक उनकी टिप्पणियों की स्वाभाविकता हमेशा अवसर के अनुकूल होती और सभी को तालियाँ बजाने को विवश कर देती। यह सहज हाजिर-जवाबी विषय के प्रति उनकी सजगता और पूर्ण चेतना इंगित करती थी। वह लोगों की भावनाओं की भी कद्र करते थे और किसी भी अवसर पर किसी व्यक्ति या समूह का अपनी विनोदप्रियता का उपयोग कर उपहास नहीं करते थे। स्वयं पर हँसना उनकी अद्भुत विशेषता थी और विनम्रता से मजाक करना भी उनकी आदत थी। मुझे लगता है कि इस बिंदु को व्याख्यायित करने के लिए अनेक स्थानों पर अनेक बातें की गई हैं, इसलिए दोबारा उन्हें लिखना बेकार होगा। मैं सैम की विनोदप्रियता और हाजिर-जवाबी को पुनः वर्णित करना चाहूँगा, जिससे वे किसी भी उम्र के व्यक्ति से बखूबी जुड़ जाते थे। कई बार ऐसा भी हुआ है कि उनकी इस प्रतिभा की बदौलत राजनीतिज्ञों के मन में गलतफहमियाँ भी पैदा हो गईं। विनोदप्रियता को समझने की बुद्धि के अभाव में कुछ नेता सच को मौन स्वीकृति देकर मन-ही-मन अपनी स्थिति पर चिंतित व क्रोधित होते रहे, परिहास-व्यंग्य के द्वारा सांकेतिक बातें समझकर गलतफहमी का शिकार बन गए। इससे एक महत्त्वपूर्ण प्रश्न उभरकर सामने आया कि—क्या किसी नेता के लिए राजनीतिक परिवेश में मजाक किन्हीं शर्तों पर होना चाहिए? जो भी हो, ऐसी मानसिकता से समझौते की स्थिति पैदा कर दी जाती है।

फील्ड मार्शल की सबसे बड़ी विशेषता थी कि वह निस्स्वार्थी और मददगार थे। वह अपने मातहतों के बारे में बहुत सोचते थे। ए श्रेणी में सी.आई.एल.क्यू. को बढ़ाने का प्रयास इस बात को साबित करने का अच्छा उदाहरण है। जिस दिन से भारत स्वतंत्र हुआ उस दिन से 'वुंड मेडल' जारी करना दूसरा उदाहरण है इससे

उन्होंने खुद ही स्वयं को इस मैडल से वंचित रखा। उनकी विनम्रता और शालीनता तो उनके हर काम में झलकती थी। संभवत: वह घटना, जिसमें उनका ड्राइवर जनरल की कार से जब उनकी कार आगे बढ़ाना चाहता था, उनकी विनम्रता को दरशाने के लिए सबसे उपयुक्त उदाहरण है और भूतपूर्व या सेवानिवृत्त सैनिकों से उनका मिलना भी इसका सर्वोत्तम उदाहरण है।

सैम अतिविश्वसनीय नेता थे। वह मानवीयता के जीते-जागते उदाहरण थे। वास्तव में प्रत्येक संवाद में 'मानव-संवादों' या मानव प्रबंधन के संबंध में मुझे सलाह दिया करते थे कि एक व्यक्ति जब अपने पद में आगे बढ़ता है तो उसे हमेशा सदाशयता में भी आगे बढ़ना सीखना चाहिए। उन्होंने अपनी सदाशयता असम राइफल्स के उस अधिकारी पर दिखाई थी, जिसने उनसे सफेद झूठ बोला था। वह उस पद पर थे कि उस अधिकारी को कड़ी-से-कड़ी सजा दे सकते थे, जिसकी उसे जरूरत थी। इसके बदले में उन्होंने सैन्य सचिव से कहा कि यदि वह अपने प्रमुख से झूठ बोल सकता है तो इसका मतलब है कि वह वास्तव में निराश है। वह जहाँ चाहता है वहाँ उसकी नियुक्ति कर दी जाए। अन्य जनरल अधिकारी से उनकी तुलना की जाए, जिसने मुझे मेरी बटालियन के कमान से रहित कर दिया। दो नेतृत्वकर्ताओं के मानसिक स्तर में कितना अंतर था। जहाँ एक ने अपने पद की गरिमा क्षमा के साथ बनाए रखी, वहीं दूसरे ने वास्तविकता बताने पर व्यक्तिगत अहम्मन्यता दिखाई। कमांड, विशेषकर उच्च कमांड, उस योग्यता द्वारा प्रदर्शित होती है, जहाँ एक अवसर पर संवेदना दिखाई देती है, वहीं दूसरे पर कठोरता।

फील्ड मार्शल की कर्तव्यनिष्ठा प्रसिद्ध थी। उनके पूरे सेवाकाल में इसके अनगिनत उदाहरण भरे पड़े हैं। यहाँ मैं केवल दो घटनाओं की चर्चा करूँगा, जिससे इस बिंदु पर प्रकाश डाला जा सके। जब तत्कालीन थलसेना अध्यक्ष जनरल जे एन चौधरी से उनके उत्तराधिकारी के बारे में पूछा गया तब उन्होंने सरकार को लिखित सूचना दी, 'सैम मानेकशॉ मेरे स्वाभाविक उत्तराधिकारी हैं।' जब कलकत्ता में प्रधानमंत्री श्रीमती इंदिरा गांधी सैम से मिलीं तो सैम ने उनसे कहा था कि जनरल कुमारमंगलम उनसे वरिष्ठ अधिकारी हैं और उनकी अनदेखी नहीं की जा सकती। यदि ऐसा होता है तो यह सेना के लिए एक गलत उदाहरण बन जाएगा। कोई भी छोटा अपने रास्ते में आनेवाले बड़े से आगे निकल जाएगा।

उनका व्यक्तिगत चरित्र उनके कार्यों में निष्ठा के रूप में परिलक्षित होता था। वह ऐसी कोई भी क्रियाविधि नहीं अपनाना चाहते थे, जिससे उनकी नौकरी या उनके जीवन में तरक्की हो। यह उनका मजबूत चरित्र ही था, जिसकी बदौलत कृष्ण मेनन और कौल द्वारा करवाई गई आधिकारिक जाँच की कठिन परिस्थिति को झेलने में वह

सक्षम रहे। कितने अधिकारियों ने उनके विरुद्ध साक्ष्य प्रस्तुत किए, उनकी चारित्रिक कमजोरी का बखान किया, पर उन्होंने उनके विरुद्ध एक शब्द भी नहीं कहा। इस पर विचार करें कि अक्तूबर 1968 में एक सैन्य कमांडर को उन्होंने जो जवाब दिया था, जब रक्षामंत्री बीमार थे।

शायद अत्यधिक क्षमाशील व्यक्ति होने के इस गुण के कारण ही अत्यधिक ईर्ष्यालु हृदय भी उनसे स्नेह करने लगे। 'असम राइफल्स' के मेजर सूद (लेखक नहीं) की घटना के अलावा उन्होंने उन दो अधिकारियों के उचित पद के लिए प्रस्ताव भेजा, जिन्होंने उनके खिलाफ कोर्ट ऑफ इन्क्वायरी में गवाही दी थी, जब वे जी ओ सी 4 कोर में आधिकारिक जाँच का सामना कर रहे थे। सैन्य सचिव भी हैरान थे इस बात को देखकर कि इस जनरल ऑफीसर को उनसे कोई दुश्मनी नहीं है। 'आर्मी हाउस' में रहने और वहाँ के खर्च वहन करने का उदाहरण भी उनकी व्यक्तिगत निष्ठा को व्यक्त करता है।

ठीक उसी प्रकार उनकी ईमानदारी व निष्टा भी अतिप्रसिद्ध हैं। देश, सेना, सहयोगियों, अधीनस्थ स्टाफ और वरिष्ठ अधिकारियों के प्रति उनकी वफादारी उल्लेखनीय है। प्रत्येक नेता को विचाराधीन मामलों में किसी भी प्रश्न पर अपने वरिष्ठ अधिकारी पर अपने विचार व्यक्त करने का अधिकार है। लेकिन जैसे ही निर्णय हो जाता है, उसे उस निर्णय को मानना होता है, जैसे वह उसका स्वयं का लिया गया निर्णय हो। इस गुण के अनगिनत उदाहरण उनके जीवन में भरे पड़े हैं। मेरे खरीदे गए सामानों को अपने साथ लाना संभवत: अपने निजी स्टाफ और मातहत के प्रति स्नेह का सबसे बड़ा उदाहरण है। सन् 1969 में असंवैधानिक रूप से कुछ भी नहीं करने का प्रधानमंत्री से किया गया उनका दृढ़ निश्चयी वादा देश के प्रति निष्ठा का उनका सबसे उल्लेखनीय उदाहरण है। सेना के लिए बेहतर करने के साथ ही अपने वरीय की गरिमा को बनाए रखना उस संस्था के प्रति उनकी गहरी निष्ठा प्रदर्शित करती है, जिसमें वे शामिल थे। जब जनरल जे एन चौधरी ने सैन्य टुकड़ी को दिल्ली रवाना करने को कहा था, तब सैम ने इस पर आपत्ति जताई थी और लिखित रूप में इस रवानगी से उत्पन्न होनेवाले खतरे से आगाह किया था। उन्होंने जनरल चौधरी के लिए अपने विचार रखे थे और तब सैन्य प्रमुख के द्वारा जो फैसला लिया गया, उस पर उन्होंने अमल किया।

'सबके लिए न्याय' उनकी सोच का महत्त्वपूर्ण बिंदु था। एक मुद्दा, जो यहाँ विचारणीय है कि नेताओं की प्रवृत्ति होती है कि वे व्यवस्था या किसी व्यक्ति द्वारा की गई गलती को सुधारकर लोगों को न्याय प्रदान करने के लिए विकल्प खोजते हैं। यहाँ डेविड सिद्धू का उदाहरण उचित होगा। जब सैम ने यह महसूस किया कि सेना

के हित में कुछ अच्छा नहीं हो रहा है, तब उन्होंने बिना दोनों पक्षों की गरिमा को ठेस पहुँचाए एक विकल्प ढूँढ़ निकाला। ऐसी सोच जब प्रयोग में लाई जाती है तब नेताओं की प्रसिद्धि और उनकी श्रेयता में वृद्धि होती है। जरा उनके व्यक्तिगत उदाहरण में उनकी सोच के प्रयोग पर गौर करें। जब सैन्य सचिव अधीरतापूर्वक मुझ पर चिल्लाए, तब उन्होंने मुझसे कहा था, ''लड़के, व्यवस्था मेरे द्वारा एक बड़ा अन्याय करवा रही थी। जब मेरी समस्या समाप्त हो जाती है तब मैं एक नजर दौड़ाता हूँ कि कहीं मेरे अधिकारी किसी परेशानी में तो नहीं हैं। और तब मैं उनके केस को अतिरिक्त समय देकर अध्ययन करता हूँ, ताकि उनके साथ किसी प्रकार का अन्याय न हो और उन्हें अकारण सजा न दी जाए। फाइल मेरी मेज पर है और मुझे जब फुरसत मिलेगी, मैं इसका अध्ययन करूँगा। मैं सारे तथ्यों से वाकिफ होकर अपने हस्ताक्षर करूँगा। सैन्य सचिव से कहो कि जब मैं संतुष्ट हो जाऊँगा, तभी यह उन्हें दूँगा। यदि उन्हें जल्दी है तो उन्हें मेरे पास आकर ले जाना होगा, तुम पर चिल्लाने की जरूरत नहीं है। एकदम अक्षरशः उनसे सारी बातें कहो। अब मुझसे कहो कि तुम क्या कहोगे?'' नेतृत्वकर्ता की वास्तविक चिंता उसके संचालन को सार्वजनिक हित और आपसी समझदारी के साथ दूर तक ले जाती है।

ऊपर जो वर्णित किया गया है। बिना किसी हेर-फेर के अपने कनिष्ठ अधिकारियों के साथ बुरा व्यवहार करके नेतृत्वकर्ता अवश्य ही गलत करते हैं। जब किसी नेतृत्वकर्ता को यह कहा जाता है कि आप गलत कर रहे हैं, तो यह उसका नैतिक कर्तव्य है कि उस गलती को सुधार ले। जहाँ ऐसा नहीं होता है वहाँ एक साथ काम करनेवाले दल के स्थायित्व के साथ अन्याय होता है। यह न केवल उस इकाई के लोगों के मनोबल को कमजोर करता है, बल्कि संचालन की नैतिकता का भी पतन करता है। 4 कोर के अभियंताओं से ओ.आर. के मामले में सैम का हस्तक्षेप करना इसका उत्कृष्ट उदाहरण है कि कैसे अन्याय को रोका गया और सेना के नैतिक मनोबल को सही रखने के लिए उपयुक्त कदम उठाया गया। इसके अलावा, मैं यह निश्चित तौर पर कह सकता हूँ कि इससे अपने नेतृत्वकर्ता के प्रति लोगों के विश्वास में वृद्धि होती है। ऐसी प्रक्रियाओं से नेतृत्वकर्ता और उनके लोगों के बीच निष्ठा में वृद्धि होती है और पूरी व्यवस्था लाभान्वित होती है।

मनोबल बनाए रखने का विस्तार सैद्धांतिक भावनाओं के क्षेत्र में होता है। जैसे कि 'रहन-सहन की अच्छी स्थिति' के लिए लड़ना। सशस्त्र सेना में सेना के पूरे वर्ण-क्रम, जिसमें सेवानिवृत्त सैनिक अधिकारियों का पूरा परिवार, कर्तव्य की राह पर शहीद होनेवालों की विधवाएँ, उन पर निर्भर परिवार शामिल होते हैं, सभी को सम्मिलित कर मनोबल को बनाए रखना होता है। यह लगातार विकसित होनेवाली प्रक्रिया है

और तीनों सेनाओं में मनोबल की वृद्धि को कभी भी अधिक कहकर रोका नहीं जा सकता है। इस विशिष्ट पहलू पर व्यापक रूप से नेतृत्वकर्ता इस बात को प्राथमिकता दें कि भविष्य में स्थिति क्या होगी, उस पर विचार करें। एक बात पर सावधान होना होगा कि यह एक गतिशील प्रक्रिया है और एक निश्चित समय में जो अच्छा है वह कुछ समय बाद अच्छा नहीं भी होता। इसलिए यह महत्त्वपूर्ण होता है कि किसी भी पहलू को भविष्य में सार्थक बनाने के लिए समय-समय पर उस पर पुनर्विचार करना चाहिए। 'तीसरे वेतन आयोग' की सिफारिशों का सेना में लागू होना और उसका लाभ मिलना एक मुख्य पहलू है। सन् 1971 के युद्ध के बाद चीफ ऑफ स्टाफ कमेटी के अध्यक्ष के प्रयास से भारत सरकार के द्वारा जो मानदंड स्थापित किया गया, विशेष रूप से जो सुविधाएँ उन परिवारों को दी गईं, जिनका अपना इस युद्ध में मारा गया था, वह मनोबल की रक्षा का सर्वोत्तम उदाहरण था।

जैसा कि ऊपर वर्णित किया गया, यह सिद्धांत 'जीने की स्थितियों' पर भी लागू होता है। सी.आई.एल.क्यू. दर को सेना के अधिकारियों के लिए बढ़ाने की उनकी क्षमता इस सिद्धांत पर खरा उतरने का उत्तम उदाहरण है। इस सिद्धांत को नियोजित करने के लिए उन्होंने जिस तरीके का प्रयोग किया वह प्रशंसनीय था। जहाँ सैम को आवासीय योजना में अतिरिक्त खर्चे के लिए कैबिनेट की बैठक में पूछताछ के लिए बुलाया गया, वहीं सैम ने प्रधानमंत्री सहित सभी कैबिनेट मंत्रियों को इस बात के लिए सहमत किया कि सैन्य अधिकारियों को ए वर्ग के शहर में आवास देकर उनके रहन-सहन को अच्छा बनाने के लिए उन्हें अधिक किराए की आवश्यकता है। इस विषय पर कोई समझौता नहीं किया जा सकता। उन्होंने जानकारी, सजगता एवं युक्ति जैसे महत्त्वपूर्ण गुणों का नेतृत्व में बखूबी प्रयोग किया और युद्ध के सिद्धांतों के रूप में मनोबल सुनिश्चित किया।

समूह भावना नेतृत्व के लिए मजबूत बंधन की तरह होती है। हालाँकि कुछ कारणों के लिए इस सूक्ति का महत्त्व पूरी तरह नहीं समझा गया। यह कर्नल प्राउडफूट थे, जो रेजीमेंटल स्तर पर इसकी बहुत ही अच्छी परिभाषा लेकर आए। उन्होंने कहा, 'रेजीमेंट की परंपरा उस जादुई रासायनिक विद्या की तरह है, जो प्राय: कंपनियों में काम कर रहे लोगों को बहादुरी और कुर्बानी का काम करने के लिए प्रेरित करती है, जब ईश्वर का नाम और देश उन्हें प्रेरणा देने में असमर्थ होता है।' रेजीमेंट की व्यवस्था में भारतीय सेना इसे सफलता की कुंजी मानती है। जो भी हो, उच्च स्तरीय नेतृत्व में जहाँ रेजीमेंट के साथ बंधन महत्त्वपूर्ण होता है, वे कर्तव्य-भावना एवं न्याय का कदापि स्थान नहीं ले सकते और जिसे उच्च नेतृत्व के मन में बिलकुल बैठा लेना चाहिए। उस संधि-बिंदु पर रेजीमेंट के बंधन को सेना के हित के समक्ष गौण

कर लेना चाहिए। सैम इन बातों को अच्छी तरह समझते थे। जहाँ वह रेजीमेंट के हित को ध्यान में रखते थे, वहीं उन्होंने कभी भी सेना के हित पर रेजीमेंट के हित को वरीयता नहीं दी। राजपूत बटालियन और 61 कैवेलरी दोनों ऐसी घटनाएँ हैं, जहाँ उन्होंने स्पष्ट कर दिया कि वह पहले सेना प्रमुख हैं और अच्छी तरह जानते हैं कि सेना के लिए क्या अच्छा है। ठीक उसी प्रकार पदोन्नति बोर्ड में अपनी रेजीमेंट के अधिकारियों के लिए आवाज उठाने के समय भी उन्होंने बिना किसी को कोई हानि पहुँचाए अनावश्यक पक्ष नहीं लेने की बात की थी। वी एस एम का सम्मान अपनी रेजीमेंट के अधिकारी के स्थापन पर गुहा राय को देकर उन्होंने अपनी उत्कृष्टता का दूसरा उदाहरण दिया था।

इस स्तर पर यह भेद निर्धारित कर लेना महत्त्वपूर्ण है। हमारे पास ऐसे भी नेतृत्वकर्ता थे, जिन्होंने रेजीमेंट के बंधन को उच्च हित से बड़ा माना। इस प्रक्रिया में संस्था को कठिनाइयों से गुजरना पड़ा था। इस परंपरा ने व्यवस्था की वैधता को कमजोर कर दिया और अधिक-से-अधिक बेईमान तत्त्वों को अपने उद्देश्यों की पूर्ति के लिए लाभ उठाने के योग्य बनाया। सेना के 'प्रशिक्षण कमांड' ने सन् 1999 में नेतृत्व पर प्रकाशन में अधिकारियों के नियमानुसार चलने के बजाय शिकायतों के साथ न्यायालय जाने की प्रवृत्ति पर खेद प्रकट किया था। जहाँ इन कारणों पर बहुत शोध किया गया, वहीं इसे स्पष्ट नहीं किया जा सका। यह टीम भावना की रेजीमेंट के स्तर पर बहुत संकुचित परिभाषा थी, जिसकी वजह से यह नौबत आई। उच्च कमांडरों ने अपने वास्तविक हित को छोड़कर, इस बंधन के हित को ध्यान में रखकर जोड़-तोड़ और अप्रासंगिकता को खुले रूप से अपनाया। उस जनरल का केस देखा जाए, जिसने सरकार से अपने अतिलंघन की शिकायत की। सेना प्रमुख की चिट्ठी उसके आवेदन को वापस लाने के लिए पर्याप्त रही। उसने ऐसा क्यों किया? सीधा सा उत्तर यह था कि प्रमुख साफ और स्पष्ट थे। वह किसी भी प्रकार की पक्षधरता से परे थे। उन्हें व्यवस्था पर भरोसा था। किसी भी विशाल संगठन में क्रम इसकी कीमत आँकने या उपचारात्मक माप को स्थित करने में अच्छा काम करेगा।

सैम हमेशा कहा करते थे कि प्रतिभा और योग्यता के अलावा सैनिकों को भाग्य की भी आवश्यकता होती है। इसके लिए उन्होंने अपना उदाहरण दिया। द्वितीय विश्वयुद्ध में जब वह बर्मा के जंगलों में बुरी तरह घायल हो गए थे, उनकी सैन्य यूनिट उन्हें नजदीकी केंद्र में भेजने में सफल रही, जहाँ एक शल्य-चिकित्सक उस समय मौजूद थे और उन्होंने उनकी शल्य-क्रिया कर उन्हें बचा लिया। सन् 1962 में जब उनकी कर्तव्यनिष्ठा पर प्रश्न उठाया गया और उन्हें आधिकारिक जाँच के अपमानजनक दौर से गुजरना पड़ा, उस समय चीन ने भारत पर आक्रमण किया था।

पूरी कहानी में रहा उनका मुख्य आलोचक, जो उस समय चीन के विरुद्ध कोर की कमान कर रहा था, वह अचानक अमर्यादित रूप से हटा दिया गया। सैन्य प्रमुख ने त्यागपत्र दे दिया और जनरल जे एन चौधरी सैन्य प्रमुख बनाए गए। सैम मानेकशॉ को लेफ्टिनेंट जनरल के पद पर नियुक्त कर कोर की कमान सौंपी गई। बाकी सब इतिहास है। यह उनका भाग्य ही था जो उनके साथ रहा और उन्हें आगे-आगे तरक्की मिलती गई।

सन् 1964 में जब पं. नेहरू बीमार थे और उनके बचने की उम्मीद नहीं थी, जनरल जे एन चौधरी, जो वेलिंगटन के स्टाफ कॉलेज में व्याख्यान देने गए थे, उन्होंने महसूस किया कि यदि पं. नेहरू का निधन हो जाता है तो राजधानी में उथल-पुथल होने की संभावना होगी। वेलिंगटन जाने से पहले उन्होंने सैम मानेकशॉ, जो उस समय पश्चिमी वाहिनी के सैन्य कमांडर थे, को एक पत्र लिखकर पश्चिमी कमान को अपने मुख्यालय और अन्य यूनिटों के साथ दिल्ली जाने को कहा। मानेकशॉ ने एकदम से इसका विरोध किया था और उनके आदेशों के पालन के पहले अपने विरोध को लिखित रूप में उनके पास भेजा था। जब सारी चीजें व्यवस्थित हो गईं, तब सरकार ने सैन्य प्रमुख से दिल्ली में सेना बुलाए जाने का कारण पूछा। जनरल चौधरी ने उनके हित में बोलने के बजाय उन पर दोष लगा दिया। जनरल कुमारमंगलम, जो सेना उपप्रमुख के रूप में दिल्ली चले गए, उनकी जगह पर जनरल मानेकशॉ को पूर्वी कमान के जी ओ सी-इन-सी के रूप में नियुक्त कर कलकत्ता भेज दिया गया। परिणामत: जब श्रीमती गांधी ने सैम से कलकत्ता में व्यक्तिगत रूप से उस बात पर प्रश्न किया, तब सैम ने सैन्य प्रमुख को लिखा वह पत्र दिखाया, जिससे वह उनकी बातों से सहमत हुईं।

अंतत: उन्होंने अपने भाग्य को एक और श्रेय दिया, जब अप्रैल 1971 में पूर्वी पाकिस्तान के विरुद्ध सैन्य कार्रवाई करने से इनकार के बावजूद उन्हें 'फील्ड मार्शल' की उपाधि दी गई। जब वह साक्षात्कार लेने वाले 'क्वार्टरडेक' को अपने और प्रधानमंत्री के बीच हुए संवादों के बारे में बता रहे थे तो उन्होंने यह स्पष्ट कहा था, ''इसलिए फील्ड मार्शल बनाए जाने और सेवा से हटाए जाने के बीच एक पतली सी रेखा थी। यह हो सकता था।''

सैम ने दूसरों से 'दो कदम आगे' होने के अपने गुण को बरकरार रखा। ऐसे लोगों को अपना 'होम वर्क' पूरी तरह करना चाहिए। केवल यही नहीं, उन्हें पूरे समय आगे की ओर देखते हुए भविष्य के लिए निर्णय लेने चाहिए जो सेना के हित में हों। इतना सब करने की योग्यता उसके पास होती है, जो एक अच्छा श्रोता होता है और किसी भी समस्या को स्वत: सुलझाने के लिए जाँच-परख अकेले नहीं कर सकने की

स्थिति में सही सलाह स्वीकार करने के लिए हमेशा तैयार रहता है। मैं उन अनगिनत उदाहरणों को यहाँ नहीं दोहराऊँगा, जो पहले ही इस पुस्तक में सैम के इन गुणों पर प्रकाश डाल चुके हैं। फिर भी पाठक उनके इन गुणों को उन घटनाओं से जोड़कर देख सकें, इसलिए इस तरफ इशारा करना उपयुक्त होगा। सैन्य कार्रवाई के बारे में तत्कालीन परिस्थितियों से उत्पन्न उनकी धारणाओं की बदौलत उन्होंने प्रधानमंत्री को सुझाव दिए थे। विवाहित अधिकारियों के लिए आवासीय योजना पर टिप्पणी देने के परिणामस्वरूप अधिकारियों के सी.आई.एल.क्यू. में बढ़ोतरी की गई। ब्रिगेडियर और उनसे उच्च अधिकारियों की गोपनीय रिपोर्ट के आँकड़ेगत मूल्यांकन के लिए कंप्यूटरीकृत करने का मामला, वेंतन आयोग और उन्हें दी गई सलाहों को छाँटकर उन्हें स्वीकार कर प्रयोग में लाने की उनकी तत्परता, ये सभी सैम की विशिष्टताएँ थीं।

सैन्य कमांडर बनना जहाँ सिक्के का एक पहलू था, वहीं नेतृत्वकर्ता बनना इस चक्र को पूरा करता था। यदि एक सैन्य कमांडर को नेतृत्वकर्ता की तरह कार्य करना हो तो उन्हें सभी तथ्यों और सत्यों को समझकर कार्य करना चाहिए। यदि वह सत्य जानेंगे, तभी अपने दिमाग और सोच से निष्कर्ष निकाल पाएँगे। सैम हमेशा तथ्यों की जानकारी, मुद्दे और कारकों को अत्यधिक महत्त्व के साथ देखते थे। वह अपने अधीनस्थ कर्मचारियों को असहमति की भी स्वतंत्रता देते थे, ताकि मतभेद की वजह से निर्णय लेने में कोई कारक पर्याय के रूप में सामने आ जाए। उन्हें दृढ़ विश्वास था कि जब तथ्य सामने हों तब सभी योजनाएँ शीघ्र कार्यान्वित हो जाती हैं। वेतन आयोग और कैबिनेट के सामने उनकी साक्ष्य प्रस्तुति एक नेता की विचारगत परंपरा का अच्छा उदाहरण थी।

इन सभी को जोड़ने से यह पता चलता है कि एक नेतृत्वकर्ता अपनी कमान के लिए सर्वोत्तम कार्य करने की तरफ हमेशा अपना रुझान रखता है और यह केवल वही नेतृत्वकर्ता करते हैं जिन्हें किसी पुरस्कार या तमगे की तमन्ना नहीं होती। वह किसी भी समय झूठे वादे नहीं करते। यदि वे ऐसा करते हैं तो सेवानिवृत्ति के बाद भविष्य के बारे में मूलत: नहीं सोचते हैं। अधीनस्थ स्टाफ अपने कमांडर का सम्मान तभी करते हैं, जब वे देखते हैं कि उनका कमांडर सरकार या ऐसे किसी भी उच्च पदस्थ अधिकारी की चाटुकारिता अपने निजी स्वार्थ या अपनी तरक्की के लिए नहीं करता तथा किसी भी प्रकार का समझौता अपने हित के लिए नहीं करता। यह सलाह उन्होंने जनरल कुमारमंगलम को भी दी थी, जब वह विदाई यात्रा के लिए कलकत्ता आए थे। उन्होंने अपने मामले में 'क्वार्टरडेक' को जो बताया उससे दूतावासों और राजभवनों में अपनी नियुक्ति के मामले में अपने निश्चय को स्वयं प्रमाणित कर दिया। अनेक लोग यह बहस कर रहे थे

कि सैम भारतीय खेल प्राधिकरण की अध्यक्षता स्वीकार करेंगे। किंतु उन्होंने ऐसा तभी किया, जब प्रधानमंत्री मोरारजी देसाई ने उन्हें उनके अनुभव का प्रयोग करने के लिए प्रेरित किया। फील्ड मार्शल ने वहाँ काम करने की एक शर्त रखी थी कि उस नियुक्ति पर उन्हें वहाँ वेतन नहीं दिया जाएगा।

सहयोग मूलतः प्रत्येक स्तर पर समूह के द्वारा संभव होता है। यह सरकार की तरफ से सेनाओं में, सेनाओं के अंदर और कंपनी तथा बटालियन या रेजीमेंट के स्तर पर होना चाहिए। स्वार्थरहित होना या रहना सिद्धांतों में मूलभूत और अंतर्निहित होता है। यह सामान्यतः देखा गया है कि मजबूत इरादेवाला और नीतियुक्त व्यक्ति भी स्वार्थी होता है। सरकारी और संयुक्त सेवाओं के स्तर पर अध्यक्ष अधिक-से-अधिक मनाने या अपने प्रयत्नों और उच्च पद तथा प्रतिष्ठा की सहायता से नेतृत्व करते हैं। निचले स्तर पर सँकरी परिधि में संचालक आदेश और निर्देश देते हैं। प्रत्येक सेना के लिए कमांडरों के पद द्वारा स्थापित कमांडर की यूनिट को विश्वास में लेने से, उसे हर तरह से आश्वस्त करने से सहयोग की भावना में वृद्धि होती है। सन् 1971 के युद्ध में सहयोग की भावना विशेष रूप से लगभग सभी स्तर में सराहना और प्रशंसा का विषय थी। जहाँ चीफ ऑफ स्टाफ समिति के अध्यक्ष सैम को पूरा सरकारी समर्थन और अधिकार प्राप्त था कि वह जो चाहें निर्णय लें, वहीं वह कोई भी निर्णय आम सहमति और तर्कसंगत आधार पर नीतियों के कार्यान्वयन के द्वारा लेते थे। यहाँ तक कि उन्होंने अपनी सैन्य सेवा में भी समस्या के समय आम सहमति के द्वारा रास्ता निकाला और अपने स्टाफ में से अन्य सदस्यों को काम बाँटकर जिम्मेदारी सँभालने की अनुमति दे दी।

यदि प्रशासन की कमी या त्रुटि हो तो कोई भी उपक्रम असफल होगा। सन् 1962 में यदि सैन्य कमांडरों ने कृष्ण मेनन के तानाशाही आदेशों को मानने से इनकार किया होता तो इतना अपमान न झेलना पड़ता। सबसे अधिक यह कि तैयारी की स्थिति बिलकुल न के बराबर थी। यह नेतृत्वकर्ता की योग्यता होती है कि वह मामले को वास्तविक और प्रभावशाली बनाकर बयान करे। यह अकेली अनिवार्य शर्त है— एक अच्छा नेतृत्वकर्ता होने की। उसी प्रकार सन् 1971 में जब सरकार चाहती थी, युद्ध की कार्रवाई शुरू करने से 1962 के परिणाम दोहराए जाते। जहाँ कुछ लेखकों का मानना है कि यदि उस समय सैन्य प्रमुख पूर्वी पाकिस्तान में प्रवेश करते, जैसा कि कैबिनेट चाहती थी, तो बहुत से बंगालियों की जान बचाई जा सकती थी, वहीं वे यह भूल गए कि प्रत्येक कमांडर का कर्तव्य होता है कि सैन्य कार्रवाई में वह अपने कमान की सुरक्षा को भी आश्वस्त करे। यदि आंतरिक संरचना सुदृढ़ नहीं होती है तो किसी भी प्रकार के बल को प्रभावी रूप से कार्य में नहीं लाया जा

सकता। यदि उस समय ऐसा होता तो जलवायु की विपरीत स्थिति के साथ ही भौगोलिक सच्चाई के कारण गतिरोध उत्पन्न होता या पराजय होती।

सैम हमेशा मुझे सलाह दिया करते थे, ''कमांडर जितना बड़ा हो, उसे नक्शे से उतनी ही दूर खड़ा होना चाहिए।'' यह तथ्य उनके अधिकारियों के कार्य करने में उनके विश्वास को प्रकट करता था। अपने अधीनस्थों को काम सौंपने की योग्यता उनके काम करने के ढंग का हिस्सा था, क्योंकि इससे उन्हें सोचने और योजना बनाने के लिए पर्याप्त समय मिलता था। इससे वह दूर तक देखकर समस्याओं के लिए हल खोजने की समर्थता हासिल करते थे। सेना में जब वह एक बार कोई निर्देश दे देते थे तो उसमें दोबारा कोई हस्तक्षेप नहीं करते थे। जब उन्होंने व्यावसायिक दुनिया में कदम रखा, तब भी वह वैसा ही करते थे। श्री केशव महिंद्रा के पत्र में यह कहा गया था कि 'अनेक बोर्ड, जहाँ उन्होंने सेवा की, उनकी कंपनियों के कार्यस्थल की यात्रा करने, उन संयंत्रों से परिचित होने और वास्तविक कार्य-पद्धतियों की जानकारी हासिल करने में उन्होंने अनेक कठिनाइयों का सामना किया। उन्हें कंपनियों के नट और बोल्ट में रुचि नहीं थी। वह हमेशा अपने प्रशिक्षण, अपने स्वभाव एवं अपनी योग्यता के द्वारा बृहत् और बड़े विचारों के लिए साक्ष्य जुटाया करते थे।' उस समय वह इस बात से भी पूरी तरह वाकिफ होते थे कि वहाँ क्या हो रहा है ? उन्होंने संवादों का सिलसिला कभी भी बंद नहीं किया।

अपनी बुद्धि और मस्तिष्क के साथ गौरवपूर्ण जीवन जीने की योग्यता ने उन्हें सर्वोत्तम मानव के रूप में श्रेष्ठता की सूची में खड़ा किए रखा। स्टाफ कॉलेज, वेलिंगटन में उनसे द्वेष रखनेवाले अधिकारियों ने उनकी गौरवपूर्ण छवि को धूमिल करने की कोशिश की। बहुत कम लोगों में अपने विचार संयमपूर्वक रखने की योग्यता होती है। अपनी गंभीरता और गरिमा को अपने पद व कार्यालय में बरकरार रखकर मानेकशॉ ने एक अच्छे नेता के चरित्र का प्रदर्शन किया। मानेकशॉ की नेतृत्व-शैली की तुलना संभवत: चीनी नेता लाओत्से से की जा सकती है। यह सुना गया है कि लोओत्से कहा करते थे, ''तीन कीमती वस्तुएँ हैं, जिन्हें मैंने महत्त्वपूर्ण रूप से दृढ़ता से पकड़कर रखा है। पहली है—शिष्टता, दूसरी है—मितव्ययिता और तीसरी है—विनम्रता, जो मुझे दूसरों से श्रेष्ठ स्थान दिलाने में मेरी मदद करती हैं। शिष्ट हो जाइए—आप सभी के द्वारा गौर किए जाएँगे, मितव्ययी हो जाइए—तब आप विनम्र हो सकते हैं, अन्य के आगे स्वयं को मत लाइए—तब आप सभी के बीच नेतृत्वकर्ता बन सकते हैं।'' सैम मानेकशॉ की जिंदगी से यदि कोई भी पाठ निकालकर देखा जाए तो यह पता चलता है कि वे वह कमांडर थे जो शिष्टता, निस्स्वार्थता और आडंबरहीन होकर अपने लक्ष्य की ओर प्रेरित रहे। एक कमांडर का सही मूल्यांकन विषम परिस्थितियों में ही किया

जाता है। यदि अपने कठिन समय में वह बिना किसी ईर्ष्या या द्वेष के स्वयं को सँभालकर रखता है तो वह हमेशा चुनौतियों को जीतकर उसके सामने खड़ा होता है। आधिकारिक जाँच के दौरान अपने शत्रुओं द्वारा लगाए गए आरोपों-प्रत्यारोपों और साक्ष्य प्रस्तुत कर देने के बाद भी सैम के व्यवहार में सभी मानवीय गुणों की प्रचुरता रही। इसका यह मतलब नहीं था कि यह संचालन के लिए स्वच्छंद होने का संकेत था। जहाँ दृढ़ता की आवश्यकता होती है वहाँ नेतृत्वकर्ता अपने पद का दावा करता है।

यू.के. के श्रीवेन्हम के रॉयल मिलिट्री कॉलेज ऑफ साइंस में 'साइंटिफिक ओरिएंटेशन कोर्स' के दौरान एक प्रसिद्ध सैन्य नेतृत्वकर्ता, जो अतिथि व्याख्याता के रूप में वहाँ व्याख्यान दे रहे थे, ने कहा, "आधुनिक नेतृत्वकर्ता को आधुनिक युद्धक्षेत्र के आधुनिकतम और अन्य चीजों की आधारभूत जानकारी होनी चाहिए। इतिहास के पाठ को तो हम अवश्य जानेंगे ही, लेकिन विज्ञान के पाठ को भी हमें अवश्य जानना होगा। विज्ञान और कला से उपजा हुआ पाठ नेतृत्वकर्ता को आधुनिक युद्ध से उत्पन्न जटिल-से-जटिल परिस्थितियों से निपटने के योग्य बनाता है।" सभी महान् नेतृत्वकर्ता एक जैसा ही सोचते हैं और आवश्यक पाठों तथा जानकारियों को अपने में आत्मसात् करते हैं, ताकि युद्ध की अनिश्चितता का आत्मविश्वास और जिंदादिली से सामना कर सकें। यह नेतृत्वकर्ता का विशिष्ट लक्षण होता है, जो हमेशा कठिन और दुःसह परिस्थितियों में देखने को मिलता है। उच्च चरित्र और ऊर्जा शक्ति से पूर्ण व्यक्ति दूसरों से ज्यादा अच्छी तरह विषम परिस्थितियों से लड़ सकता है। मानेकशॉ से अच्छा उदाहरण इसकी विवेचना के लिए कोई और हो ही नहीं सकता।

सजग और केंद्रित रहने का उपदेश फील्ड मार्शल मानेकशॉ निरंतर देते थे। उन्होंने जो उपदेश दिया, उस पर अमल किया। भारत को थाकोचक लौटाने से अच्छा उदाहरण और कुछ हो ही नहीं सकता। इसे लौटाने के लिए समझौते के नियोजन में उनका विशुद्ध खरापन देखा जा सकता है। इस समस्या को हाथोहाथ सुलझाने के लिए किए गए व्यवहार को समस्या पर केंद्रित एवं सजग रहना कहा जा सकता है। थाकोचक समस्या में उत्पन्न गतिरोध को समाप्त करने के लिए सैन्य प्रमुख को दूसरी बार समझौते के लिए वहाँ भेजा गया था। इन परिस्थितियों के तहत प्रधानमंत्री के द्वारा समस्या को सुलझाने के लिए प्रदान किए गए रास्ते से यदि वह खाली हाथ लौटते तो यह उनके लिए बहुत दुःखद होता। उन्हें परिस्थिति को अपने वश में कर लेने और एकल मस्तिष्क द्वारा नीतिपूर्ण युक्ति से इस समझौते पर विकल्प ढूँढ़ने की कोशिश करनी थी।

अंततः, नेतृत्वकर्ता के पास वह गुण और कला होनी चाहिए, जिससे वह अपने कमांडरों को पूरे सामर्थ्य से निरंतर शिक्षित व प्रशिक्षित करते रहें ताकि उनकी

कमान दूर क्षितिज के आर-पार युद्ध की संभावनाओं को तुरंत देख सके, ताकि वह अपने आपको समय से आगे रख सके। नेतृत्व के सिद्धांतों—उत्साह, चरित्र, गुण और जानकारी को भविष्य में युद्ध से निपटने के लिए याद रखा जाएगा। तकनीकी प्रगति से युद्धनीति के तरीके में परिवर्तन हो सकता है, लेकिन नेतृत्व के सिद्धांत हमेशा मानव के मूल गुणों पर प्रकाश डालते रहेंगे। इसमें कोई भी अतिमहत्त्वपूर्ण परिवर्तन कभी नहीं होंगे।

मानव संबंधों में सदियों से चला आ रहा परिवेश निरंतर बना रहेगा। यहाँ विषम परिस्थितियों में सीधे तनकर खड़े रहनेवाले लोग भी होंगे। यहाँ वे लोग भी होंगे, जो दूसरों से पहले अपने बारे में सोचेंगे। कुछ लोग चापलूस व्यवहारों के जरिए समृद्ध होंगे और कुछ वे लोग भी होंगे, जो अपने अनुयायियों एवं चापलूसों की बात पर विश्वास करेंगे। कुछ लोग ऐसे भी होंगे, जो स्वयं के लिए लोगों के बीच ईश्वरीय रूप होने की घोषणा करेंगे। नेतृत्व की असलियत की जाँच होगी। मानेकशॉ की तरह जो व्यक्ति होंगे, वे अपनी मर्यादाओं को समझकर सत्य के निर्देश का अनुसरण कर अपनी सेवा-भावना, नीतियों के द्वारा चालित होकर परिस्थितियों को अपना यथार्थ योगदान करेंगे और आश्वस्त होकर शत्रुओं पर विजय प्राप्त करेंगे। सबके बाद भाग्य जो नेतृत्वकर्ता के भविष्य को बनाने में महत्त्वपूर्ण भूमिका अदा करता है। प्रसिद्ध चीनी दार्शनिक कन्फ्यूशियस ने इस परिदृश्य के विकास की कल्पना कर टिप्पणी की थी—

''आह, ये चापलूस लोग! कैसे संभव है कि हम उनके साथ रहकर शासक की सेवा करें। वे जब इस स्थिति में नहीं थे तब इस चिंता में थे कि इसे कैसे प्राप्त करें। जब प्राप्त कर लिया तब इस चिंता में थे कि कहीं वे इसे खो न दें। ऐसे व्यक्ति, जो इस चिंता में हैं कि वे अपनी स्थिति खो देंगे, उन्हें उस दूरी तक जाना ही नहीं चाहिए।''

□

सैम बहादुर के अंतिम दिन

जुलाई 2004 में, जब सैम मानेकशॉ दिल्ली की यात्रा पर थे, तब मैं फील्ड मार्शल से मिलकर उनसे आग्रह करने गया था कि वे 15 दिसंबर, 2004 को मेरी पुस्तक 'यंगहसबैंड : ट्रबल्ड कंपेन' का विमोचन करने की कृपा करें। बहुत ही अनुग्रही व दयालु थे वह। उन्होंने मुझसे कहा कि उनका पौत्र 17 दिसंबर को दिल्ली आ रहा है और उससे मिलने के लिए उन्हें 16 दिसंबर को यहाँ आना है, अतः वह 14 दिसंबर को दिल्ली आ जाएँगे, ताकि पुस्तक का विमोचन कर सकें। किंतु यह मेरा दुर्भाग्य था कि फील्ड मार्शल अस्वस्थ हो गए और पुस्तक के विमोचन के समय दिल्ली छावनी के सैन्य अस्पताल में उन्हें भरती होना पड़ा।

अपने जीवन के बासठ वर्ष तक फील्ड मार्शल का साथ निभानेवाली उनकी पत्नी सिल्लू मानेकशॉ वर्ष 2001 में चल बसीं और कभी न भरनेवाली रिक्तता उनके जीवन में छोड़ गईं। इस दुःख से उबरने में सैम को कुछ समय लगा, लेकिन वह पूरी तरह इससे बाहर नहीं निकल पाए। अनेक कंपनियों के बोर्ड सदस्य होने की वजह से वे व्यस्त रहे और कुन्नूर से दूर रहे। पत्नी के नहीं रहने के कारण फील्ड मार्शल का स्वास्थ्य गिरने लगा। वर्ष 2001 में दिल्ली यात्रा के दौरान पाकिस्तानी सेना के फ्रंटियर फोर्स रेजीमेंट से सेवानिवृत्त एक ब्रिगेडियर ने उन्हें 'सैन्य दल शताब्दी समारोह' में आमंत्रित किया। कुछ शोक-समाचारों के सारांश उनके द्वारा लिखे गए थे। वे वर्ष 2008 में एक पाकिस्तानी दैनिक समाचार-पत्र 'डॉन' में लिखते हुए कहते हैं कि 'सैम हरमुशजी फ्रेमजी जमशेदजी मानेकशॉ अपने पूरे नाम के बजाय अपने जवानों, अधिकारियों तथा दोस्तों के द्वारा स्नेहपूर्वक 'सैम बहादुर' के नाम से पुकारे जाते थे। मानेकशॉ कोई साधारण व्यक्ति नहीं थे। वर्ष 1914 में अमृतसर में जनमे मानेकशॉ का निधन चौरानबे वर्ष की अवस्था में दक्षिण भारत के नीलगिरि पहाड़ियों के ऊटकमंड, वेलिंगटन में हुआ। फील्ड मार्शल सैम मानेकशॉ, एम.सी. दूसरे भारतीय सिपाही थे, जिन्हें इतना सम्मान प्राप्त था। फील्ड मार्शल के एम करिअप्पा के बाद उन्हें ही सेना के सर्वश्रेष्ठ पद से नवाजा गया। फील्ड मार्शल के एम करिअप्पा

(भारतीय सेना के प्रथम कमांडर) पाकिस्तानी सेना के प्रथम कमांडर फील्ड मार्शल अयूब खान के समकालीन और मित्र थे। (हालाँकि अयूब के ठीक विपरीत, करिअप्पा और मानेकशॉ दोनों को उनके सैन्य गुणों—शौर्य व वीरता के लिए अनेक सम्मानों से सम्मानित किया गया।)

सन् 1969 में सैम बहादुर भारत के थलसेनाध्यक्ष बने। जैसा कि हम पाकिस्तानियों को भारी दिल से स्वीकार करना होगा, उनके कैरियर की बड़ी उपलब्धि 1971 में पाकिस्तान की सशस्त्र सेनाओं पर विजय पाना था, जब हमने पूर्वी पाकिस्तान—बँगलादेश—को खो दिया।

फील्ड मार्शल के बारे में भरपूर किस्से-कहानियाँ उपलब्ध हैं। अंग्रेजी प्रेस के एक शोक समाचार-पत्र के अनुसार, उनके द्वारा दिसंबर 1971 के युद्ध के पूर्व श्रीमती इंदिरा गांधी को दी गई टिप्पणी अत्यंत प्रसिद्ध थी, जब उन्होंने उनसे पूछा था कि क्या वह युद्ध के लिए तैयार हैं? उनका जवाब हाजिर था, 'मैं हमेशा तैयार हूँ, स्वीटी।' उन्होंने निर्भीकता से जवाब दिया था कि वे श्रीमती गांधी को 'मैडम' कभी नहीं पुकारते हैं, क्योंकि यह शब्द उन्हें वेश्यालय की याद दिलाता है। श्रीमती गांधी एवं उनके बीच एक और बातचीत प्रसिद्ध व महत्त्वपूर्ण है। जब श्रीमती गांधी ने तख्ता-पलटने की योजना बनाने के अफवाह के बारे में उनसे पूछा था। उसके जवाब में उन्होंने कहा था, 'क्या वे मानसिक अस्थिरता के आधार पर उनका इस्तीफा मंजूर करेंगी?'

उनके सैन्य-व्यावसायिक गुणों के कारण भारतीय राजनीतिज्ञों में उनका बहुत आदर था। जिस सेना का वह नेतृत्व कर रहे थे, उनके सभी जवान उन्हें बहुत प्यार करते थे। मेरा सौभाग्य था कि वर्ष 2001 में मैं उनसे दिल्ली में मिला, जब वे अपनी कड़क मूँछों के साथ सत्तासी वर्ष की आयु के थे। मैंने अपने दोस्त लेफ्टिनेंट जनरल अतीकुर रहमान से उनके बारे में बहुत कुछ सुना था, जो उन्हें एक युवा सैन्य अधिकारी के रूप में ब्रिटिश भारतीय सेना में उनके सेवाकाल से जानते थे। वे उस समय फोर्थ फ्रंटियर फोर्स रेजीमेंट के युवा सैनिक थे, जिन्हें बर्मा के फ्रंट पर भेजा गया था।

सीमा के उस पार मानेकशॉ के एक अन्य अच्छे दोस्त थे जनरल याह्या खान। विभाजन के समय मानेकशॉ और याह्या खान एक साथ फील्ड मार्शल सर क्लाउड ऑकिनलेक के सहायक थे। सैम एक लाल जेम्स मोटरसाइकिल के मालिक थे, जिस पर याह्या की नजर थी। उन्होंने उसे खरीदने का प्रस्ताव दिया और 1,000 रुपए में उसे खरीदा भी। उन्होंने वादा किया कि वह पाकिस्तान जाकर रुपए उन्हें भेज देंगे। याह्या तो याह्या थे, पैसा डूब गया। वर्ष 1971 की विजय के बाद सैम ने

व्यंग्य किया कि 'याह्या ने अब तक मेरी मोटरसाइकिल की कीमत 1,000 रुपए अदा नहीं की। उसके एवज में उसे अपना आधा देश देना पड़ रहा है।'

जब मैं फील्ड मार्शल से मिला तो मैंने उन्हें बताया कि याह्या उनके कर्ज के बारे में कभी नहीं भूले, लेकिन उसे चुकाया भी नहीं। मैंने उनसे कहा कि याह्या के बदले मैं ब्याज सहित 1,000 रुपए चुका देता हूँ। फील्ड मार्शल ने कहा, "नहीं-नहीं, याह्या एक अच्छा आदमी और अच्छा सिपाही था। हमने एक साथ सेवा की है। उसका आचरण तुच्छ या भ्रष्ट नहीं था। आपके राजनेता हमारे राजनेता की तरह बुरे हैं। याह्या को बिना सुने सजा सुनाई गई। दिसंबर 1971 के अंत में नजरबंद किए जाने के बाद 1980 में उसकी मृत्यु तक उन्होंने खुले में सुनवाई के लिए गुहार लगाई। बिना उसे सुने क्यों उसे सजा दी गई?"*

वर्ष 2003 में दिल्ली में उन्होंने साँस संबंधी तकलीफ महसूस की और सैन्य अस्पताल (रिसर्च ऐंड रेफरल) के चिकित्सकों से मिलने का निर्णय लिया। डॉ. बी.एन.बी.एम. प्रसाद अस्पताल के वरिष्ठ श्वास रोग विशेषज्ञ थे, जिन्होंने उनकी देखभाल की। उन्होंने बताया कि कैसे फील्ड मार्शल अपनी बारी की प्रतीक्षा में थे और गंभीर मरीज को स्वयं से पहले डॉक्टर के पास जाने दे रहे थे। उनकी अभिव्यक्ति में जिज्ञासा, धैर्य और विनम्रता थी। उन्होंने सावधानी से डॉक्टर की सलाह को सुना और उन्हें धन्यवाद कहा। अपने रोग की स्थिति के पूर्वानुमान को उन्होंने धैर्यपूर्वक स्वीकार किया।

वर्ष 2004 उत्तरार्ध की ओर अग्रसर था, जब फील्ड मार्शल सेना प्रमुख द्वारा आयोजित कमांडरों की गुप्त बैठक में भाग लेने के लिए दिल्ली आए। ऐसा पहली बार किया जा रहा था। उन्होंने अपने संबोधन के दौरान वहाँ उपस्थित सभी कमांडरों से कहा कि वे सभी यहाँ सेवानिवृत्त हैं, लेकिन सी.ओ.ए.एस. (सेनाध्यक्ष) नहीं, इसलिए उनकी जिम्मेदारी लगातार जारी है। उन्होंने व्यंग्यात्मक लहजे में यह भी कहा कि जब वे सी.ओ.ए.एस. (सेनाध्यक्ष) थे, तब किसी और की सलाह पर नहीं चलते थे। समापन के दिन अपनी व्यस्ततम दिनचर्या, जिसमें सामाजिक कार्यक्रमों सहित 61 आर्टिलरी के सैनिकों की परेड भी शामिल थी, में भाग लेते हुए अपनी एक कंपनी की बोर्ड-बैठक, जिसके वह निदेशक थे, में हिस्सा लेने के लिए मुंबई रवाना हुए। पूर्व की व्यस्तता और इस मुंबई यात्रा के दौरान सर्दी की वजह से उनकी छाती में अत्यधिक संक्रमण हो गया। उन्हें मुंबई में इलाज की सलाह दी गई, लेकिन उन्होंने दिल्ली में इलाज करवाने का निश्चय किया। उनके आगमन पर उनकी तमाम आपत्ति के बावजूद उनके दामाद धुन ने उन्हें सैन्य अस्पताल (रिसर्च ऐंड रेफरल)

---

* 28 जून, 2008 'द डॉन', पाकिस्तानी समाचार-पत्र, कराची

में ले जाकर इलाज शुरू करवाया। यहाँ श्वास रोग विशेष वरिष्ठ चिकित्सक कर्नल डॉ. प्रसाद ने उन्हें अत्यधिक कमजोर पाया। वह मुश्किल से चल-फिर सकते थे। जैसा कि इस पुस्तक में पहले वर्णन किया गया है कि सैम अस्पताल और इलाज को पसंद नहीं करते थे और जब उन्हें व्हील-चेयर पर बैठने की सलाह दी गई तो वे छाती के एक्स-रे के लिए पूरा रेडियोलॉजी विभाग घूम गए। उनकी जो स्थिति थी, उसमें उन्हें जल्दी अस्पताल में भरती करने की जरूरत थी। जब उन्होंने अस्पताल में भरती होने से एकदम मना कर दिया तब अस्पताल के अधिकारियों ने नई दिल्ली में उनकी छोटी सुपुत्री माया के आवास पर फील्ड मार्शल की देख-रेख की सुविधा उपलब्ध करवा दी, जहाँ वे तीन महीने तक रुके। जैसे ही वे कुछ सामान्य हुए, अपने कुन्नूर स्थित आवास 'स्तवक', जिसे उनकी प्रिय पत्नी सिल्लू ने बनवाया था, के लिए रवाना हो गए। वर्ष 2005 में फील्ड मार्शल को गंभीर रूप से न्यूमोनिया हो गया और उन्हें वेलिंगटन के सैन्य अस्पताल में भरती होना पड़ा, जहाँ से उन्हें वायुसेना के विशेष विमान से दिल्ली के सैन्य अस्पताल (रिसर्च ऐंड रेफरल) में इलाज के लिए लाया गया। उनकी स्थिति बहुत नाजुक थी। उनके अदम्य साहस और अस्पताल की विशेष देखभाल से उन्होंने उम्मीद से जल्दी स्वास्थ्य-लाभ कर लिया। जब वह अस्पताल में थे तो प्रधानमंत्री डॉ. मनमोहन सिंह सहित अनेक प्रतिष्ठित लोग उनसे मिलने आए। अस्पताल से छुट्टी लेने के बाद वे कुछ दिन दिल्ली में रहे। बढ़ती उम्र और कमजोर फेफड़ों की वजह से उनका स्वास्थ्य तेजी से बिगड़ने लगा। जहाँ उनकी बेटियाँ चाहती थीं कि वे उनके पास दिल्ली या मद्रास में रहें, वहीं वह 'स्तवक' में जीवन बिताना चाहते थे। इस घर से उनका जुड़ाव समझा जा सकता था, क्योंकि वह घर न केवल उनकी प्रिय पत्नी ने बनवाया था बल्कि उस घर से उनकी अनेक यादें जुड़ी थीं, जिससे 'स्तवक' में वह स्वयं को उनके करीब पाते थे। चिकित्सीय सलाह पर उन्होंने वेलिंगटन के सैन्य अस्पताल में भरती होने का निश्चय किया, जहाँ उन्होंने बीमार अवस्था में दो वर्ष [illegible]बताए। जब वह अस्पताल में थे तो उनके वार्ड के आगे लाल रंग की मा[illegible]ति-800 खड़ी रहती थी, जिसे श्रीमती मानेकशॉ चलाया करती थीं।

अस्पताल में भरती रहने और साँस की स[illegible]मस्या के बावजूद मानेकशॉ ने वर्षों से की जानेवाली नियमित दिनचर्या को ज[illegible]ारी रखा। अपने समय की पाबंदी के प्रति रुझान को ध्यान में रखते हुए वे [illegible] सुबह की अपनी दिनचर्या पूरी कर प्रतिदिन नौ बजे सुबह नाश्ते के बाद [illegible]चिकित्सक से मिलने के लिए तैयार हो जाते थे। तेजी से बढ़ती हुई उनकी [illegible] साँस की समस्या और बढ़ती उम्र के साथ फेफड़े की फाइब्रोसिस बीमारी के [illegible]ावजूद वह प्रसन्न और स्वतंत्र रहते थे। किसी से अपनी बीमारी या

परेशानी की शिकायत नहीं करते थे। अस्पताल की अवधि के दौरान उनकी बेटी, उनके नाती-पोते और उनके दामाद धुन दारूवाला उनका अच्छी तरह खयाल रखते थे। धुन न सिर्फ उनके बेटे जैसे थे, बल्कि एक अति विश्वसनीय मित्र भी थे। उन दोनों के बीच एक मजबूत बंधन था और यह वर्षों तक दोस्ती के रूप में कायम रहा। सैम उनसे अपनी हर बात पर चर्चा करते थे—अपने बच्चों की भलाई के लिए किए गए कार्यों से लेकर कंपनियों के बोर्ड और यहाँ तक कि अपने जीवन की बहुमूल्य यादों और युद्ध की बातों तक। वह धुन पर अपने सभी कार्यों के लिए विश्वास करते थे। स्तवक की मरम्मत के लिए भी वह रुके रहते, जब तक कि धुन नहीं पहुँच जाते। जब वह स्वस्थ थे और मुंबई या दिल्ली में होते थे तब वे दोनों बैंक, बाल कटवाने या कॉफी पीने के लिए साथ-साथ जाते थे। जब फील्ड मार्शल बीमार थे तब धुन ने उनके साथ अधिक-से-अधिक समय बिताया। उनसे भोजन के लिए आग्रह करना, दवाइयों की याद दिलाना, उनके भोजन और आराम का इंतजाम करना आदि सब धुन ने ही किया।

जब वह अस्पताल में थे तब मेजर चंद्रा, जो वेलिंगटन सैन्य अस्पताल में फिजीशियन थे, ने उनका इलाज किया और दिल्ली से प्रत्येक दो-तीन महीने में या आवश्यकता होने पर विशेषज्ञ बुलाए जाते थे। यहाँ सैम अपने आपको आधुनिकतम राष्ट्रीय व अंतरराष्ट्रीय घटनाओं से अवगत रखते थे और कभी-कभी उनपर आलोचनात्मक टिप्पणी भी किया करते थे। आँखों की रोशनी कमजोर हो जाने के कारण वे स्वयं पत्र नहीं पढ़ पाते थे। उन्हें संबोधित कर लिखे गए पत्रों को उनके परिवारवाले पढ़ते और वे उन्हें सुनते थे। बिस्तर पर लेटकर वे टेलीविजन देखा करते, विशेषकर खेल चैनल पर प्रसारित होनेवाले टेनिस मैच। देहरादून आई.एम.ए. में वे टेनिस अकादमी के कप्तान थे और उन्होंने उसमें 'ब्लू' का खिताब जीता था। सैम चिकित्सकों को इस बात के लिए सहमत कर लेते थे कि भले ही आधे दिन के लिए सही, लेकिन 'स्तवक' जरूर जाएँगे। उनके अंदर की खूबसूरती और विश्वास के कारण चिकित्सक मान जाते थे और वे घर के आगे बैठे रहते थे, भले ही अस्पताल और चिकित्सकों को भयावह स्थिति से क्यों न गुजरना पड़े। एक बार घर में वे गोरखा तथा उसके परिवार से मिले और घर व उनके अंदर रखी चीजों का विशेष खयाल रखने को कहा। हालाँकि वे सीढ़ियाँ चढ़कर अपने कमरे में नहीं जा सकते थे, लेकिन हमेशा उसके बारे में पूछताछ किया करते। ज्यों-ज्यों समय बीतता गया, खासकर वर्ष 2007 के बाद, वहाँ उनका जाना कम होता गया। बाद में वे इतने कमजोर हो गए कि उन्हें हमेशा व्हील-चेयर पर ही रहना पड़ता था। इस स्थिति में भी वे कुरसी पर बैठे-बैठे अस्पताल के चारों ओर लगभग 45 मिनट तक बगीचे का चक्कर लगाया करते थे। बाहरी दृश्य और

रक्षा राज्य मंत्री एवं परिजन अंतिम विदाई देते हुए

अपने प्रिय फील्ड मार्शल के अंतिम दर्शनार्थ उमड़ा जन सैलाब

सैन्य परंपरा के अनुसार अंतिम यात्रा का दृश्य

स्व. पत्नी सिल्लू मानेकशॉ की बगल में चिरनिद्रा में लीन फील्ड मार्शल मानेकशॉ

प्रकृति को प्यार करनेवाले मानेकशॉ वास्तव में इससे आनंदित होते थे। घूमने के समय वे आगंतुकों से मिलने से मना करते और फूलों को खिलते हुए देखा करते थे। इस समय उनके दोस्त एवं प्रशंसक उनसे मिलने और बातें करने का अवसर प्राप्त कर लेते थे। हलके भोजन के बाद वे रात्रि 9:30 बजे तक बिस्तर पर चले जाते। सामान्यतः वे अच्छी नींद सोया करते थे।

स्मरणीय होगा कि फील्ड मार्शल के रूप में उनकी नियुक्ति के समय भारत सरकार ने एक पेंशन योजना तथा 400 रुपए प्रतिमाह के विशेष भत्ते की स्वीकृति दी थी। उसने किसी भी सहायक अधिकारी और फील्ड मार्शल के पद के साथ जुड़े हुए किसी भी अन्य अधिकारी को उनके लिए अधिकृत नहीं किया था, जो अपनी मृत्यु तक सेवा से निवृत्त नहीं होता है। 27 फरवरी, 2007 को भारत के राष्ट्रपति डॉ. ए.पी.जे. अब्दुल कलाम फील्ड मार्शल से मिलने के लिए विशेष रूप से वेलिंगटन गए। वे दोनों बिना किसी परिचारक के लगभग आधे घंटे तक एक साथ रहे। जब राष्ट्रपति दिल्ली लौटे तब पैंतीस वर्षों से स्थगित योजनाओं को अंततः परिशोधित किया। भारत सरकार ने उनके पूरे वेतन और उतने वर्षों की बकाया राशि को पूर्व स्थिति में लाकर उन्हें भुगतान किया।

केंद्रीय रक्षा मंत्री ने रक्षा सचिव को व्यक्तिगत रूप से फील्ड मार्शल को चेक प्रदान करने के लिए अस्पताल भेजा। इसके लिए उन्हें भारतीय वायुसेना की ओर से विशेष विमान की सुविधा दी गई। सेना मुख्यालय ने फील्ड मार्शल के लिए विशेष ए.डी.सी. की नियुक्ति की और 2/8 गोरखा राइफल्स के द्वितीय पीढ़ी के अधिकारी मेजर टेंबे ने फील्ड मार्शल के सहायक के रूप में पद ग्रहण किया। अपनी यात्रा के समापन के समय राष्ट्रपति डॉ. कलाम ने वेलिंगटन अस्पताल की आगंतुक पुस्तिका में हस्ताक्षर करते हुए लिखा—'सैन्य अस्पताल वेलिंगटन हमेशा सर्वोत्तम सेवा प्रदान करता है। कृपया हमारी बहुमूल्य संपत्ति फील्ड मार्शल मानेकशॉ की अच्छी देखभाल करें।'

3 अप्रैल, 2008 को अपने 94वें जन्मदिन पर फील्ड मार्शल ने अपने घर 'स्तवक' जाकर अपने परिवार और गोरखा के परिवार तथा अपने बगीचे के साथ कुछ समय बिताने की इच्छा व्यक्त की। हालाँकि वे यह सोचकर चिंतित थे कि इससे उन्हें परेशानी होगी, लेकिन फिर भी अत्यंत सतर्कता के साथ उन्होंने वहाँ जाने की योजना बना ली। डॉ. प्रसाद अनुरक्षक बनकर उनके साथ गए और वहाँ पहुँचने पर परिवार के सदस्यों द्वारा उनका स्वागत किया गया। अस्पताल लौटने से पहले उन्होंने कुछ समय 'स्तवक' में बिताया। कुन्नूर के स्तवक में यह उनकी अंतिम यात्रा थी।

22 जून, 2008 को अचानक सैम की तबीयत बिगड़ने लगी। वेलिंगटन सैन्य अस्पताल के उनके चिकित्सक मेजर चंद्रा ने महसूस किया कि अब उनकी स्थिति नाजुक है, इसलिए उन्होंने उनके परिवार के सदस्यों को बुलवा भेजा। उस समय उनका नाती जेहान सैम उनके साथ था। दामाद धुन दारूवाला अभी-अभी दिल्ली लौटे थे, पुत्री शेरी न्यूयॉर्क और माया ग्लासगो में थीं। परिवार के सदस्य होने के नाते वे बारी-बारी से सैम के पास आते थे, ताकि उन्हें आश्वस्त कर सकें कि वह कभी भी अकेले नहीं थे। सैन्य अस्पताल, दिल्ली के वरिष्ठ सलाहकार कर्नल डॉ. बी एन बी एम प्रसाद शीघ्र वेलिंगटन गए। उनके अनुसार, 'मैंने पाया कि फील्ड मार्शल हाँफते हुए साँस ले रहे थे। उनकी पलकें कठिनाई से खुलती थीं। उन्हें गंभीर रूप से न्यूमोनिया हो गया था। इतने गंभीर रूप से बीमार होने के बावजूद उन्होंने मुझे पहचाना और मेरी कुशलता पूछी। आगे उन्होंने अपनी चिर परिचित शैली में मुझसे कहा, 'डॉक्टर, मैं तुम्हारे साथ स्कॉच नहीं ले सकता, क्योंकि मैं बीमार हूँ, लेकिन तुम्हें लेना चाहिए।' मैंने उनसे कहा, 'सर, पहले आप स्वस्थ हो जाएँ, फिर हम साथ में स्कॉच लेंगे।' धुन सैम के पास तुरंत लौटे. माया 23 तारीख को और शेरी 24 तारीख को अपने पति के साथ आ गई। पूरे परिवार ने तब कुन्नूर में छह दिन जो कुछ करने के लिए था, वह करते हुए बिताए। उनकी स्थायी सचिव, वित्तीय सलाहकार, उनकी चीजों को व्यवस्थित रखनेवाली शेरी व्यवस्था की योग्यता और परिवार की प्रत्येक चीज का खयाल रखने की क्षमता के कारण सभी के द्वारा जानी जाती थी। उनकी स्थिति गंभीर थी। चिकित्सकों ने कहा कि वे कोमा में चले गए हैं। शेरी उनके बगल में खड़ी हो प्रार्थना करने लगी, माया वहाँ बैठकर उनके जीवन, उनके परिवार, उनकी नियुक्तियों, उनके बचपन के बारे में बातें करने लगी। सैम ने अपना हाथ उसके हाथ में रखा और प्रतिक्रियास्वरूप अपने हाथ से उसके हाथ को दबाया। चिकित्सक ने बताया कि मशीन दिखा रही है कि वे अच्छी तरह ऑक्सीजन ले रहे हैं और माया के बात करने से उनकी हृदय गति स्थिर है। किंतु 27 जून, 2008 को राष्ट्र की प्रसिद्ध हस्ती ने आधी रात के लगभग आधे घंटे बाद अपना शरीर त्याग दिया। उनकी बेटियाँ उनका हाथ अपने हाथ में लिये बैठी प्रार्थना कर रही थीं। उनके निधन के पश्चात् उनके पार्थिव शरीर को वेलिंगटन के मद्रास रेजीमेंटल केंद्र पर रखा गया, ताकि कुन्नूर की जनता और आस-पास के लोग अपने राष्ट्रीय नायक को श्रद्धांजलि अर्पित कर सकें। सेना के उप-प्रमुख सेना का प्रतिनिधित्व कर रहे थे, क्योंकि सैन्य प्रमुख रूस में थे। दो सितारे वाले दो अधिकारी भी सेना के प्रतिनिधि के रूप में वहाँ थे। रक्षा राज्यमंत्री श्री पल्लम राजू रक्षामंत्री ए.के. एंटनी का प्रतिनिधित्व कर रहे थे और तमिलनाडु सरकार के प्रतिनिधि बनकर

राज्य के खादी मंत्री वहाँ उपस्थित थे। दिवंगत सिपाही के सम्मान में प्रायः सभी शैक्षणिक संस्थान, दुकानें तथा अन्य व्यावसायिक प्रतिष्ठान एक दिन के लिए बंद रहे। हजारों की संख्या में लोग सड़क के दोनों किनारों पर उनकी शवयात्रा के आरंभ होने के इंतजार में खड़े थे। वेलिंगटन की सड़क के ट्रैफिक को व्यवस्थित करने में लगभग तीन घंटे लग गए, ताकि शवयात्रा निर्बाध रूप से निकाली जा सके। ऊटी में उनका अंतिम संस्कार पारसी रीति-रिवाज के अनुसार उनकी बेटियों, नाती-पोते और नजदीकी संबंधियों के द्वारा किया गया और बासठ वर्षों की हमसफर रही सिल्लू मानेकशॉ (उनकी पत्नी) की बगल में उन्हें दफनाया गया।

भूटान की राजमाता केसांग च्वायेडेन वांगचुक ने अपने शोक संदेश में लिखा—'हमने अभी-अभी बेदह दुःखद समाचार पाया कि फील्ड मार्शल सैम मानेकशॉ नहीं रहे। वह भूटान के अच्छे मित्र थे और हमेशा हमपर कृपा करते थे। हम ढकिनिस के पावन दिन की संध्या को कल पेरू किचु लखांग में हजारों 'बटर-लैंप' फील्ड मार्शल के सम्मान में जलाएँगे।'*

राष्ट्रपति, प्रधानमंत्री, रक्षामंत्री सहित अनेक राजनीतिज्ञों और नौसेना तथा वायुसेना प्रमुख ने उनके अंतिम संस्कार में शोक संदेश तो भेजे, लेकिन इनकी अनुपस्थिति के कारण जनसंचार माध्यमों (मीडिया) और भारत की जनता ने इन्हें सहृदयता से नहीं लिया। 28 जून के अपने संपादकीय में 'इंडियन एक्सप्रेस' ने लिखा—"अभी जिस व्यक्ति का निधन हुआ है, दो राष्ट्र उसके चिर कृतज्ञ रहेंगे। एक वह—जिसके जन्म लेने में वह सहायक बने और दूसरा वह—जिसकी उन्होंने आजीवन रक्षा की।" राजनीतिक मामलों पर लिखनेवाले दिग्गज पत्रकार और टिप्पणीकर्ता करण थापर ने जनता की भावनाओं को व्यक्त करते हुए लिखा था—"प्रधानमंत्री और रक्षामंत्री का फील्ड मार्शल के अंतिम संस्कार में शरीक न होना अविश्वसनीय सा लगता है। उनकी उपस्थिति मात्र कर्तव्य नहीं वरन् एक जिम्मेदारी थी, एक ऋण था। लेकिन उसे महत्त्वपूर्ण प्राथमिकता देने की कोई आवश्यकता नहीं समझी गई। लेकिन मैं उससे भी अधिक अचंभे में हूँ कि राष्ट्रपति भी वहाँ उपस्थित नहीं हुईं। आखिरकार राष्ट्रपति सशस्त्र सेना की सर्वोच्च कमांडर हैं और मानेकशॉ उनके महानायक थे। उनकी अनुपस्थिति दुःखद थी।"

भारतीय जनतंत्र के नेतृत्व की असफलता यहीं तक नहीं थी। सशस्त्र सेना के वरिष्ठतम अधिकारियों ने और भी गजब किया। मैं समझ सकता हूँ कि थलसेना अध्यक्ष उपस्थित होने में असमर्थ थे, क्योंकि वह देश के बाहर थे। मैं समझ नहीं पाता हूँ कि नौसेना अध्यक्ष और वायुसेना अध्यक्ष वहाँ उपस्थित क्यों नहीं हुए। उन्होंने

---

* 27 जून, 2008 को राजमाता भूटान के द्वारा लेखक को लिखा गया पत्र

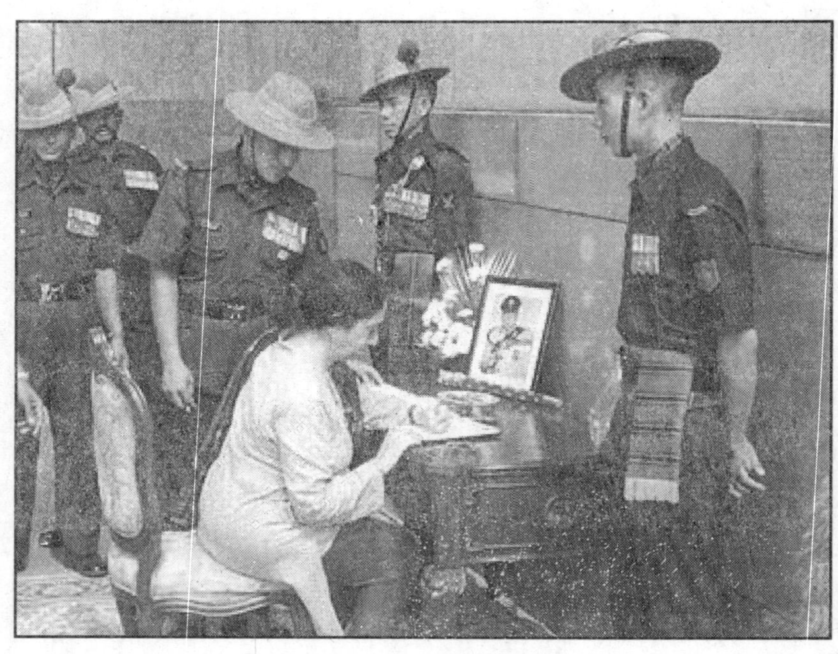

▲ नई दिल्ली के इंडिया गेट पर रखी 'शोक-पुस्तिका' पर हस्ताक्षर कर सैम मानेकशॉ को श्रद्धांजलि अर्पित करते आम जन। ▼

दिल्ली स्थित सैन्य कार्यालय में अपना दिन बिताया। दुःख की बात है कि मानेकशॉ के निधन पर कार्यालयी जिम्मेदारी को भी नहीं छोड़ा गया और उनके अंतिम संस्कार में सभी अनुपस्थित रहे। आप कैसे जवाब दे सकते हैं कि एक दिन के राष्ट्रीय शोक की भी घोषणा नहीं की गई? और क्यों नहीं आधे दिन के लिए भी राष्ट्रीय झंडे को झुकाया गया? याद रहे, फील्ड मार्शल के रूप में मानेकशॉ अभी भी देश की सेवा में हैं!

फील्ड मार्शल सेवानिवृत्त नहीं होते। जो भी हो, यदि आप सैन्य अधिकारियों से पूछते हैं, जो सेवा में हैं या सेवानिवृत्त हैं, तो सफाई में वे यही कहेंगे कि वरदी में लंबे समय तक स्थायी रूप से रहनेवाले लोगों के लिए नेताओं का अविश्वास ही इसके पीछे है। अनगिनत तरीकों से कुछ छोटे किंतु अनेक महत्त्वपूर्ण नेताओं ने सशस्त्र बल की स्थिति व महत्ता को कम करने का प्रबंध बखूबी किया है।

वर्ष 1954 में पहली बार दिया गया 'भारत-रत्न' सम्मान अब तक 42 लोगों ने प्राप्त किया है। मेरी गिनती में उनमें से 22 राजनेता 15 विद्वान् व कलाकार, 2 सामाजिक कार्यकर्ता और 1 उद्योगपति तथा 2 विदेशी भी हैं। लेकिन चौवन वर्षों में एक भी सैन्य अधिकारी उनमें स्थान पाने के योग्य नहीं हुए। निश्चित रूप से मानेकशॉ को 'भारत-रत्न' सम्मान दिया जाना चाहिए। क्या वह एम.जी. रामचंद्रन, राजीव गांधी, अरुणा आसफ अली, गुलजारी लाल नंदा, वी वी गिरि, गोपीनाथ बारदोलोई और चिदंबरम सुब्रह्मण्यम से कम योग्य थे?*

समाचार-पत्रों में लिखनेवाले अनेक लेखकों ने अनेक स्तंभों में सरकार की नीतियों में त्रुटियों को दरशाया है। प्रधानमंत्री ने राजकीय सम्मान से की जानेवाली अंत्येष्टि के बारे में, जिसे प्रधानमंत्री ने रक्षामंत्री के हस्तक्षेप के बाद स्वीकृति दी, 'वरीयता क्रम' में फील्ड मार्शल को शामिल न करने पर आश्चर्य प्रकट किया। जबकि वास्तविकता यह है कि रेजीमेंटों के ध्वज परेड के समय राष्ट्राध्यक्ष या फील्ड मार्शल के सामने झुकाए जाते हैं।

ये रेजीमेंटल ध्वज उस अदम्य साहस का प्रतीक हैं और सिपाहियों को उन साहसिक व बलिदानी कार्यों को करने को प्रेरित करते हैं, जिससे ईश्वर या देश के किसी अतिमहत्त्वपूर्ण कार्यों को पूरा करने के लिए प्रोत्साहन देने में विफल होते हैं। कहीं कोई शंका है?

इतने सम्माननीय और राष्ट्रीय नायक के निधन के उपरांत उनके अंतिम संस्कार के अवसर पर औपचारिक सम्मान भी उपलब्ध नहीं कराया गया। लेकिन इसके विपरीत देश की जनता की भावनाओं का ज्वार उनके सम्मान में उमड़ पड़ा। प्रेस

---

* 6 जुलाई, 2006, हिंदुस्तान टाइम्स में करण थापर का लेख

अहमदाबाद (गुजरात) म्यूनिसिपल कॉरपोरेशन द्वारा निर्मित फील्ड मार्शल सैम मानेकशॉ फ्लीट फ्लाईओवर का उद्घाटन करते गुजरात के मुख्यमंत्री श्री नरेंद्र मोदी (22 अक्तूबर, 2008)

में राजनेताओं की आलोचनाओं को देखते हुए जनता के हजारों पत्र आए। उनकी याद में सम्मान देने के लिए जोरदार आवाज उठाती हुई जनता के लिए एक 'शोक-पुस्तिका' नई दिल्ली के इंडिया गेट के अज्ञात सिपाहियों के एक स्मारक पर एक सप्ताह से अधिक समय तक रखी गई, जिसपर हजारों लोगों ने उनकी याद में अपनी श्रद्धांजलि अर्पित कर हस्ताक्षर किए। इस शोक-पुस्तिका के संदेशों को इंडिया गेट पर उस महान् हस्ती और महानायक के अस्तित्व के साक्ष्य के रूप में रखा गया, सार्वजनिक जीवन में जिसके समतुल्य व्यक्तित्व अब नहीं मिलते।

जहाँ पारसी अंजुमन, मुंबई और दिल्ली ने उनकी याद में स्मारकीय सेवाएँ प्रदान कीं, वहीं भारतीय सेना ने 15 जुलाई, 2008 को दिल्ली छावनी में स्मारकीय सेवा का आयोजन किया। स्मारकीय सेवा में रक्षामंत्री उपस्थित थे और कुछ भाषणकर्ताओं ने मंत्री महोदय से फील्ड मार्शल सैम मानेकशॉ की याद में उन्हें 'भारत-रत्न' से सम्मानित किए जाने का अनुरोध किया।

□□□